Die reine Beitragszusage nach § 1 Abs. 2 Nr. 2a BetrAVG und die Beteiligung der Tarifvertragsparteien an deren Durchführung und Steuerung gem. § 21 Abs. 1 BetrAVG

Schriften zum deutschen und europäischen Recht der Arbeit und der Sozialen Sicherheit

Herausgegeben von
Stefan Greiner, Gregor Thüsing und Raimund Waltermann

Band 26

Hendrik Völkerding

Die reine Beitragszusage nach § 1 Abs. 2 Nr. 2a BetrAVG und die Beteiligung der Tarifvertragsparteien an deren Durchführung und Steuerung gem. § 21 Abs. 1 BetrAVG

PETER LANG

Bibliografische Information der Deutschen Nationalbibliothek
Die Deutsche Nationalbibliothek verzeichnet diese Publikation in der Deutschen Nationalbibliografie; detaillierte bibliografische Daten sind im Internet über http://dnb.d-nb.de abrufbar.

Zugl.: Bonn, Univ., Diss., 2022

Das Promotionsvorhaben wurde von Mai 2019 bis Dezember 2020 durch ein Stipendium der Konrad-Adenauer-Stiftung gefördert.

D 5
ISSN 1861-678X
ISBN 978-3-631-85357-3 (Print)
E-ISBN 978-3-631-87955-9 (E-PDF)
E-ISBN 978-3-631-87956-6 (EPUB)
DOI 10.3726/b19726

Peter Lang – Berlin · Bern · Bruxelles · New York · Oxford · Warszawa · Wien

Diese Publikation wurde begutachtet.

www.peterlang.com

Meiner Frau

Vorwort

Die vorliegende Arbeit wurde im Sommersemester 2021 von der Rechts- und Staatswissenschaftlichen Fakultät der Rheinischen Friedrich-Wilhelms-Universität Bonn als Dissertation angenommen. Ihr Text wurde im Dezember 2021 abgeschlossen. Rechtsprechung und Literatur wurden nach Möglichkeit bis Dezember 2021 berücksichtigt.

Zuvorderst gilt mein Dank meinem Doktorvater Prof. Dr. Gregor Thüsing LL.M. (Harvard), der mir den für die Wissenschaft notwendigen Freiraum ließ und es nie an Unterstützung und ermutigender Betreuung mangeln ließ. PD Dr. Gerrit Forst danke ich sehr für die zügige Erstellung des Zweitgutachtens und Unterstützung meines Promotionsvorhabens. Prof. Dr. Greiner danke ich zudem als Vorsitzendem meiner Prüfungskommission. Prof. Dr. Gregor Thüsing, Prof. Dr. Raimund Waltermann und Prof. Dr. Stefan Greiner danke ich zudem für die Aufnahme dieser Arbeit in ihre Schriftenreihe.

Ich bedanke mich darüber hinaus bei der Konrad-Adenauer-Stiftung, deren Promotionsförderung mir ermöglichte, mich voll und ganz der Beantwortung der vorliegenden Fragestellung zu widmen. In diesem Zusammenhang möchte ich auch Prof. Dr. Thomas Hoeren für die Unterstützung meines Stipendiums danken.

Für die Unterstützung während der Anfertigung dieser Arbeit danke ich herzlich meinen Eltern, für das Lektorat und die kritische Würdigung meiner Gedanken bedanke ich mich zudem bei meinem Vater Bernard Völkerding.

Wesentliche Teile dieser Arbeit sind während meiner Zeit als wissenschaftlicher Mitarbeiter in der Praxisgruppe Arbeitsrecht der Kanzlei Orrick, Herrington & Sutcliffe LLP in Düsseldorf entstanden. Meinen Kollegen, insbesondere dem Praxisgruppenleiter Dr. André Zimmermann, möchte ich herzlich für ihre Unterstützung danken, die zum Gelingen dieser Arbeit in hohem Maße beigetragen hat.

Abschließend gilt mein größter Dank meiner Frau, Dr. Lisa Maria Völkerding, der ich diese Arbeit widme. Neben der Erstellung ihrer eigenen, großartigen Dissertation hat sie die Zeit und die Kraft gefunden, die vorliegende Arbeit durch ihre stete und liebevolle Unterstützung zu ermöglichen. Dafür danke ich ihr von Herzen.

Inhaltsverzeichnis

Abkürzungsverzeichnis

A.A.	Andere Ansicht
aba	Arbeitsgemeinschaft für betriebliche Altersversorgung e.V.
Abs.	Absatz
AEntG	Arbeitnehmer-Entsendegesetz
AEUV	Vertrag über die Arbeitsweise der Europäischen Union
a.F.	Alte Fassung
AG	Aktiengesellschaft/Amtsgericht
AG & Co. KgaA	Aktiengesellschaft & Co Kommanditgesellschaft
AGB	Allgemeine Geschäftsbedingungen
AGG	Allgemeines Gleichbehandlungsgesetz
AktG	Aktiengesetz
AltEinkG	Alterseinkünftegesetz
AltTZG	Altersteilzeitgesetz
AltZertG	Altersvorsorgeverträge-Zertifizierungsgesetz
Anh.	Anhang
Anm.	Anmerkung(en)
AO	Abgabenordnung
AP	Arbeitsrechtliche Praxis
ArbGG	Arbeitsgerichtsgesetz
ArbR Aktuell	Arbeitsrecht Aktuell
ArbRB	Arbeits-Rechtsberater
ArbSchG	Arbeitsschutzgesetz
ArbZG	Arbeitszeitgesetz
Art.	Artikel
ASiG	Arbeitssicherheitsgesetz
AuA	Arbeit und Arbeitsrecht
AÜG	Arbeitnehmerüberlassungsgesetz
AuR	Arbeit und Recht
AVE	Allgemeinverbindlicherklärung
AVE VTV	Allgemeinverbindlicherklärung Versorgungstarifverträge
AVMG	Altersvermögensgesetz
BaFin	Bundesanstalt für Finanzdienstleistungsaufsicht
BAG	Bundesarbeitsgericht
BAGE	Entscheidungen des Bundesarbeitsgerichts
BAnz	Bundesanzeiger

BAnz. AT	Bundesanzeiger Amtlicher Teil
bAV	betriebliche Altersversorgung
BAVC	Bundesarbeitgeberverband Chemie
BB	Betriebs-Berater
BBiG	Berufsbildungsgesetz
BDA	Bundesvereinigung der Deutschen Arbeitgeberverbände
BDSG	Bundesdatenschutzgesetz
BeckOGK	Beck Online-Großkommentar
BEEG	Bundeselterngeld- und Elternzeitgesetz
BetrAV	Verbandszeitschrift betriebliche Altersversorgung
BetrAVG	Gesetz zur Verbesserung der betrieblichen Altersversorgung (Betriebsrentengesetz)
BetrAVG-E	Neues Sozialpartnermodell Betriebsrente (Stand: 23.1.2015)
BetrVG	Betriebsverfassungsgesetz
BfA	Bundesversicherungsanstalt für Angestellte
BGB	Bürgerliches Gesetzbuch
BGBl.	Bundesgesetzblatt
BGH	Bundesgerichtshof
BGHZ	Entscheidungen des Bundesgerichtshofs
bm	Bank und Markt
BMAS	Bundesministerium für Arbeit und Soziales
BMF	Bundesministerium der Finanzen
BRSG	Betriebsrentenstärkungsgesetz
BRTV	Bundesrahmentarifvertrag für das Baugewerbe
BT	Bundestag
BT-Drs.	Bundestags-Drucksache
BUrlG	Bundesurlaubsgesetz
BVerfG	Bundesverfassungsgericht
BVerfGE	Entscheidungen des Bundesverfassungsgerichts
bzw.	beziehungsweise
ca.	circa
CDU	Christlich Demokratische Union Deutschlands
CSU	Christlich-Soziale Union in Bayern
DAX	Deutscher Aktienindex
DB	Der Betrieb
Dehoga	Deutscher Hotel- und Gaststättenverband
Dr.	Doktor
DrittelbG	Drittelbeteiligungsgesetz
Drs.	Drucksache

DStR	Das deutsche Steuerrecht
EbAV	Einrichtungen der betrieblichen Altersversorgung
EG	Europäische Gemeinschaft
EntgTranspG	Entgelttransparenzgesetz
ErfK	Erfurter Kommentar
EStG	Einkommensteuergesetz
ETF	Exchange Traded Funds/Börsengehandelter Fonds
EU	Europäische Union
EuGH	Europäischer Gerichtshof
e.V.	Eingetragener Verein
EZB	Europäische Zentralbank
f.	folgende
ff.	auf den nächsten Seiten folgend
FPfZG	Familienpflegezeitgesetz
GewO	Gewerbeordnung
GG	Grundgesetz
ggü.	gegenüber
GWB	Gesetz gegen Wettbewerbsbeschränkungen
GVBl.	Gesetz- und Verordnungsblatt
HAG	Heimarbeitsgesetz
HDI	Haftpflichtverband der Deutschen Industrie
HGB	Handelsgesetzbuch
HK-BGB	Handkommentar Bürgerliches Gesetzbuch
Hs.	Halbsatz
HWK	Henssler, Martin, Willemsen, Heinz Josef und Kalb, Heinz-Jürgen, Arbeitsrecht Kommentar
i.E.	im Ergebnis
i.e.S.	im engeren Sinne
IFRS	International Financial Reporting Standards
IG BCE	Industriegewerkschaft Bergbau, Chemie, Energie
IG Metall	Industriegewerkschaft Metall
Insg.	Insgesamt
InsO	Insolvenzordnung
InvG	Investmentgesetz
i.S.d.	Im Sinne des/der
IVS	Institut der Versicherungsmathematischen Sachverständigen für Altersversorgung e. V.
JArbSchG	Jugendarbeitsschutzgesetz
jM	juris Die Monatszeitschrift

KMU	Kleine und mittlere Unternehmen
KSchG	Kündigungsschutzgesetz
KVdR	Krankenversicherung der Rentner
LAG	Landesarbeitsgericht
M&A	Mergers & Acquisitions
M&A Review	Mergers & Acquisitions Review
MdB	Mitglied des Bundestags
M+E	Metall und Elektro
MHdB	Münchener Handbuch
MiLoG	Mindestlohngesetz
MitBestG	Mitbestimmungsgesetz
MüKo BGB	Münchener Kommentar Bürgerliches Gesetzbuch
MüKo AktG	Münchener Kommentar Aktiengesetz
MSCI	Morgan Stanley Capital International
MuSchG	Mutterschutzgesetz
m.w.N.	Mit weiteren Nachweisen
NachwG	Nachweisgesetz
n.F.	Neue Fassung
NGG	Gewerkschaft Nahrung-Genuss-Gaststätten
Nr.	Nummer
NZA	Neue Zeitschrift für Arbeitsrecht
NZG	Neue Zeitschrift für Gesellschaftsrecht
NZS	Neue Zeitschrift für Sozialrecht
o.Ä.	Oder Ähnlichem
PFAV	Verordnung betreffend die Aufsicht über Pensionsfonds und über die Durchführung reiner Beitragszusagen in der betrieblichen Altersversorgung
PFAV-E	Entwurf der Verordnung betreffend die Aufsicht über Pensionsfonds und über die Durchführung reiner Beitragszusagen in der betrieblichen Altersversorgung
PflegeZG	Pflegezeitgesetz
PSV	Pensions-Sicherungs-Verein
PSV AHV	Pensions-Sicherungs-Verein der alleinhaftenden Versorgungsträger
PVdR	Pflegeversicherung der Rentner
RdA	Recht der Arbeit
RGBl.	Reichsgesetzblatt
RL	Richtlinie
Rn.	Randnummer

Rz.	Randziffer
S.	Seite
SCEBG	Gesetz über die Beteiligung der Arbeitnehmer und Arbeitnehmerinnen in einer Europäischen Genossenschaft
SE	Europäische Gesellschaft
SEAG	Gesetz zur Ausführung der Verordnung (EG) Nr. 2157/2001 des Rates vom 8. Oktober 2001 über das Statut der Europäischen Gesellschaft (SE)
SEBG	Gesetz über die Beteiligung der Arbeitnehmer in einer Europäischen Gesellschaft
SGB	Sozialgesetzbuch
SHSS	Schlewing, Anja, Henssler, Martin, Schipp, Johannes und Schnitker, Elmar, Arbeitsrecht der betrieblichen Altersversorgung und Zeitwertkonten
SoKa-Bau	Sozialkasse der Bauwirtschaft
SokaSiG	Gesetz zur Sicherung der Sozialkassenverfahren im Baugewerbe
SR	Soziales Recht
SPD	Sozialdemokratische Partei Deutschlands
SPM	Sozialpartnermodell
SvEV	Sozialversicherungsentgeltverordnung
TarifVO	Verordnung über Tarifverträge, Arbeiter- und Angestelltenausschüsse und Schlichtung von Arbeitsstreitigkeiten
ThürVgG	Thüringer Gesetz über die Vergabe öffentlicher Aufträge
TV	Tarifvertrag
TV-EntgeltU-B/L	Tarifvertrag zur Entgeltumwandlung für die Beschäftigten des Bundes und der Länder
TVG	Tarifvertragsgesetz
VAAufsG	Gesetz über die Beaufsichtigung der Versorgungsanstalt der deutschen Bühnen und der Versorgungsanstalt der deutschen Kulturorchester
VAG	Gesetz über die Beaufsichtigung der Versicherungsunternehmen
VAG-E	Entwurf eines Gesetzes über die Beaufsichtigung der Versicherungsunternehmen
VAG-InfoV	Verordnung über Informationspflichten in der betrieblichen Altersversorgung, die von Pensionsfonds, Pensionskassen und anderen Lebensversicherungsunternehmen durchgeführt wird

Ver.di	Vereinte Dienstleistungsgewerkschaft
V.E.R.S	V.E.R.S. Leipzig Gmbh
VVG	Versicherungsvertragsgesetz
VW	Versicherungswirtschaft
WissZeitVG	Wissenschaftszeitvertragsgesetz
WpHG	Wertpapierhandelsgesetz
ZFA	Zeitschrift für Arbeitsrecht
ZIP	Zeitschrift für Wirtschaftsrecht

Einleitung

So wie einst Pharao die Versorgung des ägyptischen Volkes mit Getreide Joseph anvertraute,[1] setzte der deutsche Gesetzgeber im Jahre 2017 zur Stärkung der betrieblichen Altersversorgung sein Vertrauen in die Sozialpartner, die tariffähigen Arbeitnehmer- und Arbeitgeberverbände in Deutschland. Ihrer Akzeptanz unter den Beschäftigten und ihrem Weitblick trauten es die damalige Bundesarbeitsministerin *Nahles* und die Abgeordneten des Deutschen Bundestags zu, das seit Langem statisch vor sich hin leidende deutsche Betriebsrentenwesen aufzurichten und die Speicher für die Arbeitnehmer zu füllen. Dies sollte unter anderem durch die neu eingeführte reine Beitragszusage nach § 1 Abs. 1 Nr. 2a BetrAVG geschehen. Leider war nicht absehbar, dass diesmal wohl die Dürrejahre vor den guten Jahren kommen würden.[2]

–

Seit nunmehr vier Jahren warten Gesetzgeber, Arbeitnehmer und die deutschen Betriebsrentenrechtsexperten vergebens auf das erste Sozialpartnermodell, die reine Beitragszusage nach § 1 Abs. 2 Nr. 2a BetrAVG. Die Einführung der reinen Beitragszusage nach § 1 Abs. 2 Nr. 2a BetrAVG lässt nun auch im Jahr 2022 weiter auf sich warten. Zwischenzeitlich ist sie sogar schon fast für tot erklärt worden.[3] Ein erster Tarifabschluss ist mittlerweile immerhin erfolgt.[4]

Die Situation der Altersversorgung der deutschen Arbeitnehmer hat sich indessen nicht verbessert. Zu der anhaltenden Niedrigzinsphase und dem Druck

---

1 Die Bibel, 1. Buch Mose, 41, 41, Einheitsübersetzung 2016.

2 Leise Zweifel hinsichtlich des Umsetzungswillens der Sozialpartner hatten bereits *Schmitt-Rolfes*, Der wichtigste Satz im neuen BetrAVG, AuA 2017, S. 399; *Thüsing*, Betriebsrentenstärkungsgesetz: Mut tut gut!, DB 2017, S. M5, Heft 3.

3 *Krohn*, Warum die Zukunft der „Nahles-Rente“ auf dem Spiel steht, Frankfurter Allgemeine Zeitung, 8. Oktober 2019, abrufbar unter https://www.faz.net/aktuell/finanzen/meine-finanzen/vorsorgen-fuer-das-alter/wieso-die-nahles-rente-auf-dem-spiel-steht-16421798.html, zuletzt abgerufen am 10. Dezember 2021.

4 Pressemitteilung der Talanx Gruppe vom 11. März 2021, abrufbar unter https://www.talanx.com/de/presse/presseartikel/die_deutsche_betriebsrente_startet_mit_ver.di_das_erste_sozialpartnermodell_in_deutschland, zuletzt abgerufen am 10. Dezember 2021; Pressemitteilung der Gewerkschaft ver.di aus dem März 2021, abrufbar unter https://www.verdi.de/++file++6049e965fc24420585b7b0e9/download/Hintergrund%20Haustarifvertrag%20ver.di_Talanx%20Sozialpartnermodell.pdf, zuletzt abgerufen am 10. Dezember 2021.

des demografischen Wandels auf sämtliche Altersversorgungssysteme kam nun erschwerend auch noch die Covid-19-Pandemie mit ihren wirtschaftlichen Folgen, auch für Ansprüche etwa gegen die gesetzliche Rentenversicherung, hinzu.[5]

Der Regierungskommission „Verlässlicher Generationenvertrag", die das Gesamtsystem der deutschen Altersvorsorge – sowohl der gesetzlichen als auch der betrieblichen und privaten Säule – ab dem Jahr 2030 auf ein zukunftsfähiges, neues Fundament stellen sollte, ist mit ihrem Bericht[6] nach wohl allgemeiner Ansicht kein großer Wurf gelungen.[7]

Im Koalitionsvertrag der Regierungskoalition der SPD, Bündnis 90/Die Grünen und FDP findet das Sozialpartnermodell nunmehr explizit Erwähnung. Nach dem Willen der Koalitionspartner soll das Sozialpartnermodell „nun umgesetzt werden."

Im Rahmen der vorliegenden Bearbeitung ist der Frage nachzugehen, welche Anforderungen an einen die reine Beitragszusage nach § 1 Abs. 2 Nr. 2a BetrAVG einführenden Tarifvertrag zu stellen sind. Dafür werden notwendige und optionale Inhalte eines solchen Tarifvertrags untersucht. Schwerpunkt der Bearbeitung bildet die Beantwortung der Frage, welche Anforderungen an eine Beteiligung der Sozialpartner an der Durchführung und Steuerung der reinen Beitragszusage nach § 1 Abs. 2 Nr. 2a BetrAVG zu stellen sind, denn dies scheint bislang ein Haupthindernis für die Einführung dieser neuartigen Versorgungszusage zu sein.

–

Letztlich wird aber durch die vorliegende Arbeit zu zeigen sein, inwiefern das Vertrauen des Gesetzgebers in die Sozialpartner sich als gerechtfertigt erweisen wird. Konkret: Stehen den Sozialpartnern die notwendigen Mittel zur Verfügung, mit denen sie die Dürrephase zum einen nicht auf ganze sieben Jahre anwachsen lassen müssen und zum anderen doch noch Überfluss schaffen können – wenn sie nur beherzt zugreifen und das Sozialpartnermodell aus dem Brunnen ziehen. Wie die Jakobssöhne am Ende den Wert ihres ausgestoßenen Bruders Josephs erkannten, so besteht dann auch die Hoffnung, dass Arbeitnehmer

---

5 *Geulen/Vogt*, Kurzarbeit in der Corona Krise, ArbR Aktuell 2020, S. 181, 185.

6 Bericht der Kommission Verlässlicher Generationenvertrag, Band I – Empfehlungen, abrufbar unter https://www.bmas.de/SharedDocs/Downloads/DE/Thema-Rente/Kommission-Verlaesslicher-Generationenvertrag/bericht-der-kommission-band-1.pdf?__blob=publicationFile&v=1, zuletzt abgerufen am 10. Dezember 2021.

7 Vgl. hierzu *Kreikebohm*, Eine Reform der Alterssicherung bleibt nun – erst recht – auf der Tagesordnung, NZS 2020, S. 401; *Kerschbaumer*, Die Rentenkommission legt ihren Schlussbericht vor und viele Fragen bleiben offen, BetrAV 2020, S. 169.

wie Arbeitgeber wieder den Wert ihrer jeweiligen Sozialpartner erkennen und gemeinsam die Tarifbindungsquote stärken werden.

***

Kapitel 1 Begriffe und Entwicklung der reinen Beitragszusage nach § 1 Abs. 2 Nr. 2a BetrAVG in Deutschland

A. Einführung

Sämtliche Kapitel dieser Arbeit sollen dem Leser näher an die Beantwortung der Frage bringen, welche Anforderungen an Tarifverträge zur Einführung der reinen Beitragszusage nach § 1 Abs. 2 Nr. 2a BetrAVG zu stellen sind. Dafür erfolgt zunächst allerdings kein Überblick über das bisherige System der Versorgungszusagen im deutschen Betriebsrentenrecht und der unterschiedlichen Durchführungswege,[8] da hier deren Fokussierung auf leistungsbezogene Versorgungszusagen zur Beantwortung beitragsspezifischer Rechtsfragen nur eingeschränkt hilfreich ist.

Kapitel 1 dient daher zunächst der Herstellung eines Überblicks über das beitragsspezifische Betriebsrentensystem. Zunächst erfolgen Definitionen der in dieser Arbeit verwendeten Begriffe[9], sodann wird die Entwicklung der reinen Beitragszusage nach § 1 Abs. 2 Nr. 2a BetrAVG aufgezeigt. Dieser Spur wird nachgegangen von den ersten wissenschaftlichen Beiträgen zu reinen Beitragsmodellen[10], über die intensive Auseinandersetzung auf dem 65. Deutschen Juristentag 2004 in Bonn.[11]

Kapitel 2 zeichnet die Entwicklung des Betriebsrentenstärkungsgesetzes nach, beginnend von der im Jahr 2014 einsetzenden Diskussion in Wissenschaft und Gesetzgebung,[12] bis zur Verabschiedung des Gesetzes in 2017.[13] An dieser Stelle

8 Ein solcher Überblick findet sich beispielhaft in *Rawe,* Auslegung von Zusagen der betrieblichen Altersversorgung: Zugleich ein Beitrag zu den Entwicklungen im Betriebsrentenrecht anhand einer Rechtsprechungsanalyse, S. 13 ff.

9 Siehe unten Kapitel 1B.

10 Siehe unten Kapitel 1C.I.

11 Siehe unten Kapitel 1C.I.2).

12 Siehe unten Kapitel 2E.

13 Siehe unten Gesetz zur Stärkung der betrieblichen Altersversorgung und zur Änderung anderer Gesetze (Betriebsrentenstärkungsgesetz) in der Fassung der Bekanntmachung vom 17.08.2017, (BGBl. I S. 3214).

erfolgt dann eine erste Zusammenschau der wesentlichen Bestandteile der neuen reinen Beitragszusage nach § 1 Abs. 2 Nr. 2a BetrAVG.[14]

In Kapitel 3 fällt der Blick dann zunächst nicht auf die einzelnen rechtlichen Probleme der reinen Beitragszusage nach § 1 Abs. 2 Nr. 2a BetrAVG, sondern auf die Hauptakteure, die Sozialpartner. Es erfolgt eine kurze Zusammenschau der wichtigsten Tarifabschlüsse seit der Einführung des Betriebsrentenstärkungsgesetzes, die, soviel sei schon vorweggenommen, stets in der Feststellung mündet, dass keine reine Beitragszusage nach § 1 Abs. 2 Nr. 2a BetrAVG vereinbart wurde.[15] Um dem Ausbleiben der Tarifabschlüsse auf den Grund zu gehen, wurden anschließend Meinungsäußerungen von Akteuren der Sozialpartner eingehend betrachtet, um Kritikpunkte und Hindernisse zu identifizieren.[16]

Kapitel 4 und Kapitel 5 bilden den Schwerpunkt der Bearbeitung.

Besonders herauszustellen ist mit Kapitel 4 die Fragestellung, was unter der Beteiligung an der Durchführung und Steuerung der Sozialpartner nach § 21 Abs. 1 BetrAVG zu verstehen ist.[17] Hierzu erfolgt zunächst eine umfassende Auslegung des Begriffs der Beteiligung, gefolgt von einer Bestimmung der Untergrenze einer solchen Beteiligung in der Praxis. Zuletzt werden hier Rechtsfolgen einer gescheiterten oder fehlerhaften Beteiligung für Arbeitgeber und Sozialpartner untersucht.

In Kapitel 5 werden dann die einzelnen Inhalte eines Tarifvertrags über die reine Beitragszusage nach § 1 Abs. 2 Nr. 2a BetrAVG aufgeführt und innerhalb dieser Aufführung die einzelnen Rechtsprobleme untersucht sowie Stellung hierzu genommen.[18] Weitere Schwerpunkte bilden hier die Fragen nach dem Arbeitgeberzuschuss gemäß § 23 Abs. 2 BetrAVG,[19] die Berücksichtigung bereits bestehender Entgeltumwandlungsvereinbarungen[20] sowie der Ausgestaltung einer möglichen Pflegeversicherung in Form der reinen Beitragszusage nach § 1 Abs. 2 Nr. 2a BetrAVG.[21]

Bestimmte Fragen, die hinlänglich bereits in der Wissenschaft diskutiert wurden, werden in dieser Arbeit zwar behandelt, bilden jedoch keinen Schwerpunkt und der Autor bietet diesbezüglich auch keine eigenen Lösungen an. Hierzu

---

14 Siehe unten Kapitel 2E.
15 Siehe unten Kapitel 3B.
16 Siehe unten Kapitel 3B.II.
17 Siehe unten Kapitel 4.
18 Siehe unten Kapitel 5A.
19 Siehe unten Kapitel 5A.II.2)a)
20 Siehe unten Kapitel 5B.
21 Siehe unten Kapitel 5C.III.

zählt insbesondere die Frage nach der Erstreckung der reinen Beitragszusage nach § 1 Abs. 2 Nr. 2a BetrAVG auf Nichttarifgebundene, insbesondere mittels Allgemeinverbindlicherklärungen.[22] Diese ohne Zweifel wichtigen Fragen wurden zurückgestellt zugunsten der bereits in den Verhandlungen zu einem Tarifabschluss über die reine Beitragszusage nach § 1 Abs. 2 Nr. 2a BetrAVG auftretenden Rechtsfragen.

Kapitel 6 bildet den Abschluss der Bearbeitung, in dem die wesentlichen Ergebnisse in Thesenform dargestellt werden.[23]

B. Zentrale Begriffe dieser Arbeit

Zunächst gilt es, einige zentrale Begriffe zu erklären, die in dieser Arbeit verwendet werden.

Die Rechtswissenschaft kann ihre Aufgaben in Staat und Gesellschaft nur erfüllen, wenn sie sprachlich hinreichend genau ist. Juristen müssen der Präzision ihrer Aussagen daher besondere Bedeutung beimessen.[24] Kommunikation kann ferner nur gelingen, wenn die an der Sprachkommunikation Beteiligten über gemeinsame Verständnishorizonte verfügen. Sind solche nicht vorhanden, so reden die Gesprächspartner aneinander vorbei.[25] Dieser Abschnitt der Arbeit soll daher dazu dienen, beim Leser und beim Verfasser ein kongruentes Verständnis der zentralen Begriffe zu schaffen.

In der betriebsrentenrechtlichen Literatur werden bisweilen ähnliche Begriffe synonym verwendet, obwohl sie dennoch einige Unterschiede aufweisen. Alleine um das Untersuchungsobjekt dieser Arbeit treffend zu bezeichnen, kommen mehrere Termini in Betracht. Dies sind die Begriffe *reine Beitragszusage*, *einfache Beitragszusage*, *defined contribution* oder *Sozialpartnermodell*. Es gilt, dem Leser eingangs zu verdeutlichen, aus welchem Grund sich der Verfasser für die Verwendung des Begriffs der *reinen Beitragszusage nach § 1 Abs. 2 Nr. 2a BetrAVG* entschieden hat. Darauffolgend sind auch weitere Schlüsselbegriffe, die in der Arbeit Verwendung finden, zu erklären.

---

22 Siehe unten Kapitel 5C.II.2)b).

23 Siehe unten Kapitel 6.

24 Vgl. zur Präzision juristischer Sprache *Rüthers/Fischer/Birk*, Rechtstheorie, Rn. 186.

25 *Rüthers/Fischer/Birk*, Rechtstheorie, Rn. 172.

I. Der Begriff der *reinen Beitragszusage nach § 1 Abs. 2 Nr. 2a BetrAVG*

1) Die reine Beitragszusage als Grundtyp betrieblicher Versorgungszusagen

Die *reine Beitragszusage*, auch *einfache Beitragszusage*, im Englischen *defined contribution* und so auch häufig in der deutschen Rechtswissenschaft bezeichnet,[26] ist einer von mehreren Grundtypen einer Versorgungszusage des Arbeitgebers an seine Arbeitnehmer, mithin der betrieblichen Altersversorgung. Dieser Grundtyp betrieblicher Versorgungszusagen ist in unterschiedlichen Jurisdiktionen zu finden. Er sieht vor, dass der Arbeitgeber, der seinem Arbeitnehmer eine Versorgung nach Eintritt in den Ruhestand verspricht, ausschließlich zur Zahlung eines Beitrages oder regelmäßiger Beiträge während des laufenden Arbeitsverhältnisses verpflichtet ist.[27] Die Beitragszusage ist abzugrenzen von der Leistungszusage oder *defined contribution,* die aus dem Versprechen einer bestimmten, üblicherweise regelmäßig wiederkehrenden und bis zum Lebensende zu zahlenden Leistung zum Renteneintritt besteht.[28]

Der Beitrag wird zumeist an einen externen Versorgungsträger gezahlt, theoretisch ist jedoch auch denkbar, dass der Arbeitgeber den Beitrag selbst verwaltet und anlegt.[29] Die Beitragszahlung bildet insoweit die einzige Grundverpflichtung aus dem Arbeitsverhältnis.[30] Allein das Ergebnis der Vermögensverwaltung dieser gezahlten Beiträge stellt die tatsächliche Versorgung im Alter bei diesem Grundtyp dar.[31] Für ein bestimmtes Anlageergebnis wird üblicherweise keine Garantie übernommen, das Anlagerisiko trägt somit der versorgungsberechtigte Arbeitnehmer.[32] Daher rührt der Begriffsteil *rein,* in Abgrenzung etwa

---

26 Das US-amerikanische Betriebsrentenrecht kennt die *defined contribution* als Gegensatz zum *defined benefit* schon deutlich länger als das deutsche Recht die reine Beitragszusage, daher sind die englischen Begriffe in der rechtlichen Diskussion die geläufigeren.

27 Blomeyer/Otto/Rolfs/*Rolfs*, BetrAVG, § 1 Rn. 105.

28 Vgl. Höfer BetrAVG I/*Höfer*, Betriebsrentengesetz, § 19 Rn. 19.

29 Nach deutschem Betriebsrentenrecht nicht zulässig, § 1 Abs. 2 Nr. 2a BetrAVG.

30 Höfer BetrAVG I/*Höfer*, Betriebsrentengesetz, Kapitel 3: Die Grundverpflichtung aus dem Arbeitsverhältnis und die Durchführungswege der betrieblichen Altersversorgung Rn. 6.

31 *Roth*, Private Altersvorsorge: Betriebsrentenrecht und individuelle Vorsorge – eine rechtsvergleichende Gesamtschau, S. 18.

32 Vgl. zum deutschen Modell Blomeyer/Otto/Rolfs/*Rolfs*, BetrAVG, § 1 Rn. 107.

vom deutschen Modell der Beitragszusage mit Mindestleistung, in der neben der reinen Beitragsleistung auch ein Mindestmaß der späteren Leistung versprochen wird.[33]

In der wissenschaftlichen Auseinandersetzung hat sich der ursprünglich genutzte Begriff der *einfachen Beitragszusage*,[34] der letztlich denselben Inhalt wie der Begriff der *reinen Beitragszusage* beschreibt, nicht durchgesetzt. Auch auf den englischen Begriff der *defined contribution* soll in der vorliegenden Arbeit nicht zurückgegriffen werden, insofern nicht das US-amerikanische Modell dargestellt wird, da es offensichtlich an deutschen Bezeichnungen nicht mangelt.

2) Reine Beitragszusage *als legaldefinierter Begriff des deutschen Betriebsrentenrechts*

Wie unten erläutert wird, hat der deutsche Gesetzgeber mit dem Betriebsrentenstärkungsgesetz ein Modell der reinen Beitragszusage eingeführt und mit einigen Voraussetzungen und Einschränkungen versehen.[35] Für das deutsche Betriebsrentenrecht hat der Gesetzgeber naheliegenderweise den Begriff der *reinen Beitragszusage* verwendet, um die spezifische deutsche Ausprägung der reinen Beitragszusage zu bezeichnen. Es gilt folgende Legaldefinition nach § 1 Abs. 2 Nr. 2a BetrAVG.

Hiernach liegt eine

> *„[…] [b]etriebliche Altersversorgung […] auch vor, […]wenn der Arbeitgeber durch Tarifvertrag oder auf Grund eines Tarifvertrages in einer Betriebs- oder Dienstvereinbarung verpflichtet wird, Beiträge zur Finanzierung von Leistungen der betrieblichen Altersversorgung an einen Pensionsfonds, eine Pensionskasse oder eine Direktversicherung nach § 22 zu zahlen; die Pflichten des Arbeitgebers nach Absatz 1 Satz 3, § 1a Absatz 4 Satz 2, den §§ 1b bis 6 und 16 sowie die Insolvenzsicherungspflicht nach dem Vierten Abschnitt bestehen nicht (reine Beitragszusage), […].“*

---

33 Dies ist üblicherweise die Gesamtsumme der eingezahlten Beiträge, ggf. abzüglich Verwaltungskosten und Kosten für einen biometrischen Risikoausgleich. Das deutsche Modell der Beitragszusage mit Mindestleistung ist in § 1 Abs. 2 Nr. 2 BetrAVG normiert.

34 So verwendet ein einem Leitantrag der Verhandlungen des 65. Deutschen Juristentages in Bonn 2004, Band II/1, Q 82, Nr. 7.

35 Zu den Besonderheiten der reinen Beitragszusage nach § 1 Abs. 2 Nr. 2a BetrAVG siehe unten Kapitel 2E.

3) Der Begriff des Sozialpartnermodells

Der Begriff des *Sozialpartnermodells* kann als Oberbegriff für die deutsche Ausprägung der reinen Beitragszusage verwendet werden.[36] Er bezieht sich darauf, dass die reine Beitragszusage in Deutschland nur nach entsprechender Einigung der Sozialpartner – also grundsätzlich Arbeitgeber- und Arbeitnehmervertreter – in Form eines Tarifvertrags angeboten werden darf. Als solcher wurde der Begriff vom Bundesministerium für Arbeit und Soziales in dem frühen Gesetzentwurf[37] und ebenso von *Hanau* und *Arteaga* in deren Gutachten zu dem betreffenden Gesetzentwurf[38] sowie auch in der Literatur zum Betriebsrentenstärkungsgesetz[39] verwendet. Im endgültigen Gesetzentwurf zum Betriebsrentenstärkungsgesetz wird dieser Begriff jedoch nicht mehr verwendet, weder im Gesetzestext selbst[40] noch in der Gesetzesbegründung[41] oder Beschlussempfehlung des Ausschusses für Soziales und Arbeit.[42]

Mit dem Begriff des *Sozialpartnermodells* wurden unterschiedliche Modelle bezeichnet, oder jedenfalls hat das Modell, das als *Sozialpartnermodell* bezeichnet wird, im Laufe der Zeit deutliche Änderungen erfahren. Vom frühen Gesetzentwurf und dessen Regelung in § 17b BetrAVG-E, über den Entwurfsvorschlag von *Hanau* und *Arteaga*, fernerhin der Gesetzentwurf des Betriebsrentenstärkungsgesetzes bis zur letztlich Gesetz gewordenen Beschlussempfehlung des

---

36 So etwa auch von *Nahles*, Das Betriebsrentenstärkungsgesetz kommt!, BetrAV 2017, S. 377.

37 Neues Sozialpartnermodell Betriebsrente, Mögliche Änderungen im Betriebsrentengesetz (Gesetzestext und Begründung), abrufbar unter http://www.portal-sozialpolitik.de/uploads/sopo/pdf/2015/2015-01-23_BMAS_entwurf_17b_betravg.pdf, zuletzt abgerufen am 10. Dezember 2021.

38 *Hanau/Arteaga*, Rechtsgutachten zu dem „Sozialpartnermodell Betriebsrente" des Bundesministeriums für Arbeit und Soziales.

39 Vgl. nur *Buddenbrock/Kühn*, Das Sozialpartnermodell – Ablösung bestehender Versorgungssysteme in der bAV durch die reine Beitragszusage, BB 2017, S. 2997; *Grote*, Direktversicherung im Sozialpartnermodell, BetrAV 2017, S. 382; *Ulbrich*, Das Sozialpartnermodell auf der Zielgeraden – Kommt die bAV II, BB 2016, S. 2363.

40 Gesetz zur Stärkung der betrieblichen Altersversorgung und zur Änderung anderer Gesetze (Betriebsrentenstärkungsgesetz) vom 17.08.2017, (BGBl. I S. 3214).

41 Referentenentwurf des BMAS und des BMF zum Betriebsrentenstärkungsgesetz, BT-Drs. 18/11286.

42 Beschlussempfehlung und Bericht des Ausschusses für Arbeit und Soziales zum Gesetzentwurf der Bundesregierung (Betriebsrentenstärkungsgesetz), BT-Drs. 18/12612.

Ausschusses für Arbeit und Soziales sind zumindest vier Modelle zeitweilig als *Sozialpartnermodell* bezeichnet worden. Dennoch dürfte mit Verabschiedung des Betriebsrentenstärkungsgesetzes in der Literatur Einigkeit darüber bestehen, dass nunmehr mit dem Begriff nur noch die tatsächlichen Regelungen der §§ 1 Abs. 2 Nr. 2a, 21 ff. BetrAVG gemeint sind.

4) *Der Begriff der* Nahlesrente

Der Begriff der *Nahlesrente,* nach der zu dem Zeitpunkt der Einführung amtierenden Bundesministerin für Arbeit und Soziales, *Andrea Nahles,* wurde der reinen Beitragszusage nach § 1 Abs. 2 Nr. 2a BetrAVG von den berichterstattenden Medien gegeben.[43] Diese Bezeichnung knüpft an eine gewisse Tradition an, Rentenmodelle nach den federführenden Bundesministern bzw. den mit der Entwicklung betrauten Ökonomen zu benennen. Dies sind insbesondere die nach *Walter Riester* benannte *Riester-Rente* sowie die nach *Bert Rürup* benannte *Rürup-Rente.* Tatsächlich hat auch *Nahles* einen entscheidenden Beitrag zur Einführung der reinen Beitragszusage nach § 1 Abs. 2 Nr. 2a BetrAVG geleistet.[44]

Es handelt sich jedoch um einen überwiegend politischen Begriff, der auch im Vergleich zur *Riester-* und *Rürup*-Rente bislang keine vergleichbare Verbreitung im allgemeinen Sprachgebrauch erlangt hat.[45] Aus diesem Grund findet er in dieser Bearbeitung keine weitere Verwendung.

5) *Der Begriff der reinen Beitragszusage nach § 1 Abs. 2 Nr. 2a BetrAVG in dieser Arbeit*

Nach den obigen Ausführungen stehen zwei Begriffe zur Bezeichnung der Regelungen aus §§ 1 Abs. 2 Nr. 2a, 21 ff. BetrAVG zur Verfügung: der Begriff der *reinen Beitragszusage* sowie der des *Sozialpartnermodells.* Der Begriff des Sozialpartnermodells dürfte der präzisere sein, da er lediglich die aktuelle deutsche Ausprägung meint und so auch verstanden wird, während unter der *reinen*

43 Vgl. hierzu *Tauber/Fromme,* Letzte Chance Nahles-Rente, Süddeutsche Zeitung, 22. Februar 2018, abrufbar unter https://www.sueddeutsche.de/wirtschaft/grosse-koalition-letzte-chance-nahles-rente-1.3915463, zuletzt abgerufen am 10. Dezember 2021; *Krohn,* Frankfurter Allgemeine Zeitung, 8. Oktober 2019.

44 Vgl. dazu unten Kapitel 4B.III.5).

45 Hierzu sei lediglich auf die Anzahl der Treffer einer Google-Suche nach der „Riester-Rente“ (877.000 Ergebnisse), der „Rürup-Rente“ (376.000 Ergebnisse) und der „Nahles-Rente“ (6.980 Ergebnisse) verwiesen, Stand vom 31.10.2020.

Beitragszusage auch alle im Ausland gängigen Modelle zu verstehen sein könnten, die sich bisweilen deutlich vom deutschen Modell unterscheiden.

Dennoch wird mit Rücksicht darauf, dass das Gesetz von der reinen Beitragszusage spricht und der Gesetzgeber sich bewusst gegen die Verwendung des wohl eher politischen Begriffs des Sozialpartnermodells entschieden hat, auch in dieser Bearbeitung mit dem Begriff der *reinen Beitragszusage* operiert. Dieser ist jedoch, soweit er nicht internationale Modelle, sondern das spezifisch deutsche Modell meint, durch den Zusatz *nach § 1 Abs. 2 Nr. 2a BetrAVG* zu präzisieren. Auf den Verweis auf die ebenfalls das deutsche Modell ausmachenden Regelungen in §§ 21 ff. BetrAVG ist aus Gründen der besseren Lesbarkeit zu verzichten, da zumindest der Verweis auf § 22 auch in § 1 Abs. 2 Nr. 2a BetrAVG bereits enthalten ist.

Dieser zugegebenermaßen nicht ganz eingängige Begriff ist jedoch aus Sicht des Verfassers notwendig, um das Untersuchungsobjekt präzise fassen zu können.

Der Begriff des Sozialpartnermodells wird in dieser Arbeit – abgesehen von dem Vorwort – nur verwendet, wenn im Rahmen der Darstellung der Entwicklung der reinen Beitragszusage nach § 1 Abs. 2 Nr. 2a BetrAVG auf dessen Verwendung durch Dritte abgestellt wird.

II. Weitere Begriffe

1) Versorgungsberechtigte

Unter Versorgungsberechtigten in dieser Arbeit sind Versorgungsempfänger und Versorgungsanwärter zu verstehen.[46]

2) Betriebliche Altersversorgung und Altersvorsorge

Unter betrieblicher Altersversorgung versteht das BetrAVG die Zusage eines Arbeitgebers an seinen Arbeitnehmer auf „Leistungen der Alters-, Invaliditäts- oder Hinterbliebenenversorgung aus Anlass seines Arbeitsverhältnisses", § 1 Abs. 1 S. 1, 1. Hs. BetrAVG. Der Oberbegriff der „betrieblichen Altersversorgung" erfasst somit sowohl die Altersversorgung im engeren Sinne, die ab dem Erreichen einer bestimmten Altersgrenze ausgelöste Altersleistung als auch die Invaliditäts- und die Hinterbliebenenversorgung, unabhängig

46 So verwendet in BT-Drs. 18/12612, S. 33; Anders *Kisters-Kölkes*, Reine Beitragszusage und Wertgleichheit, Festschrift für Dr. Birgit Uebelhack, S. 221, wonach die Versorgungsberechtigung erst durch das Erstarken der Anwartschaft zum Vollrecht eintritt.

von ihrer Rechtsgrundlage. Mit dieser Definition hat der Gesetzgeber den bis dahin bereits in Rechtsprechung und Schrifttum gebräuchlichen Begriffsinhalt übernommen.[47]

Der Begriff der *Altersversorgung* ist nicht immer trennscharf vom Begriff der *Altersvorsorge* abzugrenzen. Als *Altersvorsorge* ließe sich die Gesamtheit aller nicht staatlichen Alterssicherungssysteme zusammenfassen,[48] wozu auch die Leistungen betrieblicher Altersversorgung zu zählen wären. Der Begriff der *Versorgung* impliziert als Nominalisierung des Verbs „versorgen" dabei eher eine Fremdnützigkeit, der der Vorsorge eher eine Eigennützigkeit. Der Gesetzgeber hat sich jedoch nicht immer stringent an seine bereits im Titel des BetrAVG[49] vorgenommene Bezeichnung gehalten.[50] Gleiches gilt auch für das Bundesverfassungsgericht in einer neueren Entscheidung.[51] Gerade anlässlich der Beratungen über die reine Beitragszusage nach § 1 Abs. 2 Nr. 2a BetrAVG im Deutschen Bundestag wurde auch über die zutreffende Bezeichnung als *Altersversorgung* und der *Altersvorsorge* diskutiert.[52]

Die vorliegende Arbeit hält sich jedoch an die Wortwahl des Gesetzgebers des BetrAVG und verwendet, zumindest vorrangig, für die Beschreibung der betriebsrentenrechtlichen Landschaft in Deutschland den Begriff der *betrieblichen Altersversorgung*. Der Begriff der *Altersvorsorge* wird hingegen nur gebraucht, wo er zitiert wird oder wo er Bestandteil anderer feststehender Begriffe der betriebsrentenrechtlichen Diskussionen ist, etwa in dem *Altersvorsorgesparer*, den *Altersvorsorgeaufwendungen* oder den *Altersvorsorgeleistungen*.

3) *Sozialpartner*

Unter dem Begriff der Sozialpartner sind die an Tarifverträgen beteiligten Arbeitgeberverbände und Gewerkschaften, die die Interessen der Arbeitnehmer und Arbeitgeber vertreten, einschließlich ihrer Spitzenorganisationen und,

---

47 Entwurf eines Gesetzes zur Verbesserung der betrieblichen Altersversorgung, BT-Drs. 7/1281, S. 22.

48 So geprägt durch *Roth*, Private Altersvorsorge, S. 5.

49 Gesetz zur Verbesserung der betrieblichen Altersversorgung (Betriebsrentengesetz – BetrAVG).

50 In § 2 Abs. 2 des AGG spricht der Gesetzgeber etwa von der betrieblichen *Altersvorsorge*.

51 Vgl. BVerfG, Urteil vom 26.05.2020 – 1 BvL 5/18, NJW 2020, 2173.

52 „Das hat mit betrieblicher Altersversorgung nichts zu tun, das ist betriebliche Altersvorsorge!", Matthias W. Birkwald, MdB, DIE LINKE, 1. Beratung zum Betriebsrentenstärkungsgesetz, BT-Plenarprotokoll 18/222, S. 22383.

wo Tariffähigkeit besteht, auch einzelner Arbeitgeber zu verstehen.[53] In dieser Arbeit werden einzelne Sozialpartner, die Spitzenorganisationen oder einzelne Arbeitgeber darstellen, als solche gesondert bezeichnet.

Der Begriff, von dem sich der Name des Sozialpartnermodells ableitet, wird in dieser Arbeit synonym mit dem Begriff der Tarifvertragsparteien in § 21 BetrAVG verwendet. Das Gesetz spricht zwar in § 21 BetrAVG von den Tarifvertragsparteien und nicht den Sozialpartnern. In dieser Arbeit wird dennoch der Begriff der Sozialpartner bevorzugt. Hintergrund dafür ist, dass der Begriff der Tarifvertragsparteien bereits einen geschlossenen Tarifvertrag impliziert. Ein solcher liegt jedoch bei Abschluss dieser Bearbeitung noch nicht vor. Der Begriff der Sozialpartner umfasst hingegen die späteren Tarifvertragsparteien auch zu früheren Zeitpunkten, etwa auch in dem maßgeblichen Zeitpunkt, in dem die Entscheidungen zur Aufnahme von Tarifverhandlungen getroffen werden.

4) Versorgungseinrichtung

Das BetrAVG nennt die zur Durchführung betrieblicher Altersversorgung in Deutschland zugelassenen externen Durchführungswege, Direktversicherungen, Unterstützungskassen, Pensionskassen und Pensionsfonds in § 1 Abs. 1 S. 2 BetrAVG selbst Versorgungsträger. In Literatur und Rechtsprechung sowie auch in anderen Gesetzen werden hierfür auch bisweilen die Begriffe Versorgungswerk oder Versorgungseinrichtung synonym verwendet. Das BetrAVG verwendet für die Organisationen, die reine Beitragszusagen nach § 1 Abs. 2 Nr. 2a BetrAVG durchführen können, jedoch in § 22 BetrAVG den Begriff der Versorgungseinrichtung. In der vorliegenden Bearbeitung wird aus diesem Grund der Begriff der Versorgungseinrichtung für die reine Beitragszusage nach § 1 Abs. 2 Nr. 2a BetrAVG durchführende Direktversicherungen, Pensionsfonds und Pensionskassen verwendet. Der Begriff des Versorgungsträgers wird hingegen verwendet, wenn allgemein auf die Durchführungswege der betrieblichen Altersversorgung in Deutschland abgestellt wird.

C. Entwicklung der reinen Beitragszusage nach § 1 Abs. 2 Nr. 2a BetrAVG in Deutschland

Die reine Beitragszusage als neue Versorgungszusage innerhalb der betrieblichen Altersversorgung wurde durch das Betriebsrentenstärkungsgesetz mit

53 *Weber*, Rechtswörterbuch, Sozialpartner.

Wirkung zum 1. Januar 2018 in das BetrAVG eingeführt.[54] Dem ging jedoch eine teils jahrzehntelang geführte Diskussion in der Wissenschaft voraus. An prominentester und sichtbarster Stelle erfolgte dieser Meinungsaustausch im Rahmen des 65. Deutschen Juristentages. Zudem wurden die reine Beitragszusage und deren mögliche Durchführung *de lege lata* und *de lege ferenda*[55] sowie Möglichkeiten tariflicher Versorgungen[56] in diversen wissenschaftlichen Publikationen erwogen.

Im Folgenden soll untersucht werden, in welchem Ausmaß die Vorschläge und Vorarbeiten aus der Wissenschaft letztlich Eingang in die Gestaltung des Betriebsrentenstärkungsgesetzes gefunden haben, insbesondere in die maßgeblichen Regelungen zur reinen Beitragszusage nach § 1 Abs. 2 Nr. 2a BetrAVG.

I. Vorschläge aus der Wissenschaft

Im Zuge der Einführung der Beitragszusagen mit Mindestleistung (rückwirkend) zum 1. Januar 2001 und dem Pensionsfonds als neuem fünftem Durchführungsweg der betrieblichen Altersversorgung in Deutschland zum 1. Januar

---

54 Gesetz zur Stärkung der betrieblichen Altersversorgung und zur Änderung anderer Gesetze (Betriebsrentenstärkungsgesetz) vom 17.08.2017, (BGBl. I S. 3214).

55 *Höfer*, Sind „reine Beitragszusagen" betriebliche Altersversorgung?, DB 2013, S. 288; *Friedrich/Kovac/Werner*, Beitragsorientierte Leistungszusage und Beitragszusage mit Mindestleistung – strikt getrennt oder doch eng miteinander verwandt, BB 2007, S. 1557; *Thüsing/Granetzny*, Zur Abdingbarkeit des BetrAVG bei Organmitgliedern, NZG 2010, S. 449; *Hessling*, Reine Beitragszusage in der Direktversicherung – Fiktion oder schon Realität?, BetrAV 2006, S. 605; *Blomeyer*, Flexibilisierung des Betriebsrentenrechts durch Beitragszusagen, DB 1997, S. 1921; *Blomeyer/Otto*, Arbeitsrechtliche Grundlinien der beitragsorientierten Versorgungszusage zwischen Beitrags- und Leistungszusage, BetrAV 1996, S. 308; *Berenz*, Hat die betriebliche Altersversorgung zukünftig noch eine Chance, NZA 1994, S. 385.

56 *Greiner/Haunau/Preis*, Die Sicherung der Allgemeinverbindlichkeit bei gemeinsamen Einrichtungen der Tarifvertragsparteien, SR Sonderausgabe April 2014, S. 1; *Hofmann*, Betriebsrente für Branchen – eine Aufgabe der Tarifparteien?, BetrAV S. 425; *Augustin/Lomb/Mühl*, Die Chemie-Formel zur Altersvorsorge und Demografie: eine Zwischenbilanz, BetrAV 2012, S. 122; *Huke*, Tarifliche Vereinbarungen zur betrieblichen Altersversorgung – Stand und Perspektiven, BetrAV 2011, S. 21; *Allgaier*, Tarifvertragliche Zusagen in der betrieblichen Altersversorgung – Teil 1, NZA 2011, S. 786; *Allgaier*, Tarifvertragliche Zusagen in der betrieblichen Altersversorgung – Teil 2, NZA 2011, S. 899.

2002[57] fand in der deutschen Rechtswissenschaft eine Diskussion über Beitragszusagen auch ohne Mindestleistungen statt. Diese Auseinandersetzung wurde entscheidend von *Blomeyer* und *Otto* geprägt.[58] Insbesondere die Beitragszusage mit Mindestleistung, die *Blomeyer* mit dem Bonmot der „Gazelle mit Klumpfuß" versah, führte zu Forderung nach weiterem Reformbedarf.[59] Der Kern der späteren Diskussion über die Einführung reiner Beitragszusagen war damit bereits beschrieben.[60] Auch zu diesem Zeitpunkt wurde über das Fehlen von wirksamen Haftungsbegrenzungen als Hemmschuh für Arbeitgeber diskutiert.[61] Seit dem Inkrafttreten des Betriebsrentenstärkungsgesetzes wurde dies durch verschiedene Beiträge in Fachzeitschriften[62] sowie mittlerweile auch in einigen Praxishandbüchern[63] behandelt.

1) Monografien

Eine frühe Untersuchung der reinen Beitragszusage findet sich in Habilitationsschriften.[64] Hinsichtlich einer Umsetzung der reinen Beitragszusage im

---

57 Gesetz zur Reform der gesetzlichen Rentenversicherung und zur Förderung der kapitalgedeckten Altersvorsorgevermögens (Altersvermögensgesetz – AVmG) in der Fassung der Bekanntmachung vom 26.06.2001, (BGBl. I S. 1310).

58 *Blomeyer*, Neue arbeitsrechtliche Rahmenbedingungen für die Betriebsrente, BetrAV 2001, S. 430; *Blomeyer*, Betriebliche Pensionsfonds in neuer Auflage, ZIP 1998, S. 1737; *Blomeyer*, Betriebsrente durch Pensionsfonds?, ZIP 1997, S. 1397; *Blomeyer*, DB 1997, S. 1921; *Blomeyer/Otto*, BetrAV 1996, S. 308.

59 *Blomeyer*, BetrAV 2001, S. 430, 431.

60 So auch *Hanau*, Die zu vollendende Reform des Betriebsrentengesetzes, NZA 2016, S. 577, 578.

61 *Stöckli*, Die Reform des Betriebsrentengesetzes aus schweizerischer Sicht, RdA 2002, S. 229.

62 *Frank*, Optionssysteme in der betrieblichen Altersversorgung, BB 2019, S. 1140; *Müller*, Gestaltungsoptionen und Herausforderungen des Betriebsrentenstärkungsgesetzes (BRSG) als neues Sozialpartnermodell, öAT 2018, S. 30; *Litschen/Günnewig*, Betriebsrentenstärkungsgesetz und Bekämpfung der Altersarmut – An den Ursachen vorbei geregelt, NZS 2018, S. 921; *Thüsing*, Ein gutes Gesetz für die betriebliche Altersversorgung, DB 2017, S. M5, Heft 23; *Buntenbach*, Notwendige Reformen der Alterssicherung aus gewerkschaftlicher Perspektive, BetrAV 2013, S. 1.

63 *Kisters-Kölkes/Linden/Meissner/Friedrich*, Leitfaden bAV: Betriebsrentenstärkungsgesetz (BRSG); *Thüsing/Granetzny*, Praxiswissen Betriebliche Altersversorgung; *Arteaga/Veit/Baroch Castellvi*, Praxishandbuch Betriebsrentenstärkungsgesetz; *Droßel*, Das neue Betriebsrentenrecht: Betriebsrentenstärkungsgesetz und Umsetzung der Mobilitätsrichtlinie.

64 Vgl. *Bittner*, Europäisches und internationales Betriebsrentenrecht, S. 195 ff.

deutschen Arbeitsrecht verblieb es jedoch bei der Feststellung, dass diese nicht dem Betriebsrentenrecht unterliege, sondern die Regeln über das Arbeitsentgelt anzuwenden seien.[65] Maßgeblichen Einfluss auf die wissenschaftliche Auseinandersetzung mit reinen Beitragsmodellen hatte eine Arbeit aus dem Jahre 2009. In dieser wurde insbesondere herausgearbeitet, dass reine Beitragszusagen in Staaten mit schwach ausgeprägten staatlichen Sozialsystemen ein Standardmodell zur betrieblichen Altersversorgung darstellen. Insbesondere die Vorteile für Arbeitnehmer gegenüber Leistungszusagen (Inflationsschutz, Teilhaben an der Entwicklung des Kapitalmarktes) wurden dabei in den Vordergrund gestellt.[66]

Unmittelbar nach Verabschiedung des Betriebsrentenstärkungsgesetzes wurden die reine Beitragszusage nach § 1 Abs. 2 Nr. 2a BetrAVG teilweise bereits in Dissertationsschriften behandelt.[67] In einer Darstellung erfolgt zwar eine umfassende und grundlegende Auseinandersetzung mit den dogmatischen Grundlagen der reinen Beitragszusage,[68] sich ferner aber auf die Zulässigkeit der reinen Beitragszusage *de lege lata* bis zum 1. Januar 2018 fokussiert sowie auf einen im Vergleich mit dem US-amerikanischen Recht herausgearbeiteten Vorschlag *de lege ferenda*.[69] Die nun tatsächlich mögliche reine Beitragszusage nach § 1 Abs. 2 Nr. 2a BetrAVG steht nicht im Mittelpunkt der Darstellung.[70] Eine weitere Darstellung legt einen umfassenden Blick auf generelle tarifliche Gestaltungsmöglichkeiten betrieblicher Altersversorgung sowie auf sämtliche durch das Betriebsrentenstärkungsgesetz eingeführten Änderungen des BetrAVG,[71] ohne sich auf die Anforderungen an den Tarifvertrag zur Einführung einer reinen Beitragszusage nach § 1 Abs. 2 Nr. 2a BetrAVG zu konzentrieren, was in dieser Bearbeitung geschehen soll.

65 *Bittner*, Europäisches und internationales Betriebsrentenrecht, S. 195.

66 *Roth*, Private Altersvorsorge, S. 611.

67 *Masnitza*, Tarifvertragliche Gestaltungen der betrieblichen Altersversorgung und die Erweiterung des Vorsorgespektrums durch das Betriebsrentenstärkungsgesetz; *Schobert*, Die reine Beitragszusage – Überlegungen zur Stärkung der arbeitgeberfinanzierten betrieblichen Altersversorgung.

68 Vgl. *Schobert*, Die reine Beitragszusage, S. 40 ff.

69 *Schobert*, Die reine Beitragszusage, S. 136 ff.

70 Vgl. *Schobert*, Die reine Beitragszusage, S. 96 bis 135.

71 Vgl. *Masnitza*, Tarifvertragliche Gestaltungen der betrieblichen Altersversorgung, S. 145 ff.

2) 65. Deutscher Juristentag

Die Einführung einer reinen Beitragszusage wurde bereits auf dem deutschen Juristentag 2004 diskutiert. Die Problematik war im Bereich der Altersvorsorge durch zwei Gutachten[72] zum Thema „Private und betriebliche Altersvorsorge zwischen Sicherheit und Selbstverantwortung" inhaltlich vorbereitet worden. Zudem wurden Thesen zur Einführung einer reinen Beitragszusage als neuer Versorgungszusage auf dem 65. Deutschen Juristentag diskutiert und auch beschlossen.[73]

a) Gutachten

Das erste Gutachten beschränkte sich auf die Bewertung der Zweckmäßigkeit der bereits bestehenden Instrumentarien der betrieblichen Altersversorgung. Die Subsidiärhaftung der Arbeitgeber nach § 1 Abs. 1 S. 3 BetrAVG wurde nicht infrage gestellt, sie wurde lediglich als Argument gegen durch Tarifverträge vorgeschriebene Durchführungswege für die Vertragspartner bzw. Mitgliedsunternehmen aufgeführt.[74]

In dem zweiten Gutachten wurde festgestellt, dass die Subsidiärhaftung nach § 1 Abs. 1. S. 1 BetrAVG für die Unternehmen ein aus Sicht des Autors zu hohes Risiko beinhalte und Arbeitgeber daher zögern würden, Angebote der betrieblichen Altersversorgung für ihre Arbeitnehmer anzubieten.[75] Die Einführung einer reinen Beitragszusage lasse daher einen „nachhaltigen Schub" für die betriebliche Altersversorgung in Deutschland erwarten. Um das Performancerisiko, welches die Arbeitnehmer bei einer reinen Beitragszusage zu tragen hätten, abzusichern, wurde eine Umsetzung der reinen Beitragszusage in den Durchführungswegen Direktversicherung und Pensionskasse vorgeschlagen. Auch eine Durchführung über den Pensionsfonds wurde für vertretbar gehalten, da das Risiko für die Arbeitnehmer insgesamt überschaubar sei.[76] Ferner wurde die Befürchtung geäußert, durch eine reine Beitragszusage könnten die übrigen Versorgungszusagen des BetrAVG an Zulauf verlieren. Da jedoch die reine Beitragszusage nur auf Neuzusagen zu beschränken sei, sei „ein Mitnahmeeffekt

---

72 *Höfer*, Verhandlungen des 65. Deutscher Juristentages, Gutachten E, Band I; *Steinmeyer*, Verhandlungen des 65. Deutscher Juristentages, Gutachten F, Band I.

73 Verhandlungen des 65. Deutschen Juristentages in Bonn 2004, Band II/1, Q 82, Nr. 7; Verhandlungen des 65. Deutschen Juristentages in Bonn 2004, Band II/2, Q 194, Nr. 8.

74 *Höfer*, Verhandlungen des 65. Deutscher Juristentages, E 58.

75 *Steinmeyer*, Verhandlungen des 65. Deutscher Juristentages, F 63.

76 *Steinmeyer*, Verhandlungen des 65. Deutscher Juristentages, F 64 f.

nicht zu befürchten." Eine gewisse Hinwendung zur reinen Beitragszusage sei im Interesse einer weiteren Verbreitung der betrieblichen Altersversorgung hinzunehmen.[77] Letztlich sei zu erwarten, dass die Tarifvertragsparteien einen wichtigen Beitrag zur weiteren Verbreitung der betrieblichen Altersvorsorge leisten könnten.[78]

Soweit ersichtlich handelte es sich hierbei um die erste Verbindung der Forderungen nach einer Beitragszusage und einem höheren Engagement der Tarifvertragsparteien in der deutschen Betriebsrentenrechtsdiskussion.[79]

b) Beschlussanträge

Die Referate und Diskussionsbeiträge des 65. Deutschen Juristentages waren, wie auf Juristentagen üblich, auf die abschließende Beschlussfassung gerichtet, was durch entsprechende Beschlussanträge durch das jeweilige Abteilungsbüro des Deutschen Juristentages vorbereitet wurde. Im vorliegenden Fall ging es um den durch das Abteilungsbüro der Abteilung Arbeitsrecht vorbereiteten Beschlussantragsentwurf zur Einführung einer „einfachen Beitragszusage".[80]

> *„Die einfache Beitragszusage ist – zumindest für versicherungsförmige Durchführungswege – den bisherigen Formen betrieblicher Altersvorsorge an die Seite zu stellen. Diese würde auch bei der Entgeltumwandlung Anwendung finden."*[81]

Ein weiterer Beschlussantrag[82] des Diskussionspapiers beinhaltete die Abschaffung der Subsidiärhaftung der Arbeitgeber bei mittelbaren Versorgungswegen:

> *„Bedient sich der Arbeitgeber einer Versorgungseinrichtung, die Anspruch auf ihre Leistungen gewährt (mittelbare Zusage), dann erfüllt er mit der Zahlung der vereinbarten Beiträge seine Verpflichtung gegenüber dem Arbeitnehmer. Für die zugesagten Leistungen steht dann nur noch der beauftragte Versorgungsträger ein. Die zugesagte Leistung muss mindestens die Beitragssumme (abzüglich des Teils der Beiträge, der für Risikoschutz verbraucht wird) betragen."*

---

77 *Steinmeyer*, Verhandlungen des 65. Deutscher Juristentages, F 66.

78 Verhandlungen des 65. Deutschen Juristentages in Bonn 2004, Band II/1, F 89, These 5; *Hanau*, NZA 2016, S. 577, 578.

79 So auch *Hanau*, NZA 2016, S. 577, 578.

80 Verhandlungen des 65. Deutschen Juristentages in Bonn 2004, Band II/1, Q 82, Nr. 7.

81 Verhandlungen des 65. Deutschen Juristentages in Bonn 2004, Band II/1, Q 82, Nr. 7.

82 *Doetsch*, Verhandlungen des 65. Deutschen Juristentages in Bonn 2004, Band II/2, Q 194, Nr. 8.

Diese beiden Beschlussentwürfe waren zuvor an alle Diskussionsteilnehmer versandt worden. Sie bildeten die Diskussionsgrundlage für die Referate und die anschließende Diskussion.[83]

c) Referate

In die Diskussion zur Einführung eines Modells einer reinen Beitragszusage *de lege ferenda* auf dem 65. Deutschen Juristentag wurde durch den Vortrag von Referaten eingeführt.

Im Eröffnungsreferat wurde zunächst als Grundproblem der Leistungszusagen der demografische Wandel benannt, welches diese mit den umlagefinanzierten staatlichen Altersvorsorgeleistungen teilen würden. Risiken der Altersvorsorge durch Anwendung des Prinzips des „Generationenvertrags" ließen sich nur durch beitragsorientierte Zusagen umgehen.[84] Ferner sei die Annahme, Leistungszusagen würden die Betriebsrente kostenfrei sicherer machen, falsch. Der Arbeitnehmer müsse die Risikoübernahme durch den Arbeitgeber letztlich doch selbst bezahlen.[85] Daher sei ein den 401(k)-Plänen aus den Vereinigten Staaten entsprechendes Modell für die betriebliche Altersversorgung in Deutschland zu entwickeln und zu verbreiten.[86]

Die Überlegungen zur Einführung einer einfachen Beitragszusage wurden im zweiten Referat kritisiert.[87] Ein „nahezu weltweite[r] Siegeszug der Beitragszusage" gegenüber der traditionellen Leistungszusage wurde nicht als Konsequenz des demografischen Wandels gesehen. Dieser lasse sich „kaum wissenschaftlich begründen" und sei vielmehr eine „Kapitulation vor dem ‚*Shareholder-Value*'-Denken". Beispielhaft wurde der Nachschuss der Siemens-AG zur Schließung einer Deckungslücke im Siemens-Pensionsplan von 2,6 Milliarden Euro im Jahr 2002 angeführt. Die Notwendigkeit des Nachschusses hätte die Begehrlichkeiten der Anteilseigner geweckt, jener wäre mit einer Beitragszusage zu vermeiden gewesen. In Zeiten eines hohen Angebots an Arbeitssuchenden würden

83 Zum Ergebnis der Abstimmung über die Beschlussanträge siehe unten Kapitel 1C.I.2) d).

84 *Börsch-Supan*, Verhandlungen des 65. Deutschen Juristentages in Bonn 2004, Band II/1, Q 22.

85 Verhandlungen des 65. Deutschen Juristentages in Bonn 2004, Band II/1, Q 18.

86 Verhandlungen des 65. Deutschen Juristentages in Bonn 2004, Band II/1, Q 19.

87 *Köndgen*, Verhandlungen des 65. Deutschen Juristentages in Bonn 2004, Band II/1, Q 25 ff.

Management und Anteilseigner von Unternehmen auf die arbeitsmarktpolitischen Vorzüge der Leistungszusage gerne verzichten.[88]

Ferner wurde eine nicht eindeutige rechtliche Unterscheidung bzw. Einordnung von Altersvorsorgeprodukten nach dem Versicherungsrecht und dem Kapitalmarktrecht kritisiert. Altersvorsorgeprodukte seien kaum Versicherungsprodukte. Lediglich das biometrische Risiko der Langlebigkeit bleibe unsicher, der tatsächliche Eintritt des Versorgungsfalls, sowie überwiegend sogar der Zeitpunkt sei dagegen bestimmt. Es wurde sich aus diesen Gründen für die Einführung eines eigenen Vorsorgemarkrechts ausgesprochen, sowohl für die private als auch für die betriebliche Altersvorsorge. In diesem würde der Arbeitnehmer zum Vorsorgesparer, die Vorsorgeeinrichtung zum Anbieter und der Arbeitgeber zum „Finanzintermediär" werden.[89] Dieser Finanzintermediär diene dann dazu, im Sinne der Arbeitnehmer „Risiken auszuschalten oder doch [zu] minimieren." Neben dem *Prognoserisiko* (Unterschätzen von Lebenserwartung und Konsumbedürfnissen im Alter), dem *Inflationsrisiko* (Kompensation oder sogar Überkompensation der Anlageperformance durch Inflation) und dem *Gegenpartei- und Insolvenzrisiko* (Verlust des angesparten Kapitals durch Insolvenz des Vertragspartners) sei dies vor allem das *Investitionsrisiko* bzw. *Portfoliorisiko*, wenn man das Geld an jemanden verleihe, der weniger zahle als den marktüblichen Zins. Hinzu komme das *Substanzerhaltungsrisiko*, die Gefahr des Verlusts der eingezahlten Beiträge durch Marktschwankungen. In der Form der Leistungszusage nehme nun der als Finanzintermediär fungierende Arbeitgeber dem Arbeitnehmer das Investitionsrisiko ab. Gleiches gelte für das *Substanzerhaltungsrisiko*, das bei reinen Beitragszusagen beim Arbeitnehmer verbeiben würde.[90]

Aus einer Einführung der einfachen Beitragszusage ergäben sich Konsequenzen hinsichtlich der Stärkung der Eigenverantwortung des Arbeitnehmers als Vorsorgesparer. Wesentlich sei zum einen die Wahlfreiheit des Durchführungswegs bzw. der Vorsorgeeinrichtung.[91] Bei einem Wegfall der Subsidiärhaftung nach § 1 Abs. 1 S. 3 BetrAVG fungiere der Arbeitgeber nur mehr als Zahlstelle für die Beitragszahlungen. Es sei daher nicht mehr gerechtfertigt, diesem die Auswahl der Versorgungseinrichtung zu überlassen. Zum anderen sei auch eine Möglichkeit des Wechsels des Versorgungsträgers ohne gleichzeitigen

88 Verhandlungen des 65. Deutschen Juristentages in Bonn 2004, Band II/1, Q 26.
89 Verhandlungen des 65. Deutschen Juristentages in Bonn 2004, Band II/1, Q 29.
90 Verhandlungen des 65. Deutschen Juristentages in Bonn 2004, Band II/1, Q 32.
91 Verhandlungen des 65. Deutschen Juristentages in Bonn 2004, Band II/1, Q 41.

Arbeitsplatzwechsel zu schaffen. Etwaige finanzielle Konsequenzen für die Vorsorgesparer seien durch Mindesthaltefristen, Sicherstellung von informierten Entscheidungen und dem Verbot von hohen Austrittsgebühren zu beschränken, etwa um unvernünftige Wechselfrequenzen der Vorsorgesparer zu verhindern.[92]

Um die nunmehr vom Arbeitnehmer zu tragende Verantwortung abzusichern, wurde eine umfassende Beratung und Information des Arbeitnehmers vorgeschlagen. Beratungsgegenstände sollten sich an die §§ 31 ff. a.F[93] anlehnen. Das erste Beratungsmodul solle die Qualität des Vorsorgeprodukts wie Abschlusskosten, die laufzeitmäßige Verteilung und die Managementvergütung umfassen. Das zweite Modul betreffe die Evaluation der Bedürfnisse und des Risikoprofils des Arbeitnehmers. Diese müsse erfolgen, auch ohne hierzu direkt gebeten zu werden. An dritter Stelle müsse eine Offenlegung eventuell bestehender Interessenkonflikte, wie etwa Kick-back-Zahlungen erfolgen.[94]

Über den Versorgungsträger und das Vorsorgeprodukt seien Ratings durch Ratingagenturen heranzuziehen. Für den weiteren Informationsbedarf wurde vorgeschlagen, dass entweder der Arbeitgeber selbst oder ein von ihm beauftragtes Beratungsunternehmen die Beratung der Vorsorgesparer übernehmen sollte. Dies könne nicht vom Versorgungsträger selbst übernommen werden, da dieser dann in einem unüberwindbaren Interessenkonflikt stehe.

In dem letzten, vornehmlich steuerrechtlich ausgerichteten Eröffnungsreferat wurde weniger auf die Unterscheidung zwischen Leistungs- und Beitragszusagen innerhalb der betrieblichen Altersversorgung eingegangen.[95] Es wurde jedoch die These vertreten, dass die durch das Alterseinkünftegesetz[96] sinnvollerweise eingeführte nachgelagerte Besteuerung der Versorgungsanwartschaften nicht mehr betragsmäßig begrenzt werden solle.[97]

d) Diskussion

Hinsichtlich der eingebrachten Überlegungen zur Informationspflicht, die im Zweifel den Arbeitgeber treffen solle, wurden Bedenken formuliert.

92 Verhandlungen des 65. Deutschen Juristentages in Bonn 2004, Band II/1, Q 43.

93 Mittlerweile in §§ 63 ff. WpHG geregelt.

94 Verhandlungen des 65. Deutschen Juristentages in Bonn 2004, Band II/1, Q 44.

95 *Birk*, Verhandlungen des 65. Deutschen Juristentages in Bonn 2004, Band II/1, Q 57 ff.

96 Gesetz zur Neuordnung der einkommenssteuerrechtlichen Behandlung von Altersvorsorgeaufwendungen und Altersbezügen (Alterseinkünftegesetz – AltEinkG) in der Fassung der Bekanntmachung vom 05.07.2004, (BGBl. I S. 1427).

97 Verhandlungen des 65. Deutschen Juristentages in Bonn 2004, Band II/1, Q 78, Nr. 10.

Insbesondere beim Wechsel des Arbeitgebers wurden Probleme gesehen, etwa wann die Beratungspflicht des alten Arbeitgebers aufhöre und wann die des neuen Arbeitgebers beginne.[98] Da kaum zwei Versorgungszusagen identisch seien, ergebe sich in solchen Situationen gerade ein erhöhter Beratungsbedarf. Das vorgeschlagene Regelungswerk aus dem WpHG sei aufgrund seiner Komplexität daher für Finanzdienstleister durchaus angemessen, nicht jedoch für einfache Arbeitgeber.[99]

Die neue einfache Betragszusage, so wurde ferner vorgebracht, werde wohl nur den „Weltrekord" an Komplexität, den das deutsche System der betrieblichen Altersversorgung ohnehin innehabe, weiter ausbauen.[100] Ferner sei die einfache Beitragszusage als eine „Beitragszusage ohne Mindestgarantie", deren Ausrichtung stark auf das Interesse der Arbeitgeber, dem Haftungsrisiko zu entgehen, gerichtet.

Um dem Interesse der Arbeitgeber in der Haftungsfrage einen Schritt entgegenzukommen, wurde als Kompromiss die Streichung der Subsidiärhaftung aus § 1 Abs. 1 S. 3 BetrAVG bei Wahl eines mittelbaren Durchführungswegs vorgeschlagen.[101] Durch diese Modifikation trete eine Enthaftung der Arbeitgeber bei jedem externen Durchführungsweg ein, was, dem Diskussionsteilnehmer zufolge, eher dem Willen des historischen Gesetzgebers des Betriebsrentengesetzes von 1973/1974 entspreche, der die Subsidiärhaftung nur „im Wege einer sogenannten Klarstellung" in das Gesetz eingebracht habe. Diese Position wurde damit begründet, dass die der einfachen Beitragszusage als Vorbild dienenden 401(k) Pläne aus den Vereinigten Staaten im Zuge des Platzens der „Aktienblase"[102] ein großes Haftungs- und Beratungsproblem geworden seien. Arbeitgeber seien daraufhin wieder vermehrt zu Cashbalance-Plänen[103] übergegangen.

98 *Andresen*, Verhandlungen des 65. Deutschen Juristentages in Bonn 2004, Band II/2, Q 117.

99 Verhandlungen des 65. Deutschen Juristentages in Bonn 2004, Band II/2, Q 117.

100 *Doetsch*, Verhandlungen des 65. Deutschen Juristentages in Bonn 2004, Band II/2, Q 131, wobei *Doetsch* hier wohl unzutreffend die einfache Beitragszusage als neuen Durchführungsweg klassifiziert. Ein Fehler, den auch *Gaul/Boewer*, Aktuelles Arbeitsrecht, Band 2/2017, S. 338 kritisieren.

101 *Doetsch*, Verhandlungen des 65. Deutschen Juristentages in Bonn 2004, Band II/2, Q 132.

102 *Doetsch* wird hier die Krise der sog. „New-Economy" oder „Dot-Com Economy" Anfang der 2000er gemeint haben.

103 Vergleichbar etwa mit Beitragszusagen mit Mindestgarantie, zu Cashbalance-Plänen vgl. *Spanheimer/Ebel*, Bilanzierung von Cash Balance-Pensionsplänen nach IFRS, DB 2004, S. 2433.

Der generelle Wegfall der Subsidiärhaftung könne dem Arbeitnehmer gegenüber dadurch kompensiert werden, dass er zumindest eine Mindestgarantie des Versorgungsträgers erhalte.

Beide vorgeschlagenen Thesenvorschläge, zur Einführung der einfachen Beitragszusage als auch den Vorschlag zur Abschaffung der Subsidiärhaftung bei mittelbaren Durchführungswegen, wurden auch teilweise gemeinsam unterstützt.[104] Die einfache Beitragszusage sei vor allem als Angebot an kleinere Unternehmen zu sehen, bei denen es auch den größten Nachholbedarf in der betrieblichen Altersversorgung gebe. Allerdings sei eine Garantie in versicherungsförmigen Durchführungswegen, die für eine „gewisse gewährleistete Altersversorgung" sorge, unablässig. Es wurde ferner auf die Notwendigkeit einer einfachen Beitragszusage mit einer sonst drohenden Schlechterstellung der betrieblichen gegenüber der privaten Altersvorsorge hingewiesen. In der privaten Altersvorsorge in Form der Riestersparverträge oder Rürup-Rente werde eine „üppige steuerliche Förderung" gewährt, ohne dass bei gleicher versicherungsaufsichtsrechtlicher Behandlung der Versorgungsträger eine Subsidiärhaftung eines Dritten verlange.[105] Im Übrigen sei die einfache Beitragszusage für den Staatshaushalt eine vergleichsweise günstige Möglichkeit, die betriebliche Altersversorgung zu fördern.

Eine Gegenposition hierzu plädierte für einen Verbleib bei einer durch den Arbeitgeber zu garantierenden Mindestleistung. Sie verhindere, dass „der Arbeitnehmer ins Bodenlose falle" und gewähre die Solidität der vom Arbeitgeber zu gewährenden Leistungen.[106]

Dem wurde wiederum entgegengehalten, dass diese Argumentation erkennen lassen würde, dass die mittelbaren Durchführungswege nicht für sicher gehalten würden, was einen Angriff auf das bisherige System der betrieblichen Altersversorgung darstelle. Ein Versicherer aber könne eine Basis stellen, die mindestens so viel Wert sei wie eine vom Arbeitgeber zu garantierende Mindestleistung. Die vorgeschlagene Änderung des § 1 Abs. 1 S. 3 BetrAVG für mittelbare Durchführungswege wurde hiernach skeptisch betrachtet, denn die Norm habe ohnehin nur deklaratorischen Charakter, die unmittelbare Haftung ergebe sich schon aus der Zusage selbst.[107]

---

104 *Gunkel*, Verhandlungen des 65. Deutschen Juristentages in Bonn 2004, Band II/2, Q 133.

105 Verhandlungen des 65. Deutschen Juristentages in Bonn 2004, Band II/2, Q 134.

106 *Höfer*, Verhandlungen des 65. Deutschen Juristentages in Bonn 2004, Band II/2, Q 135.

107 *Steinmayer*, Verhandlungen des 65. Deutschen Juristentages in Bonn 2004, Band II/2, Q 135.

In einem weiteren Beitrag wurde sich dafür ausgesprochen, dem Arbeitnehmer in der einfachen Beitragszusage ein Wahlrecht des Durchführungswegs, zumindest in gewissem Umfang, zuzugestehen.[108] Es wurde vorgeschlagen, verschiedene Angebote eines Anbieters zuzulassen, sodass im Sinne des Arbeitnehmers Skaleneffekte der betrieblichen Altersversorgung positiv wirken könnten. Unter diesen einzelnen Angeboten solle sich auch eines befinden, das den Erhalt der eingezahlten Beiträge im Sinne einer Mindestleistung garantiere.[109]

Ferner wurde auf den Aspekt der ab dem Jahr 2005 geltenden EU-Pensionsfondsrichtlinie[110] aufmerksam gemacht. Die Subsidiärhaftung des Arbeitgebers solle auch vor eventuellen Risiken schützen, die durch die Öffnung des deutschen Markts der betrieblichen Altersversorgung für Anbieter von Pensionsfonds, Pensionskassen und Direktversicherer aus dem europäischen Ausland für die Arbeitnehmer erwachsen könne. Aufgrund der Subsidiärhaftung könne man diesem Risiko „gelassen entgegensehen“.[111] Hierin sei ein Widerspruch zwischen der von Teilnehmern des Deutschen Juristentags gewünschten und geforderten möglichst hohen Rendite für den Arbeitnehmer und der Einführung der einfachen Beitragszusage zu erkennen. Denn aufgrund der Enthaftung sei dem Arbeitgeber doch letztlich gleichgültig, was mit dem Geld passiere. Er werde sich jedenfalls nicht mehr für eine besonders hohe Rendite einsetzen.[112]

Zum Themenkomplex betrieblicher Altersversorgung und Tarifvertrag wurde ausgeführt, dass die betriebliche Altersversorgung in der Regel in den Betrieben gewachsen sei. Eine durch einen Flächentarifvertrag den Unternehmen „oktroyierte“ Einheitsregelung, schlimmstenfalls eine solche, die auch eine Auswahl bestimmter Versorgungsträger treffe, gehe „in der Regel schief“. Einen positiven Beitrag zur Altersversorgung könnten Tarifvertragsparteien jedoch dadurch schaffen, dass Teile von Gehaltserhöhungen in die Altersversorgung umgeleitet würden. So könne der Aufwand, der den Arbeitgebern durch die Verbeitragung entstehe, vermieden werden.[113]

---

108 *Roth*, Verhandlungen des 65. Deutschen Juristentages in Bonn 2004, Band II/2, Q 135.

109 Verhandlungen des 65. Deutschen Juristentages in Bonn 2004, Band II/2, Q 136.

110 Richtlinie 2003/41/EG des Europäischen Parlaments und des Rates über die Tätigkeiten und die Beaufsichtigung von Einrichtungen der betrieblichen Altersversorgung in der Fassung der Bekanntmachung vom 03.06.2003, Amtsblatt Nr. L 235 S. 10–21.

111 *Baumeister*, Verhandlungen des 65. Deutschen Juristentages in Bonn 2004, Band II/2, Q 148.

112 Verhandlungen des 65. Deutschen Juristentages in Bonn 2004, Band II/2, Q 173.

113 *Höfer*, Verhandlungen des 65. Deutschen Juristentages in Bonn 2004, Band II/2, Q 151.

Vereinzelt wurde die Haftungsfrage zum Beschlussantrag Nr. 27a,[114] mithin die Frage nach der Haftung des Arbeitgebers für Falschberatung des Arbeitnehmers in Anlagefragen, thematisiert.[115] Der Arbeitnehmer werde von seinem Arbeitgeber, sofern er mit diesem aus Anlass einer betrieblichen Altersversorgungsentscheidung über die Geldanlage spreche, konkrete Antworten erwarten. An abstrakten Anlageratschlägen werde dem Arbeitnehmer wohl nicht gelegen sein. Falls sich die Ratschläge des Arbeitgebers als falsch herausstellten, werde sich über kurz oder lang die Haftungsfrage stellen. Diese Haftung könne keinesfalls der Arbeitgeber übernehmen. Dieser könne höchstens Auskunft über sein eigenes Versorgungswerk geben. Über mittelbare Durchführungswege könnten nur diese selbst Auskünfte erteilen. Nach dem Alterseinkünftegesetz bestünden schon Auskunftspflichten des Arbeitgebers, etwa zum Übertragungswert im Fall der Portierung beim Arbeitgeberwechsel. Der Gesetzgeber habe die Rentenversicherungsträger, insbesondere die BfA[116], für ausreichend befähigt gehalten eine allgemeine Anlageberatung anzubieten. Auch kommerzielle Anbieter, wie Renten-, Vermögens-, Anlage- und Steuerberater würden diese Dienste erbringen können. Diese Tätigkeiten und insbesondere die damit verbundenen Kosten dem Arbeitgeber aufzubürden, würde jedoch zu weit gehen.[117]

Hieran wurde im Anschluss zu bedenken gegeben, dass ein Arbeitgeber, dem die Beratungspflicht auferlegt werde, wie dies der Beschlussantrag Nr. 27a vorsehe, diese aufgrund von § 278 BGB nicht delegieren könne. Dies ließe sich nur bei einer Soll-Vorschrift zur Beratung ändern.[118] Es wurde jedoch ebenfalls betont, dass der Beschlussantrag Nr. 27a den Arbeitgebern noch keine konkreten Verhaltenspflichten auferlege. Er diene nur zur Anerkennung der Tatsache, dass Beratungsbedarf bestehe. Konkrete Haftungsfolgen seien damit noch nicht verbunden.[119] Auch der Beratungsbedarf, der auch durch die durch § 4a BetrAVG den Arbeitgebern und § 15 SGB I den Rentenversicherungsträgern auferlegten Beratungspflichten noch nicht gedeckt werden könne, wurde betont. Es seien

114 Siehe unten zu Beschluss 27a, Kapitel 1C.I.2)d).

115 *Uebelhack*, Verhandlungen des 65. Deutschen Juristentages in Bonn 2004, Band II/ 2, Q 167.

116 Bundesversicherungsanstalt für Angestellte, seit 2005 Deutsche Rentenversicherung Bund.

117 Verhandlungen des 65. Deutschen Juristentages in Bonn 2004, Band II/2, Q 167-169.

118 *Köndgen*, Verhandlungen des 65. Deutschen Juristentages in Bonn 2004, Band II/ 2, Q 175.

119 *Andresen*, Verhandlungen des 65. Deutschen Juristentages in Bonn 2004, Band II/ 2, Q 176.

unabhängige Stellen notwendig, denn Versorgungseinrichtungen würden eher ihre eigenen Produkte verkaufen wollen. Diesbezüglich wurde die Schaffung von Ombudsmann-Regelungen angeregt.[120] Daraufhin wurde zu bedenken gegeben, dass ein Überdehnen der Anforderungen etwa bei Beratungspflichten des Arbeitgebers diesen dazu veranlassen dürfte, von seinen Bemühungen in der betrieblichen Altersversorgung Abstand zu nehmen. Diese seien schließlich eine freiwillige Leistung des Arbeitgebers.[121]

Schließlich wurden Parallelen zum Kapitalanlegerschutz gezogen und auf drei Prinzipien verwiesen, die hieraus auf den Altersvorsorgesparer in der betrieblichen Altersversorgung übertragbar seien: die Privatautonomie und Eigenverantwortung, eine Vorsorgesparerinformation sowie den Altersvorsorgesparerschutz. Im Hinblick auf die Privatautonomie solle dem Altersvorsorgesparer die Wahl des Risikoprofils der Pläne und Anlagen offenbleiben. Bezüglich der Vorsorgesparerinformation gebe es Parallelen mit Finanztermingeschäften nach dem WpHG[122]. Ohne ein Mindestniveau an Informationen würden breite Bevölkerungsschichten, die auch auf das Altersvorsorgesparen angewiesen seien, die Angebote nicht wahrnehmen. Wie in der individuellen Vorsorge sei der Ausgangspunkt für die Informationsgewinnung die Eigeninitiative des Altersvorsorgesparers. Nur die Frage des Adressaten der Informations- und Beratungspflichten stelle sich anders, dies könnten zum Zeitpunkt der Beratung allenfalls große Arbeitgeber sein. Das dritte Prinzip, den Altersvorsorgesparerschutz, sei durch großzügige Pfändungsgrenzen und eine staatliche Marktaufsicht gewährleistet.[123]

e) *Beschlussfassung*

Die beiden Anträge standen nach den Vorstellungen des Antragstellers des Beschlussantrags Nr. 8 dabei nicht in einem Bedingungszusammenhang.[124] Die Loslösung der eine Versorgungszusage abgebenden Arbeitgeber von der

---

120 *Steinmeyer*, Verhandlungen des 65. Deutschen Juristentages in Bonn 2004, Band II/2, Q 177-178.

121 *Andresen*, Verhandlungen des 65. Deutschen Juristentages in Bonn 2004, Band II/2, Q 178.

122 Gesetz über den Wertpapierhandel (Wertpapierhandelsgesetz – WpHG) in der Fassung der Bekanntmachung vom 9. September 1998 (BGBl. I S. 2708).

123 *Hopt*, Verhandlungen des 65. Deutschen Juristentages in Bonn 2004, Band II/2, Q 179-182.

124 *Doetsch*, Verhandlungen des 65. Deutschen Juristentages in Bonn 2004, Band II/2, Band II/2, Q 161.

Subsidiärhaftung nach § 1 Abs. 3 BetrAVG sollte nicht auf die einfache Beitragszusage beschränkt werden. Vielmehr wären nach den Vorstellungen des Antragstellers auch einfache Beitragszusagen mit Subsidiärhaftung der Arbeitgeber denkbar. Die Loslösung von der Subsidiärhaftung sollte vielmehr auf mittelbare Durchführungswege beschränkt sein, unabhängig von der Art der ursprünglichen Versorgungszusage. Der Antrag sah darüber hinaus keine Unterscheidung zwischen bereits erteilten und zukünftigen Versorgungszusagen vor und ging insofern über den Antrag Nr. 7 hinaus. Dadurch hätte eine Umsetzung dieses Antrags die Landschaft der betrieblichen Altersversorgung in Deutschland massiv verändert. Auf der anderen Seite hätte Antrag Nr. 8 zwar die Haftung des Arbeitgebers, nicht aber die des Versorgungsträgers für den Beitragserhalt, abbedungen. Der Arbeitnehmer hätte immer noch eine garantierte Mindestleistung des Versorgungsträgers erhalten. Bezüglich des Anspruchs des Arbeitnehmers auf eine Mindestleistung ging Antrag Nr. 8 somit weiter als Antrag 7[125]. Entsprechend der Nr. 11 der Richtlinien für die Verhandlungen des Deutschen Juristentags[126] wurde daher erst über Antrag 7, dann über Antrag 8 abgestimmt.

Der Beschlussantrag Nr. 7[127] des Abteilungsbüros der Abteilung Arbeitsrecht des 65. Deutschen Juristentags zur Einführung einer einfachen Beitragszusage wurde mit einer Mehrheit von 28 zustimmenden zu 22 ablehnenden Stimmen bei zwei Enthaltungen der Beschließenden angenommen.

> *„Die einfache Beitragszusage ist – zumindest für versicherungsförmige Durchführungswege – den bisherigen Formen betrieblicher Altersvorsorge an die Seite zu stellen. Diese würde auch bei der Entgeltumwandlung Anwendung finden.“*[128]

Der weitere Beschlussantrag Nr. 8[129] des Diskussionspapiers betraf konkret die Abschaffung der Subsidiärhaftung.

> *„Bedient sich der Arbeitgeber einer Versorgungseinrichtung, die Anspruch auf ihre Leistungen gewährt (mittelbare Zusage), dann erfüllt er mit der Zahlung der vereinbarten Beiträge seine Verpflichtung gegenüber dem Arbeitnehmer. Für die zugesagten Leistungen*

125 So *Doetsch*, Verhandlungen des 65. Deutschen Juristentages in Bonn 2004, Band II/2, Q 161.

126 Nr. 11 der Richtlinien für die Verhandlungen der Deutschen Juristentage, Fassung vom 25. März 2006, abrufbar unter https://www.djt.de/der-verein/richtlinien/, zuletzt abgerufen am 10. Dezember 2021. Zum Zeitpunkt des 65. Deutschen Juristentags bestand eine inhaltsgleiche Regelung.

127 Verhandlungen des 65. Deutschen Juristentages in Bonn 2004, Band II/1, Q 82, Nr. 7.

128 Verhandlungen des 65. Deutschen Juristentages in Bonn 2004, Band II/1, Q 82, Nr. 7.

129 Verhandlungen des 65. Deutschen Juristentages in Bonn 2004, Band II/2, Q 194, Nr. 8.

steht dann nur noch der beauftragte Versorgungsträger ein. Die zugesagte Leistung muß mindestens die Beitragssumme (abzüglich des Teils der Beiträge, der für Risikoschutz verbraucht wird) betragen.“

Der Beschlussantrag wurde jedoch, bei einer großen Anzahl an Enthaltungen, abgelehnt.[130]

Der Beschlussanträge zu Beratungspflichten des Arbeitgebers, Nr. 26, Nr. 27 a und Nr. 27b, lauteten

„Es sollte eine Regelung vorgesehen werden, die eine zentrale unabhängige Stelle damit beauftragt, allgemeine Informationen und Auskünfte über Systeme und Möglichkeiten der Altersvorsorge zu geben.“[131]
„Darüber hinaus ist auch eine angemessene individuelle Information und Beratung über Bedarf und Möglichkeiten der privaten Altersvorsorge – zum Beispiel durch Arbeitgeber, private Vorsorgeeinrichtungen und nach Möglichkeit unabhängige Stellen – zu gewährleisten.“[132]
„Darüber hinaus ist auch eine angemessene individuelle Information und Beratung über Bedarf und Möglichkeiten der privaten Altersvorsorge – zum Beispiel durch private Vorsorgeeinrichtungen und nach Möglichkeit unabhängige Stellen – zu gewährleisten.“[133]

Alle drei Beschlussanträge wurden abgelehnt, Nr. 26 und Nr. 27b mit recht knapper, Nr. 27a mit deutlicher Mehrheit.[134]

f) Einfluss auf das Betriebsrentengesetz

Einige Grundzüge des erfolgreichen Beschlussantrags Nr. 7 finden sich auch im Betriebsrentenstärkungsgesetz und sind mittlerweile Bestandteil des Betriebsrentengesetzes geworden.

Die einfache Beitragszusage in versicherungsförmigen Durchführungswegen – mithin der Direktversicherung, der Pensionskasse sowie dem ab dem

---

130 Dafür 11 Stimmen, Dagegen 23, Enthaltungen 23, vgl. Verhandlungen des 65. Deutschen Juristentages in Bonn 2004, Band II/1, Q 82, Nr. 8.

131 Beschlussantrag Nr. 26, Verhandlungen des 65. Deutschen Juristentages in Bonn 2004, Band II/2, Q 210.

132 Beschlussantrag Nr. 27a, Verhandlungen des 65. Deutschen Juristentages in Bonn 2004, Band II/2, Q 210.

133 Beschlussantrag Nr. 27b, Verhandlungen des 65. Deutschen Juristentages in Bonn 2004, Band II/2, Q 210.

134 Beschlussantrag Nr. 26: Dafür 21 Stimmen, dagegen 29 Stimmen, 3 Enthaltungen; Beschlussantrag Nr. 27a: Dafür 13 Stimmen, dagegen 39 Stimmen, 2 Enthaltungen; Beschlussantrag Nr. 27b: Dafür 21 Stimmen, dagegen 29 Stimmen, 4 Enthaltungen.

1. Januar 2002 als fünftem Durchführungsweg eingeführten Pensionsfonds[135] – ist damit in der Wahl der Durchführungswege identisch mit der reinen Beitragszusage nach § 1 Abs. 2 Nr. 2a BetrAVG.

Auch die Formulierung „an die Seite zu stellen“ findet ihren Widerklang in dem Berücksichtigungsgebot des durch das Betriebsrentenstärkungsgesetz neu eingeführten § 21 Abs. 2 S. 1 BetrAVG. Danach sollen die Tarifvertragsparteien, die eine reine Beitragszusage nach § 1 Abs. 2 Nr. 2a BetrAVG vereinbaren wollen, die bisherigen Versorgungszusagen „angemessen [...] berücksichtigen.“ Die Antragsteller des 65. Deutschen Juristentags wollten hier einen unmittelbar negativen Einfluss der neu einzuführenden einfachen Beitragszusage auf die bisherige Versorgungslandschaft verhindern. Es sollte eine neue Versorgungszusage geschaffen werden, die zusätzlich und nicht anstatt der bisherigen Versorgungszusagen angeboten werden sollte.

Ähnliche Überlegungen hatte der Gesetzgeber in die Vorschriften des § 21 BetrAVG aufgenommen, nachdem der § 21 Abs. 2 S. 1 BetrAVG im Referentenentwurf zum Betriebsrentenstärkungsgesetz zunächst noch nicht enthalten war.[136] In der Literatur wird diese Vorschrift teilweise so interpretiert, dass dies die Sozialpartner bei der Einführung der reinen Beitragszusage nach § 1 Abs. 2 Nr. 2a BetrAVG zur Berücksichtigung der Grundsätze des Vertrauensschutzes und der Verhältnismäßigkeit anhalten solle.[137] Teilweise wird das Berücksichtigungsgebot aber auch strenger ausgelegt und etwa Änderungen der Zusageform in eine reine Beitragszusage nach § 1 Abs. 2 Nr. 2a BetrAVG als Parallelsystem grundsätzlich abgelehnt.[138] Hierzu erfolgt eine genauere Betrachtung weiter unten.[139] Jedenfalls dürfte das Berücksichtigungsgebot damit in einem

---

135 Gesetz zur Reform der gesetzlichen Rentenversicherung und zur Förderung der kapitalgedeckten Altersvorsorgevermögens (Altersvermögensgesetz – AVmG) vom 26.06.2001, (BGBl. I S. 1310).

136 BT-Drs. 18/11286, S. 9.

137 Höfer BetrAVG I/*Höfer*, Betriebsrentengesetz, § 21 Rn. 21; *Schipp*, Die neue Beitragszusage – ein Weg zur Harmonisierung von Versorgungsstrukturen im Unternehmen, Arbeitsrecht bei Änderung der Unternehmensstruktur, S. 439, 422 ff; *Buddenbrock/Kühn*, BB 2017, S. 2997, 2999 ff.

138 Blomeyer/Otto/Rolfs/*Rolfs*, BetrAVG, § 21 Rn. 14; wohl auch *Schnitker*, Eingriffe in Versorgungsanwartschaften auf der 3. Stufe – Versuch einer Rückbesinnung und Neujustierung, Arbeitsrecht bei Änderung der Unternehmensstruktur, S. 449 f; abwartend *Granetzny/Esser*, Wie viel Vertragsfreiheit gibt es im Betriebsrentenrecht?, BetrAV 2019, S. 522, 526.

139 Siehe unten Kapitel 5B.I.

Spannungsverhältnis mit dem grundsätzlichen Ziel des Betriebsrentenstärkungsgesetzes stehen, der möglichst starken Verbreitung der Versorgungszusage der reinen Beitragszusage nach § 1 Abs. 2 Nr. 2a BetrAVG.[140]

Die reine Beitragszusage nach § 1 Abs. 2 Nr. 2a BetrAVG steht auch für die Entgeltumwandlung offen. Dies stellt § 23 Abs. 2 S. 1 BetrAVG klar. Über die Forderung des 65. Deutschen Juristentags hinaus wurde die reine Beitragszusage nach § 1 Abs. 2 Nr. 2a BetrAVG nicht nur für die Entgeltumwandlung geöffnet, vielmehr wurde der Arbeitgeber auch verpflichtet, in gewissem Umfang durch die Entgeltumwandlung gesparte Sozialversicherungsbeiträge an den Arbeitnehmer weiterzureichen. In welchem Umfang dies genau zu geschehen hat, wird weiter unten besprochen.[141]

Der abgelehnte Beschlussantrag Nr. 8 hat auch im Betriebsrentenstärkungsgesetz keine Aufnahme gefunden. Er war, im Gegensatz zu Antrag Nr. 7, auch nicht auf die Einführung einer reinen Beitragszusage als neuer Versorgungszusage, die neben das bestehende System der betrieblichen Altersversorgung in Deutschland treten sollte, konzipiert. Vielmehr sah er eine nachträgliche Enthaftung der Arbeitgeber für schon erteilte Versorgungszusagen bei mittelbaren Durchführungswegen vor. Die Subsidiärhaftung entfällt nach der reinen Beitragszusage gem. § 1 Abs. 2 Nr. 2a BetrAVG nur für neue, tarifvertraglich geregelte reine Beitragszusagen nach § 1 Abs. 2 Nr. 2a BetrAVG, in diesen Fällen jedoch umfassend sowohl für den Arbeitgeber als auch für den Versorgungsträger. Über beide Anträge hinaus ging der Gesetzgeber des Betriebsrentenstärkungsgesetzes mit der Einführung des Garantieverbots in § 22 Abs. 1 S. 2 BetrAVG.

II. Eigene Bewertung

Die im zweiten Eröffnungsreferat geäußerten Bedenken[142] finden in der Entwicklung der Betriebsrente seit dem Jahr 2004 im Wesentlichen keine Bestätigung. Die Vorschläge hinsichtlich der verstärkten Entscheidungsfreiheit der Arbeitnehmer verdienen jedoch grundsätzlich Zustimmung. Ein *pay and forget* des Arbeitgebers im Rahmen der reinen Beitragszusage nach § 1 Abs. 2 Nr. 2a BetrAVG beinhaltet nicht zwingend auch die Auswahl von Durchführungsweg und Versorgungsträger. Da der Arbeitnehmer nunmehr tatsächlich die Investitions- und Substanzerhaltungsrisiken trägt, erscheint es etwa vor dem

140 So auch Höfer BetrAVG I/*Höfer*, Betriebsrentengesetz, § 21 Rn. 21.

141 Siehe unten Kapitel 5A.II.2)a).

142 *Köndgen*, Verhandlungen des 65. Deutschen Juristentages in Bonn 2004, Band II/2, Q 25 ff.

Hintergrund der allgemeinen zivilrechtlichen Risikoverteilung durchaus nachvollziehbar, dass er sich denjenigen, dessen Schlechtleistungsrisiko er trägt, auch aussuchen können sollte. Ebenso wirken die Vorschläge zur notwendigen Beratung des Arbeitnehmers als Konsequenz seiner Verantwortung für die Auswahl von Vorsorgeprodukt und des Versorgungsträgers rechtstheoretisch überzeugend.

Die wirtschaftlichen und haftungsrechtlichen Auswirkungen solcher Beratungspflichten – sofern sie tatsächlich dem Arbeitgeber auferlegt würden, werden ebenfalls in seinem Diskussionsbeitrag hervorgehoben.[143] Diese Fragen stellen sich auch hinsichtlich der reinen Beitragszusage nach § 1 Abs. 2 Nr. 2a BetrAVG und bedürfen einer Antwort.[144]

Zum Zeitpunkt der Einführung des Betriebsrentenstärkungsgesetzes ist allerdings nicht mehr zu erkennen, dass das „*Shareholder-Value*"-Denken politische und wirtschaftliche Handlungen erzwungen hätte. Dies war auch seinerzeit bereits in der Diskussion des 65. Deutschen Juristentags kritisiert worden.[145] Bei Einführung des Gesetzes waren die Zeiten, in denen sich Vorstandsvorsitzende von DAX Konzernen als *Mr. Shareholder-Value* betiteln,[146] vorbei, nicht zuletzt, weil deren angestrebte Erhöhung des Unternehmenswerts deutlich verfehlt wurde.[147] Naheliegend ist allerdings, dass auch etwaige positive Auswirkungen auf die Bilanz des entsprechenden Arbeitgebers bei Einführung der reinen Beitragszusage intendiert wurden.[148]

Dennoch war dies kaum das Leitmotiv des Gesetzgebers zur Einführung reiner Beitragszusagen nach § 1 Abs. 2 Nr. 2a BetrAVG. Weder in der Begründung des Referentenentwurfs noch in der Beschlussempfehlung des Ausschusses für Arbeit und Soziales finden sich direkte Hinweise auf eine diesbezügliche

143 *Doetsch*, Verhandlungen des 65. Deutschen Juristentages in Bonn 2004, Band II/2, Q 109.

144 Siehe dazu unten Kapitel 4D.

145 *Steinmeyer* sieht nicht große, sondern vielmehr kleine Arbeitgeber, die das Risiko der Leistungszulage scheuen, als Hemmnis der betrieblichen Altersversorgung, vgl. Verhandlungen des 65. Deutschen Juristentages in Bonn 2004, Band II/2, Q 101.

146 Jürgen Schrempp, dem diese Selbstbezeichnung zugeschrieben wird, war von Mai 1995 bis Dezember 2005. Im Mai 1995 lag der (splitbereinigte) Aktienkurs der Daimler AG bei umgerechnet ca. 66 EUR. Zum Zeitpunkt seines Ausscheidens lag der Aktienkurs der DaimlerChrysler AG bei ca. 43 EUR.

147 Zum Begriff des Shareholder Value vgl. BeckOGK/*Fleischer*, AktG, § 76 Rn. 29 ff.

148 *Fodor*, Klassifikation der reinen Beitragszusage nach IFRS und US-GAAP, BB 2018, S. 1003, 1003.

Motivation des Gesetzgebers.[149] Vielmehr stand die Leistungszusage von anderer Seite unter Druck. Das Schließen von Finanzierungslücken in Pensionsplänen, wie etwa bei Siemens im Jahr 2002[150] war kein Einzelfall.[151] Dies gilt nicht erst seit der Finanzkrise und der sich anschließenden Niedrigzinsphase. Solche Vorgänge sind auch nicht nur ein bloßes Ärgernis für dividendenhungrige Anleger, sondern vielmehr systemischer Natur.

Auch die Aussagen zum Investitions- und Substanzerhaltungsrisiko sind aus heutiger Sicht zu relativieren. Von den Diskussionsteilnehmern *ex ante* nicht vorhersehbar ist es in der Zwischenzeit zu einer starken Verbreitung von Exchange Traded Funds (ETF) gekommen. Diese ermöglichen es Anlegern, auch bei geringem Kapitaleinsatz, direkt in ein hochdiversifiziertes Portfolio zu investieren, das einen bestimmten Index abbildet, etwa DAX, Dow Jones oder MSCI World. Mittels dieser Fonds besteht für den Anleger zumindest kein Investitionsrisiko im dem Sinne, dass der gewählte Vertragspartner nicht den üblichen Marktzins zahlen wird. Das Substanzerhaltungsrisiko als derzeit größeres Risiko wurde im Diskussionsbeitrag hingegen nicht umfassend gewürdigt, was allerdings der im Jahre 2004 nicht vorhersehbaren und seit 2010 anhaltenden Niedrigzinsphase geschuldet sein dürfte.

***

149 Vgl. BT-Drs. 18/11286 und BT-Drs. 18/12612.

150 Von *Köndgen* beispielhaft erwähnt in Verhandlungen des 65. Deutschen Juristentages in Bonn 2004, Band II/1, Q 26, zurückzuführen überwiegend auf negative Performance der Infineon-Aktien, vgl. S. 9, Siemens Quartalsbericht 3/2002, abrufbar unter https://www.siemens.com/investor/pool/en/investor_relations/downloadcenter/zwischenberichtq3_de.pdf, zuletzt abgerufen am 10. Dezember 2021.

151 Jüngere Beispiele in der Rechtsprechung zur Subsidiärhaftung bei Schwankenden Pensionskassen finden sich bei BAG, Urteil vom 21.07.2020 – 3 AZR 142/16, BAGE 162, 22; BAG, Urteil vom 15.03.2016 – 3 AZR 827/14, BAGE 154, 213; BAG, Urteil vom 19.06.2012 – 3 AZR 408/10, BAGE 142, 72.

Kapitel 2 Das Gesetzgebungsverfahren zur Einführung der reinen Beitragszusage nach § 1 Abs. 2 Nr. 2a BetrAVG

A. Die betriebsrentenrechtliche Diskussion bis 2015

Die Rolle von Tarifverträgen in der betrieblichen Altersversorgung wurde in der Diskussion zum Betriebsrentenstärkungsgesetz als Voraussetzung für Versorgungszusagen in Form einer reinen Beitragszusage nur vereinzelt thematisiert[152] und diese Elemente überhaupt miteinander in Verbindung gesetzt.[153] Im Rahmen der Verhandlungen zum 65. Deutschen Juristentag ist diese Verbindung jedenfalls nicht zu einer Forderung erhoben worden.[154] Vielmehr ist angemerkt worden, dass eine Verbreitung der betrieblichen Altersversorgung durch branchenweite Tarifverträge nicht zu erwarten sei.[155] Dies sei auch ein international zu beobachtendes Phänomen. In den Vereinigten Staaten, Großbritannien und der Schweiz sei ebenfalls keine tariflich ausgeprägte Altersversorgung vorhanden.[156] Vielmehr werde eine Einführung durch Betriebsvereinbarungen als Mittel der Wahl vorgezogen.[157] Dies wurde mit der Anreizstruktur in einzelnen Betrieben erklärt. Branchenweite Regelungen könnten nicht auf die individuell betrieblichen Strukturen Rücksicht nehmen. Gerade der Wunsch einzelner Arbeitgeber, sich branchenintern abzugrenzen und sich individuelle Anreizstrukturen zu schaffen, die einen branchenweiten Alleinstellungscharakter aufwiesen, würden durch Tarifverträge konterkariert werden.[158]

Auch politische Vorbehalte der Arbeitnehmervertreter sprächen gegen die Verbreitung betrieblicher Alterssicherungsmaßnahmen im Rahmen von

---

152 Vgl. hierzu *Huke*, BetrAV 2011, S. 21, 22.

153 *Steinmeyer*, Verhandlungen des 65. Deutscher Juristentages, Band II,1, F 89, These 5; vgl. auch *Steinmeyer*, Tarifvertrag und betriebliche Altersversorgung, Tarifautonomie für ein neues Jahrhundert – Festschrift für Günther Schaub, S. 727, 731 ff.

154 Sie oben Kapitel 1C.I.2)c).

155 *Roth*, Private Altersvorsorge, S. 323.

156 *Roth*, Private Altersvorsorge, S. 323; *Stöckli*, RdA 2002, S. 229, 232; *Hepple*, The Harmonisation of Labour Law in the EEC: A British Perspective, RdA 1989, S. 348, 348

157 *Roth*, Private Altersvorsorge, S. 323.

158 *Roth*, Private Altersvorsorge, S. 323.

Tarifverträgen. Altersvorsorge werde von Gewerkschaften primär als staatliche Aufgabe betrachtet.[159] Der Ansatz deutscher Arbeitnehmervertreter zur Sicherung der Altersvorsorge ihrer Mitglieder bestehe darin, politischen Druck auf Entscheidungsträger der gesetzlichen Rentenversicherung auszuüben, um so die Rentenansprüche zu optimieren.[160] Diese Einschätzung aus der Literatur wird beispielhaft bestätigt in der Haltung deutscher Gewerkschaften zur Einführung der „Rente mit 63" (Rente für besonders langjährig Versicherte)[161], die auf breite Unterstützung getroffen ist.[162] Die Erwartung, dass die Rente mit 63 einen Beitrag zur verbesserten Alterssicherung ihrer Mitglieder erbringt, hat sich derweil bestätigt. Die Rente mit 63 ist seit ihrer Einführung am 1. Juli 2014 in hohem Maße angenommen worden.[163] Bei den Zugangsberechtigten der „Rente mit 63" handelt es sich um Mitglieder der Geburtsjahrgänge zwischen 1953 und 1963,[164] jener Alterskohorte, die unter den deutschen Gewerkschaftsmitgliedern die relative Mehrheit darstellt.[165]

B. Machbarkeitsstudie des BMAS

Das Bundesministerium für Arbeit und Soziales (BMAS) ließ im Jahr 2014 branchenweite Lösungen in der betrieblichen Altersversorgung analysieren,

---

159 *Roth*, Private Altersvorsorge, S. 324.

160 Vgl. hierzu auch *Buntenbach*, BetrAV 2013, S. 1.

161 Gesetz über Leistungsverbesserung in der gesetzlichen Rentenversicherung vom 23. Juni 2014 (BGBl. I S. 787).

162 Siehe hierzu beispielhaft die Stellungnahme des Deutschen Gewerkschaftsbunds im Gesetzgebungsverfahren zu dem RV-Leistungsverbesserungsgesetz, Materialien zur öffentlichen Anhörung von Sachverständigen in Berlin am 5. Mai 2014, Ausschuss-Drs. 18(11)82, S. 6 ff.

163 Im Jahr 2017 machten die Rentenzugänge aus der „Rente für besonders langjährig Versicherte" 25,62 % aller Rentenzugänge in Deutschland aus (2014 insg. 15,20 %; 2015 insg. 25,81 %; 2016 insg. 23,52 %), S. 62, Rentenversicherung in Zeitreihen 2018 abrufbar unter https://www.deutsche-rentenversicherung.de/cae/servlet/contentblob/238700/publicationFile/62588/03_rv_in_zeitreihen.pdf, zuletzt abgerufen am 10. Dezember 2021.

164 Ab dem Geburtsjahrgang 1964 wird die Rente für besonders langjährig Versicherte erst ab einem Alter von 65 Jahren zugänglich sein.

165 Im Zeitraum zwischen 2008 und 2012 stellte die Alterskohorte der Über-51-Jährigen mit 36 % aller Gewerkschaftsmitglieder die größte Gruppe, vgl. *Anders/Biebeler/Lesch*, Gewerkschaftsmitglieder – Mitgliederentwicklung und politische Einflussnahme: Die deutschen Gewerkschaften im Aufbruch?, S. 26.

insbesondere auf ihr Potential hin, auch bei kleinen und mittleren Unternehmen eine Verbreitung von Betriebsrenten herbeizuführen.[166] Dabei wurden fünf branchenweite Lösungen untersucht, die BauRente, die Chemie-Altersvorsorge, die hogarente, die MetallRente und die SHK-Rente Bayern.[167] Die Autoren konnten am Ende die Hypothese, dass branchenweite Lösungen zu einer verstärkten Verbreitung der betrieblichen Altersversorgung unter Arbeitgebern und Arbeitnehmern führen würden, im Rahmen der Untersuchungen weder verifizieren noch falsifizieren.[168] Dies lag aus Sicht der Autoren vor allem daran, dass von den einzelnen Branchenvertretern selbst keine Daten erhoben worden seien, die Rückschlüsse auf die Verbreitung der bAV in der jeweiligen Branche zuließen.[169]

C. Arbeitspapier des BMAS

Ungeachtet dieses uneindeutigen Ergebnisses wurde im Zuge der vorbereitenden Beratungen zum Betriebsrentenstärkungsgesetz die Möglichkeit der Einführung von reinen Beitragszusagen durch Tarifverträge breiter diskutiert.[170]

Im Herbst des Jahres 2014 hatte das Bundesministerium für Arbeit und Soziales einen Diskussionsentwurf für die Einfügung eines neuen § 17b BetrAVG in das BetrAVG vorgelegt, wonach die bisherigen § 17 Abs. 3 und § 17 Abs. 5 BetrAVG unverändert § 17a BetrAVG-E werden sollten. Dieser Entwurf war jedoch bei den Arbeitgeberverbänden und Gewerkschaften auf Kritik gestoßen.[171] Das BMAS stellte daraufhin im Januar 2015 ein Arbeitspapier zu dem "Neuen Sozialpartnermodell Betriebsrente" vor.[172] Kerngegenstand

166 *Wallau/Gädckens/Werner*, Machbarkeitsstudie für eine empirische Analyse von Hemmnissen für die Verbreitung der betrieblichen Altersversorgung in kleinen und mittleren Unternehmen, Forschungsbericht 444.

167 Machbarkeitstudie bAV in KMU 2014, S. 78.

168 Machbarkeitstudie bAV in KMU 2014, S. 82.

169 Machbarkeitstudie bAV in KMU 2014, S. 82.

170 Vgl. *Nahles*, Die Zukunft der Alterssicherung gemeinsam gestalten, BetrAV 2014, S. 405.

171 Vgl. dazu, einige Kritikpunkte zusammenfassend, *Rolfs*, Konzepte zur Erhöhung des Verbreitungsgrades der betrieblichen Altersversorgung, NZA-Beilage 2015, S. 67, 68; *Karch*, bAV – kompliziert und obligatorisch oder einfach und sozialpartnerschaftlich?, BetrAV 2014, S. 682 ff.

172 Neues Sozialpartnermodell Betriebsrente, Mögliche Änderungen im Betriebsrentengesetz (Gesetzestext und Begründung); *Bührer*, Erhöhung des Verbreitungsgrades der bAV und § 17b BetrAVG-E in der Diskussion, NZA-Beilage 2015, S. 70; *Arteaga*, Ein Machtkampf mit offenem Ausgang, VW 2015, S. 18 f; hierzu *Arteaga*, Der Gordische

dieses Arbeitspapiers bildete der in das Betriebsrentengesetz einzufügende § 17b BetrAVG-E, der folgenden Wortlaut hatte:

§ 17b – Gemeinsame Einrichtungen der Tarifvertragsparteien
In Tarifverträgen kann abweichend § 1 Absatz 2 Nummer 1 und 2 eine Beitragszusage des Arbeitgebers vorgesehen werden, wenn die betriebliche Altersversorgung über eine gemeinsame Einrichtung der Tarifvertragsparteien gemäß § 4 des Tarifvertragsgesetzes durchgeführt wird.
(2) Die abweichenden Bestimmungen gelten auch für nicht tarifgebundene Arbeitgeber und Arbeitnehmer, wenn zwischen ihnen die Anwendung der tariflichen Regelung vereinbart ist.
(3) […]

Hier erfolgte eine erste Festlegung seitens des BMAS auf branchenweite Lösungen. Dabei handelte es sich noch nicht um eine reine Beitragszusage im Sinne der späteren reinen Beitragszusage nach § 1 Abs. 2 Nr. 2a BetrAVG, sondern vielmehr um eine modifizierte Beitragszusage mit Mindestleistung, lediglich ohne Subsidiärhaftung des Arbeitgebers.[173]

D. Gutachten

Das Positionspapier des BMAS mündete in einen Diskussionsprozess[174], der durch zwei Gutachten angestoßen wurde, die das vom BMAS vorgestellte „Sozialpartnermodell Betriebsrente“ wissenschaftlich untersuchen sollten.[175]

Knoten bei den Betriebsrenten, DB 2015, S. M5; *Buntenbach*, BMAS-Vorschlag: Eine bessere bAV für alle?, BetrAV 2015, S. 95; *Hanau/Arteaga*, Die „reine“ Beitragszusage soll kommen, DB 2015, S. 615; *Hanau/Arteaga*, Wie die Betriebsrentenreform gelingen kann, DB 2015, S. 2447.

173 So auch *Hanau/Arteaga*, DB 2015, S. 2447, 2449; *Karch*, aba-Reformmodell zur bAV, BetrAV 2015, S. 542, 544.

174 Beiträge hierzu durch *Aden*, Reine Beitragszusagen – Leistungsplangestaltung und Finanzierung, BetrAV 2017, S. 555; *Aden*, Nach dem Spiel ist vor dem Spiel, BetrAV 2017, S. 292; *Cisch/Börner*, Das Betriebsrentenstärkungsgesetz – Garantiert eine Chance für die bAV, BB 2017, S. Heft 30, I; *Dünn*, Das Betriebsrentenstärkungsgesetz, BetrAV 2017, S. 550; *Thüsing*, DB 2017, S. M5, Heft 23; *Thüsing*, DB 2017, S. M5, Heft 3; *Roth*, Betriebliche Altersvorsorge – Zur Fortentwicklung des Betriebsrentengesetzes im Niedrigzinsumfeld, SR 2016, S. 47; *Arteaga*, DB 2015, S. M5; *Arteaga*, VW 2015, S. 18; *Hanau/Arteaga*, DB 2015, S. 615; *Hanau/Arteaga*, DB 2015, S. 2447; *Karch*, BetrAV 2015, S. 542; *Rolfs*, NZA-Beilage 2015, S. 67; *vom Stein*, Reformimpulse für die Betriebliche Altersversorgung, RdA 2015, S. 272.

175 *Kiesewetter/Grom/Menzel/Tschinkl*, Gutachten zu Optimierungsmöglichkeiten bei den bestehenden steuer- und sozialversicherungsrechtlichen Förderregelungen der

I. BMF-Gutachten Gutachten

In dem empirischen Gutachten von *Kiesewetter*, *Grom*, *Mentzel* und *Tschinkel* (im Folgenden BMF-Gutachten) wurde mittels Experteninterviews versucht, Hemmnisse der weiteren Verbreiterung der betrieblichen Altersversorgung zu identifizieren und Lösungsmöglichkeiten zu entwickeln. Die Ergebnisse des Gutachtens sind wegen der relativ niedrigen Anzahl von interviewten Experten (13) und einer starken Fokussierung auf den Bereich der Versicherungswirtschaft (5) nicht repräsentativ, was von den Autoren auch entsprechend eingeordnet wird.[176]

Die im BMF-Gutachten untersuchten Reformvorschläge befassen sich weit überwiegend mit Änderungen steuerlicher und sozialversicherungsrechtlicher Vorschriften.[177] Mehrere dieser Änderungsvorschläge sind vom Gesetzgeber in das Betriebsrentenstärkungsgesetz aufgenommen worden.[178] Da sie überwiegend nicht arbeitsrechtlicher Natur und auch nicht spezifisch auf die reine Beitragszusage nach § 1 Abs. 2 Nr. 2a BetrAVG zugeschnitten sind, finden sie in dieser Bearbeitung nur eingeschränkt Beachtung.

Als ein im weiteren Sinne auch arbeitsrechtlicher Reformvorschlag sticht jedoch die Anregung heraus, den Arbeitgeber zu verpflichten, den Arbeitnehmer

---

betrieblichen Altersversorgung im Auftrag des Bundesministeriums der Finanzen, vom BMF in Auftrag gegeben; *Hanau/Arteaga*, Rechtsgutachten, vom BMAS in Auftrag gegeben. Zur Vorgeschichte des BMAS-Gutachtens vgl. *Arteaga*, Leitgedanken der Reformvorschläge im Rechtsgutachten von Hanau/Arteaga zum „Sozialpartnermodell Betriebsrente", BetrAV 2016, S. 285 f; zum BMF-Gutachten vgl. auch *Kiesewetter/Grom/Menzel/Tschinkl*, Entwurf eines Betriebsrentenstärkungsgesetzes – Was lange währt, wird endlich gut?, BetrAV 2016, S. 650; *Kiesewetter/Grom/Menzel/Tschinkl*, Optimierungsmöglichkeiten bei den Förderregelungen der betrieblichen Altersversorgung, BetrAV 2016, S. 290; zu beiden *Höfer*, Zur Fortentwicklung der betrieblichen Altersversorgung – Die Gutachten für das BMAS und das BMF, DB 2016, S. M5.

176 *Kiesewetter/Grom/Menzel/Tschinkl*, Gutachten, S. 68 f.

177 Etwa zu einer Halbierung des Beitragssatzes in KVdR/PvdR und Erhebung des Arbeitgeberanteils zur Sozialversicherung in Anwartschaftsphase, Verbesserter Riesterförderung in der bAV, eines staatlichen bAV-Förderbetrags für Geringverdiener und Anrechnungsgrenzen auf die Grundsicherung, vgl. *Kiesewetter/Grom/Menzel/Tschinkl*, Gutachten, S. 139 ff.

178 In Anlehnung an die Reformvorschläge im BMF-Gutachten. wurde etwa die Einkommensgrenze des bAV-Fördermodells für Geringverdiener von 2.000 Euro auf 2.200 Euro, zwischenzeitlich noch weiter auf 2.575 Euro, angehoben, § 100 Abs. 3 S. 1 Nr. 3 Buchst. c EStG. Die Riester-Grundzulage wurde von 165 Euro auf 175 Euro erhöht, § 84 S. 1 EStG.

in Höhe der im Rahmen der Entgeltumwandlung ersparten Sozialversicherungsbeiträge zu bezuschussen.[179] Dies war im Gesetzentwurf zum Betriebsrentenstärkungsgesetz ursprünglich nur für die reine Beitragszusage nach § 1 Abs. 2 Nr. 2a BetrAVG im § 23 Abs. 2 BetrAVG n.F. vorgesehen,[180] wurde im Verlauf des Gesetzgebungsverfahrens in der Beschlussvorlage des Ausschusses für Arbeit und Soziales jedoch auf alle Formen der Entgeltumwandlung ausgeweitet, §1a Abs. 1a BetrAVG.[181] Die Einführung innerhalb der reinen Beitragszusage nach § 1 Abs. 2 Nr. 2a BetrAVG sowie die Ausweitung auf alle Entgeltumwandlungsvereinbarungen hat einige arbeitsrechtliche Fragen aufgeworfen.[182]

Dieser Reformvorschlag, seine konkrete Umsetzung sowie seine Implikationen für die reine Beitragszusage nach § 1 Abs. 2 Nr. 2a BetrAVG werden weiter unten ausführlicher behandelt.[183]

II. BMAS-Gutachten

Die Autoren des BMAS-Gutachtens, *Hanau* und *Arteaga,* kamen zusammenfassend zu dem Schluss, dass der Tarifvertrag als Werkzeug der Sozialpartner in „besonderem Maße zu größerer Verbreitung der betrieblichen Altersversorgung beitragen“ könne.[184] Für kleine und mittlere Unternehmen sei dabei insbesondere

---

179 *Kiesewetter/Grom/Menzel/Tschinkl*, Gutachten, S. 149 ff., S. 219 ff.

180 BT-Drs. 18/11286, S. 46 f.

181 BT-Drs. 18/12612.

182 Siehe hierzu *Herrmann/Kovac*, Zulässigkeit einer Bündelung von Arbeitgeberzuschüssen gem. § 1a Abs. 1a BetrAVG an einen (anderen) Versorgungsträger?, DB 2020, S. 617; *Koch*, Rechtsnatur der Entgeltumwandlung und Berechnung des Zuschusses nach § 1a Abs. 1a oder § 23 Abs. 2 BetrAVG, DB 2019, S. 1327; *Bepler*, Das „Soweit“ in § 1 a Abs. 1a und § 23 Abs. 2 BetrAVG nF, RdA 2019, S. 12, 13; *Bader*, Der zeitliche Anwendungsbereich des verpflichtenden Arbeitgeberzuschusses zur Entgeltumwandlung nach § 1a Abs. 1a BetrAVG, DB 2018, S. 1665; *Hofelich*, Der neue Arbeitgeberzuschuss zur betrieblichen Altersversorgung, ArbRB 2018, S. 16; *Langohr-Plato*, Entgeltumwandlung und Arbeitgeberzuschuss nach § 1a BetrAVG, BetrAV 2017, S. 465; *Thüsing/Beden*, Gilt die Pflicht zum Zuschuss zur Entgeltumwandlung nach § 1a Abs. 1a BetrAVG n.F. auch für bestehende Tarifverträge?, BetrAV 2018, S. 5; *Höfer*, Der gesetzliche Beitragszuschuss zur Entgeltumwandlung für betriebliche Altersversorgung, DB 2017, S. 2481; *Wilhelm*, Arbeitgeberzuschuss bei Entgeltumwandlung – Voraussetzungen der Zahlung und Folgen für bestehende und neue Matchingmodelle, BetrAV 2017, S. 659; *Rolfs*, Stärkung der Betriebsrenten, NZA 2017, S. 1225.

183 Siehe unten Kapitel 5A.II.2)a).

184 *Hanau/Arteaga*, Rechtsgutachten, S. 89, These 2.

von Vorteil, dass die Komplexität der einzelnen Durchführungswege mittels Tarifverträgen und den darin enthaltenen vorstrukturierten Lösungen herabgesetzt werde, was sie für kleinere und mittlere Unternehmen attraktiver mache.[185] Tarifverträge könnten dabei von vollumfänglichen Verwirklichungen des Sozialpartnermodells bis zu reinen Leitplankenlösungen reichen.[186] Zum Erfolg könne das Modell jedoch nur werden, sofern die Sorgen und Bedenken der Sozialpartner, die diese in Reaktion auf die Veröffentlichung des „Sozialpartnermodells Betriebsrente" geäußert hätten, berücksichtigt würden.[187]

Die Autoren befassten sich intensiv mit den wesentlichen Eigenschaften des „Sozialpartnermodells Betriebsrente". Wie sich im weiteren Verlauf der Arbeit zeigen wird, gehen wesentliche Regelungen, auch solche, die in der Wissenschaft sowie durch die Sozialpartner zwar gelobt wurden aber auch zu Auslegungsschwierigkeiten geführt haben,[188] maßgeblich auf Vorschläge dieser Autoren zurück.

Um daher die späteren Vorschriften des BetrAVG nach dem Betriebsrentenstärkungsgesetz besser einordnen zu können, sind die wesentlichen Elemente dieses von den Autoren begutachteten „Sozialpartnermodells Betriebsrente" im nachfolgenden Abschnitt dargestellt, wobei sie den tatsächlichen, durch das Betriebsrentenstärkungsgesetz eingeführten Bestandteilen der reinen Beitragszusage nach § 1 Abs. 2 Nr. 2a BetrAVG gegenübergestellt werden.

E. Einführung der reinen Beitragszusage nach § 1 Abs. 2 Nr. 2a BetrAVG durch das Betriebsrentenstärkungsgesetz

Im Folgenden soll untersucht werden, in welchem Umfang sich Vorschläge aus der Literatur, insbesondere aus den zur Vorbereitung der reinen Beitragszusage erstellten Gutachten sich im Betriebsrentenstärkungsgesetz wiederfinden. Bereits im Gesetzentwurf der Bundesregierung zum Betriebsrentenstärkungsgesetz[189] ebenso wie auch in der Beschlussempfehlung des Ausschusses für Arbeit und Soziales[190] finden sich Regelungen, die auf Ideen aus der Wissenschaft zurückzuführen sind.

185 *Hanau/Arteaga*, Rechtsgutachten, S. 89, These 4.
186 *Hanau/Arteaga*, Rechtsgutachten, S. 89, These 5.
187 *Hanau/Arteaga*, Rechtsgutachten, S. 89, These 8.
188 Insbesondere die Beteiligung nach § 21 Abs. 1 BetrAVG, siehe unten Kapitel 4.
189 BT-Drs. 18/11286.
190 BT-Drs. 18/12612.

Der folgende Abschnitt soll nun dem Leser einen Überblick über die tatsächlich umgesetzten Neuerungen im BetrAVG[191] vermitteln, bevor unten in Kapitel 5 vertiefend auf die wesentlichen Bestandteile eines die reine Beitragszusage nach § 1 Abs. 2 Nr. 2a BetrAVG ermöglichenden Tarifvertrags eingegangen wird.

Dazu erfolgt, wo dies als sinnvoll erachtet wird, zunächst eine kurze Zusammenfassung der im BMAS-Gutachten angestrengten Überlegungen zu den jeweiligen Inhalten, bevor dann in einem zweiten Schritt auf die tatsächlichen Regelungen nach dem BRSG eingegangen wird.

I. Tarifexklusivität

Die bereits in § 17b Abs. 1 BetrAVG-E intendierte herausgehobene Stellung der Tarifvertragsparteien wurde auch in das Betriebsrentenstärkungsgesetz übernommen.[192] Das Gesetz ermöglicht es exklusiv den Tarifvertragsparteien, reine Beitragszusagen nach § 1 Abs. 2 Nr. 2a BetrAVG zu vereinbaren und einzuführen.[193] Arbeitgeber können reine Beitragszusagen nach § 1 Abs. 2 Nr. 2a BetrAVG nicht selbstständig, sondern ausschließlich durch oder aufgrund eines Tarifvertrags begründen.[194]

Die Bedeutung der Tarifvertragsparteien für die reinen Beitragszusagen nach § 1 Abs. 2 Nr. 2a BetrAVG wird durch §§ 21 ff. BetrAVG weiter hervorgehoben. Für sie soll es kein „*negotiate and forget*" geben, stattdessen müssen sie sich an der Durchführung und Steuerung der betrieblichen Altersversorgung in Form von reinen Beitragszusagen beteiligen, § 21 Abs. 1 BetrAVG.[195] Auch in §§ 21 Abs. 2 S. 1, S. 2, Abs. 3 S. 1 und 23 Abs. 1 und Abs. 2 BetrAVG finden sich weitere Verpflichtungen, die die Tarifvertragsparteien zu berücksichtigen haben.

---

191 Vgl. hierzu auch *Hanau*, Das Betriebsrentenstärkungsgesetz – Wunderwaffe oder Rohrkrepierer?, jM 2018, S. 19; *Kuhn/Heider*, Betriebsrentenstärkungsgesetz: Arbeitsrechtliche Änderungen, 2017, S. 1517; *Rößler*, New Deal in der betrieblichen Altersversorgung, DB 2017, S. 367; *Rolfs*, NZA 2017, S. 1225; *Arteaga*, VW 2015, S. 18.

192 Vgl. hierzu *Heck*, Möglichkeiten und Grenzen tariflicher Regelungen im Sozialpartnermodell, BetrAV 2017, S. 556 f.

193 Kemper/Kisters-Kölkes/Berenz/Huber/Betz-Rehm/*Kisters-Kölkes/Huber*, BetrAVG, § 1 Rn. 473. Zu Vorbehalten hierzu *Reinecke*, Das Betriebsrentenstärkungsgesetz – ein großer Wurf?, AuR 2017, S. 432, 433.

194 Beispiele bisheriger tariflicher Altersversorgung bei *Heck*, Tarifliche Altersversorgung – Praxisbeispiele, BetrAV 2017, S. 314 ff.

195 Zu den Anforderungen an das Beteiligungsgebot siehe unten Kapitel 4D.

II. Subsidiärhaftung und Garantie

Kern der schlichten *Beitragszusage* genannten neuen Versorgungszusage war der Verzicht auf die Subsidiärhaftung des Arbeitgebers, wonach gem. § 17b Abs. 3 S. 1 BetrAVG-E die Pflichten des Arbeitgebers aus § 1 Abs. 1 S. 3 BetrAVG auf den Versorgungsträger übergehen sollten. Dies stellte auch § 17b Abs. 3 S. 2 BetrAVG-E noch einmal ausdrücklich klar: Der Versorgungsträger gibt eine Garantie, die der einer Beitragszusage mit Mindestleistung, mindestens der Summe der zugesagten Beiträge, soweit sie nicht rechnungsmäßig für einen biometrischen Risikoausgleich verbraucht werden, entsprechen sollte. Mithin wäre nicht gänzlich auf eine Garantie für den Arbeitnehmer verzichtet worden. Lediglich die Anzahl der Schuldner der Garantie sollte halbiert werden.

Dies wurde von den Autoren des BMAS-Gutachtens entschieden kritisiert.[196] Sie plädierten dafür, die Höhe der Garantie einer Mindestleistung in Abweichung von § 1 Abs. 1 S. 3 BetrAVG durch die Sozialpartner selbst festlegen zu lassen.[197] Zu dieser Empfehlung gelangten sie durch die umfassende Darstellung der Kosten einer Garantie, da diese lediglich durch eine Anlage fast ausschließlich in festverzinslichen Wertpapieren zu erreichen sei. Eine langfristige Anlage etwa in Aktien sei, jedenfalls in dem zur Zeit der Erstellung des Gutachtens vorherrschenden und bislang noch anhaltenden Niedrigzinsumfeld, praktisch ausgeschlossen. Damit würden aus Sicht der Autoren große Chancen verloren gehen, die sich in der kapitalgedeckten betrieblichen Altersversorgung aus der überdurchschnittlich langen Anlagedauer ergäben.[198]

Im Rahmen des von den Autoren vorgestellten Zielrentenkonzepts erörterten sie die Möglichkeit, die erwartete Leistung teilweise in Form einer „*Minimumgarantie* zu garantieren".[199] Es sei jedoch auch denkbar, die gesamte Versorgungsleistung zwar dem Grunde nach durch Satzung oder Versorgungszusage rechtsverbindlich zuzusagen, auf Festlegungen zur Höhe aber zu verzichten, sodass eine Mindesthöhe nicht garantiert würde. Es würde dann zu einem

---

196 Vgl. auch *Roth*, SR 2016, S. 47, 56.

197 *Hanau/Arteaga*, Rechtsgutachten, S. 33.

198 *Hanau/Arteaga*, Rechtsgutachten, S. 33; vgl. auch *Goecke*, Collective DC-Pläne: Ein neuer Ansatz zur Gestaltung der betrieblichen Altersversorgung, BetrAV 2016, S. 653, 657; *Klinger*, Vorteile der kollektiven Kapitalanlage in Versorgungswerken bei Zielrenten, BetrAV 2016, S. 411, 412.

199 *Hanau/Arteaga*, Rechtsgutachten, S. 43.

insgesamt zwar konkret bezifferten, jedoch unverbindlichen Versorgungsziel kommen.[200]

Die Autoren wiesen ferner darauf hin, dass bei der Wahl eines Systems, das feste Garantien ermögliche, nur eine Versicherungsleistung infrage käme. Hierfür sähen VAG[201] und Solvency II-Richtlinie[202] jedoch hohe Eigenkapitalquoten vor. Insbesondere für die Investition in Aktien würden hier Eigenkapitalquoten – je nach Aktie – zwischen 22 % und 49 % verlangt, Art. 169 Delegierte Verordnung (EU) 2015/35.[203] Dies mache die Investition in Aktien und die dadurch ermöglichte Beteiligung der Versorgungsberechtigten am Produktivvermögen „praktisch unmöglich."[204]

Auch gegenüber einer festen Bestandsgarantie erst ab dem Rentenbeginn machten die Autoren Vorbehalte geltend. Im Leistungszeitraum sei eine gewisse Variabilität der Versorgung grundlegend für eine vorteilhaftere Kapitalanlage. Eine Mindestgarantie, analog § 236 Abs. 3 VAG (§ 236 Abs. 2b a.F.) für Beitragszusagen mit Mindestleistungen nach § 2 Abs. 6 BetrAVG (§ 2 Abs. 5b a.F.) sei jedoch in sozialpolitischer Hinsicht vorteilhafter und habe keine vergleichbar negativen Auswirkungen auf eine mögliche Anlageperformance.[205]

Die Empfehlungen des BMAS-Gutachtens zur Garantie wurden in gewisser Weise sogar überschießend umgesetzt. Statt es den Sozialpartnern zu überlassen, den Versorgungseinrichtungen das Übernehmen einer Garantie und deren konkrete Höhe zu ermöglichen, hat der Gesetzgeber vorgezogen, die Übernahme einer Garantie sogar gänzlich zu untersagen, § 22 Abs. 1 S. 2 BetrAVG. Im Gesetzentwurf der Bundesregierung war das explizite Garantieverbot im

---

200 Zum Konzept der Zielrente siehe unten Kapitel 2E.IX.

201 Gesetz über die Beaufsichtigung der Versicherungsunternehmen (Versicherungsaufsichtsgesetz – VAG) in der Fassung der Bekanntmachung vom 01.04.2015 (BGBl. I S. 434).

202 Richtlinie 2009/138/EG des Europäischen Parlaments und des Rates betreffend die Aufnahme und Ausübung der Versicherungs- und der Rückversicherungstätigkeit (Solvabilität II) in der Fassung der Bekanntmachung vom 25.11.2009, Amtsblatt der Europäischen Union Nr. L 335/1 vom 17.12.2009.

203 Delegierte Verordnung (EU) 2015/35 der Kommission zur Ergänzung der Richtlinie 2009/138/EG des Europäischen Parlaments und des Rates betreffend die Aufnahme und Ausübung der Versicherungs- und der Rückversicherungstätigkeit (Solvabilität II) in der Fassung der Bekanntmachung vom 10.10.2014, Amtsblatt der Europäischen Union Nr. L12 vom 17.01.2015.

204 *Hanau/Arteaga*, Rechtsgutachten, S. 50.

205 *Hanau/Arteaga*, Rechtsgutachten, S. 52.

BetrAVG-E noch nicht enthalten. Es war jedoch bereits in § 41 Abs. 1 Nr. 1, Abs. 2 Nr. 1 PFAV-E normiert, dass die Versorgungsberechtigten durch die Versorgungseinrichtungen ausdrücklich über fehlende Garantien zu informieren seien. Vom Entwurfsverfasser wurde dies in der Gesetzesbegründung zu § 22 Abs. 1 BetrAVG n.F. kurz mit der Bemerkung „da keine garantierten Leistungen vorgesehen sind, wird es ermöglicht, dass alle Leistungsempfänger dauerhaft gleichmäßig an den Vermögenserträgen partizipieren können" erläutert.[206]

Im Allgemeinen Teil der Gesetzesbegründung des Referentenentwurfs wird ausführlicher auch auf die Bedenken aus dem BMAS-Gutachten eingegangen.

Garantien hätten zwar aus Sicht der betroffenen Arbeitnehmer den Vorteil höherer Planungssicherheit, jedoch auch Nachteile, etwa dass die Kapitalanlage sehr vorsichtig gestaltet sein müsse, um die Mindestleistungen auf Dauer erfüllen zu können.[207]

Chancen auf bessere Rendite würden damit verloren gehen, die garantierten Leistungen seien etwa so gering, dass teilweise sogar die Aussicht auf einen Inflationsausgleich fehle.[208] Fernerhin müsste die Versorgungseinrichtung bei fehlender Arbeitgeberhaftung entsprechend mehr Eigenkapital vorhalten. Nach der Gesetzesbegründung wäre es auch sinnlos, die Garantie auf eine externe Stelle auszulagern, die dann für Mindestleistungen einstehen müsste, wie dies noch im § 17b BetrAVG-E vorgesehen war.[209] Denn auch diese müsste dann selbst vorsichtig investieren und einen hohen Eigenkapitalanteil zurückhalten. Dies käme letztlich nur einer Verlagerung der zuvor genannten Nachteile gleich.[210] Dieser völlige Verzicht auf Garantien, der diese sogar explizit untersagt, war vorher in der Wissenschaft in dieser Form kaum gefordert worden.[211] Im BMF-Gutachten wurde sogar festgestellt, dass eine Renditegarantie von sechs Prozent für die befragten Arbeitnehmer und Arbeitgeber eine hohe Bedeutung im Hinblick auf die Attraktivität eines bAV-Angebots habe.[212]

Die im BMAS-Gutachten aufgezeigten Bedenken, die sich der Gesetzgeber zu eigen gemacht hat, sind jedoch aus Sicht des Verfassers nachzuvollziehen. Die zum Zeitpunkt des Gesetzgebungsverfahrens vorliegende Niedrigzinsphase

---

206 BT-Drs. 18/11286, S. 45.

207 BT-Drs. 18/11286, S. 32.

208 BT-Drs. 18/11286, S. 32.

209 BT-Drs. 18/11286, S. 32.

210 BT-Drs. 18/11286, S. 32.

211 Vgl. hierzu *Thüsing*, DB 2017, S. M5, Heft 23.

212 *Kiesewetter/Grom/Menzel/Tschinkl*, Gutachten, S. 115.

hält zumindest vorerst an, ein Ende oder auch nur eine Abschwächung ist trotz einer zeitweiligen Leitzinserhöhung der amerikanischen Zentralbank Fed vom 20. Dezember 2018[213] derzeit nicht absehbar.[214] Auch hat sich die EZB dieser kurzzeitigen Erhöhung nicht angeschlossen.[215] In finanzwissenschaftlicher Praxis hat sich kein System etablieren können, dass eine Garantie ohne Renditeeinbußen gewähren kann.[216] Ob dies technisch überhaupt umsetzbar ist, bleibt fraglich.

Dennoch hat sich das Fehlen von Garantien wohl als besonders effektiver Hemmschuh der reinen Beitragszusage entwickelt. Im Laufe der Diskussionen des Gewerkschaftstags der IG Metall 2019 wurden mehrmals fehlende Garantien sowie die fehlende Subsidiärhaftung des Arbeitgebers als Argumente gegen die Aufnahme von Tarifverhandlungen vorgebracht.[217]

Das Offenlassen der Möglichkeit einer Garantiezusage durch die Versorgungseinrichtung hätte diesen Bedenken die Dringlichkeit genommen und zu einer stärkeren Motivation der Arbeitnehmervertreter im Hinblick auf Tarifverhandlungen führen können.

---

213 Leitzinsentwicklung der US-Zentralbank Fed von 2001 bis 2020, abrufbar unter https://de.statista.com/statistik/daten/studie/419455/umfrage/leitzins-der-zentralbank-der-usa/, zuletzt abgerufen am 10. Dezember 2021.

214 Angesichts der im Zuge der Covid-19-Pandemie 2020 angestiegenen Staatsausgaben und Konjunktureinbrüche ist vorerst mit einer Erhöhung der Leitzinsen nicht zu rechnen, vgl. hierzu nur die weiter rückläufige Leitzinsentwicklung der US-Zentralbank Fed von 2001 bis 2020, abrufbar unter https://de.statista.com/statistik/daten/studie/419455/umfrage/leitzins-der-zentralbank-der-usa/, zuletzt abgerufen am 10. Dezember 2021.

215 Entwicklung des Zinssatzes der Europäischen Zentralbank für das Hauptrefinanzierungsgeschäft von 1999 bis 2020 abrufbar unter https://de.statista.com/statistik/daten/studie/201216/umfrage/ezb-zinssatz-fuer-das-hauptrefinanzierungsgeschaeft-seit-1999/, zuletzt abgerufen am 10. Dezember 2021.

216 Vgl. auch *Arteaga*, Betriebsrentenstärkungsgesetz: Beginn einer neuen Ära?, DB 2017, S. M28; kritisch *Matthießen*, Betriebsrentenstärkungsgesetz: Beginn einer neuen Ära?, DB 2017, S. M28.

217 „Wenn es keine Garantien gibt, dann ist das Mist.", *Heidi Reupke*, IG Metall Salzgitter-Peine, Tagesprotokoll des 24. ordentlichen Gewerkschaftstags der IG Metall in Nürnberg 2019, 4. Tag (10. Oktober 2019), S. 103.

III. Aufnahme Nicht-Tarifgebundener Arbeitnehmer

Die Aufnahme von nicht tarifgebundenen Dritten ist nunmehr in § 21 Abs. 3 S. 1 BetrAVG als Soll-Vorschrift für die Tarifvertragsparteien normiert. In § 21 Abs. 3 S. 2 BetrAVG ist eine Pflicht der Versorgungseinrichtung verankert, hinsichtlich der Aufnahme und Verwaltung von Arbeitnehmern nichttarifgebundener Arbeitgeber keine sachlich unbegründeten Vorgaben zu machen. Nach § 24 BetrAVG können nichttarifgebundene Arbeitgeber und Arbeitnehmer die Anwendung der einschlägigen tariflichen Regelungen vereinbaren.

Anders als noch in § 17b Abs. 2 BetrAVG-E vorgesehen, handelt es sich nunmehr mit § 21 Abs. 3 S. 1 BetrAVG um eine bloße Soll-Vorschrift,[218] von der Tarifparteien ohne Sanktionsdrohung abweichen dürfen.[219] Die Norm, die nach Begründung der Beschlussempfehlung des Ausschusses für Arbeit und Soziales den Willen des Gesetzgebers zum Ausdruck bringen solle, reine Beitragszusage nach § 1 Abs. 2 Nr. 2a BetrAVG auch von nicht tarifgebundenen Arbeitgebern nutzbar zu machen,[220] ist erst durch den Ausschuss erneut in den Gesetzestext aufgenommen worden. Zuvor war aus dem Gesetzentwurf der Bundesregierung eine Regelung mit dem entsprechenden Inhalt des § 17b Abs. 2 BetrAVG-E gestrichen worden.[221]

Da nunmehr die aus dem BMAS-Gutachten angeführten Argumente[222] gegen eine gesetzliche Verpflichtung zur Aufnahme nicht tarifgebundener Arbeitnehmer aufgrund der auch für das durchführende Versorgungsunternehmen geltenden Pflicht aus § 21 Abs. 3 S. 2 BetrAVG sowie des nunmehr geltenden Garantieverbots in § 22 Abs. 1 S. 2 BetrAVG nicht mehr vorbehaltlos greifen, hat der Gesetzgeber sich doch für eine explizite Regelung zur Aufnahme nicht tarifgebundener Arbeitnehmer und Arbeitgeber in die Versorgungseinrichtung entschieden.

Die Vorbehalte insbesondere der Gewerkschaften gegen eine Öffnung für nicht tarifgebundene Arbeitnehmer dürften jedoch weiter bestehen bleiben.[223]

---

218 Vgl. hierzu Höfer BetrAVG I/*Höfer*, Betriebsrentengesetz,, § 21 Rn. 33, der hierin dennoch eine Muss-Vorschrift erkennen möchte.

219 BT-Drs. 18/12612, S. 31.

220 BT-Drs. 18/12612, S. 31.

221 Vgl. BT-Drs. 18/11286, S. 9.

222 *Hanau/Arteaga*, Rechtsgutachten, S. 29.

223 Vgl. *Ulbrich*, Die Reform der Betriebsrente oder die Befreiung einer Gazelle: Das Betriebsrentestärkungsgesetz (BSG) Teil I – Arbeitsrecht, BB 2017, S. 2423, 2427; *Ulbrich*, BB 2016, S. 2363, 2364; *Buntenbach*, BetrAV 2015, S. 95.

Gleiches dürfte aufseiten der Arbeitgeber in Bezug auf für die in der Literatur geäußerten Zweifel an der Tauglichkeit der Normen zur wirksamen Ausweitung der reinen Beitragszusage nach § 1 Abs. 2 Nr. 2a BetrAVG auf nicht tarifgebundene Arbeitnehmer gelten.[224]

IV. Gemeinsame Einrichtungen

§ 17b Abs. 1 BetrAVG-E legte nach seinem Wortlaut fest, dass die reine Beitragszusage der Sozialpartner über eine gemeinsame Einrichtung der Tarifvertragsparteien nach § 4 des Tarifvertragsgesetzes durchzuführen sei. Die Autoren des BMAS-Gutachtens wollten hierin jedoch keine ausschließliche Festlegung auf gemeinsame Einrichtungen erkennen. Aus ihrer Sicht würde das Sozialpartnermodell „vor allem“ auf gemeinsame Einrichtungen setzen.[225] Hier stellten die Autoren anhand der Rechtsprechung des BAG zu gemeinsamen Einrichtungen[226] dar, dass die Sozialpartner sich auch anderer, nicht unmittelbar zum Zwecke der gemeinsamen Einrichtung geschaffener Organisationen bedienen dürften, sofern die betreffende Organisation nur zum Zeitpunkt der Nutzung zur Durchführung der reinen Beitragszusage als gemeinsame Einrichtung der Sozialpartner genutzt würde.[227] Entscheidend hierfür sei die paritätische Aufsicht und Kontrolle der Einrichtung durch die Sozialpartner. Nach ihrem Verständnis des Urteils des BAG vom 25. Januar 1989 sei jedoch eine ausschließliche Besetzung der Kontrollorgane durch Vertreter der Sozialpartner nicht zwingend erforderlich. Vielmehr könnten auch unparteiische Dritte an Aufsicht und Kontrolle beteiligt werden.[228]

Aus dem Urteil vom 25. Januar 1989 gehe nach Auffassung der Autoren hervor, dass der Tarifvertrag selbst keine normativen Bestimmungen enthalten müsse und sich auf schuldrechtliche Beziehungen zwischen den Tarifvertragsparteien zugunsten ihrer Mitglieder beschränken könne.[229] Die Autoren hielten

---

224 Schobert geht aufgrund aus ihrer Sicht unzureichender Teilhabe von nicht tariflich gebundenen Arbeitnehmern sogar von einer teilweisen Verfassungswidrigkeit der Regeln zur reinen Beitragszusage aus, vgl. *Schobert*, Teilweise Verfasssungswidrigkeit des Betriebsrentenstärkungsgesetzes?, BetrAV 2017, S. 473, S. 478; *Schobert*, Die reine Beitragszusage, S. 118.

225 *Hanau/Arteaga*, Rechtsgutachten, S. 36.

226 BAG, Urteil vom 25.01.1989 – 5 AZR 43/88, BAGE 61, 29; BAG, Urteil vom 28.04.1981 – 3 AZR 255/80, BAGE 35, 221.

227 *Hanau/Arteaga*, Rechtsgutachten, S. 37.

228 *Hanau/Arteaga*, Rechtsgutachten, S. 37.

229 *Hanau/Arteaga*, Rechtsgutachten, S. 37.

es ferner für zulässig, dass die Sozialpartner die Regelung von Leistungen und Beiträgen an das entsprechende Beschlussorgan der gemeinsamen Einrichtung delegieren könnten. Aus dem Urteil vom 25. Januar 1989 leiteten die Autoren ab, dass die gemeinsame Einrichtung die Erledigung der laufenden Verwaltungsarbeiten sowie die Einziehung, Verwaltung und Verwendung von Beiträgen und Umlagen einem selbstständigen Verwaltungsorgan übertragen kann, das im Rahmen der von der gemeinsamen Einrichtung vorgegebenen Anordnungen und Weisungen selbst dafür verantwortlich sei.[230]

Sofern bereits bestehende gemeinsame Einrichtungen oder „Multi-Employer Funds“ (Gruppenkassen oder -fonds) für die reine Beitragszusage nach § 17b Abs. 1 BetrAVG-E eingesetzt würden, müsste diese Versorgung in einem getrennten Abrechnungsverband erfolgen. Die Trennung der Vermögensmassen sei nach der Konstruktion des § 17b BetrAVG-E, wonach der Versorgungsträger alleine hafte, wegen der unterschiedlichen insolvenzrechtlichen Behandlung erforderlich.[231]

Nach der Einführung des BRSG können sich die Sozialpartner nicht ausschließlich gemeinsamer Einrichtungen bedienen, um sie mit der Durchführung der reinen Beitragszusage zu betrauen. Sie können nunmehr auch externe Versorgungseinrichtungen damit beauftragen. Dies ergibt sich aus § 21 Abs. 2, 22 Abs. 2 BetrAVG. Voraussetzung dafür ist jedoch, dass sich die Sozialpartner bei der Durchführung und Steuerung durch unabhängige Unternehmen an der Durchführung und Steuerung der reinen Beitragszusage entsprechend beteiligen, § 21 Abs. 1 BetrAVG.[232] Die im BMAS-Gutachten implizit vorgebrachte Überlegung, den Kreis der möglichen Versorgungseinrichtungen zu vergrößern, wurde so durch den Gesetzgeber umgesetzt.

V. Allgemeinverbindlichkeit

Die Allgemeinverbindlicherklärung eines die betriebliche Altersversorgung regelnden Tarifvertrags hielten die Autoren des BMAs-Gutachtens für geeignet, die Quote der Arbeitnehmer mit Versorgungszusagen zu erhöhen.[233] Die Allgemeinverbindlichkeit eines Tarifvertrags, der die reine Beitragszusage beinhalte, würde nach ihrer Ansicht zu einer deutlicheren Steigerung der Verbreitung führen als dazu die Attraktivität der Versorgung alleine imstande wäre.[234] Als

230 *Hanau/Arteaga*, Rechtsgutachten, S. 37.
231 *Hanau/Arteaga*, Rechtsgutachten, S. 53.
232 BT-Drs. 18/11286, S. 45.
233 *Hanau/Arteaga*, Rechtsgutachten, S. 27 f.
234 *Hanau/Arteaga*, Rechtsgutachten, S. 38.

Beispiel für diese These führten sie den für allgemeinverbindlich erklärten Tarifvertrag der Zusatzversorgungskasse Bau (SoKa-Bau) über eine Leistungszusage an.[235] Dieser habe – im Vergleich zu einem Tarifvertrag, der eine Zusatzrente in Form einer Beitragszusage mit Mindestleistung beinhalte[236] – zu einer Verbesserung des Anteils der versorgten Arbeitnehmer geführt.[237]

Die Autoren gingen offenbar davon aus, dass die Regelungen zur erleichterten Allgemeinverbindlicherklärung aus § 5 Abs. 1a TVG auf gemeinsame Einrichtungen, die Beitragszusagen nach § 17b BetrAVG-E versprechen, anwendbar sind, auch wenn diese Regelungen aus ihrer Sicht nicht ausreichen.[238]

Im Rahmen des BRSG sind keine Änderungen an den im TVG geregelten Vorschriften zur Allgemeinverbindlichkeit erfolgt. Es wurde lediglich über Änderungen in der Zusammensetzung des Tarifausschusses nach § 5 Abs. 1 TVG auf Antrag der Fraktion Bündnis 90/Die Grünen beraten, letztlich wurden diese aber abgelehnt.[239] Der Verfasser des Gesetzentwurfs der Bundesregierung ging, wie auch die Autoren des BMAS-Gutachtens, davon aus, dass auch Tarifverträge über gemeinsame Einrichtungen und reine Beitragszusagen nach den erleichterten Voraussetzungen nach § 5 Abs. 1a TVG für allgemeinverbindlich erklärt werden könnten.[240]

In der Literatur sind allerdings Zweifel aufgekommen, ob bei einem kapitalbasierten System, in dem jeder Berechtigte über ein individuelles Vorsorgekonto verfüge, eine Allgemeinverbindlichkeit zur Sicherung der Funktionsfähigkeit der gemeinsamen Einrichtung erforderlich sei, wie es in § 5 Abs. 1a TVG vorausgesetzt werde.[241]

---

235 Die von den Autoren erwähnte Allgemeinverbindlicherklärung (AVE) meint die AVE vom 29.05.2013 (BAnz. AT 07.06.2013 B5) betreffend den Tarifvertrag über das Sozialkassenverfahren im Baugewerbe vom 18.12.2009 in der Fassung vom 17.12.2012 (AVE VTV 2013 I) sowie die AVE vom 25.10.2013 (BAnz. AT 04.11.2013 B2) in der berichtigten Fassung vom 13.03.2014 (BAnz AT 14.03.2014 B2) betreffend den Tarifvertrag über das Sozialkassenverfahren im Baugewerbe vom 03.05.2013 (AVE VTV 2013 II).

236 Hierbei handelte es sich um den Tarifvertrag über eine Zusatzrente im Baugewerbe vom 15.05.2001 in der Fassung vom 27.02.2002 und 31.03.2005.

237 *Hanau/Arteaga*, Rechtsgutachten, S. 38.

238 *Hanau/Arteaga*, Rechtsgutachten, S. 4, der Verweis auf § 4 Abs. 2 TVG dürfte ein Redaktionsversehen sein und § 5 Abs. 1a TVG gelten.

239 BT-Drs. 18/12612, S. 26.

240 BT-Drs. 18/11286, S. 33.

241 Vgl. *Diller*, Voraussetzungen und Grenzen der Beteiligung der Tarifpartner bei der Beitragszusage nach § 21 BetrAVG, BetrAV 2018, S. 601, 604; *Thüsing*, DB 2017, S. M5,

Grundsätzlich steht den Tarifvertragsparteien, bestätigt durch die neuere Rechtsprechung des BAG,[242] darüber hinaus die Möglichkeit einer Allgemeinverbindlicherklärung nach allgemeinen Grundsätzen gem. § 5 Abs. 1 TVG offen.[243] Diese soll nicht durch die Spezialvorschriften für gemeinsame Einrichtungen, auch nicht für gemeinsame Einrichtungen selbst, verdrängt werden.[244] Dann würde dem Tarifvertrag über die reine Beitragszusage nach § 1 Abs. 2 Nr. 2a BetrAVG jedoch nicht die verdrängende Wirkung des § 5 Abs. 4 S. 2 TVG zugutekommen.

Nach der neueren Rechtsprechung des BAG könnten mittlerweile an „erleichterten Voraussetzungen“[245] für eine Allgemeinverbindlicherklärung nach § 5 Abs. 1a TVG Zweifel bestehen. Denn nunmehr verlangt das BAG, dass auch Allgemeinverbindlicherklärungen nach § 5 Abs. 1a im öffentlichen Interesse geboten erscheinen müssen.[246] Das öffentliche Interesse sieht das BAG bei Allgemeinverbindlicherklärungen von gemeinsamen Einrichtungen zur Sicherstellung von deren Funktionsfähigkeit jedoch grundsätzlich als gegeben an. Nur in Ausnahmefällen könnte dies verneint werden, etwa wenn „ganz besonders gewichtige Umstände“ oder „überragende Interessen“ dem entgegenstünden. Eine solche Situation könnte nach dem BAG beispielsweise dann vorliegen, wenn ein wenig repräsentativer Tarifvertrag über eine gemeinsame Einrichtung für allgemeinverbindlich erklärt werden soll, der sich in der Praxis noch nicht bewährt habe und bei dem auch noch nicht erkennbar sei, ob ein branchenbezogener Anspruchserwerb deshalb erforderlich sei, weil der einzelne Arbeitgeber vergleichbare Leistungen nicht erbringen könne.[247] Auch die Repräsentativität des

---

Heft 23; *Guse*, Die „gemeinsame Einrichtung“ – das unbekannte Wesen, DB 2017, S. 2736, 2741.

242 BAG, Beschluss vom 21.03.2018 – 10 ABR 62/16, BAGE 162, 166, Rz. 135; a. A. *Löwisch/Rieble*, Tarifvertragsgesetz, § 5 Rn. 78.

243 So auch *Diller*, BetrAV 2018, S. 601, 604.

244 *Diller* zitiert zu diesem Punkt den Entwurf eines Gesetzes zur Stärkung der Tarifautonomie (Tarifautonomiestärkungsgesetz), BT-Drs. 18/1558, S. 49. „Soweit ein Tarifvertrag für eine gemeinsame Einrichtung einen anderen als die in den Nummern 1 bis 5 genannten Gegenstände vorsieht, ist eine Allgemeinverbindlicherklärung über Absatz 1 weiterhin möglich. Dieser kommt dann nicht die Wirkung nach Absatz 4 Satz 2 zu.“

245 Vgl. zu „erleichterten Voraussetzungen“ nach § 5 Abs. 1a TVG BT-Drs. 18/1558, S. 49; *Diller*, BetrAV 2018, S. 601, 604; *Forst*, Die Allgemeinverbindlicherklärung von Tarifverträgen nach dem sogenannten Tarifautonomiestärkungsgesetz, RdA 2015, S. 25.

246 BAG 10 ABR 62/16, BAGE 162, 166, Rz. 137.

247 BAG 10 ABR 62/16, BAGE 162, 166, Rz. 139.

als allgemeinverbindlich zu erklärenden Tarifvertrags habe die Rechtsprechung zu berücksichtigen, falls teilweise überschneidende Tarifverträge existierten.[248]

Die grundsätzlichen Möglichkeiten der Allgemeinverbindlicherklärung von Tarifverträgen über reine Beitragszusagen nach § 1 Abs. 2 Nr. 2a BetrAVG werden noch einmal weiter unten betrachtet.[249]

VI. Ausscheiden des Arbeitgebers aus dem Geltungsbereich des Tarifvertrags

Die Autoren des BMAS-Gutachtens beleuchteten die Problematik des Ausscheidens des Arbeitgebers aus dem Geltungsbereich des die betriebliche Altersversorgung ausgestaltenden Tarifvertrags, unabhängig von einem Austritt aus dem Arbeitgeberverband, etwa aufgrund eines Betriebsübergangs gem. § 613a BGB.[250] Nach einer von den Autoren zitierten Entscheidung des BAG[251] erlösche das Versicherungsverhältnis des Arbeitnehmers mit dem Versorgungsträger, wenn der Arbeitgeber durch Verschmelzung mit anderen Gesellschaften aus dem betrieblichen Geltungsbereich der Tarifverträge ausscheide.

Nach der zitierten Entscheidung des BAG führt dies jedoch nicht zum Wegfall der Versorgungsverpflichtung. Die durch die Verschmelzung entstandene neue Gesellschaft habe auch die bisherigen Verbindlichkeiten zu erfüllen. Könne diese neue Gesellschaft ihre Arbeitnehmer nun aber nicht mehr bei dem Versorgungsträger versichern und Beiträge entrichten, müsse sie selbst im Versorgungsfall gleichwertige Leistungen erbringen.[252]

Da dies aus Sicht der Autoren nicht mit den Grundsätzen einer reinen Beitragszusage vereinbar sei, empfahlen sie, in Satzungen der alleinhaftenden Versorgungsträger festzuschreiben, dass beitragspflichtige Arbeitgeber auch nach dem Ausscheiden aus dem Geltungsbereich des Tarifvertrages zu weiteren Beitragsentrichtungen an den bisherigen Versorgungsträger berechtigt und verpflichtet sein sollten.[253]

Der Gesetzgeber hat die Problematik des Ausscheidens des Arbeitgebers aus dem Geltungsbereich des Tarifvertrags nicht explizit geregelt. Für Fälle des Austritts aus dem Arbeitgeberverband dürften die allgemeinen Grundsätze zur

---

248 BAG 10 ABR 62/16, BAGE 162, 166, Rz. 140 ff.

249 Kapitel 5C.II.2)b).

250 *Hanau/Arteaga*, Rechtsgutachten, S. 38 f.

251 BAG, Urteil vom 05.10.1993 – 3 AZR 586/92, NZA 1994, 848.

252 *Hanau/Arteaga*, Rechtsgutachten, S. 39.

253 *Hanau/Arteaga*, Rechtsgutachten, S. 39.

Nachwirkung gelten.[254] In Fällen des Herauswachsens, etwa durch Betriebsübergang oder Änderungen des Betriebszwecks dürften daher die Vorschläge aus dem BMAS-Gutachten, dass in diesen Fällen eine Berechtigung und Verpflichtung der Arbeitgeber zur Beitragszahlung in den Satzungen der gemeinsamen Einrichtungen geregelt werden sollte, die sachgerechteste Lösung sein.[255] Gleiches gilt für vertragsmäßige Vereinbarungen mit externen Versorgungseinrichtungen. Andernfalls könnten diese Arbeitgeber ihrer Verpflichtung zur Beitragszahlung aus der Versorgungszusage nicht nachkommen.[256]

Da die Rechtsprechung in vergleichbaren Fällen in der Vergangenheit den Versorgungsanspruch gegen den Arbeitgeber nicht aus der Subsidiärhaftung nach § 1 Abs. 1 S. 3 BetrAVG, sondern aus den Grundsätzen des Betriebsübergangs § 613a Abs. 1 BGB gestützt hat, dürfte diese Rechtsprechung auch auf Versorgungszusagen aus der reinen Beitragszusage nach § 1 Abs. 2 Nr. 2a BetrAVG übertragbar sein und zu einer unmittelbaren Verpflichtung des Arbeitgebers führen.[257]

VII. Befristete und ergebnisabhängige Versorgungszusagen

Die Autoren des BMAS-Gutachtens sahen sowohl bei der Gestaltung des Tarifvertrags als auch beim Entwerfen einzelner Versorgungszusagen die Möglichkeit, die Beitragsverpflichtung zeitlich zu befristen, oder deren Höhe ganz oder teilweise in Abhängigkeit vom Betriebsergebnis zu gestalten.[258] Dies habe für den Arbeitgeber den Vorteil, einen besseren Überblick zu gewinnen sowohl über den jährlich anfallenden Aufwand für die betriebliche Altersversorgung wie auch über den Aufwand für die „Finanzierungsetappe", also über das für die einzelne Tarifrunde zur Verfügung stehende Budget für Versorgungszusagen.

Befristete und ergebnisabhängige Zusagen waren aus Sicht der Autoren insofern vorteilhaft, als Belastungen während renditeschwacher Phasen im Hinblick auf die Altersversorgungsaufwendungen reduziert werden könnten. Hierbei sei klar ersichtlich, dass Anpassungen nur mit Blick auf die Zukunft erfolgen könnten. Bei Unternehmen mit stark schwankenden Ergebnissen und mit erhöhter

254 Wiedemann/*Thüsing*, Tarifvertragsgesetz, § 4 Rn. 341 ff; *Löwisch/Rieble*, Tarifvertragsgesetz, §3 Rn. 332, § 4 Rn. 332.

255 Vgl. Kemper/Kisters-Kölkes/Berenz/Huber/Betz-Rehm/*Betz-Rehm*, § 21 Rn. 8; *Hanau/Arteaga*, Rechtsgutachten, S. 38.

256 So auch *Heck*, BetrAV 2017, S. 556, 557.

257 Vgl. BAG 3 AZR 586/92, NZA 1994, 848.

258 *Hanau/Arteaga*, Rechtsgutachten, S. 31.

Prognoseunsicherheit könnte eine temporäre Erteilung von Beitragszusagen mit Bindung an das Betriebsergebnis die Bereitschaft der Arbeitgeber erhöhen.

Obwohl die Autoren befristete sowie auch dynamische Zusagen als tarifliche Opt-Out-Option in Betracht zogen, hielten sie derartige Regelungen für am sachgerechtesten auf der betrieblichen Ebene aufgehoben.[259]

Das BetrAVG enthält auch nach den Anpassungen durch das BRSG keine Regelungen zu ergebnisabhängigen oder befristeten Versorgungszusagen. Befristeten Versorgungszusagen dürften allgemein die gleichen Argumente entgegenstehen, die auch bei Kleinstanwartschaften angeführt werden. Es dürfte hier schon in der Anwartschaftsphase ein unverhältnismäßig hoher Verwaltungsaufwand entstehen. Jedenfalls auf Tarifebene dürfte befristeten Versorgungszusagen entgegenstehen, dass die Sicherung der Funktionsfähigkeit der Versorgungseinrichtung, ob gemeinsame Einrichtung oder unabhängiger Vertragspartner, hinsichtlich der Durchführung der Versorgungszusagen in Zweifel stehen würde.

Dennoch könnten die Tarifvertragsparteien standardisierte Bausteinlösungen entwickeln, die es Arbeitgebern auf betrieblicher Ebene ermöglichen, ihren Arbeitnehmern individuelle Angebote zu machen. Hierzu könnten auch befristete Versorgungsbausteine gehören.[260]

Über die Beitragshöhe der reinen Beitragszusage gem. § 1 Abs. 2 Nr. 2a BetrAVG finden sich für die Tarifvertragsparteien keine gesetzlichen Vorgaben im BetrAVG. Diese könnten und sollten die Höhe der einzelnen Versorgungszusagen in die Hände der einzelnen Arbeitgeber legen.[261] Auch ergebnisabhängige Versorgungszusagen, ggf. in Form jährlicher Einzelbeiträge, wären somit zulässig.[262]

VIII. Insolvenzsicherung

Durch den Wegfall der Subisidiärhaftung des Arbeitgebers stellte sich bei Insolvenz des Versorgungsträgers für die Autoren des BMAS-Gutachtens in verstärktem Maße die Frage nach der Insolvenzsicherung.[263] § 17b Abs. 5 BetrAVG-E enthielt eine explizite Regelung zur Insolvenzsicherung.

---

259 *Hanau/Arteaga*, Rechtsgutachten, S. 31.

260 So bereits vorgeschlagen durch *Hanau/Arteaga*, Rechtsgutachten, S. 58.

261 So auch *Hanau/Arteaga*, Rechtsgutachten, S. 31.

262 Vgl. zur Zulässigkeit von Befristungen und Bedingungen *Diller*, Befristung und Bedingung von Beitragszusagen: Schöne neue Welt?, BetrAV 2020, S. 596 ff.

263 So auch *Hanau/Arteaga*, Rechtsgutachten, S. 59.

„(5) Wird die gemeinsame Einrichtung nach Absatz 1 insolvent oder kommt sie ihren Versorgungsverpflichtungen nicht nach, hat der Versorgungsberechtigte einen Anspruch gegen den Träger der Insolvenzsicherung.“

Laut der Begründung des Reformentwurfs sollte, um den Pensions-Sicherungs-Verein (PSV) als Träger der Insolvenzsicherung nicht unverhältnismäßig zu belasten, dessen Ausfallhaftung für reine Beitragszusage nach § 17b Abs. 1 BetrAVG-E entsprechend einer Beitragszusage mit Mindestleitung begrenzt werden.[264] Die gemeinsame Einrichtung würde dazu verpflichtet, Beiträge an den PSV zu zahlen. Deren Höhe würde davon abhängen, ob die gemeinsame Einrichtung als Pensionskasse oder als Pensionsfonds organisiert sei, woraus die Verfasser des Reformentwurfs die abstrakte Wahrscheinlichkeit einer Eintrittspflicht des PSV herleiten.[265] Darüber hinaus sollten die §§ 7 bis 11 BetrAVG entsprechend gelten.[266]

Die Erweiterung der Beitragspflicht zum PSV auch auf bereits bestehende gemeinsame Einrichtungen wurde von den Autoren kritisch gesehen, wenn auch nicht explizit abgelehnt. An diesem Punkt formulierten die Autoren keine eigenen Bedenken gegen die Beitragspflicht, sondern schlossen sich den in der Literatur geäußerten Bedenken an. Diese Verpflichtung sei etwa für die SoKa-Bau nicht sinnvoll, da sie „dem Zuschnitt der Tarifverträge sowie dem technischen Geschäftsplan und der Unternehmenspraxis widersprechen“ würde.[267]

Im Hinblick auf die Insolvenzsicherung der gemeinsamen Einrichtungen wurden von den Autoren verschieden Vorschläge unterbreitet.[268] Zum einen schlugen sie einen separaten Abrechnungsverband innerhalb des PSV vor, der allein haftende Versorgungsträger mit Ausnahme der durch Protektor abgesicherten Direktversicherer (PSV AHV) absichern sollte.[269] Ein solcher sei aufgrund der bislang fehlenden statistischen Basis zur Feststellung der Insolvenzwahrscheinlichkeit, des unvorhersehbaren Schadensvolumens, der im Vergleich zu den

264 Neues Sozialpartnermodell Betriebsrente, Mögliche Änderungen im Betriebsrentengesetz (Gesetzestext und Begründung), S. 4.

265 Neues Sozialpartnermodell Betriebsrente, Mögliche Änderungen im Betriebsrentengesetz (Gesetzestext und Begründung), S. 4.

266 Neues Sozialpartnermodell Betriebsrente, Mögliche Änderungen im Betriebsrentengesetz (Gesetzestext und Begründung), S. 4.

267 So ebenfalls auch von *Hanau* und *Arteaga* zitiert aus *Gramke/Schumacher*, Gemeinsame Einrichtungen gemäß Tarifvertragsgesetz, BetrAV 2015, S. 395, 401; vgl. *Hanau/Arteaga*, Rechtsgutachten, S. 38.

268 *Hanau/Arteaga*, Rechtsgutachten, S. 50 ff., S. 68 ff.

269 *Hanau/Arteaga*, Rechtsgutachten, S. 71 ff.

bisherigen Versorgungszusagen abweichender „Solidargemeinschaft" der Haftenden und der divergierenden Finanzierungssystematik notwendig.[270] Zum anderen schlugen die Autoren einen mit dem Garantieniveau korrespondierenden Beitragssatz zum PSV vor: Je mehr Garantien, desto höher die Solvabilitätsanforderungen, desto höher die Beiträge zur Insolvenzsicherung.[271]

Nach § 1 Abs. 2 Nr. 2a, 2. Hs. BetrAVG besteht eine Insolvenzsicherungspflicht nach dem vierten Abschnitt des BetrAVG für reine Beitragszusagen nach § 1 Abs. 2 Nr. 2a BetrAVG nun nicht. Anders als in § 17b Abs. 5 BetrAVG-E[272] vorgesehen ist nunmehr auch keine Insolvenzsicherung für Fälle einer Insolvenz der durchführenden Versorgungseinrichtung gewollt, was angesichts des Garantieverbots aus § 22 Abs. 1 S. 2 BetrAVG auch für die Versorgungseinrichtung eine folgerichtige Konsequenz darstellt. Der im BMAS-Gutachten unterbreitete Reformvorschlag, den PSV mittels eines gesonderten Abrechnungsverbands für reine Beitragszusagen nach § 1 Abs. 2 Nr. 2a BetrAVG auszustatten,[273] hat der Gesetzgeber nicht übernommen. Eine direkte Insolvenzsicherung findet nicht statt.[274] Dennoch hat der Gesetzgeber aufsichtsrechtliche Schutzmechanismen der Altersvorsorgesparer gegenüber einer Insolvenz der Versorgungseinrichtung geschaffen.

Für Pensionsfonds muss gem. § 244c Nr. 1 VAG ein gesondertes Sicherungsvermögen geschaffen werden. Pensionskassen und andere Lebensversicherungsunternehmen müssen gem. § 244c Nr. 2 VAG einen gesonderten Anlagestock nach § 125 Abs. 5 VAG einrichten. Im Falle der Insolvenz der Versorgungseinrichtung soll dieser jeweils der Befriedigung der Ansprüche der Altersvorsorgesparer dienen.[275]

Erfolgt die Durchführung der reinen Beitragszusage nach § 1 Abs. 2 Nr. 2a BetrAVG bei einer Direktversicherung, besteht ferner ein Insolvenzschutz über den Sicherungsfonds, §§ 221 ff. VAG. Gleiches gilt für Pensionskassen, sofern sie dem Sicherungsfonds freiwillig beigetreten sind, § 221 Abs. 2 VAG.[276] Ferner könnte auch ein zusätzlich vereinbarter Sicherungsbeitrag nach § 23

---

270 *Hanau/Arteaga*, Rechtsgutachten, S. 72 f.

271 *Hanau/Arteaga*, Rechtsgutachten, S. 52.

272 Neues Sozialpartnermodell Betriebsrente, Mögliche Änderungen im Betriebsrentengesetz (Gesetzestext und Begründung), S. 1.

273 *Hanau/Arteaga*, Rechtsgutachten, S. 71 f.

274 „Auch eine Insolvenzsicherung über den Pensions-Sicherungs-Verein findet nicht statt", BT-Drs. 18/11286, S. 42.

275 Blomeyer/Otto/Rolfs/*Rolfs*, BetrAVG, § 1 Rn. 131; *Rößler*, DB 2017, S. 367, 369.

276 Vgl. Blomeyer/Otto/Rolfs/*Rolfs*, BetrAVG, § 1 Rn. 131.

Abs. 1 BetrAVG als weitere Maßnahme problematische Folgen einer Insolvenz mindern.[277]

IX. Zielrentenkonzept

Die Autoren des BMAS-Gutachtens führen im Rahmen des Gutachtens erstmals den Begriff der „Zielrente" in die deutsche Betriebsrentendiskussion ein.[278] Diesen Begriff leiten sie aus einer Übersetzung des „defined ambition"-Modells ab, welches im niederländische und amerikanischen Betriebsrentenrecht schon seit Längerem bekannt ist.[279]

Der Unterschied zu bestehenden Leistungszusagen („defined benefit") und Beitragszusagen („defined contribution") besteht nach ihrem Verständnis darin, dass die konkrete Höhe der Beiträge zwar festgeschrieben wird, die spätere mögliche Leistung jedoch nicht verbindlich festgelegt werden muss, sondern lediglich im Sinne einer „gewissenhaften, nach sorgfältigen kaufmännischen Grundsätzen vorgenommenen Schätzung bzw. Hochrechnung" aufgezeigt würde, wobei auch eine Korrektur in beide Richtungen möglich sein könne.[280]

Nach diesem Modell käme es dabei zu gleichmäßigen Entwicklungen der in Aussicht gestellten Zielrente und der zugrunde liegenden Vermögenswerte. Dabei würden sich im Laufe des Anlagehorizonts Über- oder Unterdeckungen der Vermögenswerte gegenüber den Verpflichtungen im Volumen von ca. fünf bis zehn Prozent oder für gewisse Zeiträume von bis zu fünf Jahren ergeben. Dies ist aus Sicht der Autoren hinzunehmen.[281] Nach Überschreiten eines bestimmten „Toleranzintervalls" komme allerdings eine Absenkung der unverbindlich als „Zielrente" in Aussicht gestellten Versorgungsleistung in Betracht, also eine Anpassung an die tatsächliche Vermögenslage.

Von den Autoren wurde darauf verwiesen, dass das Absenken von möglichen Rentenleistungen kein exklusives Merkmal einer Beitragszusage im Zielrentenformat sei. Auch für versicherungsförmig gestaltete Garantieprodukte sei die Prämienerhöhung oder die Absenkung der Leistungen bei gleichbleibender

---

277 Kritisch hierzu Höfer BetrAVG I/*Höfer*, Betriebsrentengesetz, § 1 Rn. 42.20.

278 Vgl. zur Entwicklung des Konzepts der Zielrente aus niederländischen DC-Modellen auch *Vogel*, Was haben Sie? Trends im niederländischen Pensionswesen als Impuls für den deutschen Mittelstand, bAV 2016 – Risiken und Lösungen für Mittelstand und Familienunternehmen, S. 46, 53.

279 *Hanau/Arteaga*, Rechtsgutachten, S. 42.

280 *Hanau/Arteaga*, Rechtsgutachten, S. 43; Vgl. auch *Goecke*, BetrAV 2016, S. 653 f.

281 *Hanau/Arteaga*, Rechtsgutachten, S. 43.

Prämienhöhe bereits im Gesetz angelegt, § 163 VVG und § 314 Abs. 2 VAG.[282] Zum Schutz der Versorgungsberechtigten vor unmittelbar drohenden Leistungskürzungen schlagen die Autoren jedoch „Glättungen" von drohenden Leistungskürzungen durch ein System kollektiver „Pensions-Sicherung" vor: Dies solle durch den Aufbau eines entsprechenden Finanzierungspuffers durch den Versorgungsträger geschehen. Hierzu würden die Autoren auf den PSV zurückgreifen. Spätestens, wenn der Sicherungspuffer durch Glättungsleistung verbraucht worden sei, müsse eine Anpassung der Leistungshöhe erfolgen.[283]

Generell sei angesichts der fehlenden Rechtsverbindlichkeit der Zusage eine höhere Volatilität der Zielrenten akzeptabel, eine Anpassung der Zielrentenhöhe solle gesetzlich zum einen erst dann vorgeschrieben werden, wenn das Vermögen um mehr als 15 % oder an fünf aufeinanderfolgenden Bilanzstichtagen hinter dem Gesamtvolumen des Wertes der Zielrenten zurückbleibe. Zum anderen komme eine Anpassung in Betracht, sofern ein vorliegender Sanierungsplan nicht erwarten lasse, dass eine ausreichende Deckung der Rentenforderungen innerhalb der folgenden zehn Jahre erreicht werden würde.[284] Bei erfolgter Reduktion solle darüber hinaus für einen „angemessenen Zeitraum" auch auf eine Dynamisierung verzichtet werden.[285]

Das Konzept der Zielrente ist im Sinne des BMAS-Gutachtens in den Vorschriften §§ 1 Abs. 2 Nr. 2a, 22 Abs. 1 S. 2 BetrAVG und § 41 Abs. 1 Nr. 1 PFAV verwirklicht worden. Eine Senkung der Leistungen kommt nach § 38 Abs. 1 S. 2, 1. Hs. PFAV bei sinkendem Kapitaldeckungsgrad in Betracht.[286] Garantierte Leistungen sind sowohl der Versorgungseinrichtung als auch dem Arbeitgeber untersagt, § 22 Abs. 2 S. 2 BetrAVG. Der Versorgungsanwärter ist jedoch nach § 41 Abs. 1 Nr. 1 BetrAVG jährlich über die voraussichtlich zu erwartende Höhe der regelmäßigen Zahlungen aus dem Versorgungskapital zu informieren.

Eine Absenkung der Leistungen dürfte sich für die Arbeitnehmer durchaus bemerkbar machen, anders als von den Autoren des BMAS-Gutachtens

282 *Hanau/Arteaga*, Rechtsgutachten, S. 44.

283 *Hanau/Arteaga*, Rechtsgutachten, S. 46 f; vgl. zur Funktionsweise solcher Glättungsmechanismen *Blome/Kling/Ruß*, Lebenslange Partizipation am Kapitalmarkt/ Neue Möglichkeiten durch die reine Beitragszusage, BetrAV 2018, S. 345, 347 ff.

284 *Hanau/Arteaga*, Rechtsgutachten, S. 47.

285 *Hanau/Arteaga*, Rechtsgutachten, S. 47.

286 Zu Möglichkeiten der Glättung der reinen Beitragszusage nach § 1 Abs. 2 Nr. 2a BetrAVG in der Zahlungsphase vgl. *Blome/Kling/Ruß*, BetrAV 2018, S. 345, 347.

vermutet.[287] Die von ihnen vorgebrachten Beispiele von Leistungssenkungen nach § 314 Abs. 2 VAG spiegeln die Skepsis der Anleger hinsichtlich der Sicherheit von Garantieprodukten. Tatsächlich aber hatten Altersvorsorgesparer in der betrieblichen Altersversorgung bislang keine Leistungssenkungen zu befürchten, für die nicht wenigstens ein weiterer Schuldner ausgleichspflichtig gewesen wäre. Denn sofern es bei regulierten Pensionskassen zu Leistungssenkungen kam,[288] wurde dies für die Arbeitnehmer bislang durch die Subsidiärhaftung des Arbeitgebers kompensiert. Nach neuester Rechtsprechung des EuGH[289] und des BAG[290] kommt bei regulierten Pensionskassen unter engen Voraussetzungen bei Insolvenz des ausgleichspflichtigen Arbeitgebers sogar ein Ausgleich über den PSV in Betracht.[291] Nach ständiger Rechtsprechung des BAG kann eine dynamische Verweisung auf die Satzung und die Leistungsbedingungen einer Pensionskasse den Arbeitgeber nicht zu beliebigen Eingriffen in den Besitzständen der Arbeitnehmer berechtigen und so § 1 Abs. 1 S. 3 BetrAVG übergehen.[292] Erst durch die Einführung einer auch unter die Regelung des Betriebsrentenrechts fallenden reinen Beitragszusage entsteht nun für die Versorgungsberechtigten der betrieblichen Altersversorgung die Problematik von Leistungskürzungen, ohne Ausgleichsansprüche gegenüber Dritten geltend machen zu können.[293]

Das von den Autoren angedachte kollektive Sicherungssystem findet sich in ähnlicher Weise im Sicherungsbeitrag nach § 23 Abs. 1 BetrAVG wieder. Dieser

---

287 Vgl. hierzu die Berechnungen in *Klinger*, Zielrente – Vorteilhaftigkeit und Gestaltungsmöglichkeiten (Teil 2), DB 2017, S. 2173 ff; *Hagemann/Krönung*, Die reine Beitragszusage und ihre Puffer, BetrAV 2017, S. 665, 669; *Schulte*, Reine Beitragszusage – Kapitalanlage und Anpassungen der Leistungshöhe, BetrAV 2017, S. 379; *Schwind*, Betriebsrentenstärkungsgesetz – Einfache und verständliche Vorgaben werden für den Erfolg entscheidend sein!, BetrAV 2017, S. 1, 2.

288 Zu Leistungskürzungen kam es bereits bei der Kölner Pensionskasse, der Caritas Pensionskasse sowie der Deutschen Steuerberater-Versicherung, vgl. *Deckers*, Pensionskasse der Caritas kürzt massiv Leistungen, Frankfurter Allgemeine Zeitung, 17. Mai 2019, abrufbar unter https://www.faz.net/aktuell/finanzen/meine-finanzen/versichern-und-schuetzen/pensionskasse-der-caritas-kuerzt-massiv-leistungen-16192006.html, zuletzt abgerufen am 10. Dezember 2021.

289 EuGH, Urteil vom 19.12.2019 – C-168/18, NZA 2020, 107.

290 BAG 3 AZR 142/16, BAGE 162, 22.

291 Vom Gesetzgeber nach den Vorgaben des EuGH bereits u.a. in §§ 7 Abs. 1 S. 2 Nr. 2 und 3 und Abs. 2a, 30 BetrAVG umgesetzt.

292 BAG, Urteil vom 30.09.2014 – 3 AZR 617/12, BAGE 149, 212

293 So bereits vor Verabschiedung des BRSG *Bader*, Einstandspflicht des Arbeitgebers bei der Herabsetzung von Leistungen durch Pensionskassen, BB 2016, S. 3061, 3062.

ist explizit dazu gedacht, die Gefahr des Absinkens der Versorgungsleistungen zu verringern.[294] Er ist als Soll-Vorschrift ausgestaltet; seine Nichtumsetzung führt somit weder zur Unwirksamkeit des die reine Beitragszusage nach § 1 Abs. 2 Nr. 2a BetrAVG umsetzenden Tarifvertrags noch der auf dieser Grundlage erteilten Versorgungszusagen.[295]

Ob der Gesetzgeber sich zu § 23 Abs. 1 BetrAVG den Überlegungen aus dem BMAS-Gutachten[296] zum Zielrentenkonzept vollumfänglich anschließt, wird jedoch nicht völlig klar. Als Mittel zur Verringerung der Volatilität der Betriebsrenten wird es von der Bundesregierung zwar anerkannt.[297] Handlungsleitend könnte jedoch eher der erhoffte positive Anreiz für die Arbeitnehmervertreter sein, Tarifverträge zur reinen Beitragszusage nach § 1 Abs. 2 Nr. 2a BetrAVG für die Arbeitnehmer zu vereinbaren.[298]

Auch ohne eine solche gesetzliche Regelung wäre eine tarifliche Regelung zur kollektiven Absicherung der Rentenleistungen durch einen Kapitalstock wohl zulässig gewesen. Wichtiger als § 23 Abs. 1 BetrAVG selbst dürfte daher der § 3 Nr. 63a EStG sein, der Sicherungsbeiträge für den Arbeitgeber einkommensteuerrechtlich privilegiert, sofern die Beiträge nicht einzelnen Arbeitnehmern zuzuordnen sind. Bei einer solchen Zurechnungsmöglichkeit wäre der Sicherungsbeitrag, zusammen mit der Beitragszusage selbst, nur bis zu der einer Höhe von acht Prozent der Beitragsbemessungsgrenze in der allgemeinen Rentenversicherung steuerfrei, § 3 Nr. 63 EStG.

X. Abfindbarkeit und Übertragbarkeit

Die Autoren des BMAS-Gutachtens schlugen eine entsprechende Anwendung des generellen Abfindungsverbots mit Erlaubnisvorbehalt aus § 3 BetrAVG auch auf Anwartschaften aus reinen Beitragszusagen vor.[299] Sie hielten es für geboten, die kosten- und verwaltungsintensive Problematik von Bagatellanwartschaften und deren Abfindung zu vermeiden. Nach ihren Vorstellungen sollte der Arbeitnehmer idealerweise sein Versorgungsguthaben im gesamten Berufsleben

---

294 BT-Drs. 18/11286, S. 46; Höfer BetrAVG I/*Höfer*, Betriebsrentengesetz, § 23 Rn. 4.
295 BT-Drs. 18/11286, S. 46.
296 Siehe oben Kapitel 2D.II.
297 Antwort der Bundesregierung auf die Kleine Anfrage der Abgeordneten Markus Kurth, Beate Müller-Gemmeke, Dr. Wolfgang Strengmann-Kuhn, weiterer Abgeordneter und der Fraktion BÜNDNIS 90/DIE GRÜNEN, BT-Drs. 18/12044, S. 5 f.
298 In diese Richtung auch Höfer BetrAVG I/*Höfer*, Betriebsrentengesetz, § 23 Rn. 14.
299 *Hanau/Arteaga*, Rechtsgutachten, S. 81.

beim Wechsel des Arbeitgebers und ggf. dem damit verbundenem Wechsel des Versorgungsträgers stets mitnehmen, sodass am Ende des Arbeitslebens die Gesamtrente von einem einzigen Versorgungsträger ausgezahlt werden kann. Auf diese Möglichkeit hin seien die Geschäftspläne der einzelnen Versorgungsträger zu optimieren.[300]

Nach Einführung des BRSG gilt das Abfindungsverbot des § 3 BetrAVG gem. § 1 Abs. 2 Nr. 2a, 2. Hs. BetrAVG nun grundsätzlich nicht für die reine Beitragszusage nach § 1 Abs. 2 Nr. 2a BetrAVG. Stattdessen findet sich in § 22 Abs. 4 S. 2 BetrAVG ein separates vorzeitiges Verwertungsverbot der Anwartschaften aus reinen Beitragszusagen. Dieses Verwertungsverbot entspricht nach § 22 Abs. 4 S. 3 BetrAVG in Grundzügen dem Abfindungsregime der anderen Versorgungszusagen, denn Versorgungseinrichtungen dürfen hiernach auch nach den Wertgrenzen des § 3 Abs. 2 S. 1 BetrAVG abfinden.[301]

XI. Unverfallbarkeit

Nach § 17b Abs. 3 S. 3 BetrAVG-E sollten die auf Beiträgen zur reinen Beitragszusage beruhenden Anwartschaften sofort unverfallbar sein. Hieran entzündete sich die Kritik der Bundesvereinigung der deutschen Arbeitgeberverbände, unter anderem mit dem Blick auf die Vermeidung von Kleinstanwartschaften, die über Jahrzehnte hinweg weiter zu unverhältnismäßig hohen Kosten verwaltet werden müssten. Dem lag auch das arbeitgeberseitige Interesse zugrunde, auch die beitragsbezogene betriebliche Altersversorgung weiterhin als Instrument der Mitarbeiterbindung einzusetzen.[302]

Die Autoren des BMAS-Gutachtens griffen die Bedenken hinsichtlich Kleinstanwartschaften auf. Sie sahen sie allerdings schon durch die verbesserte Portabilität des Versorgungskapitals zwischen den einzelnen Versorgungsträgern als nicht gerechtfertigt an.[303]

Nach der Einführung des BRSG werden die auf den gezahlten Beiträgen beruhenden Anwartschaften auf Altersrente sofort unverfallbar, § 22 Abs. 2 S. 1 BetrAVG. Dies entspricht weitgehend der in § 17b Abs. 3 S. 3 BetrAVG-E[304]

300 *Hanau/Arteaga*, Rechtsgutachten, S. 67.
301 Blomeyer/Otto/Rolfs/*Rolfs*, BetrAVG, § 22 Rn. 53.
302 BDA, Stellungnahme zum BMAS-Vorschlag "Neues Sozialpartnermodell Betriebsrente" März 2015, S. 3.
303 *Hanau/Arteaga*, Rechtsgutachten, S. 67.
304 Neues Sozialpartnermodell Betriebsrente, Mögliche Änderungen im Betriebsrentengesetz (Gesetzestext und Begründung), S. 1.

getroffenen Regelung, beinhaltet jedoch nun eine explizite Beschränkung auf Anwartschaften auf Altersrente. Der Gesetzgeber wollte den Sozialpartnern insoweit „Spielraum für passgenaue und effiziente Lösungsmöglichkeiten im Sinne der Beschäftigten" geben.[305] Es wird vereinzelt die Ansicht vertreten, dass auf Anwartschaften auf Invaliditäts- und Hinterbliebenenleistungen die Vorschriften des § 1b BetrAVG als einseitig zwingende Mindestanforderungen gelten würden.[306] Dies wird damit begründet, dass § 1 Abs. 2 Nr. 2a 2. Hs. BetrAVG nur die *Pflichten* des Arbeitgebers aus § 1b BetrAVG abbedinge.

Dies würde bei konsequenter Anwendung jedoch zu dem fragwürdigen Ergebnis führen, dass die Anwartschaften auf Invaliditäts- und Hinterbliebenenversorgung zwar nach den Fristen des § 1b Abs. 1 BetrAVG unverfallbar würden, der Arbeitgeber aber dennoch das Bezugsrecht widerrufen könnte, denn nur die Pflichten aus § 1b Abs. 2, 3, und 4 BetrAVG würden gem. § 1 Abs. 2. Nr. 2a 2. Hs. nach dieser Lesart für ihn nicht gelten.

Hier erscheint es angemessener, den Sozialpartnern, sofern sie eine Invaliditäts- und Hinterbliebenenversorgung anbieten wollen, ein von § 1b BetrAVG auch hinsichtlich der Mindestfristen abweichendes Regime zu gestatten.[307]

XII. Wertgleichheit

Das Problem der Wertgleichheit von Ansprüchen aus Entgeltumwandlung im Sinne von § 1 Abs. 2 Nr. 3 BetrAVG wurde von den Autoren des BMAS-Gutachtens gesehen, wenn auch in ihrem Gutachten nicht explizit angesprochen. Sie thematisierten es, indem sie eine Regelung der Wertgleichheit in reinen Beitragszusagen in § 17d Abs. 2 BetrAVG-E vorschlugen. Danach sollte eine Wertgleichheit vorliegen, „wenn die Entgeltansprüche im Zeitpunkt ihrer Umwandlung nach den technischen Berechnungsgrundlagen des alleinhaftenden Versorgungsträgers der jeweils geltenden Zielrente entsprechen."[308]

Das Problem der Wertgleichheit der Anwartschaften stellt sich nach Einführung der reinen Beitragszusage nach § 1 Abs. 2 Nr. 2a BetrAVG durch das BRSG nunmehr an zwei Stellen: §§ 1 Abs. 2 Nr. 3 BetrAVG, 23 Abs. 2 BetrAVG bei Entgeltumwandlung in eine reine Beitragszusage und zum anderen bei

305 BT-Drs. 18/11286, S. 45.

306 Blomeyer/Otto/Rolfs/*Rolfs*, BetrAVG, § 22 Rn. 19; *Thees/Ceruti*, Arbeitsrechtliche Neuregelungen durch das Betriebsrentenstärkungsgesetz ab 2018, DB 2017, S. 1777, 1778

307 So wohl auch Höfer BetrAVG I/*Höfer*, Betriebsrentengesetz, § 22 Rn. 50 f.

308 Neuer § 17d Abs. 2 BetrAVG-E, *Hanau/Arteaga*, Rechtsgutachten, S. 81.

Übertragungen gem. § 4 BetrAVG. In beiden Fällen ist die Wertgleichheit noch ungeklärt.

Eine Definition der Wertgleichheit, wie im BMAS-Gutachten in § 17d Abs. 2 BetrAVG-E vorgeschlagen, wurde durch den Gesetzgeber nicht mit aufgenommen. In der Begründung des Gesetzentwurfs der Bundesregierung hieß es hierzu lediglich, Wertgleichheit im Sinne von § 1 Absatz 2 Nummer 3 liege vor, sofern der vom Arbeitgeber zu leistende Beitrag an die Versorgungseinrichtung dem umgewandelten Entgeltbetrag nach Abzug möglicher Steuern und Sozialversicherungsbeiträge entspreche.[309]

Dass dies zutrifft, daran bestehen im Hinblick auf die zur Wertgleichheit nach § 1 Abs. 2 Nr. 3 BetrAVG ergangenen Rechtsprechungen[310] durchaus Zweifel.[311] An diesem Punkt hätte sich die Einbeziehung des Arbeitgeberzuschusses nach § 23 Abs. 1 BetrAVG durchaus angeboten. Ein solcher Hinweis fehlt jedoch in der Gesetzesbegründung.[312]

Der Vorschlag, nur dann von einer Wertgleichheit auszugehen, wenn die Sozialpartner ihrem Beteiligungsgebot aus § 21 Abs. 1 BetrAVG[313] in ausreichendem Maße nachkommen, wirkt hingegen nicht sehr überzeugend.[314] Hiernach würde in Fällen, in denen kein angemessenes Versorgungsniveau erreicht wird, die Insolvenz einer Versorgungseinrichtung droht oder die Unverfallbarkeit „ausgehöhlt" wird, die Voraussetzungen nach § 21 Abs. 1 BetrAVG nicht vorliegen. Dann wäre auch keine reine Beitragszusage nach § 1 Abs. 2 Nr. 2a BetrAVG gegeben, mithin würde auch keine Wertgleichheit des umgewandelten Entgelts bestehen.

Nach einer solchen Auffassung wäre letztlich eine Entgeltumwandlung in der reinen Beitragszusage nach § 1 Abs. 2 Nr. 2a BetrAVG schlechthin unmöglich. Denn in allen Fällen, in denen der Ausschluss der Subsidiärhaftung nach §§ 1 Abs. 2 Nr. 2a 2. Hs. BetrAVG zur Anwendung käme, wäre dieser nicht anwendbar. Kommt es zum Schwur, wäre jede reine Beitragszusage nach § 1 Abs. 2

---

309 BT-Drs. 18/11286, S. 42.

310 BAG, Urteil vom 15.09.2009 – 3 AZR 17/09, BAGE 132, 100; BAG, Urteil vom 18.11.2008 – 3 AZR 277/07, NZA-RR 2009, 153; BAG, Urteil vom 12.06.2007 – 3 AZR 14/06 BAGE 123, 72

311 *Kisters-Kölkes*, Festschrift Uebelhack, S. 221, 229; Blomeyer/Otto/Rolfs/*Rolfs*, BetrAVG, § 1 Rn. 209.

312 Vgl. BT-Drs. 18/11286, S. 42.

313 Zu den Anforderungen an das Beteiligungsgebot aus § 21 Abs. 1 BetrAVG unten Kapitel 4D.

314 So aber *Kisters-Kölkes*, Festschrift Uebelhack, S. 221, 233.

Nr. 2a BetrAVG eine Beitragszusage mit Mindestleistung. Dass das nicht das vom Gesetzgeber gewollte Ergebnis sein kann, liegt auf der Hand, angesichts der in § 23 Abs. 2 BetrAVG explizit ermöglichten Entgeltumwandlung in der reinen Beitragszusage nach § 1 Abs. 2 Nr. 2a BetrAVG.

Stattdessen ließe sich das vom Entwurfsverfasser vorgesehene Verständnis der Wertgleichheit[315] mittels einer Ergänzung um die Pflicht des Arbeitgebers aus § 23 Abs. 2 BetrAVG zu einem für Arbeitnehmer, Arbeitgeber und Versorgungseinrichtung handhabbaren Wertgleichheitsbegriff für die reine Beitragszusage nach § 1 Abs. 2 Nr. 2a BetrAVG zusammenführen.

Wertgleichheit im Sinne von § 1 Abs. 2 Nr. 3 liegt hiernach dann vor, wenn der vom Arbeitgeber zu leistende Beitrag an die Versorgungseinrichtung dem umgewandelten Entgeltbetrag, abzüglich möglicher Steuern und Sozialversicherungsbeiträge jedoch *zuzüglich des Arbeitgeberzuschusses aus § 23 Abs. 2 BetrAVG* entspricht.

So werden keine unterschiedlichen Sorgfaltsmaßstäbe für Beiträge aus Entgeltumwandlung und arbeitgeberfinanzierten reinen Beitragszusagen nach § 1 Abs. 2 Nr. 2a BetrAVG geschaffen. Es verbleibt bei einheitlichen Maßstäben bezüglich des Beteiligungsgebots der Sozialpartner.[316]

Ferner wird die Einführung einer Mindestleistung „durch die Hintertür" verhindert, die Sozialpartner und Arbeitgeber letztlich dazu zwingen würde, Renditechancen ungenutzt zu lassen. Über eine Aufnahme in den Wertgleichheitsbegriff ließe sich der Arbeitgeberzuschuss nach § 23 Abs. 2 BetrAVG absichern und das vom Entwurfsverfasser ursprünglich vorgesehene Verhältnis zwischen Arbeitgeberhaftung und Sozialversicherungsersparnis festigen.[317]

XIII. Kapitalwahlrecht

Zur Möglichkeit eines Wahlrechts des Arbeitnehmers auf Auszahlung des Kapitals statt einer lebenslangen Rente äußerten sich die Autoren des BMAS-Gutachtens nicht. Sie legten jedoch dar, dass die Ablösung von Zusagen auf laufende, lebenslange Rentenzahlungen durch einmalige Kapitalauszahlungen

315 BT-Drs. 18/11286, S. 42.

316 Zu den Anforderungen siehe unten Kapitel 5A.II.2)a).

317 „Mit dem Wegfall der Arbeitgeberhaftung besteht kein sachlicher Grund mehr, warum Arbeitgeber vom Sparverhalten ihrer Arbeitnehmer profitieren und bei einer Entgeltumwandlung den Arbeitgeberanteil an den eingesparten Sozialversicherungsbeiträgen behalten können", vgl. BT-Drs. 18/11286, S. 46. Mit der Einführung von § 1a Abs. 1a BetrAVG ist dieser Zusammenhang freilich noch weiter aufgelöst worden.

der gelebten Praxis entspreche. Voraussetzung sei, dass der Arbeitnehmer noch nicht ausgeschieden sei[318] und dass eine Gleichwertigkeit[319] bestehe von Kapitalzahlung und Rentenleistung.[320] Hierfür führten die Autoren die entsprechende Rechtsprechung an, die sie auch hinsichtlich reiner Beitragszusagen für übertragbar hielten.[321]

Nach Einführung des BRSG gibt § 22 Abs. 1 BetrAVG dem Versorgungsempfänger, zu dessen Versorgung der Arbeitgeber Beiträge an eine Versorgungseinrichtung zahlt, gegenüber der Versorgungseinrichtung lediglich einen Rechtsanspruch auf „laufende Versorgungsleistungen". Mit Ausnahme von Abfindungen bei Bagatellanwartschaften besteht somit kein Kapitalwahlrecht.[322]

XIV. Anpassung der Leistung

Die Anpassungsprüfungspflicht aus § 16 BetrAVG ist für reine Beitragszusagen nach § 1 Abs. 2 Nr. 2a BetrAVG ausgeschlossen, § 1 Abs. 2 Nr. 2a, 2. Hs. BetrAVG. Da die Höhe der Leistung ausschließlich auf dem planmäßig zuzurechnenden Versorgungskapital beruht, § 22 Abs. 1 BetrAVG, wäre eine Anpassung der Leistung unter Berücksichtigung der Belange des Versorgungsempfängers und der wirtschaftlichen Lage des Arbeitgebers systemwidrig.[323]

XV. Beteiligung an Durchführung und Steuerung

Eine Beteiligung der Sozialpartner an der Durchführung und Steuerung der reinen Beitragszusagen war im Entwurf des BMAS noch nicht vorgesehen.[324] Die Autoren des BMAS-Gutachtens schlugen hierzu eine Regelung in § 17b Abs. 1 vor:

---

318 Eine Ablösung nach Beendigung des Arbeitsverhältnisses würde gegen § 3 Abs. 1 BetrAVG verstoßen.

319 Zur Gleichwertigkeit von laufenden Rentenzahlungen und einmaligen Kapitalzahlungen BAG, Urteil vom 15.05.2012 – 3 AZR 11/10, BAGE 141, 259.

320 *Hanau/Arteaga*, Rechtsgutachten, S. 57 f.

321 Die Autoren zitieren BAG 3 AZR 11/10, BAGE 141, 259; BAG, Urteil vom 29.10.2002 – I AZR 573/01, BAGE 103, 187; vgl. hierzu *Hanau/Arteaga*, Rechtsgutachten, S. 57.

322 BT-Drs. 18/11286, S. 45; vgl. auch Höfer BetrAVG I/*Höfer*, Betriebsrentengesetz, § 22 Rn. 11 f.

323 So auch *Schobert*, Die reine Beitragszusage, S. 103, 269; vgl. auch Blomeyer/Rolfs/Otto/*Otto*, Otto, § 1 Rn. 121.

324 Vgl. hierzu Neues Sozialpartnermodell Betriebsrente, Mögliche Änderungen im Betriebsrentengesetz (Gesetzestext und Begründung).

Neuer § 17b [Tarifpartnerschaftliche Steuerung]
(1)[Grundsatz]
An der Durchführung und Steuerung der Versorgung nach § 17a sind die Tarifparteien durch gemeinsame Einrichtungen oder auf andere durch den Tarifvertrag bestimmte Weise zu beteiligen.[325]

Die Autoren führten hierzu Erfahrungen von Vertretern des Bundesarbeitgeberverbands Chemie an und konkretisierten die Beteiligung anhand dreier Varianten: Arbeitgeber- und Arbeitnehmervertreter in Aufsichtsorganen der Versorgungsträger, Einflussmöglichkeiten durch Verträge mit den Versicherern sowie Zustimmung der Tarifparteien zu besonders wichtigen Regelungen der Versorgungsträger.[326]

Durch die Beteiligung solle ein Schutz der Arbeitnehmerinteressen erreicht werden, da die reine Beitragszusage „prinzipbedingt einige der für Leistungszusagen üblichen Schutzmechanismen des BetrAVG" lockere. [327] Bemerkenswert an dieser Erläuterung ist deren systematische Einordnung im Gesamtkontext des Gutachtens. Sie erfolgt unter dem Oberpunkt „Ermöglichung der Konvertierung bestehender bAV auf das ‚Sozialpartnermodell'".[328] Sofern die Autoren im BMAS-Gutachten an diesem Punkt eine Verbindung zwischen *prinzipbedingt gelockerten Schutzmechanismen* der reinen Beitragszusage und der Beteiligung der Tarifparteien zogen, dürfte damit wohl nicht intendiert gewesen sein, dass die Beteiligung den generellen Wegfall von Schutzmechanismen, etwa der Subsidiärhaftung des Arbeitgebers, bei reinen Beitragszusagen kompensieren sollte. Vielmehr betraf dies lediglich die Fälle, in denen durch Konvertierung von anderen Versorgungszusagen in reine Beitragszusagen bisherige Schutzmechanismen wegfielen. Beteiligung sollte nach diesem Verständnis mithin nur den *Wegfall* bereits innegehabter Schutzmechanismen und nicht bereits das *Nichtentstehen* dieser Schutzmechanismen kompensieren.

Es ist zwar zu beachten, dass die Ausführungen der Autoren noch zu dem Konzept der Haftung des Versorgungsträgers im Sinne einer Mindestleistung nach § 17b Abs. 3 S. 2 BetrAVG-E entstanden. Allerdings ist davon auszugehen, dass auch bei Umsetzung der Vorschläge zu Garantien[329] in § 17a Abs. 2

325 *Hanau/Arteaga*, Rechtsgutachten, S. 80.
326 *Hanau/Arteaga*, Rechtsgutachten, S. 39.
327 *Hanau/Arteaga*, Rechtsgutachten, S. 55.
328 *Hanau/Arteaga*, Rechtsgutachten, S. 55.
329 Vgl. oben Kapitel 2E.II.

BetrAVG-E durch den Gesetzgeber ein Beteiligungsgebot nicht über das selbst in § 17b Abs. 1 BetrAVG-E vorgeschlagene Maß hinaus gelten würde.

Der im BMAS-Gutachten vorgeschlagene § 17d BetrAVG-E ist im neuen § 21 Abs. 1 BetrAVG in weiten Teilen übernommen worden. Hierzu genauere Ausführungen weiter unten.[330]

XVI. Umfang des Tarifvertrags

§ 17 Abs. 1 BetrAVG-E ließ den Sozialpartnern aus Sicht der Autoren des BMAS-Gutachtens ausreichend Spielraum, eine für die jeweilige Branche passende Regelung des Sozialpartnermodells im Tarifvertrag zu finden.[331] Die Möglichkeiten der Sozialpartner reichten vom „vollumfänglichen Versorgungstarifvertrag", mithin einem Tarifvertrag, der schon hinsichtlich Durchführungsweg, Versorgungsträger, Anlagegrundsätze etc. Vorentscheidungen trifft oder zur Durchführung der reinen Beitragszusage auf eine gemeinsame Einrichtung setzt[332], bis hin zu tariflichen Regelungen, die lediglich Rahmenbedingungen für die Sozialpartner aufstellen (Rahmentarifverträge).[333] Die Autoren halten es aufgrund der vorgeschlagenen Regelung für möglich, es den einzelnen Betriebsparteien zu überlassen, Rahmentarifverträge mit „Leben füllen [zu] können".[334]

Sofern die Sozialpartner den zweiten Weg wählen würden, wäre es ihnen möglich, den Betriebspartnern Mindeststandards aufzuerlegen, die aus Vorgaben zur Leistungsplangestaltung der Versorgungsträger, Höchstsätzen für Abschluss- und Verwaltungskosten sowie Mindestanforderungen an die Kapitalanlage bestehen könnten.[335]

Die Autoren ließen jedoch offen, ob aus ihrer Sicht solche Mindeststandards auf Grundlage der vorgeschlagenen Regelung notwendig seien, oder ob nicht schon die einfache Ermöglichung des Angebots reiner Beitragszusagen nach § 17 Abs. 1 BetrAVG-E für die Betriebsparteien ausreichen könnte, sodass die gesamte Ausgestaltung der Versorgungszusage in allen Einzelheiten den Betriebspartner überlassen bleiben würde.

---

330 Siehe unten Kapitel 4.

331 *Hanau/Arteaga*, Rechtsgutachten, S. 30.

332 Näheres zur Unterscheidung zwischen Versorgungs- und Rahmentarifverträgen bei *Rawe*, Auslegung von Zusagen der betrieblichen Altersversorgung S. 30; *Allgaier*, NZA 2011, S. 786, 788.

333 *Hanau/Arteaga*, Rechtsgutachten, S. 30.

334 *Hanau/Arteaga*, Rechtsgutachten, S. 30.

335 *Hanau/Arteaga*, Rechtsgutachten, S. 30.

Sollten sich die Sozialpartner für einen reinen Rahmentarifvertrag entscheiden, legten die Autoren ihnen nahe, den einzelnen Mitgliedsunternehmen zumindest eine Vorauswahl von möglichen Versorgungsprovidern anzuempfehlen („Beauty Parade“).[336] Die Sozialpartner hätten angesichts ihrer im Vergleich zu Einzelunternehmen größeren Marktstellung die Möglichkeit, bessere Konditionen auszuhandeln, die sie den Mitgliedsunternehmen dann in Form eines „preferred providers“ bereitstehen sollten.[337]

Die Empfehlungen aus dem BMAS-Gutachten zu den Mindeststandards des Tarifvertrags dürften auch angesichts der durch das Betriebsrentenstärkungsgesetz eingeführten Regelung des § 21 Abs. 1 BetrAVG weiter gelten.[338]

Die Sozialpartner müssen sich nunmehr an Durchführung und Steuerung der reinen Beitragszusage nach § 1 Abs. 2 Nr. 2a BetrAVG beteiligen. Dies war jedoch auch schon im BMAS-Gutachten vorgesehen, sogar als zwingend tarifvertragliche Regelung.[339] Eine weitgehende Überlassung der Festlegung von Details durch die Betriebspartner sei mittels tarifvertraglicher Ermächtigungsklauseln möglich.[340]

Auch die empfohlene Maßnahme der Auswahl von „preferred providers“ wird nach § 21 Abs. 1 BetrAVG nicht Pflichtinhalt des Tarifvertrags werden müssen. Aufgrund der obligatorischen Regelungen zur Beteiligung an Durchführung und Steuerung bietet es sich dennoch bereits auf Ebene der Sozialpartner an, eine Vorauswahl zu treffen und gegebenenfalls schon Vorverhandlungen zu führen, welche Versorgungsunternehmen die von den Sozialpartnern gewünschten Beteiligungsformen realisieren können.

In diesem Zusammenhang dürfte jedenfalls die im Gesetzentwurf geäußerte Überlegung stehen, Vertreter der Sozialpartner für die Aufsichtsräte der Versorgungsunternehmen abzustellen.[341]

---

336 *Hanau/Arteaga*, Rechtsgutachten, S. 36.

337 *Hanau/Arteaga*, Rechtsgutachten, S. 36.

338 I. E. so weitgehend auch *Heck*, BetrAV 2017, S. 556, 559.

339 Vgl. unten Kapitel 4B.III.1).

340 Die Grenzen dessen, was unabdingbar durch Tarifvertrag geregelt werden muss werden unten in Kapitel 4 geklärt.

341 Vgl. BT-Drs. 18/11286, S. 45, siehe auch zu weiteren möglichen Formen der Beteiligung nach § 21 Abs. 1 BetrAVG unten Kapitel 4D.

XVII. Voraussetzungen für individualvertragliche Ablösungen

Individualvertraglich vereinbarte Versorgungszusagen können – anders als solche, die durch Betriebsvereinbarung oder Tarifvertrag gewährt wurden – nur auf diesem Weg nachteilig geändert werden.[342] Eine Verbesserung der Versorgungszusage ist nach dem Günstigkeitsprinzip auch mittels Betriebsvereinbarung oder Tarifvertrag möglich.[343]

In dieser individualvertraglichen Verhandlungssituation hielten es die Autoren für sinnvoll, dass neben dem gesetzlichen Mindestschutz, etwa durch eine AGB-Kontrolle bei vom Arbeitgeber formularmäßig vorformulierter Erklärungen, auch tarifvertragliche Voraussetzungen festgelegt werden sollten, unter denen eine individualvertragliche Ablösung überhaupt stattfinden dürfe. Denn einzelne Arbeitnehmer hätten nur in Ausnahmefällen die Sachkunde, um in Verhandlungen zur betrieblichen Altersversorgung auf Augenhöhe mit der anderen Seite zu agieren.[344]

Zur Ablösung von bestehenden Versorgungszusagen durch reine Beitragszusagen nach §1 Abs. 2 Nr. 2a BetrAVG siehe den Stand der Diskussion weiter unten.[345]

***

342 Blomeyer/Otto/Rolfs/*Rolfs*, BetrAVG, Anh. zu § 1, Rn. 470.

343 Blomeyer/Otto/Rolfs/*Rolfs*, BetrAVG, Anh. zu § 1, Rn. 542.

344 *Hanau/Arteaga*, Rechtsgutachten, S. 58.

345 Kapitel 5B.I.2).

Kapitel 3 Flaschenhals Tarifvertrag – Bestandsaufnahme der Tarifverhandlungen zu der reinen Beitragszusage nach § 1 Abs. 2 Nr. 2a BetrAVG

A. Einleitung

Bevor in Kapitel 4 und 5 die Anforderungen an das Beteiligungsgebot sowie die tariflichen Gestaltungsmöglichkeiten der reinen Beitragszusage nach § 1 Abs. 2 Nr. 2a BetrAVG untersucht werden sollen, wird zunächst eine kurze Bestandsaufnahme der bisherigen Tarifverhandlungen vorgenommen. Darüber hinaus erfolgt eine Zusammenstellung bisheriger öffentlicher Äußerungen der Sozialpartner zu der entsprechenden Problematik. Hierzu wurden Pressemitteilungen und Veröffentlichungen zu Tarifabschlüssen sowie öffentlich zugängliche Äußerungen von Arbeitgeber- und Arbeitnehmervertretern über die reine Beitragszusage nach § 1 Abs. 2 Nr. 2a BetrAVG zusammengetragen.

Das Forschungsziel dieses Kapitels musste im Laufe der Bearbeitung mehrmals angepasst werden. Eine zunächst geplante empirische Untersuchung unterschiedlicher Tarifverhandlungen und -abschlüsse ließ sich angesichts fehlender Tarifverhandlungen und -abschlüsse nicht realisieren. Die stattdessen angedachte Fallstudie und Analyse zumindest eines Tarifabschlusses[346] musste ebenfalls ausfallen, da der tatsächliche Tarifabschluss jedenfalls bis zur Beendigung dieser Bearbeitung nicht verabschiedet werden konnte. Die letztlich geplante breite Analyse der öffentlichen Äußerungen der Arbeitgeber- und Arbeitnehmervertreter sowie die anschließende Rückführung auf einzelne Verhandlungshemmnisse musste schließlich aufgrund der hierzu fehlenden Ergiebigkeit des Datenmaterials ausfallen. Zwar ist es dem Verfasser gelungen, mit mehreren Vertretern der Sozialpartner Gespräche über die Gründe des Ausbleibens von Verhandlungen zur reinen Beitragszusage nach § 1 Abs. 2 Nr. 2a BetrAVG zu führen. Doch auch diese waren nicht zahlreich genug, um sie in einer anonymisierten

346 Der angekündigte Tarifabschluss über einen Haustarifvertrag zwischen den Versicherungen talanx/HDI und ver.di.

Befragung zusammenfassen zu können, ohne die Anonymität zu gefährden und so Einfluss auf mögliche spätere Verhandlungsergebnisse zu nehmen.

Dennoch ist nach Auffassung des Verfassers eine Übersicht der bisherigen Tarifabschlüsse sowie der Äußerungen der Sozialpartner insoweit von Nutzen, als daraus Anhaltspunkte für die Praxisrelevanz der an späterer Stelle zu bearbeitenden Rechtsprobleme gewonnen werden können.[347]

B. Fehlende Umsetzung der reinen Beitragszusage

Die Sozialpartner verhalten sich nach Einführung der reinen Beitragszusage nach § 1 Abs. 2 Nr. 2a BetrAVG ausgesprochen zögerlich, Tarifverhandlungen mit dem Ziel der Einführung der reinen Beitragszusage nach § 1 Abs. 2 Nr. 2a BetrAVG aufzunehmen, oder in laufenden Tarifverhandlungen überhaupt nur Forderungen nach einer betrieblichen Altersversorgung in der Form von reinen Beitragszusagen nach § 1 Abs. 2 Nr. 2a BetrAVG zu stellen. Bislang sind keine Branchentarifverhandlungen bekannt geworden, in denen die Einführung einer reinen Beitragszusage nach § 1 Abs. 2 Nr. 2a BetrAVG diskutiert wurde oder ernsthaft Teil der Verhandlungen geworden ist.

Lediglich in einem Haustarifvertrag ist es zumindest in die Nähe einer Einigung gekommen. So wurde zwar bereits mehrfach öffentlich eine Einigung vermeldet[348], doch realiter kam aufgrund von Einwänden der BaFin[349] bislang keine Umsetzung zustande.[350]

347 Siehe hierzu unten Kapitel 5.

348 *Stanczyk/Würz*, Verdi und Talanx hauchen Nahles-Rente neues Leben ein, Versicherungswirtschaft Heute, 18. Oktober 2019, abrufbar unter https://versicherungswirtschaft-heute.de/unternehmen-und-management/2019-10-18/auferstanden-aus-ruinen-nahles-grundrente-dank-verdi-und-talanx-lebendig/, zuletzt abgerufen am 10. Dezember 2021; Pressemitteilung der Talanx Gruppe vom 11. März 2021, abrufbar unter https://www.talanx.com/de/presse/presseartikel/die_deutsche_betriebsrente_startet_mit_ver.di_das_erste_sozialpartnermodell_in_deutschland, zuletzt abgerufen am 10. Dezember 2021.

349 *Rezmer*, Finanzaufsicht bremst Start erster neuartiger Betriebsvorsorge, Handelsblatt, 5. Juli 2021, abrufbar unter https://www.handelsblatt.com/finanzen/banken-versicherungen/versicherer/betriebliche-altersversorgung-finanzaufsicht-bremst-start-erster-neuartiger-betriebsvorsorge/27393324.html?ticket=ST-2701763-cXothkkZA5mPa3JtiijS-cas01.example.org, zuletzt abgerufen am 10. Dezember 2021.

350 Steinmeyer verbucht dies jedoch bereits als Tarifabschluss, vgl. *Steinmeyer*, Altersvorsorge vor großen Herausforderungen, BetrAV 2020, S. 582, 584.

Sämtliche seit der Einführung der reinen Beitragszusage nach § 1 Abs. 2 Nr. 2a BetrAVG im Jahr 2018 erfolgreich abgeschlossene Branchentarifverträge haben sich zur reinen Beitragszusage nach § 1 Abs. 2 Nr. 2a BetrAVG nicht verhalten. Der erhoffte Erfolg der reinen Beitragszusage nach § 1 Abs. 2 Nr. 2a BetrAVG,[351] der von einzelnen Stimmen schon als potentielle Gefahr für bisherige Versorgungszusagen gesehen wurde,[352] lässt derweil weiter auf sich warten. Aus der Versicherungswirtschaft wird aus diesem Grund vermehrt die Forderung nach einem Verzicht auf den Tarifvorbehalt erhoben.[353]

I. Bisherige Tarifabschlüsse

Hoffnung auf den ersten Abschluss machte kurzzeitig ein angekündigter Haustarifvertrag des Versicherungs- und Finanzdienstleisters Talanx AG in Zusammenwirkung mit der Dienstleistungsgewerkschaft ver.di.[354] In allen anderen Tarifabschlüssen haben sich die Sozialpartner gegen die Einführung der reinen Beitragszusage nach § 1 Abs. 2 Nr. 2a BetrAVG entschieden.

Es erfolgt nun eine nicht abschließende Untersuchung von Tarifabschlüssen seit Inkrafttreten des Betriebsrentenstärkungsgesetzes mit Blick auf die betriebsrentenrechtlichen Inhalte und auf mögliche Hinweise, die die abwartende Haltung der Sozialpartner im Hinblick auf die reine Beitragszusage nach § 1 Abs. 2 Nr. 2a BetrAVG erklären können.

1) Haustarifvertrag Talanx und ver.di

Die Talanx AG versuchte, als Versorgungseinrichtung die Versorgungsberechtigten zunächst unter den eigenen Mitarbeitern zu finden. So sollte die Machbarkeit des Modells unter Beweis gestellt werden. Der Talanx Konzern beschäftigt zum Ende des Jahres 2019 laut eigenen Angaben etwa 12.000 inländischen Arbeitnehmerinnen und Arbeitnehmern.[355] Die Versicherungskonzerne Talanx

---

351 Abwartend *Zülch*, Das Betriebsrentenstärkungsgesetz – ein Überblick, ArbRAktuell 2017, S. 290; *Rolfs*, NZA 2017, S. 1225.

352 So etwa *Schobert*, BetrAV 2017, S. 473, 474.

353 Vgl. hierzu die Äußerungen mehrerer Vertreter der Versicherungswirtschaft in der BetrAVg Sommerumfrage 2021 in *Pohl*, Zu niedrige Zinsen, zu hohe Garantien – und die Auswege der VersichererbAV, BetrAV 2021, S. 623 ff.

354 Unternehmensmitteilung der Talanx AG vom 17. Oktober 2019, mittlerweile nicht mehr abrufbar.

355 Unternehmensmitteilung der Talanx AG vom 17. Oktober 2019, abrufbar unter www.talanx.com/newsroom/unternehmensmeldungen/2019/2019-10-17.aspx?sc_lang=de-de, zuletzt abgerufen am 10. Dezember 2021.

und Zurich errichteten nach Inkrafttreten des Betriebsrentenstärkungsgesetzes bereits im Oktober 2018 gemeinsam das Kooperationsprojekt „Die deutsche Betriebsrente“, ein laut Unternehmensangaben an die Vorgaben der reinen Beitragszusage nach § 1 Abs. 2 Nr. 2a BetrAVG angepasster Pensionsfonds.[356]

Da dem Kooperationsprojekt mangels entsprechender Tarifverträge die Versorgungsberechtigten bzw. Auftraggeber fehlten, die das Angebot der Durchführung der reinen Beitragszusage nach § 1 Abs. 2 Nr. 2a BetrAVG in Anspruch nehmen könnten, entschloss sich die Talanx AG als erstes Unternehmen Verhandlung eines Haustarifvertrags zu beginnen mit dem Ziel, die eigenen Beschäftigten für das Produkt zu gewinnen. Die Vereinbarung sollte laut Pressemitteilung bis zum 1. Januar 2020 abgeschlossen werden. Die Verhandlungen dauerten letztlich aber länger, bis in das Jahr 2021 hinein, was auch an Verhandlungsunterbrechungen während der Corona-Krise zu liegen schien. Zu einer Einigung der Tarifvertragsparteien kam es schließlich zum 1. März 2021.[357] Über den Verlauf der Verhandlungen ist bekannt, dass aufseiten der Arbeitnehmervertreter die Verhandlungsführer starke interne Überzeugungsarbeit leisten mussten.[358] Die tatsächliche Umsetzung lässt aber bis zum Zeitpunkt der Drucklegung dieser Arbeit weiter auf sich warten. Die Abstimmung mit der BaFin zur Umsetzung des ersten Sozialpartnermodells dauert weiterhin an.[359]

Auch der Konsortialführer Zurich beabsichtigte laut Unternehmensangaben, entsprechende Verhandlungen mit ver.di zur Einführung der reinen

---

356 Pressemitteilung der Zurich Gruppe Deutschland vom 24. Oktober 2018, abrufbar unter www.newsroom.zurich.de/pressreleases/die-deutsche-betriebsrente-ist-ab-sofort-angebotsfaehig-2773363, zuletzt abgerufen am 10. Dezember 2021.

357 Pressemitteilung der Talanx Gruppe vom 11. März 2021, abrufbar unter https://www.talanx.com/de/presse/presseartikel/die_deutsche_betriebsrente_startet_mit_ver.di_das_erste_sozialpartnermodell_in_deutschland, zuletzt abgerufen am 10. Dezember 2021; Pressemitteilung der Gewerkschaft ver.di aus dem März 2021, abrufbar unter https://www.verdi.de/++file++6049e965fc24420585b7b0e9/download/Hintergrund%20Haustarifvertrag%20ver.di_Talanx%20Sozialpartnermodell.pdf, zuletzt abgerufen am 10. Dezember 2021.

358 Die für die Gewerkschaft ver.di die Verhandlungen mit der Talanx AG verantwortlich führende Leiterin des Bereichs Sozialpolitik, Dr. Judith Kerschbaumer, wird mit der Äußerung auf dem 12. bAV-Forum der HDI zitiert, „Das will keiner auf dem Kongress als Thema haben“; vgl. *Lier*, Gewerkschaften tun sich mit der Zielrente schwer, Versicherungswirtschaft Heute, 5. Juni 2019, abrufbar unter https://be.invalue.de/d/publikationen/vwheute/2019/06/05/gewerkschaften-tun-sich-mit-der-zielrente-schwer.html, zuletzt abgerufen am 10. Dezember 2021.

359 *Grund*, Aufsicht über EbAV – Aktuelle Entwicklungen, BetrAV 2021, S. 590, 592.

Beitragszusage nach § 1 Abs. 2 Nr. 2a BetrAVG aufzunehmen. Das Vorgehen der Kooperationspartner Talanx und Zurich wird freilich nur dann von Erfolg gekrönt sein können, wenn sich weitere Branchen oder zumindest einzelne Großunternehmen und die entsprechenden Arbeitnehmervertreter zu Tarifverträgen durchringen können. Dauerhaft dürfte es kaum ausreichen, nur die eigenen Mitarbeiter als Versorgungsberechtigte im Rahmen der reinen Beitragszusage nach § 1 Abs. 2 Nr. 2a BetrAVG zu verwalten.

2) Tarifvertrag Bauhauptgewerbe

Zu erwähnen ist weiterhin der Tarifvertrag im Bauhauptgewerbe[360] vom 1. Juni 2018. Dieser sieht keinerlei zusätzliche Leistungen in der betrieblichen Altersversorgung vor. Auch der Bundesrahmentarifvertrag für das Baugewerbe vom 28. September 2018[361] enthält keine Angaben über Altersversorgungsleistungen.

Hier ist zu berücksichtigen, dass die Sozialpartner im Baugewerbe im Jahr 2014 mit Tarifgeltung zum 1. Januar 2016 eine umfassende Regelung zur betrieblichen Altersversorgung für die Beschäftigten im Baugewerbe vereinbart haben.[362] Der Tarifvertrag wurde vom Bundesministerium für Arbeit und Soziales am 6. Juli 2015 für allgemeinverbindlich erklärt.[363] Das Sozialkassenverfahrensicherungsgesetz (SokaSiG) vom 16. Mai 2016 erklärte die Tarifverträge der Jahre 2008 bis 2010 sowie 2014 allesamt für allgemeinverbindlich, da die vorausgegangenen Allgemeinverbindlichkeitserklärungen vom BAG für rechtswidrig erklärt worden waren.[364] Die Verweisungen im SokaSiG gelten zum größten Teil

---

360 Tarifvertrag zur Regelung der Löhne und Ausbildungsvergütungen im Baugewerbe im Gebiet der Bundesrepublik Deutschland mit Ausnahme der fünf neuen Länder und des Landes Berlin (TV Lohn/West) in der Fassung der Bekanntmachung vom 1. Juni 2018, abrufbar unter https://www.brz.eu/fileadmin/editors/files/de/d_docs/news/2018/tv-lohn-west.pdf.

361 Bundesrahmentarifvertrag für das Baugewerbe (BRTV) vom 28. September 2018 zwischen dem Zentralverband des Deutschen Baugewerbes e.V., dem Hauptverband der Deutschen Bauindustrie e.V. und der Industriegewerkschaft Bauen-Agrar-Umwelt.

362 Tarifvertrag über eine zusätzliche Altersversorgung im Baugewerbe (TZA Bau) in der Fassung der Bekanntmachung vom 5. Juni 2014 in der Fassung vom 10. Dezember 2014, TV14001.1115, beck-online; vgl. zum Inhalt auch *Berndt/Lindeke*, Neue Tarifrente Bau und Mindestlöhne im Baugewerbe, DStR 2016, S. 679 f.

363 Bekanntmachung über die Allgemeinverbindlicherklärung eines Tarifvertrags für das Baugewerbe in der Fassung der Bekanntmachung vom 6. Juli 2015, abrufbar unter https://www.bundesanzeiger.de/ebanzwww/wexsservlet?page.navid=to_bookmark_official&bookmark_id=8F0RyqVPOW9g6AivQ2K.

364 BAG, Beschluss vom 25.01.2017 – 10 ABR 34/15, AP TVG § 5 Nr. 37.

rückwirkend für Tarifverträge, die durch Folgetarifverträge ersetzt wurden. Die Tarifrente Bau wurde mit Tarifvertrag vom 28. September 2018 noch einmal konkretisiert.[365] Die Sozialpartner sind bei der von ihnen gewählten Zusageart der Beitragszusage mit Mindestleistung geblieben.

Dabei haben die Sozialpartner wohl auch im Sinne des Gesetzgebers des Betriebsrentenstärkungsgesetzes gehandelt, denn nach § 21 Abs. 2 S. 1 BetrAVG sollen die Tarifvertragsparteien „im Rahmen von Tarifverträgen [...] bereits bestehende Betriebsrentensysteme angemessen berücksichtigen." Der Gesetzgeber wollte durch diese Formulierung wohl jedenfalls vermeiden, dass die Sozialpartner zugunsten der reinen Beitragszusage bestehende Zusagen gedankenlos beseitigen.[366]

3) *Tarifvertrag Chemie*

In jüngeren Tarifabschlüssen des Chemie-Arbeitgeberverbandes (BAVC) und der IG Bergbau Chemie Energie (IG BCE), einer im Hinblick auf die betriebliche Altersversorgung traditionell starken Branche[367], konnte keine Einigung zu der reinen Beitragszusage nach § 1 Abs. 2 Nr. 2a BetrAVG erzielt werden. Im Vordergrund des Verhandlungsergebnisses stand die in zwei Stufen erfolgende Barlohnerhöhung von 1,5 % ab Juli 2020 und von 1,3 % ab Juli 2021.[368]

Ab Juli 2021 soll es statt weiterer Leistungen für die Altersversorgung erstmals in Deutschland für sämtliche Tarifbeschäftigte einer Branche eine vom Arbeitgeber finanzierte betriebliche Pflegefallabsicherung geben.

Die Sozialpartner, auf die branchenintern eine gewisse Hoffnung gesetzt wurde, sie würden die reine Beitragszusage nach § 1 Abs. 2 Nr. 2a BetrAVG wegweisend umsetzen,[369] haben sich hier für eine andere Form sozialpolitischer Innovation entschieden. Der Absicherung eines biometrischen Risikos mit geringerer Eintrittswahrscheinlichkeit[370] – der Pflegebedürftigkeit – wurde hier

---

365 Tarifvertrag über eine zusätzliche Altersversorgung im Baugewerbe (TZA Bau) vom 5. Juni 2014 in der Fassung vom 10. Dezember 2014, TV14001.1115, beck-online.

366 Höfer BetrAVG I/*Höfer*, Betriebsrentengesetz, § 21 Rn. 2.

367 Vgl. hierzu *Augustin/Lomb/Mühl*, BetrAV 2012, S. 122, 126.

368 Tarifvertrag Pflegezusatzversicherung Chemie vom 22. November 2019, als Verhandlungsergebnis vom 22. November 2019, abrufbar unter https://ludwigshafen.igbce.de/vanity/renderDownloadLink/40806/72590, zuletzt abgerufen am 10. Dezember 2021.

369 *Krohn*, Frankfurter Allgemeine Zeitung, 8. Oktober 2019.

370 Das Pflegerisiko für Frauen ab 70 Jahren liegt bei 6,5 %, ab 75 Jahren bei 12,3 % und erhöht sich ab 80 Jahren auf 26,1 %. Das Pflegerisiko für Männer ab 70 Jahren liegt bei 6,3 %, ab 75 Jahren bei 10,5 %, ab 80 Jahren bei 19,3 %. Für über 90-Jährige liegt

der Verbesserung der Absicherung eines biometrischen Risikos mit höherer Eintrittswahrscheinlichkeit[371] – dem Alter – vorgezogen.

Der Einigung auf Branchenebene war Ende des Jahres 2018 eine Einigung zwischen der Henkel AG & Co KgaA und der IG BCE zu einer identischen Pflegezusatzversicherung vorausgegangen.[372] Henkel spricht in der Pressemitteilung davon, die Pflegezusatzversicherung im Rahmen eines „Sozialpartnermodells" anzubieten.[373] Zwar dürfte eine Absicherung der Pflegebedürftigkeit als Invaliditätsrisiko gem. § 1 Abs. 1 S. 1 BetrAVG wohl auch nach überwiegender Auffassung[374] als Invaliditätsschutz unter den Regelungsbereich des Betriebsrentengesetzes fallen.[375] Hierfür spricht insbesondere, dass der Pflegebedürftigkeit jedenfalls ein ungewisses, biologisches Ereignis vorhergeht, das nicht „ohnehin" einzutreten pflegt.[376] Da die Höhe der Pflegezusatzleistungen mit 300 bzw.

---

das Pflegerisiko bei 70,7 % vgl. Statistisches Bundesamt, Pflegequote in Deutschland nach Altersgruppe und Geschlecht 2017, abrufbar unter https://www.destatis.de/DE/Themen/Gesellschaft-Umwelt/Gesundheit/Pflege/_inhalt.html, zuletzt abgerufen am 10. Dezember 2021.

371 In nur 18 % der Fälle aller Pflegebedürftigen ist der Pflegebedürftige unter 65 Jahre alt. Demnach hat sich in 82 % der Fälle der Pflegebedürftigkeit das biometrische Risiko der Langlebigkeit ebenfalls realisiert.

372 Über eine Beitragsleistung von 29 Euro pro Monat je Arbeitnehmer (für Auszubildende 6,50 Euro) sollen ebenfalls monatlich 1.000 Euro (für Pflegegrade 2 bis 5 für die stationäre oder teilstationäre Pflege) bzw. 300 Euro (für die Pflegegrad 2 bei 4 bei häuslicher Pflege) abgedeckt werden, vgl. CareFlex – die Pflegezusatzversicherung von Henkel, abrufbar unter https://www.henkel.de/resource/blob/890982/fc375383747c6dc1f141b68814441c3f/data/2018-11-12-careflex-hintergrund-zahlen-und-fakten-zur-pflege.pdf, zuletzt abgerufen am 10. Dezember 2021.

373 Einzigartige Pflegeversicherung für Henkel-Mitarbeiter, abrufbar unter https://www.henkel.de/presse-und-medien/presseinformationen-und-pressemappen/2018-11-12-einzigartige-pflegeversicherung-fuer-henkel-mitarbeiter-890906, zuletzt abgerufen am 10. Dezember 2021.

374 Blomeyer/Otto/Rolfs/*Rolfs*, BetrAVG, § 1 Rn. 28, § 1b Rn. 176, der jedenfalls das Pflegetagesgeld als Leistung der betrieblichen Altersversorgung einordnet; ablehnend *Langohr-Plato*, Betriebliche Altersversorgung, Rn. 69; *Diller/Schobert*, Pflegeabsicherung als Element der betrieblichen Altersversorgung, Dynamisches Recht: Herausforderungen im Arbeitsrecht, Gesellschaftsrecht und Insolvenzrecht: Festschrift für Wilhelm Moll zum 70. Geburtstag, S. 81, 83 ff. mit weiteren Nachweisen.

375 Siehe hierzu unten Kapitel 5C.III.

376 Höfer BetrAVG I/*Höfer*, Betriebsrentengesetz, Kapitel 2: Begriff betriebliche Altersversorgung Rn. 11.

1000 Euro jedoch entgegen § 22 Abs. 1 S. 3 BetrAVG garantiert[377] ist, kann es sich jedenfalls um kein Modell der reinen Beitragszusage nach § 1 Abs. 2 Nr. 2a BetrAVG handeln.

4) *Tarifvertrag Hotel- und Gaststättengewerbe*

Auch das Hotellerie- und Gastronomiegewerbe verzichtet in dem in 2019 abgeschlossenen Tarifvertrag auf die reine Beitragszusage nach § 1 Abs. 2 Nr. 2a BetrAVG und setzt stattdessen auf eine Beitragszusage mit Mindestleistung nach § 1 Abs. 2 Nr. 2 BetrAVG als Versorgungszusage und auf die Direktversicherung als Durchführungsweg (Hogarente plus).[378] Zu Rentenbeginn stehen den Beschäftigten mindestens die eingezahlten Beiträge zur Verfügung. Für sie ist eine Anschlusslösung an die bisherige „Hogarente" zwischen den Tarifparteien Deutscher Hotel- und Gaststättenverband (Dehoga Bundesverband) und der Gewerkschaft Nahrung-Genuss-Gaststätten (NGG) vereinbart worden. Die bundesweit einheitlichen Tarifverträge gelten rückwirkend zum 1. Januar 2019.[379]

Inhaltlich umfasst der Tarifabschluss die Erhöhung des Arbeitgeberbeitrags von 150 auf 240 Euro pro Mitarbeiter im Jahr. Der nun in Höhe von 15 Prozent auch gesetzlich geschuldete Arbeitgeberzuschuss zur freiwilligen Entgeltumwandlung der Mitarbeiter nach § 1a Abs. 1a BetrAVG[380] bleibt bei 16 Prozent unverändert und das Recht der Beschäftigten auf Umwandlung tariflicher Entgeltbestandteile wurde abweichend von § 1a Abs. 1 BetrAVG von vier auf bis zu 8 Prozent der Beitragsbemessungsgrenze erhöht, entsprechend dem § 3 Nr. 63 EStG.

---

377 Dies wird jedenfalls so in der Pressemitteilung kommuniziert, vgl. CareFlex – die Pflegezusatzversicherung von Henkel, abrufbar unter https://www.henkel.de/resource/blob/890982/fc375383747c6dc1f141b68814441c3f/data/2018-11-12-careflex-hintergrund-zahlen-und-fakten-zur-pflege.pdf, zuletzt abgerufen am 10. Dezember 2021.

378 Die Fortsetzung und Aktualisierung der hogarente ist beschlossene Sache, abrufbar unter https://www.dehoga-bundesverband.de/branchenthemen/betriebliche-altersvorsorge/, zuletzt abgerufen am 10. Dezember 2021.

379 Neuer Tarifvertrag zur betrieblichen Altersversorgung, abrufbar unter https://www.dehogabw.de/informieren/dehoga-nachrichten/2019/aktualisierung-hogarente/neuer-tarifvertrag-zur-betrieblichen-altersversorgung.html, zuletzt abgerufen am 10. Dezember 2021.

380 Für ab dem 1. Januar 2019 abgeschlossene Umwandlungsvereinbarungen. Für alle davor abgeschlossenen gilt diese Pflicht erst ab dem 1. Januar 2022, § 26a BetrAVG.

5) Tarifverträge Eisen- und Stahl sowie Metallindustrie

Die Tarifrunde 2019 der Eisen- und Stahlindustrie in Nordwestdeutschland, Ostdeutschland und dem Saarland führte zu einer Gehaltssteigerung von 3,7 % sowie zu fünf zusätzlichen Urlaubstagen. Es sind jedoch keine Forderungen der Arbeitnehmer zu Altersvorsorgeleistungen erhoben worden. Zu darüber hinausgehenden Vereinbarungen kam es nicht.[381] Auch in der Tarifrunde im Jahr 2020 der Metall- und Elektroindustrie in NRW, die unter den Vorzeichen der sich abzeichnenden Covid-19-Pandemie im März 2020 abgeschlossen wurde, sind keine Vereinbarungen über eine zusätzliche betriebliche Altersversorgung zustande gekommen.[382]

II. Standpunkte der Sozialpartner

Zur Einstellung der Sozialpartner zu der reinen Beitragszusage nach § 1 Abs. 2 Nr. 2a BetrAVG wurde im Auftrag einer großen deutschen Versicherung unter Leitung des Instituts für Versicherungslehre an der Universität Leipzig eine Studie durchgeführt.[383]

Für die Studie wurden 37 Arbeitgeberverbände und neun Gewerkschaften im Zeitraum November 2017 bis März 2018 dazu befragt, ob und wie das Betriebsrentenstärkungsgesetz umgesetzt werden könnte.[384] Jeweils eine Mehrheit der befragten Arbeitgeberverbände (65 Prozent) wie auch der befragten Gewerkschaften (77 Prozent) war nach dem Ergebnis der Befragung dazu bereit, Sozialpartnermodelle zu verhandeln und auch zu vereinbaren.[385]

---

381 Der Tarifvertrag für die Metall- und Elektroindustrie – Mehr Zeit und Geld abrufbar unter https://www.igmetall-nrw.de/tarife/metall-und-elektro/, zuletzt abgerufen am 10. Dezember 2021.

382 Außergewöhnliche M+E-Tarifrunde 2020 mit vernünftigem Abschluss, abrufbar unter https://www.gesamtmetall.de/tarifpolitik/tarifrunden/ergebnisse-der-tarifrunde-2020, zuletzt abgerufen am 10. Dezember 2021.

383 Sozialpartnermodell – Studie AXA/ V.E.R.S, abrufbar unter https://www.axa.de/site/axa-de/get/documents_E-767488028/axade/AXA.de_Dokumente_und_Bilder/Unternehmen/Presse/Pressemitteilungen/Dokumente/2018/sozialpartnermodell-studie-axa-vers.pdf, zuletzt abgerufen am 10. Dezember 2021.

384 Vgl. S. 2, Sozialpartnermodell – Studie AXA/ V.E.R.S, abrufbar unter https://www.axa.de/site/axa-de/get/documents_E-767488028/axade/AXA.de_Dokumente_und_Bilder/Unternehmen/Presse/Pressemitteilungen/Dokumente/2018/sozialpartnermodell-studie-axa-vers.pdf, zuletzt abgerufen am 10. Dezember 2021.

385 Sozialpartnermodell – Studie AXA/ V.E.R.S, abrufbar unter https://www.axa.de/site/axa-de/get/documents_E-767488028/axade/AXA.de_Dokumente_und_Bilder/Unternehmen/Presse/Pressemitteilungen/Dokumente/2018/

Dieses Ergebnis steht in einer Diskrepanz zu den bislang ausgebliebenen Tarifabschlüssen. Im Folgenden soll versucht werden, anhand öffentlicher Äußerungen von Vertretern der Arbeitnehmer- wie der Arbeitgeberverbände nachzuvollziehen, woran das Fehlen bisheriger Tarifabschlüsse liegen könnte.

1) Arbeitnehmervertreter

Die Arbeitnehmervertreter verhielten sich nach Inkrafttreten des Betriebsrentenstärkungsgesetzes zunächst abwartend bis skeptisch. Öffentlich wurde zum Teil der Herbst 2019 als Wegscheide ausgegeben, an der sich nach den Bundeskongressen der IG Metall[386] sowie von ver.di[387] eine Richtung des internen Willensbildungsprozesses der organisierten Arbeitnehmer abzeichnen sollte.[388]

Die Tagungen konnten jedoch, wie nachfolgend zu zeigen ist, zu keiner wesentlichen Klarstellung der Gewerkschaftsposition beitragen. Lediglich eine deutliche Absage an die reine Beitragszusage nach § 1 Abs. 2 Nr. 2a BetrAVG, wie sie in einem Leitantrag auf dem Gewerkschaftstag der IG Metall sowie in einem Einzelantrag der ver.di enthalten war, konnte durch minimale Änderungen am Antragstext bzw. mit dem Verweis auf die fehlende Zuständigkeit des entscheidungsfassenden Gremiums verhindert werden. Ein klares Aufbruchssignal in Richtung der reinen Beitragszusage nach § 1 Abs. 2 Nr. 2a BetrAVG ging von keinem der Bundeskongresse aus.

---

sozialpartnermodell-studie-axa-vers.pdf, zuletzt abgerufen am 10. Dezember 2021., S. 3.

386 24. Ordentlicher Gewerkschaftstag der IG Metall vom 6. bis 12. Oktober 2019 in Nürnberg. Der ordentliche Gewerkschaftstag ist das höchste beschlussfassende Organ der IG Metall und findet alle vier Jahre statt.

387 5. Ver.di-Bundeskongress vom 22. bis 28. September 2019 in Leipzig. Der Ver.di-Bundeskongress ist das höchste beschlussfassende Organ der ver.di und findet alle vier Jahre statt.

388 So Dr. Judith Kerschbaumer, Leiterin Sozialpolitik der ver.di, auf dem 12. HDI bAV-Expertenforum 2019, vgl. *Klein*, Können Makler vom Sozialpartnermodell profitieren?, Pfefferminzia, 7. Juni 2019, abrufbar unter https://www.pfefferminzia.de/hdi-bav-expertenforum-2019-1/, zuletzt abgerufen am 10. Dezember 2021. Vgl. auch *Krohn*, Neuer Schwung für Betriebsrenten, Frankfurter Allgemeine Zeitung, 11. März 2019, abrufbar unter https://www.faz.net/aktuell/finanzen/meine-finanzen/vorsorgen-fuer-das-alter/sozialpartnermodell-neuer-schwung-fuer-betriebsrenten-16079214.html, zuletzt abgerufen am 10. Dezember 2021; *Krohn*, Frankfurter Allgemeine Zeitung, 8. Oktober 2019.

Den jeweiligen Kongressen gingen bereits wissenschaftliche Veröffentlichungen von Vertretern der Gewerkschaften voraus, die sich gegenüber der reinen Beitragszusage nach § 1 Abs. 2 Nr. 2a BetrAVG zwar reserviert, aber grundsätzlich aufgeschlossen zeigten. [389]

a) *Ver.di-Bundeskongress*

Auf dem Ver.di-Bundeskongress 2019 vom 22. bis 28. September 2019 in Leipzig nahmen Anträge zur betrieblichen Altersversorgung im Bereich der Sozial-, Arbeits- und Gesundheitspolitik nur einen untergeordneten Stellenwert ein. Von insgesamt 81 Anträgen zum Themengebiet Alterssicherung und Rentenpolitik befassten sich lediglich 16 mit der betrieblichen Altersversorgung. Alle übrigen waren auf die gesetzliche Rentenversicherung gerichtet.

Dem Ver.di-Kongress wurde eine hohe Bedeutung zugemessen, weil hier erstmals eine der drei großen deutschen Gewerkschaften, zu denen auch die IG BCE und die IG Metall zu zählen sind, sich mit der Thematik der neu eingeführten reinen Beitragszusage in einem solchen Rahmen beschäftigt hat.

aa) *Anträge*

Zwei der eingebrachten Anträge betrafen die reine Beitragszusage nach § 1 Abs. 2 Nr. 2a BetrAVG. Beide Anträge lauteten wortgleich:

> *„Der Bundeskongress beschließt:*
> *ver.di hält das Betriebsrentenstärkungsgesetz für ungeeignet und kontraproduktiv und wird deshalb dafür auch keine Tarifverträge abschließen.*
> *ver.di kämpft dafür, der so genannten „Riesterrente" die gesetzliche Grundlage zu entziehen."*[390]

Antragstellerin des ersten Antrags war die Ver.di-Landesbezirkskonferenz Hamburg. Ein gleichlautender Antrag wurde von der „Bundessenior*innenkonferenz"

---

389 *Kerschbaumer*, Das BRSG aus Sicht der Sozial-und Tarifpolitik*, BetrAV 2018, S. 276, 278 f.: „Auch wenn die ‚reine Beitragszusage' zweifellos eine hohe Hürde ist und erhebliche institutionelle und organisatorische Vorkehrungen notwendig macht, bietet sie, wie bereits erwähnt, durch wegfallende Kosten für Garantien und eine freie Anlagepolitik gerade in Niedrigzinsphasen prinzipiell die Chance auf höhere Renditen und damit höhere Renten.", zur von der hessischen Landesregierung in den Bundesrat eingebrachte sog. „Deutschland-Rente": „Diesen Vorschlag lehnen die Gewerkschaften ab. Er überzeugt inhaltlich nicht und kommt zur Unzeit. Jetzt gilt es, das BRSG vernünftig umzusetzen."

390 Anträge und Beschlüsse des 5. ver.di-Bundeskongresses in Leipzig 2019, Antrag B 077.

gestellt.[391] Die Überschrift beider Anträge lautete „Keine Tarifverträge für das Betriebsrentenstärkungsgesetz – Riesterrente abschaffen".[392] In der Begründung der Anträge wurde das Betriebsrentenstärkungsgesetz jeweils nicht im speziellen Format der reinen Beitragszusage nach § 1 Abs. 2 Nr. 2a BetrAVG abgelehnt, sondern pauschal mit der Riester-Rente aufgrund des gemeinsamen Merkmals der Kapitaldeckung. Die Zusatzbeiträge des Arbeitgebers bei Entgeltumwandlung sowie der staatliche Zuschuss bei Geringverdienern werden positiv gewürdigt, aber als nicht ausreichend eingeschätzt. Stattdessen solle die gesetzliche Rente gestärkt werden.[393]

Ein Änderungsantrag zu dem Antrag B 077 hatte den folgenden Inhalt:

> *„ver.di hält das Betriebsrentenstärkungsgesetz für ungeeignet und kontraproduktiv und fordert deshalb die Abschaffung des Betriebsrentenstärkungsgesetzes."*[394]

bb) Diskussion

Die Antragskommission empfahl die Ablehnung des Antrags B 077 in der Form des Änderungsantrags.[395] Zwar sei das Fehlen garantierter Leistungen „eine unschöne Sache", dennoch sei es ein geeignetes Instrument, um eine arbeitgeberfinanzierte Altersversorgung durchzusetzen.

Der erste Diskussionsbeitrag stammte von den Antragsstellern. Sie lehnten das Betriebsrentenstärkungsgesetz ab und plädieren für die Annahme des Antrags in geänderter Fassung.[396] Sie kritisieren zum einen den Umfang der zu erwartenden Leistungen in Bezug auf die Förderung von Geringverdienern. Zum anderen wurde problematisiert, dass die staatliche Förderung bei Geringverdienern an die Arbeitgeber ausgezahlt werde. Letztlich würde angesichts

---

391 Anträge und Beschlüsse des 5. ver.di-Bundeskongresses in Leipzig 2019, Antrag B 078.

392 Der Antrag der „Bundessenior*innenkonferenz" verzichtete lediglich auf den Gedankenstrich in der Überschrift.

393 Anträge und Beschlüsse des 5. ver.di-Bundeskongresses in Leipzig 2019, Begründung der Anträge B 077 und B 078. Dieses Motiv der deutschen Gewerkschaften in Fragen der betrieblichen Altersversorgung findet sich bereits identifiziert bei *Roth*, Private Altersvorsorge, S. 324.

394 Anträge und Beschlüsse des 5. ver.di-Bundeskongresses in Leipzig 2019, Antrag B 077 – Ä 01.

395 *Wiebke Koerlin*, Antragskommission, Tagesprotokoll des 5. ver.di-Bundeskongress in 2019, (7. Tag) 27.09.2019, Teil 1, S. 34.

396 *Holger Mahler*, Tagesprotokoll des 5. ver.di-Bundeskongress in 2019, (7. Tag) 27.09.2019, Teil 1, S. 35.

der Niedrigzinsphase von dem Gesetz lediglich die Versicherungswirtschaft profitieren.[397]

Hierauf folgte eine Antwort des Ver.di-Bundesvorstands.[398] Dieser plädierte für die Ablehnung des Antrags in geänderter Form, zur Abschaffung des Betriebsrentenstärkungsgesetzes. Allein das Modell zur Unterstützung von Geringverdienern könne bis zu zwölf Millionen Beschäftigten helfen. Auch der Arbeitgeberzuschuss bei Entgeltumwandlung komme den Beschäftigten zugute.

Das Sozialpartnermodell wurde insbesondere mit der Begründung verteidigt, dass dieses den Beschäftigten in den Niederlanden, die intern auf einer Informationsveranstaltung hierüber berichtet hätten, zu höheren Ansprüchen in der betrieblichen Altersversorgung verholfen habe, da sie neben die Ansprüche aus der staatlichen Grundrente getreten seien. Zwischen gesetzlicher Rente und betrieblicher Altersversorgung bestehe mithin kein grundsätzlicher Zielkonflikt. Der Ver.di-Bundesvorstand sei über ein Monitoring-Verfahren des BMAS mit der Bundesregierung in Kontakt und gebe Rückmeldung, wie nachgesteuert werden könne. Bislang seien noch keine Tarifverträge abgeschlossen worden. Wo diese verhandelt würden, müsse an den Bundesvorstand gemeldet werden. Das Gesetz komplett abzulehnen sei aus Sicht des Ver.di-Bundesvorstands jedoch falsch.[399] Der Antrag in geänderter Fassung wurde bei mehreren Gegenstimmen und einzelnen Enthaltungen von den Delegierten abgelehnt.[400]

Zu den Anträgen in der Ursprungsfassung vertrat die Antragskommission die Ansicht, dass mit der Aufforderung, keine Tarifverträge mit Bezug zum Betriebsrentenstärkungsgesetz zu schließen, die Zuständigkeit des Kongresses überschritten werde. Dieser könne keine konkreten Tarifforderungen aufstellen oder in einzelne Tarifverhandlungen eingreifen.[401] Die Antragskommission empfahl den Delegierten, sich mit dem Antrag nicht weiter zu befassen. Der Antrag auf Nichtbefassung fand die Mehrheit der Stimmen der Delegierten, trotz mehrerer Gegenstimmen und einiger Enthaltungen.[402] Weitere Anträge in Bezug auf die reine Beitragszusage nach § 1 Abs. 2 Nr. 2a BetrAVG wurden nicht gestellt.

---

397 Tagesprotokoll des 5. ver.di-Bundeskongress in 2019, (7. Tag) 27.09.2019, Teil 1, S. 36.

398 *Andrea Kocsis*, stellvertretende Ver.di-Vorsitzende, Tagesprotokoll des 5. ver.di-Bundeskongress in 2019, (7. Tag) 27.09.2019, Teil 1, S. 36.

399 Tagesprotokoll des 5. ver.di-Bundeskongress in 2019, (7. Tag) 27.09.2019, Teil 1, S. 37.

400 Tagesprotokoll des 5. ver.di-Bundeskongress in 2019, (7. Tag) 27.09.2019, Teil 1, S. 38.

401 *Wiebke Koerlin*, Antragskommission, Tagesprotokoll des 5. ver.di-Bundeskongress in 2019, (7. Tag) 27.09.2019, Teil 1, S. 38.

402 Tagesprotokoll des 5. ver.di-Bundeskongress in 2019, (7. Tag) 27.09.2019, Teil 1, S. 38.

b) Gewerkschaftstag der IG Metall

Auf dem Gewerkschaftstag der IG Metall vom 6. bis 12. Oktober 2019 in Nürnberg wurde die reine Beitragszusage nach § 1 Abs. 2 Nr. 2a BetrAVG in einem eigenen Leitantrag formuliert.[403] Dieser wurde von einigen Änderungs- und Ergänzungsanträgen begleitet und letztlich in leicht geänderter Form auch beschlossen.[404]

Auf diesem zweiten Kongress der drei großen Gewerkschaften fand hier nun eine erste auch öffentlichkeitswirksame Auseinandersetzung mit konkreten Bestandteilen der reinen Beitragszusage nach § 1 Abs. 2 Nr. 2a BetrAVG statt.

aa) Anträge

Dieser Leitantrag enthielt folgenden, aus der Sicht vieler Beobachter und wohl auch der Verfasser entscheidenden Passus:

> *„Eine arbeitgeberfinanzierte Betriebsrente für alle, mit garantierter Mindestleistung, die Gewährleistung der Arbeitgeberhaftung sowie der Bestandsschutz bestehender betrieblicher Regelungen bilden für uns unverzichtbar die Grundlage für den möglichen Ausbau tariflicher Regelungen, um die Zusage zur betrieblichen Altersversorgung für die Beschäftigten so belastbar wie möglich zu gestalten und die Ansprüche der Beschäftigten zu schützen."*[405]

Es wurden 108 Anträge aus den Verbänden gestellt, die sich überwiegend kritisch mit der reinen Beitragszusage nach § 1 Abs. 2 Nr. 2a BetrAVG auseinandersetzten.[406] Der Gewerkschaftstag wurde von Beobachtern aus Tages- und Fachpresse als Wetterballon für die Stimmung unter den Arbeitnehmervertretern und -mitgliedern gewertet.[407]

---

403 Leitantrag L3.001 „Für eine ergänzende betriebliche Altersversorgung – Betriebsrente für alle!".

404 Bei einer Gegenstimme wurde der Leitantrag in geänderter Fassung angenommen, Tagesprotokoll des 24. ordentlichen Gewerkschaftstags der IG Metall in Nürnberg 2019, 4. Tag (10. Oktober 2019), S. 106.

405 Vgl. die Beschlüsse des 24. ordentlichen Gewerkschaftstags der IG Metall in Nürnberg 2019, S. 819 zum letztlich beschlossenen Antrag sowie den entsprechenden Änderungsanträgen.

406 Beschlüsse des 24. ordentlichen Gewerkschaftstags der IG Metall in Nürnberg 2019, S. 821 ff.

407 *Krohn*, Frankfurter Allgemeine Zeitung, 8. Oktober 2019; *Klein*, Für das Sozialpartnermodell geht's jetzt um alles oder nichts, Pfefferminzia, 8. Oktober 2019, abrufbar unter https://www.pfefferminzia.de/gewerkschaftstag-der-ig-metall-fuer-das-sozialpartnermodell-gehts-jetzt-um-alles-oder-nichts/, zuletzt abgerufen am 10. Dezember 2021.

bb) Diskussion

Aus Sicht der Antragsberatungskommission der IG Metall war der Inhalt des Leitantrags als klare Absage an die reine Beitragszusage nach § 1 Abs. 2 Nr. 2a BetrAVG zu verstehen bzw. sollte dessen Anwendung weitgehend ausschließen.[408] Die Deklarierung der Mindestleistung und der Arbeitgeberhaftung als „unverzichtbar" dürfte in der Tat auch so zu verstehen und mit der gesetzlichen Vorgabe der reinen Beitragszusage nach § 1 Abs. 2 Nr. 2a BetrAVG in §§ 1 Abs. 2 Nr. 2a, 2. Hs. und § 22 Abs. 2 BetrAVG nicht vereinbar gewesen sein.

Das harte Garantieverbot in § 22 Abs. 2 BetrAVG macht das Versprechen einer Mindestleistung unmöglich. Das Entfallen der Arbeitgeberhaftung, sofern sie im Antragstext traditionell im Sinne des § 1 Abs. 1 S. 3 BetrAVG verstanden wird und nicht etwa schon durch das Leisten von Zusatzbeiträgen durch den Arbeitgeber nach § 23 Abs. 1 BetrAVG als erfüllt angesehen werden soll, ist ein Kernelement der reinen Beitragszusage nach § 1 Abs. 2 Nr. 2a BetrAVG.

Ein kategorisches Nein zu der reinen Beitragszusage nach § 1 Abs. 2 Nr. 2a BetrAVG allerdings wollten die Mitglieder der Antragsberatungskommission jedoch verhindern. Zu Beginn der Diskussion äußerten sich Mitglieder dieser Kommission dahin gehend, keine klare Vorfestlegung vorzunehmen und „keine Tür endgültig schließen" zu wollen. Dafür seien das Gesetz und die Modelle noch zu jung.[409] Die Antragsberatungskommission schlug daher einen Änderungsantrag zur Annahme vor, der die Streichung des Worts „unverzichtbar" enthielt.[410]

Im ersten Redebeitrag in der folgenden Diskussion unter den Delegierten wurde die Empfehlung der Antragsberatungskommission unterstützt, keine Vorfestlegung gegen die reine Beitragszusage nach § 1 Abs. 2 Nr. 2a BetrAVG vorzunehmen.[411] Stattdessen wurde insbesondere die Forderung nach einer Mindestleistung kritisiert. Nach interner Diskussion innerhalb der IG Metall in Baden-Württemberg habe man sich zumindest auf vier Kernforderungen an die reine Beitragszusage nach § 1 Abs. 2 Nr. 2a BetrAVG einigen können, auch wenn

---

408 So *Michael Hehemann*, Sprecher der Antragsberatungskommission, Tagesprotokoll des 24. ordentlichen Gewerkschaftstags der IG Metall in Nürnberg 2019, 4. Tag (10. Oktober 2019), S. 100.

409 Tagesprotokoll des 24. ordentlichen Gewerkschaftstags der IG Metall in Nürnberg 2019, 4. Tag (10. Oktober 2019), S. 100.

410 Tagesprotokoll des 24. ordentlichen Gewerkschaftstags der IG Metall in Nürnberg 2019, 4. Tag (10. Oktober 2019), S. 100.

411 *Helene Sommer*, zweite Bevollmächtigte der IG Metall Friedrichshafen-Oberschwaben, Tagesprotokoll des 24. ordentlichen Gewerkschaftstags der IG Metall in Nürnberg 2019, 4. Tag (10. Oktober 2019), S. 100 ff.

die Frage des „Ob“ damit noch nicht vorentschieden sei.[412] Die vier Anforderungen seien eine soziale Komponente, eine Rentendynamik, eine Ergänzung bestehender Betriebsrentensysteme durch die reine Beitragszusage nach § 1 Abs. 2 Nr. 2a BetrAVG sowie eine gewisse Sicherheit der Renten für die Berechtigten.[413] In dem Diskussionsbeitrag wurde ferner deutlich gemacht, dass die IG Metall als mögliche Vertragspartnerin eines die reine Beitragszusage nach § 1 Abs. 2 Nr. 2a BetrAVG einführenden Tarifvertrags selbst eine Verantwortung für dieses Modell sowie damit verbundenen Erwartungen übernehmen müsse. Das Modell habe den Anforderungen der eigenen Mitglieder gerecht zu werden.

Im Wortbeitrag der Antragstellerin wurden hingegen drei vom vorherigen Wortbeitrag abweichende Voraussetzungen „guter Betriebsrenten“ aufgestellt.[414] Diese stehen in Kongruenz zum ursprünglich gestellten Leitantrag: Arbeitgeberfinanzierung, Mindestleistung und Arbeitgeberhaftung. Insbesondere der allgemein mit der reinen Beitragszusage verbundene Grundsatz „pay and forget“ wurde hier als abschreckendes Beispiel misslungener Kommunikation angeführt.[415] Aus Sicht der Arbeitnehmer sei dies nicht wünschenswert. Dennoch zeigte sich die Antragstellerin mit den von der Antragsberatungskommission vorgeschlagenen Änderungen insoweit zufrieden, als auch eine Formulierung zum Bestandschutz bestehender Vereinbarungen in den Ergänzungsantrag aufgenommen worden sei. Die Anforderungen an eine „gute“ Betriebsrente stellen demnach auch für die Antragstellerin nicht generell unverzichtbare Voraussetzungen dar, sofern das Fehlen einzelner Voraussetzungen anderweitig kompensiert werden könne.

Der dritte Wortbeitrag warnte, die Sozialpartner würden zu „Rentenversicherungsträgern“ gemacht. Hiermit würde man nur der „Frust der Enttäuschten“ ernten.[416] Zur Untermauerung dessen führte der Diskussionsteilnehmer

---

412 Tagesprotokoll des 24. ordentlichen Gewerkschaftstags der IG Metall in Nürnberg 2019, 4. Tag (10. Oktober 2019), S. 102.

413 Tagesprotokoll des 24. ordentlichen Gewerkschaftstags der IG Metall in Nürnberg 2019, 4. Tag (10. Oktober 2019), S. 102.

414 *Heidi Reupke*, Beisitzerin IG Metall Salzgitte-Peine, Tagesprotokoll des 24. ordentlichen Gewerkschaftstags der IG Metall in Nürnberg 2019, 4. Tag (10. Oktober 2019), S. 102.

415 Tagesprotokoll des 24. ordentlichen Gewerkschaftstags der IG Metall in Nürnberg 2019, 4. Tag (10. Oktober 2019), S. 103.

416 *René Uthoff*, Betriebsratsvorsitzender VW Sachsen, Motorenwerke Chemnitz, Tagesprotokoll des 24. ordentlichen Gewerkschaftstags der IG Metall in Nürnberg 2019, 4. Tag (10. Oktober 2019), S. 103.

Beispiele unzufriedener Riester-Sparer an, deren Kapital durch Beitragsforderungen der Krankenkassen geschmälert worden sei. Die gesetzliche Rente sei das Mittel der Wahl zur Gewährleistung zukunftssicherer Altersvorsorge. Dennoch wurde die Annahme des geänderten Leitantrags empfohlen.

In einem weiteren Wortbeitrag wurde dafür plädiert, keine Möglichkeit der Verbesserung betrieblicher Altersversorgung vorzeitig auszuschließen. Die Meinungsbildung innerhalb der Sozialpartner sei noch nicht abgeschlossen. Die Stärkung der arbeitgeberfinanzierten Altersversorgung müsse weiterentwickelt werden, hierfür solle man sich alle Modelle offenhalten.[417]

Den Abschluss der Debatte bildete der Beitrag des Vorsitzenden der IG Metall[418], der noch einmal für den vermittelnden Änderungsantrag der Antragsberatungskommission warb. Der geänderte Leitantrag biete Leitplanken, insofern er die allgemeinen Ziele konkret benenne, jedoch auch eine ausreichende Offenheit für konkrete betriebliche und tarifliche Umgestaltungsmöglichkeiten gewährleiste.

2) Arbeitgebervertreter

Zur Position von Arbeitgebervertretern fehlen entsprechende Foren, in denen gemeinsame Beschlussfassungen stattgefunden haben. Das Meinungsbild ist daher überwiegend unverbindlicher Natur.

Gemeinsam ist den meisten Arbeitgebern, dass diese eine kapitalgedeckte, freiwillig betriebliche Altersversorgung unterstützen, und ein System obligatorischer, lediglich betrieblich organisierter Altersversorgung ablehnen.[419] Einzelne Vertreter von Arbeitgeberverbänden haben auch öffentlich erklärt, Tarifverträge mit dem Inhalt der reinen Beitragszusage nach § 1 Abs. 2 Nr. 2a BetrAVG vereinbaren zu wollen.[420] Teilweise existieren Selbstverpflichtungen der Verbände, in

417 *Michael Eilers*, 2. Bevollmächtigter IG Metall Wesermarsch, Tagesprotokoll des 24. ordentlichen Gewerkschaftstags der IG Metall in Nürnberg 2019, 4. Tag (10. Oktober 2019), S. 104.

418 *Jörg Hofmann*, Vorsitzender der IG Metall, Tagesprotokoll des 24. ordentlichen Gewerkschaftstags der IG Metall in Nürnberg 2019, 4. Tag (10. Oktober 2019), S. 105.

419 Mit verbesserten Rahmenbedingungen einen weiteren Ausbau erreichen, abrufbar unter https://www.arbeitgeber.de/www/arbeitgeber.nsf/id/DE_Betriebliche_Altersvorsorge, zuletzt abgerufen am 10. Dezember 2021.

420 *Oliver Zander*, Hauptgeschäftsführer des Gesamtmetall-Verbandes, „Grundsätzlich stehen wir zum Sozialpartnermodell und wollen es schnell umsetzen", vgl. *Krohn*, Frankfurter Allgemeine Zeitung, 11. März 2019.

entsprechende Tarifverhandlungen über die reine Beitragszusage nach § 1 Abs. 2 Nr. 2a BetrAVG einzutreten.[421] Gerade für kleine und mittlere Arbeitgeber wurde das Potential der reinen Beitragszusage nach § 1 Abs. 2 Nr. 2a BetrAVG hervorgehoben.[422] Dennoch werden Probleme hinsichtlich dieses Gesetzes gesehen und darüber auch öffentlich kommuniziert.[423]

3) *Bewertung*

Die Kongresse der Gewerkschaften ver.di und IG Metall im Jahr 2019 weisen deutliche Parallelen auf. Beide hatten eine gewisse Spannungskurve in dem Sinne, dass zunächst Anträge eingebracht wurden, in denen die reine Beitragszusage nach § 1 Abs. 2 Nr. 2a BetrAVG mit starken Worten abgelehnt wurde. Deren Beschlussfassung konnte anschließend jeweils durch Beiträge der Antragskommissionen und Bundesvorstandsmitgliedern verhindert werden. Offensive Anträge, die die Befassung mit und die Teilnahme an reinen Beitragszusagen nach § 1 Abs. 2 Nr. 2a BetrAVG forderten, gab es bei keinem der Gewerkschaftstreffen. Beide Treffen glichen eher Verteidigungskämpfen denn Vorwärtsbewegungen.

Dennoch ist die befürchtete kategorische Absage an die reine Beitragszusage nach § 1 Abs. 2 Nr. 2a BetrAVG sowohl auf dem 5. Bundeskongress der

---

421 So *Karsten Tacke*, Stellvertretender Hauptgeschäftsführer und Geschäftsführer für die Bereiche Tarif- und Sozialpolitik Gesamtmetall, zitiert aus *Ulbrich*, „Berliner bAV Auftakt 2017: Das Betriebsrentenstärkungsgesetz und seine Umsetzung im Dialog", BetrAV 2017, S. 173, 175 f.; ebenso *Rainer Dulger*, Präsident des Arbeitgeberverbands Gesamtmetall, vgl. *Rezmer/Thelen*, Betriebliche Altersvorsorge könnte verbessert werden, Handelsblatt Online, 12. März 2018, abrufbar unter https://www.handelsblatt.com/politik/deutschland/handelsblatt-tagung-betriebliche-altersvorsorge-koennte-verbessert-werden/21059946.html?ticket=ST-522121-RzVR3wHedWoIcodlOrb6-ap5, zuletzt abgerufen am 10. Dezember 2021.

422 So *Kai Beckmann*, Präsident des Bundesarbeitgeberverbands Chemie, vgl. *Rezmer/Thelen*, Handelsblatt Online, 12. März 2018.

423 Stellungnahme des BDA: „Die komplexen Anforderungen an ein Sozialpartnermodell eine hohe Hürde. [...]. Wie die Mitwirkungspflicht in die Praxis umgesetzt werden kann, ist derzeit völlig offen." Vgl. *Waschinski*, Arbeitsminister Heil macht Druck bei den Betriebsrenten, Handelsblatt Online, 11. März 2019, abrufbar unter https://www.handelsblatt.com/politik/deutschland/betriebliche-altersvorsorge-arbeitsminister-heil-macht-druck-bei-den-betriebsrenten/24081472.html?ticket=ST-69549-VpUoRdaApf55YGn11Lg4-ap6, zuletzt abgerufen am 10. Dezember 2021. Vgl. auch *Evelyn Stoll*, Abteilungsleiterin Betriebliche Altersversorgung Volkswagen AG, zitiert aus *Ulbrich*, BetrAV 2017, S. 173, 176 f.

Gewerkschaft ver.di wie auch auf dem 24. Gewerkschaftstag der IG Metall ausgeblieben. Die hierzu geführten Diskussionen wurden letztlich nicht sehr massiv und kontrovers ausgetragen.

Die Delegierten folgten auf beiden Kongressen den Empfehlungen der Antragskommissionen, jeweils unterstützt durch Wortbeiträge von Vorstandsmitgliedern sowie von mit der betrieblichen Altersversorgung befassten Gewerkschaftsvertretern.

Auf dem Ver.di-Bundeskongress wurde der weitergehende Antrag auf „Abschaffung des Betriebsrentenstärkungsgesetz" abgelehnt. Mit dem diesbezüglichen Antrag hat man sich inhaltlich nicht weiter befasst. Die Kritik an der reinen Beitragszusage nach § 1 Abs. 2 Nr. 2a BetrAVG konzentrierte sich hier überwiegend auf die Kapitaldeckung, nicht auf konkrete Inhalte des Modells.

Im Fall der IG Metall wurde dem vom Vorstand und Antragsberatungskommission empfohlenen Änderungs- und Ergänzungsantrag mit breiter Mehrheit zugestimmt. Die Kritik konzentrierte sich hier auf konkrete Aspekte, insbesondere auf den Wegfall der Subsidiärhaftung des Arbeitgebers sowie auf das Garantieverbot.[424]

Insgesamt aber gewinnt man den Eindruck, als habe man sich quasi auf den kleinsten gemeinsamen Nenner geeinigt: dem völligen Verzicht auf eine Absage der reinen Beitragszusage nach § 1 Abs. 2 Nr. 2a BetrAVG. Es bleibt festzuhalten, dass zumindest zwei der vom Leitantrag angeführten Elemente einer aus Sicht der IG Metall erfolgreichen betrieblichen Altersversorgung mit dem Modell der reinen Beitragszusage nach § 1 Abs. 2 Nr. 2a BetrAVG unvereinbar sind.

Dennoch dürfte durch das bewusste Streichen des Terminus „unverzichtbar" die Tür für interessierte, tariffähige IG-Metall-Verbände offenbleiben. Vor dem Hintergrund des Verlaufs der Diskussion bleibt ihnen die Möglichkeit, auch das Fehlen von Elementen „guter betrieblicher Altersversorgung" in Kauf zu nehmen, wenn aus ihrer Sicht andere Vorteile vereinbarter Versorgungszusagen diesen Mangel kompensieren können.

Einige der inhaltlich ausführlichsten Beiträge auf dem IG Metall Gewerkschaftstag wie auf dem Ver.di-Bundeskongress zeigten zudem auf, dass unter

424 Zur Problematik der Kommunikation des politischen Begriffs des Garantieverbots siehe auch *Karch*, Reine Beitragszusage: Wie sagen wir's? Und was? Kommunikation für den Wandel, Festschrift für Dr. Birgit Uebelhack, S. 197, 207. Vgl. auch *Lülsdorf*, Betriebliche Altersversorgung, S. 5, der zur Einführung in die reine Beitragszusage nach § 1 Abs. 2 Nr. 2a BetrAVG lediglich Beispiele zu Totalverlusten des Versorgungskapitals bildet.

den mit betrieblicher Altersversorgung befassten Arbeitnehmervertretern die Erkenntnis vorherrscht, dass die Elemente des Leitantrags nicht unbedingt zu einer Betriebsrente führen werden, die für die Arbeitnehmer einen wichtigen Baustein ihrer Altersversorgung darstellt.[425]

Auffallend ist, dass es in Bezug auf die betriebliche Altersversorgung zu stark abweichenden Positionen zwischen einzelnen Mitgliedern und Unterverbänden auf der einen Seite und auf der anderen Seite denjenigen Mitgliedern kommt, die sich offenbar intensiver in die Materie der betrieblichen Altersversorgung eingearbeitet haben. Während die einen die reine Beitragszusage nach § 1 Abs. 2 Nr. 2a BetrAVG recht pauschal ablehnen, kommen die anderen, etwa mit Verweis auf ausführliche dazu unternommene Diskussionen etwa mit ausländischen Gewerkschaftsvertretern, zu einem recht positiven Urteil. Sowohl bei ver.di als auch bei der IG Metall wird der optimistischere Ansatz jedenfalls von den jeweiligen Vorständen und auch von der Mehrzahl der Mitglieder getragen, wenn auch nur insoweit, als pauschale Ablehnungsanträge verworfen worden.

Aufseiten der Arbeitgeberverbände ergibt sich das insoweit kohärente Bild, dass die öffentlichen Äußerungen der Arbeitgebervertreter die Chancen und Möglichkeiten des Modells betonen sowie die Absicht, in entsprechende Tarifverhandlungen eintreten zu wollen. Allein aus den öffentlichen Meinungsäußerungen lassen sich die Ursachen für das zögerliche Verhalten der Arbeitgebervertreter nicht ermitteln.

***

425 Vgl. *Helene Sommer*, Tagesprotokoll des 24. ordentlichen Gewerkschaftstags der IG Metall in Nürnberg 2019, 4. Tag (10. Oktober 2019), S. 101:„Erstens: Da ist viel nicht so, wie es auf den ersten Blick scheint. Garantien sind nicht das, was man sich erhofft, und Mindestleistungen sind nicht so erstrebenswert." Ebenso *Andrea Kocsis*, Tagesprotokoll des 5. ver.di-Bundeskongress in 2019, (7. Tag) 27.09.2019, Teil 1, S. 36, „Und ich will euch sagen, in Holland […] gibt es eine deutlich höhere Grundsicherung. Aber die Gewerkschaften da machen dieses Betriebsstärkungsmodell, wie es jetzt möglich ist, schon seit vielen Jahren mit. Die Beschäftigten dort bekommen Grundrente plus betriebliche Altersversorgung, im Schnitt weit mehr als 2.000 Euro. Fazit: Wenn wir das Gesetz komplett ablehnen, sind die Verbesserungen auch alle weg."

Kapitel 4 Beteiligung an der Durchführung und Steuerung der reinen Beitragszusage nach § 1 Abs. 2 Nr. 2a BetrAVG gem. § 21 Abs. 1 BetrAVG

In § 21 Abs. 1 BetrAVG heißt es:

> *„Vereinbaren die Tarifvertragsparteien eine betriebliche Altersversorgung in Form der reinen Beitragszusage, müssen sie sich an deren Durchführung und Steuerung beteiligen."*

Die Anforderungen des § 21 Abs. 1 BetrAVG an die Sozialpartner können mit einigem Recht als größte rechtliche Herausforderung in der Umsetzung der reinen Beitragszusage nach § 1 Abs. 2 Nr. 2a BetrAVG angesehen werden.[426] Diese Norm macht deutlich, dass es zwar für den Arbeitgeber,[427] nicht aber für die tariffähigen Sozialpartner ein *„pay and forget"* geben kann. Mit der Beitragszahlung allein sind die gesetzlichen Pflichten noch nicht vollständig erfüllt. Tatsächlich war die Beteiligung an Durchführung und Steuerung in Verhandlungen über mögliche Tarifverträge einer der größten Stolpersteine.[428]

Die Möglichkeiten und Anforderungen einer Beteiligung an der Durchführung und Steuerung der reinen Beitragszusage waren bereits Gegenstand zahlreicher wissenschaftlicher Betrachtungen.[429]

---

426 So bereits *Thüsing* in den Materialien zur öffentlichen Anhörung von Sachverständigen in Berlin am 27. März 2017, Ausschuss-Drs. 18(11)971, S. 67 f; zusammengefasst in BT-Drs. 18/12612, S. 23 f.

427 Mit Ausnahme nichttarifgebundener Arbeitgeber, die den Zugang zu den die reine Beitragszusage nach § 1 Abs. 2 Nr. 2a BetrAVG durchführenden Versorgungseinrichtungen nach § 21 Abs. 3 S. 1 BetrAVG mit ihren Arbeitnehmern vereinbaren.

428 So lauten Rückmeldungen der Sozialpartner an den Autor.

429 *Diller*, BetrAV 2018, S. 601; *Schobert*, Die reine Beitragszusage, S. 102; *Kisters-Kölkes*, Festschrift Uebelhack, S. 221, 231 ff; *Bepler*, Das Gesetz zur Stärkung der betrieblichen Altersversorgung und zur Änderung anderer Gesetze (Betriebsrentenstärkungsgesetz), jurisPR-ArbR S. 1, Ausgabe 27, S. 4 f; *Ulbrich*, BB 2017, S. 2423, 2425; *Grote*, BetrAV 2017, S. 382, 384; *Heck*, BetrAV 2017, S. 556, 558; *Hanau/Arteaga*, DB 2015, S. 615.

In der Gesetzesbegründung des Betriebsrentenstärkungsgesetzes werden konkrete Fälle aufgeführt, in denen die Voraussetzungen der Beteiligung an Durchführung und Steuerung aus Sicht des Gesetzgebers erfüllt sind. Die „Beteiligung" i.S.d. § 21 Abs. 1 BetrAVG wird beispielsweise bejaht, wenn die Tarifvertragsparteien im Aufsichtsrat der durchführenden Versorgungseinrichtung vertreten sind oder durch eine Vertretung in spezifischen Gremien der Versorgungseinrichtung hinreichende Einflussmöglichkeiten auf das Betriebsrentensystem haben bzw. dieses mit steuern können.[430] Die Tarifvertragsparteien sollen dabei auch Dritte beauftragen können, die sie bei der Erfüllung der Anforderungen des Beteiligungsgebots vertreten.[431]

Die Vorstellungen des Gesetzgebers in der Gesetzesbegründung des Referentenentwurfs sind in der Literatur mit starken Worten als nicht praxisgerecht kritisiert worden.[432] Ob sie wirklich praxisuntauglich sind und ob eine mangelhafte Beteiligung an Durchführung und Steuerung tatsächlich zu den von der Literatur befürchteten Nachteilen für die Sozialpartner führt, soll im Folgenden untersucht werden. Es ist in diesem Zusammenhang insbesondere zu klären, wie die sog. *Sollensanordnung*,[433] das tatsächlich in der zu untersuchenden Norm enthaltene Handlungs-, Unterlassungs- oder Duldungsgebot, des § 21 Abs. 1 BetrAVG zu verstehen ist.

Zunächst wird ein Überblick über die bislang hierzu veröffentlichten Ansichten gegeben. Sodann soll im Rahmen der Auslegung der Norm die konkrete Sollensanordnung identifiziert werden, um in einem weiteren Schritt die Form, den Umfang und eventuelle Folgen unzureichender Beachtung des Norminhalts auszuloten.

A. Auffassungen in der Literatur

Über den Anknüpfungspunkt der Sollensanordnung an die Tarifvertragsparteien – *Beteiligung* oder *Durchführung und Steuerung* – herrscht Uneinigkeit. Die bisherige wissenschaftliche Literatur hat sich in dem Bemühen, die Sollensanordnung des § 21 Abs. 1 BetrAVG zu identifizieren[434], überwiegend mit der Auslegung der Begriffe der *Steuerung* und *Durchführung* aus § 21 Abs. 1

---

430 BT-Drs. 18/11286, S. 45.

431 BT-Drs. 18/11286, S. 45.

432 „Die [zur Durchführung und Steuerung] in der Gesetzesbegründung genannte Mechanismen sind durchweg unbrauchbar", *Diller*, BetrAV 2018, S. 601, 606.

433 Zum Begriff der Sollensanordnung vgl. *Rüthers/Fischer/Birk*, Rechtstheorie, Rn. 123.

434 *Diller*, BetrAV 2018, S. 601, 602 spricht von „Leerformel".

BetrAVG befasst. Der Begriff der *Beteiligung* ist bislang nicht Gegenstand einer umfassenden Betrachtung gewesen.

In den Fällen, in denen in der Literatur unterschiedliche Auffassungen über die Sollensanordnung des in § 21 Abs. 1 BetrAVG enthaltenen Gebots vertreten werden, geschieht dies jedoch, soweit ersichtlich, nicht im Sinne eines zugespitzten Meinungsstreits, sondern eher im Sinne eines Nebeneinanders von Ansichten ohne erkennbare gegenseitige Inbezugnahme.[435]

Die vertretenen Positionen können nach Ansicht des Verfassers grob in die Vertreter eines *Beteiligungsgebots* sowie in die Vertreter einer *Durchführungs- und Steuerungspflicht* eingeteilt werden. Die Grenzen können jedoch nicht immer trennscharf gezogen werden, auch weil über die Inhalte des jeweiligen Gebots bzw. der jeweiligen Pflicht Unklarheit herrscht.

I. Vertreter der Durchführungs- und Steuerungspflicht

Kisters-Kölkes nimmt eine *Pflicht zur Durchführung und Steuerung* an.[436] *Diller* spricht von der *Durchführungs- und Steuerungsfunktion* der Sozialpartner und untersucht im Folgenden die Bedeutungen, die der Gesetzgeber sowie die Wissenschaft den Begriffen der Durchführung und Steuerung beimessen. Auch er geht von einer *Pflicht zur Durchführung* und einer *Pflicht zur Steuerung* aus[437]

Bürkle sieht durch die verpflichtende Einflussnahme der Sozialpartner das interne Kompetenz- und Verantwortungsgefüge der Organe der Versorgungseinrichtung beeinträchtigt. Letztlich stelle die Norm einen „untauglichen Versuch" zur Herstellung einer externen Steuerung durch die Sozialpartner dar.[438]

II. Vertreter eines Beteiligungsgebots

Höfer vertritt die Auffassung, bei § 21 Abs. 1 BetrAVG handle es sich um ein *Beteiligungsgebot.*[439] Es reiche jedoch nicht, wenn die Tarifvertragsparteien

---

435 Vgl. hierzu beispielhaft ErfK/*Steinmeyer*, BetrAVG, § 21 Rn. 2; Höfer BetrAVG I/*Höfer*, Betriebsrentengesetz, § 21 Rn. 5; *Diller*, BetrAV 2018, S. 601, 602; Blomeyer/Otto/Rolfs/*Rolfs*, BetrAVG, § 21 Rn. 10.

436 „Würden die Tarifvertragsparteien gegen ihre Pflicht zur Durchführung und Steuerung verstoßen und dadurch das angestrebte Versorgungsziel nicht erreicht werden, hätten sie die Interessen der Arbeitnehmer nicht ausreichend vertreten", so *Kisters-Kölkes*, Festschrift Uebelhack, S. 221, 232.

437 *Diller*, BetrAV 2018, S. 601, 602 f.

438 *Bürkle*, Governance in bAV-Versorgungseinrichtungen und Einflussnahme der Sozialpartner – Eingriff in das interne Kompetenzgefüge der Organe, BB 2017, S. 713, 716.

439 Höfer BetrAVG I/*Höfer*, Betriebsrentengesetz, § 21 Rn. 5.

einen Tarifvertrag abschlössen, der lediglich die Verwendung von Tarifentgelt für eine reine Beitragszusage vorschreibe oder hierzu ermächtige, der aber alle Gestaltungsmöglichkeiten auf die betriebliche Ebene oder einer externen Versorgungseinrichtung verlagere. Daher müssten sich die Tarifvertragsparteien sowohl bei der Errichtung als auch bei der *laufenden Durchführung* bzw. *Steuerung* der reinen Beitragszusage einbringen.[440] *Rolfs* knüpft ebenfalls an den Begriff der *Beteiligung* an und untersucht die notwendige Form sowie den Umfang der *Beteiligung* anhand des Gesetzentwurfs.[441] Steinmeyer spricht unter Bezugnahme auf die Gesetzesbegründung von einer *Beteiligungspflicht*.[442]

Auch *Arteaga*, *Veit* und *Baroch Castellvi* könnten dieser Ansicht zuzurechnen sein. Zwar verwenden sie die Begriffe *Durchführungs-* oder *Steuerungspflicht* sowie *Beteiligungsgebot* nicht. Sie stellen auch fest, dass es für die Sozialpartner auf die „tatsächliche Möglichkeit zur effektiven Einflussnahme" ankomme, nicht jedoch auf eine Beteiligung.[443] Hierzu zitieren sie die Gesetzesbegründung, wonach für die Sozialpartner durch die Vertretung in spezifischen Gremien der Versorgungseinrichtung „hinreichende Einflussmöglichkeiten auf das Betriebsrentensystem" bestehen müssen, bzw. dass sie mitprägen können müssen.[444] Dennoch komme es nach ihnen in direkter Replik auf *Bürkle* gerade nicht auf eine Steuerung wesentlicher operativer Vorgänge an.[445]

B. Eigene Auslegung des § 21 Abs. 1 BetrAVG

Zunächst ist festzuhalten, dass es sich bei der „Beteiligung an der Durchführung und Steuerung" um einen unbestimmten Rechtsbegriff handelt.[446] Zur Bestimmung des Normzwecks[447] des § 21 Abs. 1 BetrAVG sowie dessen sachgerechter

---

440 Höfer BetrAVG I/*Höfer*, Betriebsrentengesetz, § 21 Rn. 5.

441 Blomeyer/Otto/Rolfs/*Rolfs*, BetrAVG, § 21 Rn. 3, 10.

442 ErfK/*Steinmeyer*, BetrAVG, § 21 Rn. 2.

443 *Arteaga/Veit/Baroch Castellvi*, Praxishandbuch BRSG, Teil A Rn. 183.

444 BT-Drs. 18/11286, S. 45. Nicht zitiert wird hier jedoch der Hinweis in der Gesetzesbegründung, dass dies „zum Beispiel" durch eine solche Vertretung geschehen könne.

445 Vgl. *Arteaga/Veit/Baroch Castellvi*, Praxishandbuch BRSG, Teil A Rn. 185.

446 Höfer BetrAVG I/*Höfer*, Betriebsrentengesetz, § 21 Rn. 7; *Arteaga/Veit/Baroch Castellvi*, Praxishandbuch BRSG, Teil A Rn. 182.

447 Zur Ermittlung der Verwirklichung des Normzwecks als Ziel der Auslegung vgl. *Rüthers/Fischer/Birk*, Rechtstheorie, Rn. 726 ff.

Verfolgung ist die Norm auszulegen.[448] Gerade im Hinblick auf das bislang in der Literatur wenig problematisierte Merkmal des *Sich-Beteiligens* sowie dessen Nominalisierung, der *Beteiligung*, neben den Merkmalen der *Steuerung* und *Durchführung*, müssen vorliegend alle Auslegungsmethoden umfassend zur Anwendung gebracht werden.

Das Ergebnis der Auslegung an dieser Stelle kurz vorweggenommen: In dem Begriff des *Sich-Beteiligens* liegt, wie weiter unten festgestellt,[449] die Sollensanordnung an die Tarifvertragsparteien. Dieser ist daher der Schlüsselbegriff, aus dem sich die Anforderungen an die Tarifvertragsparteien ergeben, und an die anschließend auch mögliche Haftungsfolgen bei mangelhafter Beteiligung[450] anknüpfen.

Nach der Auslegung der Norm ist ein Ziel dieser Arbeit, eine Untergrenze, ein Mindestmaß des *Sich-Beteiligens* an der Durchführung und Steuerung festzuhalten, zu dem die Tarifvertragsparteien nach § 21 Abs. 1 BetrAVG verpflichtet sein könnten und das es in einer rechtssicheren Gestaltung der reinen Beitragszusage nach § 1 Abs. 2 Nr. 2a BetrAVG umzusetzen gilt.

I. Wortlautauslegung

Der Absatz 1 der zu untersuchenden Norm im vollen Wortlaut lautet wie folgt:

> *§ 21 BetrAVG*
> *Vereinbaren die Tarifvertragsparteien eine betriebliche Altersversorgung in Form der reinen Beitragszusage, müssen sie sich an deren Durchführung und Steuerung beteiligen.*

Angesichts der Tatsache, dass schon über den Anknüpfungspunkt der Sollensanordnung an die Tarifvertragsparteien – *Beteiligung* oder *Durchführung und Steuerung* – Uneinigkeit herrscht, ist vordringlich diese zu klären.

Dies geschieht hier zunächst im Rahmen der Auslegung des Wortlauts der Norm, der als erster und wichtigster Anhaltspunkt der Norm dient.[451] Der Wortlaut ist daher in einem ersten Schritt in die klassischen Bestandteile einer Rechtsnorm – Adressat, Tatbestand, Sollensanordnung und

---

448 Diese Bearbeitung orientiert sich in der Auslegung grundsätzlich an dem Werk *Rüthers/Fischer/Birk*, Rechtstheorie, S. 1 ff; ergänzend *Larenz/Canaris*, Methodenlehre der RechtswissenschaftS. 1 ff.

449 Siehe unten Kapitel 4B.I.5).

450 Siehe unten Kapitel 4E.

451 Vgl. zur Bedeutung des Wortsinns in der Auslegung *Larenz/Canaris*, Methodenlehre der Rechtswissenschaft, S. 141.

Rechtsfolgeanordnung – zu zergliedern.[452] Im zweiten Schritt wird dann die grammatische Anordnung der Norm untersucht. Im letzten Schritt folgt die klassische Untersuchung des Wortsinns.

1) Grundelemente der Norm

Zunächst ist die Norm in ihre Grundelemente zu unterteilen und zu untersuchen.[453]

a) Adressat

Rechtsnormen können sich an unterschiedliche Adressaten richten und den Bürger, juristische Personen, Gerichte oder Behörden verpflichten.[454] Adressat der vorliegenden Norm als *Verhaltensnorm* sind die Tarifvertragsparteien, die vom Gesetzgeber gewollte Verpflichtung der Norm richtet sich an sie. Das wird durch die Aktivkonstruktion des Satzes deutlich. Die Tarifvertragsparteien müssen *sich beteiligen*, sie müssen nicht *beteiligt werden*.

b) Tatbestand

Der Tatbestand umschreibt die Situation, für welche die Rechtsnorm Geltung haben soll und er bestimmt die Anwendungsvoraussetzungen der Rechtsnorm.[455] Die Tatbestandsvoraussetzungen des § 21 Abs. 1 BetrAVG befinden sich im ersten Halbsatz. Er liegt vor, wenn die Tarifvertragsparteien eine betriebliche Altersversorgung in Form der reinen Beitragszusage vereinbart haben.

c) Sollensanordnung

Rechtsnormen sind Anordnungen, die ein bestimmtes Verhalten ihrer Adressaten bewirken und dadurch in ihrem Geltungsbereich ein bestimmtes Geschehen steuern sollen.[456] Bei § 21 Abs. 1 BetrAVG handelt es sich grundsätzlich um eine Sollensnorm, die ein bestimmtes Verhalten vorschreibt.[457] Die Sollensanordnung des § 24 Abs. 1 BetrAVG nutzt den sog. *deontischen Operator* des *Gebots*,

---

452 Zur Typisierung der einzelnen Bestandteile einer Rechtsnorm vgl. *Rüthers/Fischer/Birk*, Rechtstheorie, Rn. 121 ff.

453 *Rüthers/Fischer/Birk*, Rechtstheorie, Rn. 121 ff.

454 *Rüthers/Fischer/Birk*, Rechtstheorie, Rn. 121.

455 *Rüthers/Fischer/Birk*, Rechtstheorie, Rn. 122.

456 *Rüthers/Fischer/Birk*, Rechtstheorie, Rn. 123.

457 Zum Begriff der Sollensnorm vgl. *Rüthers/Fischer/Birk*, Rechtstheorie, Rn. 95.

der vom Adressaten ein konkretes Tun verlangt.[458] Das Gebot des Tuns richtet sich darauf, sich bei der „Durchführung und Steuerung [zu] beteiligen".

d) Rechtsfolgenanordnung

Rechtsnormen ordnen bei Erfüllung ihres Tatbestandes grundsätzlich eine Rechtsfolge an, die in einer Sanktion, einer Zielbestimmung oder einem Institut bestehen kann.[459] § 21 Abs. 1 BetrAVG enthält selbst keine solche konkrete Rechtsfolgenanordnung. Es handelt sich damit um eine insoweit unvollständige Norm.[460] Die Norm hat damit den Charakter einer Ergänzungsnorm bzw. eines „Zuträgers". Die jedenfalls beinhaltete Sollensanordnung an den Adressaten kann dabei im Rahmen einer anderen Anspruchsgrundlage wie etwa § 280 Abs. 1 BGB in Betracht kommen.[461]

2) Grammatische Auslegung

Nicht alle Grundelemente der Norm verdienen in dem gegebenen Zusammenhang eine gleichermaßen genaue Betrachtung. Wann eine reine Beitragszusage als Tatbestandsvoraussetzung der Norm in einem Tarifvertrag vereinbart ist, dürfte in der Regel feststehen.[462] Auch die Tarifvertragsparteien als Adressaten sind deutlich identifizierbar. An dieser Stelle ist lediglich der Anknüpfungspunkt der Sollensanordnung in § 21 Abs. 1, 2. Hs. BetrAVG von besonderem Interesse. An ihr macht sich hauptsächlich die Unsicherheit in der Praxis fest.[463] Zunächst ist zu identifizieren, was genau das Gebot der Norm ist, d.h., welches Tun der Gesetzgeber vom Adressaten verlangt. Der zweite Halbsatz der Norm lautet „[...], *müssen sie sich an deren Durchführung und Steuerung beteiligen.*" Wie oben festgestellt, stellt die Sollensanordnung des § 21 Abs. 1 2. Hs. BetrAVG ein Gebot dar. Gebote verlangen vom Adressaten ein *Tun*. Ein *Tun* wird grammatisch durch ein Verb ausgedrückt. § 21 Abs. 1, 2. Hs. BetrAVG beinhaltet zwei Verben, *müssen* und *beteiligen.*

Das handlungsleitende reflexive Vollverb ist das im Infinitiv stehende *beteiligen. Müssen* ist hier das das Vollverb modifizierende Modalverb, *sich* das im

458 *Rüthers/Fischer/Birk*, Rechtstheorie, Rn. 190.

459 *Rüthers/Fischer/Birk*, Rechtstheorie, Rn. 125 f.

460 *Rüthers/Fischer/Birk*, Rechtstheorie, Rn. 129.

461 Diese möglichen Folgen werden weiter unten in Kapitel 4E behandelt.

462 Unwirksam außerhalb von Tarifverträgen vereinbarte reine Beitragszusagen und deren Auslegung sollen hier nicht weiter betrachtet werden.

463 Vgl. zu diesem Punkt *Diller*, BetrAV 2018, S. 601, 602.

Akkusativ stehende Reflexivpronomen. Das vom Gesetzgeber gewollte Tun, mithin das Gebot der Sollensanordnung, ist daher das *Sich-Beteiligen. Durchführung* und *Steuerung* sind nominalisierte Verben und bilden im § 21 Abs. 1 2. Hs. eine mit der Präposition *an* verbundene Bezugsgruppe. Zusammen bildet *an* mit *Durchführung* und *Steuerung* eine Präpositionalgruppe. Sie sind als Nominalisierungen zwar aus Verben gebildet, werden vorliegend aber nicht als Verb verwendet und stellen kein *Tun* dar. Sie stellen damit nach hier vertretener Auffassung des grammatischen Gehalts der Norm nicht das Gebot der Sollensanordnung dar.

Der Adressat *soll* sich *beteiligen*, er soll nicht *steuern* oder *durchführen*. Durchführung und Steuerung sind Gegenstände der Beteiligung, nicht schon selbst unmittelbar Anknüpfungspunkt des Gebots. Mithin ist die unmittelbare Sollensanordnung auf die *Beteiligung* gerichtet, lediglich mittelbar erstreckt sie sich auch auf die Durchführung und Steuerung.

Untersuchungsgegenstand dieser Wortlautauslegung und im Folgenden auch der weiteren Auslegungsmethoden muss daher der Normbestandteil des *Sich-Beteiligens* sein.

3) Auslegung des Wortsinns i.e.S.

a) Beteiligen

Beteiligen ist laut Duden ein Verb, dessen Bedeutung sowohl „Teilnehmer[in] sein, teilnehmen, mitwirken" als auch „teilhaben lassen; jemandem einen finanziellen Anteil an etwas geben" sein kann.[464] Die zweite Bedeutung scheidet durch das verwendete Reflexivpronomen *sich* aus.

Teilnehmer sein, teilnehmen, mitwirken impliziert in allen Fällen einen (auch) von Dritten geführten Prozess, an dessen Fortlauf der Teilnehmende und Mitwirkende, mithin der Beteiligte, aber höchstens gleichberechtigt mitarbeitet. Das Anleiten des Prozesses wird durch *Beteiligen* jedenfalls nicht ohne weitere Zwischenschritte erfasst.

b) Durchführung und Steuerung

Das Beteiligen der Tarifparteien bezieht sich auf die *Durchführung und Steuerung.*

Unter *Durchführung* ist das Durchführen sowie (in der Instrumentalmusik) die Entwicklung und Verarbeitung eines Themas und seiner Motive zu

---

464 Bedeutungen von „beteiligen", in: Duden Online, abrufbar unter https://www.duden.de/rechtschreibung/beteiligen, zuletzt abgrufen am 10. Dezember 2021.

verstehen.[465] Das Verb *durchführen* bedeutet durch etwas führend begleiten oder durch einen bestimmten Bereich verlaufen; (etwas Geplantes) in allen Einzelheiten verwirklichen, in der für das angestrebte Ergebnis erforderlichen Weise vornehmen, damit beschäftigt sein; ausführen oder bis zu Ende führen, konsequent einhalten und vollenden oder stattfinden lassen, veranstalten.[466]

Die *Steuerung* hat mehrere Bedeutungen. Dies ist die Gesamtheit der technischen Bestandteile eines Fahrzeugs, die für das Steuern notwendig sind; das Steuergerät sowie das Steuern, etwa von Schiffen und Flugzeugen oder Prozessen.[467] Das Verb *steuern* wiederum meint das Steuer eines Fahrzeugs bedienen und dadurch die Richtung des Fahrzeugs bestimmen, durch Bedienen des Steuers in eine bestimmte Richtung bewegen oder steuernd einhalten; irgendwohin Kurs nehmen; eine bestimmte Richtung einschlagen oder sich zielstrebig in eine bestimmte Richtung bewegen; (bei Geräten, Anlagen, Maschinen) den beabsichtigten Gang, Ablauf, das beabsichtigte Programm o. Ä. auslösen oder für einen bestimmten Ablauf, Vorgang sorgen; so beeinflussen, dass sich jemand in beabsichtigter Weise verhält, dass etwas in beabsichtigter Weise abläuft, vor sich geht; lenken sowie einer Sache, Entwicklung, einem bestimmten Verhalten von jemandem entgegenwirken.[468]

Es fällt auf, dass die Reihenfolge der Begriffe nicht in ihrem üblichen chronologischen Ablauf sowie ihrer ihnen allgemein zugeordneten Hierarchie stehen. Die Steuerung ist üblicherweise der Durchführung vorgelagert und bedeutender. Dies wird in der für den vorliegenden Gebrauch wohl zutreffendsten Bedeutung des Verbs *durchführen*, (etwas Geplantes) in allen Einzelheiten verwirklichen, in der für das angestrebte Ergebnis erforderlichen Weise vornehmen, damit beschäftigt sein; ausführen oder bis zu Ende führen, konsequent einhalten und vollenden oder stattfinden lassen, deutlich. Auch wenn während der Durchführung ein Nachsteuern notwendig sein sollte, geht doch der Durchführung notwendigerweise ein initiativer Steuerimpuls voraus.

---

465 Bedeutungen von „Durchführung“, in: abrufbar unter https://www.duden.de/rechtschreibung/Durchführung, zuletzt abgrufen am 10. Dezember 2021.

466 Bedeutungen von „durchführen“, in: abrufbar unter https://www.duden.de/rechtschreibung/durchfuehren#Bedeutung-2, zuletzt abgrufen am 10. Dezember 2021.

467 Bedeutungen von „Steuerung“, in: Duden Online, abrufbar unter https://www.duden.de/rechtschreibung/Steuerung, zuletzt abgrufen am 10. Dezember 2021.

468 Bedeutungen von „steuern“, in: abrufbar unter https://www.duden.de/rechtschreibung/steuern_lenken_fuehren_dirigieren, zuletzt abgrufen am 10. Dezember 2021.

4) Beteiligen an Durchführung und Steuerung

Die einzelnen Erkenntnisse der Auslegung des Wortlauts sind nun zu einem kohärenten Bild zusammenzufassen.

Hinsichtlich des Anknüpfungspunkts der Sollensanordnung wird deutlich, dass Tarifvertragsparteien nicht *durchführen* und *steuern* müssen, sie müssen *sich beteiligen.* Somit kann es sich beim Normbefehl des § 21 Abs. 1, 2. Hs. aus grammatischer Sicht nur um ein *Beteiligungs*gebot handeln. Nach dem Wortlaut scheidet die Einordnung als *Steuerungs-* oder *Durchführungspflicht* aus.[469]

Wenn sich mehrere an der Steuerung beteiligen, kann dies tatsächlich nur in zweifacher Hinsicht geschehen. Entweder wird das Steuer abwechselnd übernommen, sodass der Einzelne für einen begrenzten Zeitraum die Steuerung alleine übernimmt. Oder die Einzelheiten der Steuerung werden von allen Beteiligten diskutiert und anschließend umgesetzt. Über den Prozess des Umsetzens der Diskussion in einem tatsächlich zu steuernden Kurs – ob dies durch Mehrheitsentscheid geschieht oder ob der Stimme einzelner Beteiligter, etwa aufgrund ihrer besonderen Fachkenntnis, besonderes Gewicht zukommt – ist jedoch dem Verb „beteiligen" noch keine Aussage zu entnehmen. Nach beiden alternativen Verständnisvarianten wird derjenige, der sich auch an der Steuerung beteiligt, den Kurs allenfalls zeitweilig allein bestimmen können. Er wird ihn in der Gesamtbetrachtung jedoch, wenn überhaupt, nur graduell beeinflussen. Gleiches gilt für die Durchführung.

In der Kombination wird deutlich, dass es sich um die letztere Alternative handeln dürfte, die Beteiligung an Steuerung und Durchführung mittels eines Gremiums zu gestalten, nicht sie in Zeitabschnitte zu gliedern, die hier die zutreffende ist. Denn selbstständig durchführen dürften die Tarifvertragsparteien die reine Beitragszusage nach § 1 Abs. 2 Nr. 2a BetrAVG gar nicht, es ist stets ein mittelbarer Durchführungsweg zu nutzen, § 1 Abs. 2 Nr. 2a BetrAVG.

5) Zusammenfassung

Zusammenfassend lassen sich Wortlaut und Grammatik folgende Erkenntnisse entnehmen:

Das Gebot richtet sich auf eine Beteiligung, nicht unmittelbar auf eine Durchführung oder Steuerung. Es ist daher als *Beteiligungsgebot* zu bezeichnen.

---

469 Ebenso wohl Höfer BetrAVG I/*Höfer*, Betriebsrentengesetz, § 21 Rn. 5; Blomeyer/Otto/Rolfs/*Rolfs*, BetrAVG, § 21 Rn. 3, 10; a.A. wohl *Kisters-Kölkes*, Festschrift Uebelhack, S. 221, 232; *Diller*, BetrAV 2018, S. 601.

Die Tarifvertragsparteien sind Adressaten des Gebots und initiieren den Prozess der Beteiligung.

Die Beteiligung wird aus einem Prozess bestehen, an dem alle Beteiligten mitwirken, dessen Ergebnis aber nicht zwingend in einem konsensualen Beschluss liegen muss.

II. Systematische Auslegung

In systematische Hinsicht ist zunächst ein Blick auf die unmittelbar angrenzenden Absätze und Normen zu nehmen.

Die Norm steht im ersten Teil – arbeitsrechtliche Vorschriften – im siebten Abschnitt des BetrAVG, der mit „Betriebliche Altersversorgung und Tarifvertrag" überschrieben ist. § 21 führt als erste Norm den Unterabschnitt 1 an, der mit „Tarifvertrag und reine Beitragszusage" überschrieben ist. Die Norm selbst trägt die Überschrift „Tarifvertragsparteien". Bei allen Überschriften des Gesetzes handelt es sich dabei um amtliche Überschriften.

In § 21 BetrAVG ebenfalls geregelt ist in Abs. 2 das Gebot, das bestehende Betriebsrentensystem zu berücksichtigen.[470] Dieses Gebot knüpft durch den Verweis auf Abs. 1 an dieselbe Tatbestandsvoraussetzung an, nämlich an die Vereinbarung der Tarifvertragsparteien über eine betriebliche Altersversorgung in Form der reinen Beitragszusage nach § 1 Abs. 2 Nr. 2a BetrAVG. In Abs. 3 ist in Satz 1 das Verbot geregelt, nichttarifgebundenen Arbeitnehmern den Zugang zur durchführenden Versorgungseinrichtung zu gewähren. In Satz 2 folgt das Gebot, der Versorgungseinrichtung für Aufnahme und Verwaltung solcher Arbeitnehmer keine sachlich unbegründeten Vorgaben zu machen. Abs. 4 enthält die Regelung, dass gemeinsame Einrichtungen bei der Durchführung der reinen Beitragszusage nach § 1 Abs. 2 Nr. 2a BetrAVG über eine Direktversicherung als Versicherungsnehmer an die Stelle des Arbeitgebers treten können.

Die nachfolgende Norm des § 22 BetrAVG ist mit „Arbeitnehmer und Versorgungseinrichtung" überschrieben und regelt das Verhältnis von versorgungsberechtigten Arbeitnehmern zu den Versorgungseinrichtungen und schließlich gegenseitige Rechte und Pflichten im selben Unterabschnitt.[471] Die vorhergehende Norm des § 20 BetrAVG steht im Unterabschnitt 1, der die Überschrift „Tariföffnung; Optionssysteme" trägt, und ist selbst mit „Tarifvertrag und Entgeltumwandlung; Optionssysteme" überschrieben.

---

470 Vgl. hierzu Höfer BetrAVG I/*Höfer*, Betriebsrentengesetz, § 21 Rn. 19 ff.

471 Vgl. hierzu Höfer BetrAVG I/*Höfer*, Betriebsrentengesetz, § 20 Rn. 1 ff.

1) *Fehlender Beteiligungsbegriff im BetrAVG*

Im Rahmen der weiteren Betrachtung des gesamten BetrAVG fällt auf, dass weder die Begriffe der *Beteiligung* oder des *Sich-Beteiligens* noch die Begriffe der *Steuerung* oder des *Steuerns* ein weiteres Mal verwendet oder gar definiert werden.

Die *Durchführung* ist hingegen ein gängiger Begriff des BetrAVG,[472] der vor allem im ersten Abschnitt des ersten Teils des BetrAVG, überschrieben mit „Durchführung der betrieblichen Altersversorgung", geregelt ist.[473] Die Durchführung selbst obliegt zunächst den im Rahmen des § 1 Abs. 2 Nr. 2a BetrAVG zulässigen Durchführungswegen der Direktversicherung, des Pensionsfonds und der Pensionskasse. Die tatsächliche Durchführung ist in § 1b Abs. 1, 2, 3, und 5[474] BetrAVG geregelt.

Soweit sich die Beteiligung auf die Durchführung bezieht, lässt sich dies anhand einer systematischen Betrachtung des BetrAVG näher bestimmen. Dem vorgeschaltet liegt jedoch die notwendige Bestimmung des Begriffs der *Beteiligung*.

2) *Der Begriff der* Beteiligung/des Beteiligens *im Arbeitsrecht*

Nachdem oben festgestellt wurde, dass der Begriff der Beteiligung ein unbestimmter Rechtsbegriff[475] ist, der sich auch nicht im BetrAVG wiederfindet, ist der Blick der systematischen Auslegung auf das gesamte materielle Arbeitsrecht im Allgemeinen und das Arbeitnehmerschutzrecht im Besonderen zu weiten. Hier ist nach Anhaltspunkten zu suchen, wie der Begriff der *Beteiligung* oder des *Beteiligens* zu verstehen sein könnte. Dabei sind lediglich solche Gesetze in den Blick zu nehmen, die dem Schutz von Arbeitnehmern dienen. Andere Gesetze, wie etwa das AktG[476], die den Begriff der *Beteiligung* zwar kennen, ihn aber in einem nicht vergleichbaren Zusammenhang verwenden, bleiben daher aus

---

472 Vgl. hierzu beispielhaft das Kapitel Höfer BetrAVG I/*Höfer*, Betriebsrentengesetz, Kapitel 3: Die Grundverpflichtung aus dem Arbeitsverhältnis und die Durchführungswege der betrieblichen Altersversorgung.

473 Statt vieler Höfer BetrAVG I/*Höfer*, Betriebsrentengesetz, § 1b Rn. 1 ff.

474 Sofern eine Entgeltumwandlung vereinbart wird.

475 So auch Höfer BetrAVG I/*Höfer*, Betriebsrentengesetz, § 21 Rn. 7.

476 Aktiengesetz (AktG) in der Fassung der Bekanntmachung vom 06.07.1965, (BGBl. I S. 1089).

systematischen Gründen unberücksichtigt. Gleiches gilt für Verfahrensgesetze wie das ArbGG.[477]

Der Begriff der *Beteiligung* oder des *Beteiligens* taucht in mehreren Gesetzen auf. Zuerst zu nennen sind solche Gesetze, die den Begriff der *Beteiligung* schon im Namen tragen, wie etwa das DrittelBG,[478] das SEBG[479] sowie das SCEBG[480]. Als ergiebigste Quellen sind hier das SEBG sowie das SCEBG zu nennen. In diesen Normtexten tauchen die Begriffe der *Beteiligung* sowie der *Beteiligungsrechte* mit Abstand am häufigsten auf.[481] Der Begriff der *Beteiligung der Arbeitnehmer* ist in § 2 Abs. 8 SEBG sowie in § 2 Abs. 8 SCEBG in identischer Form definiert. Er bezeichnet jedes Verfahren – einschließlich der Unterrichtung, Anhörung und Mitbestimmung -, durch das die Vertreter der Arbeitnehmer auf die Beschlussfassung in der Gesellschaft Einfluss nehmen können. Der Begriff der *Beteiligungsrechte* ist in § 2 Abs. 9 SEBG sowie in § 2 Abs. 9 SCEBG inhaltsgleich definiert. Er umfasst Rechte, die den Arbeitnehmern und ihren Vertretern im Bereich der Unterrichtung, Anhörung, Mitbestimmung und der sonstigen Beteiligung zustehen. Der Begriff des *Beteiligens* taucht in § 11 Abs. 2 SEBG sowie § 11 Abs. 2 SCEBG inhaltsgleich auf.

Das DrittelBG nennt den Begriff der *Beteiligung* selbst nur einmal, abgesehen von der Verwendung in dem Titel des Gesetzes selbst. Er taucht in § 2 Abs. 2 DrittelBG auf. Unter *Beteiligung* im Sinne des DrittelBG sind hiernach Mitbestimmungsrechte der Arbeitnehmer in Aufsichtsräten von Unternehmen nach § 1 DrittelBG zu verstehen.

Als weitere Quelle dient das BetrVG.[482] Der Begriff der *Beteiligung* taucht hier in § 102 Abs. 7 sowie in § 108 BetrVG auf. *Beteiligen* findet sich § 109a BetrVG.

---

477 Arbeitsgerichtsgesetz (ArbGG) in der Fassung der Bekanntmachung vom 02.07.1979, (BGBl. I S. 853, 1036).

478 Gesetz über die Drittelbeteiligung der Arbeitnehmer im Aufsichtsrat (Drittelbeteiligungsgesetz – DrittelbG) in der Fassung der Bekanntmachung vom 18.05.2004, (BGBl. I S. 974).

479 Gesetz über die Beteiligung der Arbeitnehmer in einer Europäischen Gesellschaft (SE-Beteiligungsgesetz – SEBG) in der Fassung der Bekanntmachung vom 22.12.2004, (BGBl. I S. 3675, 3686).

480 Gesetz über die Beteiligung der Arbeitnehmer und Arbeitnehmerinnen in einer Europäischen Genossenschaft (SCE-Beteiligungsgesetz – SCEBG) in der Fassung der Bekanntmachung vom 14.08.2006, BGBl. I S. 1911, 1917).

481 Ohne Überschriften und Inhaltsverzeichnissen jeweils insgesamt an 22 Stellen.

482 Betriebsverfassungsgesetz (BetrVG) in der Fassung der Bekanntmachung vom 25.09.2001, (BGBl. I S. 2518).

Ferner kennt das Gesetz die *beteiligungspflichtigen Angelegenheiten* in § 3 Abs. 1 Nr. 2, und die *Beteiligungsrechte* in § 28a Abs. 2 S. 2 BetrVG. Der Begriff der *Beteiligungsrechte* wird im Zusammenhang mit dem Betriebsverfassungsrecht von Literatur und Rechtsprechung für Rechte des Betriebsrats verwendet, auch wenn er als solcher nicht im Gesetz explizit Verwendung findet.[483] Eine einheitliche Definition, welche Rechte im Einzelnen als „Beteiligungsrechte" zu qualifizieren sind, findet sich nicht. Jedenfalls dürften wohl die Anhörungsrechte nach § 102 BetrVG, die Mitbestimmungsrechte nach § 87 BetrVG sowie die Mitwirkungsrechte nach § 99 BetrVG hierunter zu fassen sein.[484]

Das ArbSchG[485] verwendet den Begriff der *Beteiligungsrechte* in § 10 Abs. 2 S. 3 ArbSchG. Neben der Anhörung von Betriebs- und Personalrat bei der Benennung von Arbeitsschutzbeauftragten bleiben „[...] Beteiligungsrechte [...] unberührt." Das EntgTranspG[486] kennt den Begriff der *Beteiligung* in § 17 Abs. 2 EntgTranspG sowie die *Beteiligungsrechte* in § 13 Abs. 6 EntgTranspG. Auch hier wird auf die unberührt bleibenden Beteiligungsrechte hingewiesen. Das BBiG[487] kennt den Begriff der *Beteiligung* in § 52 BBiG und verwendet ihn im Zusammenhang mit der Interessenvertretung der Auszubildenden, deren Beteiligung in einer Verordnung zu regeln ist. Im Zusammenhang mit Beschäftigungsverhältnissen kennt das BDSG[488] den Begriff der *Beteiligungsrechte* in § 26 Abs. 6 BDSG, die unberührt bleiben. Im MitBestG[489] taucht der Begriff der *Beteiligung* in den §§ 9 Abs. 3 S. 2 sowie 32 Abs. 1 S. 1, Abs. 2 auf. § 32 begrenzt dabei die Beteiligungsrechte, hier die Mitbestimmungsrechte der Arbeitnehmer

---

483 Für die Literatur statt vieler Richardi BetrVG/*Annuß*, BetrVG, § 102 Rn. 278 f. (Überschrift).

484 So auch ErfK/*Oetker*, KSchG, § 2 Rn. 17 ff; *Preis/Greiner*, Kollektivarbeitsrecht, Rz. 2016.

485 Arbeitsschutzgesetz (ArbSchG) in der Fassung der Bekanntmachung vom 07.08.1996, (BGBl. I S. 1246).

486 Gesetz zur Förderung der Entgelttransparenz zwischen Frauen und Männern (Entgelttransparenzgesetz – EntgTranspG) in der Fassung der Bekanntmachung vom 30.06.2017, (BGBl. I S. 2152).

487 Berufsbildungsgesetz (BBiG) in der Fassung der Bekanntmachung vom 23.03.2005 (BGBl. I S. 931).

488 Bundesdatenschutzgesetz (BDSG) in der Fassung der Bekanntmachung vom 30.06.2017, (BGBl. I S. 2097).

489 Gesetz über die Mitbestimmung der Arbeitnehmer (Mitbestimmungsgesetz – MitbestG) in der Fassung der Bekanntmachung vom 04.05.1976, (BGBl. I S. 1153).

im Aufsichtsrat, für einen Katalog von Beschlussthemen, die Auflösungen, Verschmelzungen und Übertragungen betreffen.

In TVG,[490] MuSchG,[491] TzBfG,[492] EntgFG,[493] ASiG[494], AEntG[495], AGG,[496] AltTZG,[497] AÜG,[498] BEEG,[499] BUrlG,[500] FPfZG,[501] HAG,[502] JArbSchG,[503]

---

490 Kündigungsschutzgesetz (KSchG) in der Fassung der Bekanntmachung vom 25.08.1969, (BGBl. I S. 1317).

491 Arbeitszeitgesetz (ArbZG) in der Fassung der Bekanntmachung vom 06.06.1994, (BGBl. I S. 1170, 1171).

492 Gesetz über Teilzeitarbeit und befristete Arbeitsverträge (Teilzeit- und Befristungsgesetz – TzBfG) in der Fassung der Bekanntmachung vom 21.12.2000, (BGBl. I S. 1966).

493 Gesetz über die Zahlung des Arbeitsentgelts an Feiertagen und im Krankheitsfall (Entgeltfortzahlungsgesetz – EntFG) in der Fassung der Bekanntmachung vom 26.06.1994, (BGBl. I S. 1014, 1065).

494 Gesetz über Betriebsärzte, Sicherheitsingenieure und andere Fachkräfte für Arbeitssicherheit (ASiG) in der Fassung der Bekanntmachung vom 12.12.1973, (BGBl. I S. 1885).

495 Gesetz über zwingende Arbeitsbedingungen für grenzüberschreitend entsandte und für regelmäßig im Inland beschäftigte Arbeitnehmer und Arbeitnehmerinnen (Arbeitnehmer-Entsendegesetz – AEntG) in der Fassung der Bekanntmachung vom 20.04.2009, (BGBl. I S. 799).

496 Allgemeines Gleichbehandlungsgesetz (AGG) in der Fassung der Bekanntmachung vom 14.08.2006, (BGBl. I S. 1897).

497 Altersteilzeitgesetz (AltTZG) in der Fassung der Bekanntmachung vom 23.07.1996 (BGBl. I S. 1078).

498 Gesetz zur Regelung der Arbeitnehmerüberlassung (Arbeitnehmerüberlassungsgesetz – AÜG) in der Fassung der Bekanntmachung vom 03.02.1995 (BGBl. I S. 158). Hier taucht der Begriff der *Beteiligung* lediglich in Verweisen auf das DrittelBG, das SEBG sowie das SCEBG.

499 Gesetz zum Elterngeld und zur Elternzeit (Bundeselterngeld- und Elternzeitgesetz – BEEG) in der Fassung der Bekanntmachung vom 27.01.2015 (BGBl. I S. 33).

500 Mindesturlaubsgesetz für Arbeitnehmer (Bundesurlaubsgesetz – BUrlG) in der Fassung der Bekanntmachung vom 20.04.2013, BGBl. I S. 868).

501 Gesetz über die Familienpflegezeit (Familienpflegezeitgesetz – FPfZG) in der Fassung der Bekanntmachung vom 06.12.2011, (BGBl. I S. 2564).

502 Heimarbeitsgesetz (HAG) in der Fassung der Bekanntmachung vom 20.11.2019, (BGBl. I S. 1626).

503 Gesetz zum Schutze der arbeitenden Jugend (Jugendarbeitsschutzgesetz – JArbSchG) in der Fassung der Bekanntmachung vom 12.04.1976, (BGBl. I S. 965). Der Begriff der Beteiligung von Schülern an Maßnahmen der Berufsvorbereitung in § 5 Abs. 2 S. 2 Nr. 2 JArbSchG ist hier unmaßgeblich.

MiLoG,[504] NachwG,[505] PflegeZG,[506]sowie WissZeitVG[507] finden sich keine Verwendungen der Begriffe *Beteiligung* oder *Beteiligen* im arbeitsrechtlichen Zusammenhang.

Im HGB[508] findet der Begriff der Beteiligung in den für das Arbeitsrecht maßgeblichen Vorschriften[509] keine Verwendung, lediglich in gesellschaftsrechtlichem Zusammenhang. Aus diesem Grund bleiben diese Verwendungen für die Auslegung unberücksichtigt. Gleiches gilt für die Verwendungen in der InsO[510] sowie der GewO.[511]

Aus diesem Quellenbefund ist ein arbeitnehmerschutzrechtlicher Beteiligungsbegriff herauszuarbeiten und unter Berücksichtigung betriebsrentenrechtlicher Besonderheiten ein systematisch-betriebsrentenrechtlicher Beteiligtenbegriff zu bilden.

3) Arbeitnehmerschutzrechtlicher Beteiligtenbegriff

Den Ausgangspunkt für die Begriffsentwicklung bildet die gesetzliche Definition in § 2 Abs. 8 SEBG sowie § 2 Abs. 8 SCEBG.[512] Danach meint eine Beteiligung von Arbeitnehmern jedes Verfahren – einschließlich der Unterrichtung, Anhörung und Mitbestimmung -, durch das die Vertreter der Arbeitnehmer auf die Beschlussfassung in der Gesellschaft Einfluss nehmen können. Es handelt sich

---

504 Gesetz zur Regelung eines allgemeinen Mindestlohns (Mindestlohngesetz – MiLoG) in der Fassung der Bekanntmachung vom 11.08.2014, (BGBl. I S. 1348).

505 Gesetz über den Nachweis der für ein Arbeitsverhältnis geltenden wesentlichen Bedingungen (Nachweisgesetz – NachwG) in der Fassung der Bekanntmachung vom 20.07.1995, (BGBl. I S. 946).

506 Gesetz über die Pflegezeit (Pflegezeitgesetz – PflegeZG) in der Fassung der Bekanntmachung vom 28.05.2008, (BGBl. I S. 874, 896).

507 Gesetz über befristete Arbeitsverträge in der Wissenschaft (Wissenschaftszeitvertragsgesetz – WissZeitVG) in der Fassung der Bekanntmachung vom 12.04.2007, (BGBl. I S. 506).

508 Handelsgesetzbuch (HGB) in der Fassung der Bekanntmachung vom 12.12.2019, (BGBl. I S. 2637).

509 §§ 48, 54, 59–62, 64, 65, 74–75a, 75c, 75d, 75 f–h, 82a–87d, 88a HGB

510 Insolvenzordnung (InsO) in der Fassung der Bekanntmachung vom 05.10.1994 (BGBl. I S. 2866).

511 Gewerbeordnung (GewO) in der Fassung der Bekanntmachung vom 22.02.1999 (BGBl. I S. 202). In der GewO taucht der Begriff der Beteiligung zwar auf, jedoch nicht in dem maßgeblichen Titel VII über die allgemeinen arbeitsrechtlichen Grundsätze.

512 Allgemein zur Ausgestaltung der Arbeitnehmerbeteiligung in der SE, siehe *Thüsing*, Europäisches Arbeitsrecht, § 10 Rn. 23 ff.

dabei um einen europarechtlich geprägten Begriff, der so aus Art. 2 lit. h) der SE-Richtlinie[513] herrührt.

Der Oberbegriff der Beteiligung erfasst über die Unterrichtung, Anhörung und Mitbestimmung hinaus auch jede „sonstige Beteiligung", vgl. die insoweit gleichlautenden § 1 Abs. 2 S. 1 SEBG und SCEBG. Hiermit sollen die in anderen Mitgliedstaaten bestehenden Formen als auch vereinbarte Formen der Beteiligung der Arbeitnehmer erfasst werden können.[514] Der Begriff selbst ist bewusst weit gefasst und weit zu verstehen.[515]

Allen weiteren Verwendungen des Begriffs der Beteiligung ist gemein, dass dabei ein aus mehreren Personen bestehendes Gremium (Personalrat, Betriebsrat, § 10 Abs. 2 S. 3 ArbSchG; Interessenvertretung, § 52 BBiG; Aufsichtsrat, §§ 9 Abs. 3 S. 2 sowie 32 Abs. 1 S. 1, Abs. 2 MitBestG) jedenfalls über bestimmte Vorgänge von bedeutender Relevanz informiert werden soll. Die Informationsvermittlung scheint dabei normübergreifend den Kernbereich der Beteiligung darzustellen,[516] auch wenn weitere Beteiligungsrechte in vielen Anwendungsbereichen „unberührt bleiben" sollen.[517]

4) Betriebsrentenrechtliche Besonderheiten

In einen betriebsrentenrechtlichen Beteiligungsbegriff, der auf einem generellen arbeitnehmerschutzrechtlichen Beteiligungsbegriff aufbauen soll, sind bestimmte betriebsrentenrechtliche Besonderheiten mit aufzunehmen.

Zunächst fällt auf, dass im Gegensatz zu dem Beteiligungsbegriff in den übrigen Arbeitnehmerschutzgesetzen, das *Beteiligen* hier in einer Aktivkonstruktion auftaucht. Die Tarifvertragsparteien *müssen sich beteiligen,* § 21 Abs. 1 BetrAVG. In sonstigen Verwendungen des Verbs *beteiligen* taucht es hingegen in Passivkonstruktionen auf, etwa in § 109a BetrVG. Das Initiativrecht sowie die Initiativpflicht des Beteiligens liegen demnach bei den Tarifvertragsparteien. Sie können nicht auf das *Beteiligtwerden* warten, sie müssen das *Beteiligen* selbst forcieren.

---

513 Richtlinie 2001/86/EG des Rates zur Ergänzung des Statuts der Europäischen Gesellschaft hinsichtlich der Beteiligung der Arbeitnehmer in der Fassung der Bekanntmachung vom 08.10.2001, Amtsblatt der Europäischen Union Nr. L294 vom 10.11.2001

514 MüKoAktG/*Jacobs,* SEBG, § 2 Rn. 20.

515 Nomos-BR/*Kleinsorge/Freis,* SEBG, § 2 Rn. 9.

516 Zu Unterrichtungs- und Informationsrechten als schwächster Form, aber notwendige Voraussetzung der Beteiligung vgl. *Preis/Greiner*, Kollektivarbeitsrecht, Rz. 2019.

517 Vgl. etwa § 10 Abs. 2 S. 3 ArbSchG und § 13 Abs. 6 EntgTranspG.

Im Gegensatz zu reinen Arbeitnehmerschutzgesetzen, wie etwa dem SEBG oder dem SCEBG, behandelt die Beteiligung nach § 21 Abs. 1 BetrAVG auch nicht „bloß" die Beteiligung von Arbeitnehmern oder deren Vertretern. Vielmehr soll mit den Tarifvertragsparteien eine pluralistisch zusammengesetzte Personengruppe beteiligt werden.[518]

Ferner muss die Beteiligung im Sinne des BetrAVG auch der Tatsache gerecht werden, dass im Gegensatz zu den übrigen Arbeitnehmerschutzgesetzen nicht nur Arbeitnehmer als *Stakeholder*[519] bzw. Personalräte oder Betriebsräte als deren Vertreter fungieren. Vielmehr müssen sie sich aufgrund ihres sofort unverfallbaren Anwartschaftsrechts, sowohl im Fall der Entgeltumwandlung als auch bei reiner Arbeitgeberfinanzierung, als *Debtor* bzw. die Tarifvertragsparteien als deren Vertreter beteiligen. Diese zunächst rein ökonomische Feststellung hat im Rahmen der Bestimmung des Gehalts eines unbestimmten Rechtsbegriffs auch in der juristischen Betrachtung seinen Raum.

Zuletzt ist festzustellen, dass die Arbeitnehmerschutzgesetze, aus denen der Beteiligtenbegriff entnommen wurde, regelmäßig bei Überschreiten einer bestimmten Anzahl an Arbeitnehmern zur Anwendung kommen. Die Frage des Entstehens der Beteiligungsrechte entzieht sich somit zu einem gewissen Maß dem Arbeitgeber. Er kann grundsätzlich nur durch Nicht-Überschreiten des Grenzwerts der Arbeitnehmerzahl das Entstehen der Beteiligungsrechte verhindern. Im Fall der Beteiligung nach § 21 Abs. 1 BetrAVG ist das Entstehen der Beteiligung in einem höheren Maß durch Freiwilligkeit geprägt.[520] Das Entstehen von Verpflichtungen aus tariflichen Versorgungssystemen der betrieblichen Altersversorgung kann der Arbeitgeber, durch Austritt aus dem tariffähigen Arbeitgeberverband, verhindern.

Allerdings trifft die Beteiligung nach § 21 Abs. 1 BetrAVG auch nicht den Arbeitgeber als zur Duldung der Beteiligung verpflichteten, sondern die Versorgungseinrichtung, die *zu beteiligen* hat. Insofern wird der Freiwilligkeit der betrieblichen Altersversorgung an dieser Stelle kein sehr hoher Stellenwert beim Verständnis des Beteiligungsbegriffs zuzubilligen sein.

518 Siehe nur § 2 Abs. 1 TVG, vgl. ErfK/*Franzen*, Franzen, § 2 Rn. 1.

519 Zum juristischen Gehalt der Begriffe *Stake-* wie *Shareholder* siehe BeckOGK/*Fleischer*, AktG, § 76 Rn. 29 ff.

520 Höfer BetrAVG I/*Höfer*, Betriebsrentengesetz, Kapitel 2: Begriff betriebliche Altersversorgung Rn. 38 ff. mit Hinweisen zu den Grenzen der Freiwilligkeit.

5) *Zusammenfassung*

Zusammenfassend lässt sich festhalten, dass die Auslegung des Begriffs der *Beteiligung* aus § 21 Abs. 1 BetrAVG systematisch an die Legaldefinition der Beteiligung von Arbeitnehmern in § 2 Abs. 8 SEBG und SCEBG anknüpfen kann. Hiernach ist eine Beteiligung jedes Verfahren, einschließlich der Unterrichtung, Anhörung und Mitbestimmung, durch das die Vertreter der Arbeitnehmer auf die Beschlussfassung in der Gesellschaft Einfluss nehmen können. Unerlässlicher Kernbestandteil des Beteiligens ist das Informieren. Dabei sind jedoch die betriebsrentenrechtlichen Besonderheiten der Pluralität des beteiligten Gremiums, der *Debtor*-Vertretung sowie der Initiierungspflicht des Gremiums Rechnung zu tragen.

III. Genetische Auslegung

Eine historisch-genetische Betrachtung des Gesetzestextes kann sich an dieser Stelle auf die Genese des § 21 Abs. 1 BetrAVG der aktuellen Fassung beschränken. Die Ursprungsfassung des Betriebsrentengesetzes aus dem Jahre 1974 befasste sich in § 21 BetrAVG mit der Gewerbesteuerfreiheit von Pensions- und Unterstützungskassen und der Gewerbesteuerfreiheit des Pensions-Sicherungs-Vereins a.G.[521] Aus der Geschichte der Norm ist daher für den vorliegenden Zweck keine Erkenntnis zu gewinnen.

Daher erfolgt zunächst eine genauere Betrachtung der Entwicklung des Normtextes.[522] Danach werden die entsprechenden Bearbeitungen dieses Textes im Ausschuss für Arbeit und Soziales sowie im Bundestag untersucht. Die Gesetzesbegründung im Referentenentwurf[523] wird erst in der teleologischen Betrachtung genauer gewürdigt.[524]

1) *Textgeschichte*

In dem ursprünglich vom Bundesministerium für Arbeit und Soziales vorgelegten Entwurf „Neues Sozialpartnermodell Betriebsrente“ vom 23. Januar 2015

521 Höfer BetrAVG I/*Höfer*, Betriebsrentengesetz, § 21 Rn. 4.

522 Vgl. zur historischen Entwicklung des BRSG *Görgen/Schwindt*, Die Geschiche des Sozialpartnermodells – Hinweise für mögliche Auslegungen, Festschrift für Dr. Birgit Uebelhack, S. 111 ff.

523 BT-Drs. 18/11286.

524 Siehe unten Kapitel 4B.IV.

fand sich noch keine Norm, die eine Beteiligung an Durchführung und Steuerung vorsah.[525]

Für § 21 Abs. 1 BetrAVG erkennbar Vorbild gestanden hat die im BMAS-Gutachten vorgeschlagene Norm des § 17b Abs. 1 BetrAVG-E.[526] Diese lautete

Neuer § 17b [Tarifpartnerschaftliche Steuerung]
[Grundsatz]
An der Durchführung und Steuerung der Versorgung nach § 17a sind die Tarifparteien durch gemeinsame Einrichtungen oder auf andere durch den Tarifvertrag bestimmte Weise zu beteiligen.

Im Gesetzentwurf[527] wurde dieser Vorschlag wie folgt umgesetzt:

§ 21 Durchführung
Vereinbaren die Tarifvertragsparteien eine betriebliche Altersversorgung in Form der reinen Beitragszusage, müssen sie sich an deren Durchführung und Steuerung beteiligen.

Zur besseren Vergleichbarkeit sei noch einmal der tatsächliche Wortlaut des § 21 Abs. 1 BetrAVG in der Ausschussfassung des Gesetzentwurfs wiederholt.

§ 21 Tarifvertragsparteien
Vereinbaren die Tarifvertragsparteien eine betriebliche Altersversorgung in Form der reinen Beitragszusage, müssen sie sich an deren Durchführung und Steuerung beteiligen.

Die Autoren des BMAS Gutachtens erläutern die zu dem § 17b BetrAVG-E geführten Erwägungen in ihrem Gutachten unter der Überschrift „Auswahl und sozialpartnerschaftliche Steuerung".[528] An dieser Stelle setzten sie sich insbesondere mit der Umsetzung der betrieblichen Altersversorgung in gemeinsamen Einrichtungen und der dazu ergangenen Rechtsprechung des BAG auseinander. Diese befasste sich insbesondere mit Anforderungen der Einführung der gemeinsamen Einrichtung durch die Sozialpartner,[529] mit der eventuellen Parität des Aufsichtsorgans,[530] mit der flexiblen Ausgestaltung von gemeinsamen Einrichtungen sowie mit der Beschränkung der Versorgung auf ein Versorgungswerk,[531] ferner mit Problemen der

---

525 Neues Sozialpartnermodell Betriebsrente, Mögliche Änderungen im Betriebsrentengesetz (Gesetzestext und Begründung).
526 *Hanau/Arteaga*, Rechtsgutachten, S. 80.
527 BT-Drs. 18/11286, S. 9.
528 *Hanau/Arteaga*, Rechtsgutachten, S. 36 ff.
529 BAG 3 AZR 255/80, BAGE 35, 221
530 BAG 5 AZR 43/88, BAGE 61, 29.
531 BAG, Urteil vom 28.03.1990 – 4 AZR 536/89, NJW 1990, 3036.

Allgemeinverbindlichkeitserklärung[532] sowie mit der Frage des Ausscheidens des Versorgungsberechtigten aus dem betrieblichen Geltungsbereich des Tarifvertrags bei Verschmelzung des Arbeitgebers.[533]

Die Erwägungen der Autoren an diesem Punkt fokussieren sich jedoch auf Probleme der alleinhaftenden Versorgungseinrichtung. Nach dem ursprünglichen Konzept des BMAS-Gutachtens war noch kein Garantieverbot, wie es in § 22 Abs. 1 S. 2 BetrAVG umgesetzt wurde, vorgesehen. Stattdessen sollte nach § 17a Abs. 1 S. 2 BetrAVG-E die Versorgungseinrichtung alleine nach § 1 Abs. 2 Nr. 2a BetrAVG sinngemäß haften.[534]

Es ließe sich daher einwenden, dass die Ursprungserwägungen zur Beteiligung an Durchführung und Steuerung von einem anderen Haftungsverhältnis ausgingen als es dann tatsächlich in § 22 Abs. 1 S. 2 BetrAVG n.F. normiert wurde. Vor diesem Hintergrund ließe sich argumentieren, dass sich die Tarifvertragsparteien noch in deutlich größerem Umfang an der Durchführung und Steuerung beteiligen müssten, da nun ja auch die Haftung der tatsächlich für Durchführung und Steuerung hauptverantwortlichen Versorgungseinrichtung wegfalle. Dies würde aber außer Acht lassen, dass auch nach der ursprünglich entworfenen Konzeption eine Haftung der alleinhaftenden Versorgungseinrichtung auf eine bloße Zielrente – also eine Haftung nur dem Grunde, nicht der Höhe nach – hätte tarifvertraglich vereinbart werden können, § 17a Abs. 1 S. 2, Abs. 2 S. 1 BetrAVG-E.[535] Die Art und das Maß der Beteiligung nach § 17b Abs. 1 BetrAVG-E wäre jedoch in der Konzeption des BMAS-Gutachtens von dieser tarifvertraglichen Haftungsbeschränkung unberührt geblieben.

Unter der Überschrift „Ermöglichung der Konvertierung bestehender bAV auf das ‚Sozialpartnermodell'"[536] stellen die Autoren fernerhin eine Verbindung zwischen *prinzipbedingt gelockerten Schutzmechanismen* der reinen Beitragszusage und der Beteiligung der Tarifparteien her. Daraus lässt sich der Schluss ziehen, dass damit von den Autoren wohl nicht intendiert worden sein kann, dass

532 Hierzu zitieren die Autoren LAG Berlin-Brandenburg, Beschluss vom 08.07.2015 – 4 BVL 5004/14, 4 BVL 5005/14, juris.Die noch vom LAG für wirksam befundenen Allgemeinverbindlicherklärungen wurden jedoch durch BAG 10 ABR 34/15, AP TVG § 5 Nr. 37 für unwirksam erklärt. Das BVerfG hat die hiergegen erhobene Verfassungsbeschwerde nicht zur Entscheidung angenommen, BVerfG, Beschluss vom 10.01.2020 – 1 BvR 1459/17, NJW 2020, 679.

533 BAG 3 AZR 586/92, NZA 1994, 848.

534 *Hanau/Arteaga*, Rechtsgutachten, S. 80.

535 *Hanau/Arteaga*, Rechtsgutachten, S. 80.

536 *Hanau/Arteaga*, Rechtsgutachten, S. 55.

die Beteiligung den generellen Wegfall von Schutzmechanismen bei reinen Beitragszusagen kompensieren solle. Beteiligung solle also nur den *Wegfall* bereits innegehabter Schutzmechanismen und nicht bereits das *Nichtentstehen* dieser Schutzmechanismen kompensieren.

Insoweit sind die Äußerungen der Autoren daher nun auch auf die aktuelle Gesetzeslage, trotz des Garantieverbots in § 22 Abs. 1 S. 2 BetrAVG, übertragbar. Für Fälle, in denen die betriebliche Altersversorgung nicht über gemeinsame Einrichtungen durchgeführt wird, geben die Autoren beispielhaft drei Möglichkeiten an, wie sich an Durchführung und Steuerung beteiligt werden könnte:

- Vertreter der Tarifparteien in Aufsichtsorganen,[537]
- Einfluss über Versicherungsverträge,[538]
- Zustimmung der Tarifparteien für besonders wichtige Regelungen der Versorgungseinrichtung.[539]

Der § 17b Abs. 1 BetrAVG-E des BMAS-Gutachtens wurde mit einigen Veränderungen in § 21 BetrAVG-E im Referentenentwurf übernommen. Aus der Überschrift „Tarifpartnerschaftliche Steuerung“ wurde „Durchführung“. Die Passage zur Umsetzung der Beteiligung – „durch gemeinsame Einrichtungen oder auf andere durch den Tarifvertrag bestimmte Weise“ – wurde ersatzlos gestrichen. Damit entfiel auch die Vorgabe, in welcher Form, nämlich in der des Tarifvertrags, die Beteiligung näher zu bestimmen sei. Aus der Passivkonstruktion „sind [...] zu beteiligen“ wurde ein Aktivsatz: „müssen sie sich [...] beteiligen“. Als das Beteiligungsgebot auslösenden Tatbestand wurde „Vereinbaren die Tarifvertragsparteien eine betriebliche Altersversorgung in Form der reinen Beitragszusage, [...]“ hinzugefügt. Dies dient lediglich der Klarstellung, die Tatbestandsvoraussetzungen hätten sich aus dem – in § 21 Abs. 1 BetrAVG freilich entfernten – Verweis auf § 17a BetrAVG-E ergeben. Die Sollensanordnung, Beteiligung an Durchführung und Steuerung, blieb jedoch unverändert.

537 „Der Bundesarbeitgeberverband Chemie setzt sich in einem Positionspapier vom 05.03.2015 dafür ein, da in seiner Branche eine Kontrolle und Aufsicht durch Arbeitgeber- und Arbeitnehmervertreter in den Aufsichtsorganen der Versorgungsträger sichergestellt seien“, siehe *Hanau/Arteaga*, Rechtsgutachten, S. 39.

538 „Auch die Verträge mit den Versicherern bieten Einflussmöglichkeiten“, vgl. *Hanau/Arteaga*, Rechtsgutachten, S. 39.

539 „Denkbar ist ferner, nach dem Vorbild des neuen § 236 Abs. 2a VAG, für besonders wichtige Regelungen der Versorgungsträger die Zustimmung der Tarifparteien zu verlangen“, siehe *Hanau/Arteaga*, Rechtsgutachten, S. 39. § 236 Abs. 2a VAG ist nun in § 236 Abs. 3 VAG geregelt.

In § 21 Abs. 1 BetrAVG wurde der Normtext des § 21 Abs. 1 BetrAVG-E unverändert übernommen. Lediglich die Überschrift wurde von „Durchführung" zu „Tarifvertragsparteien" geändert.[540]

2) Stellungnahme des Bundesrats

In der Stellungnahme des Bundesrats zum Gesetzentwurf des Betriebsrentenstärkungsgesetzes findet sich keine Anmerkung zu § 21 Abs. 1 BetrAVG.[541] Auch in der zu Protokoll abgegebenen Erklärung der hessischen Landesregierung findet sich kein Hinweis auf das Beteiligungsgebot.[542]

3) Stellungnahmen zum Ausschuss

In mehreren der schriftlichen Stellungnahmen zur öffentlichen Anhörung von Sachverständigen am 27. März 2017 in Berlin zum Entwurf des Betriebsrentenstärkungsgesetzes wurde auf die Problematik der Beteiligung an Durchführung und Steuerung eingegangen.

Der Gesamtverband der Deutschen Versicherungswirtschaft e.V. regte in seiner Stellungnahme an, den Tarifparteien im Rahmen der Beteiligung an Durchführung und Steuerung die „Entscheidung über die Art der Anlage zu überlassen und das Sicherungsvermögen als eine ‚Anlageoption' zuzulassen."[543]

Der Deutsche Gewerkschaftsbund kritisierte, dass, verglichen mit dem Entwurfsvorschlag des BMAS-Gutachtens, es keine Vorgaben zur Beteiligung mittels Tarifvertrags gebe. Diese Regelung sei jedoch wichtig, um sicherzustellen, dass Tarifvertragsparteien die Art und Weise ihrer Beteiligung an der Durchführung der reinen Beitragszusage bestimmen könnten. Das gelte in erster Linie für gemeinsame Einrichtungen, aber auch für Branchen, in denen die betriebliche Altersversorgung aus Anlass der Einführung der reinen Beitragszusage erstmalig tarifvertraglich geregelt werde. Es sei daher sinnvoll, die noch im Referentenentwurf vorgesehene Festlegung der Steuerungs- und Durchführungsmöglichkeiten durch Tarifverträge zu erhalten.[544] Ferner sei es notwendig, auch

540 BT-Drs. 18/12612.

541 Stellungnahme des Bundesrates zum Entwurf des Betriebsrentenstärkungsgesetzes, BR-Drs. 780/16, S. 1 ff.

542 Erklärung von Staatsminister *Thomas Schäfer* zum Gesetzentwurf des Betriebsrentenstärkungsgesetz, BR-Plenumsprotokoll 953, Anlage 24, S. 66 ff.

543 Ausschuss-Drs. 18(11)971, S. 12.

544 Ausschuss-Drs. 18(11)971, S. 22.

die Versorgungseinrichtungen zur Gewährleistung der Beteiligung zu verpflichten, was etwa in § 244b VAG-E umzusetzen sei.[545]

Die Bundesvereinigung der Deutschen Arbeitgeberverbände sah in dem Beteiligungsgebot einen unangemessenen Eingriff in die Gestaltungsautonomie der Tarifvertragsparteien.[546] Dieses schränke die Einrichtungen betrieblicher Altersversorgung, die zum Teil bereits seit dem vorletzten Jahrhundert bestünden, in erheblichem Maße ein.

Die Bundesvereinigung der Deutschen Arbeitgeberverbände wies in ihrer Stellungnahme darauf hin, dass, soweit erkennbar, Versicherungsunternehmen und Pensionskassen bereits auf freiwilliger Basis über die Anlagepolitik berichten würden. Vor dem Hintergrund des § 21 Abs. 1 BetrAVG-E könnten die Tarifparteien daher jederzeit die geforderte Transparenz auf freiwilliger Basis sicherstellen.[547]

Die Arbeitsgemeinschaft für betriebliche Altersversorgung e.V. (aba) wies auf die vom Gesetzentwurf offen gelassene tatsächliche Ausgestaltung der Beteiligung an Durchführung und Steuerung hin. Es müsse den Tarifvertragsparteien obliegen, den grundsätzlichen Rahmen und die Parameter der reinen Beitragszusage festzulegen. Gleichzeitig müsse aber auch sichergestellt werden, dass die operative Tätigkeit der Versorgungseinrichtung weiter dem Vorstand der jeweiligen Einrichtung obliege und nicht durch die Tarifvertragsparteien vorgegeben werden könne. Dabei könne es schon aus Haftungsgesichtspunkten nicht im Interesse der Tarifvertragsparteien sein, in reinen Beitragssystemen. Ferner dürfe die Effizienz der Einrichtungen durch Einbindungen nicht eingeschränkt werden. Den Tarifvertragsparteien müsse es möglich sein, die bereits im Rahmen der Mitbestimmung in einem Versorgungssystem tätigen Vertreter auch in Bezug auf die Durchführung und Steuerung der durchführenden Versorgungseinrichtung zu bevollmächtigen, sodass diese die Kontrollpflichten in Bezug auf die reine Beitragszusage ebenfalls übernehmen können.[548] In der Stellungnahme wird ferner ausgeführt, dass echte Akzeptanz unter den Begünstigten nur dann zu erzielen sein werde, sofern diese darauf vertrauen dürften, dass es bei der Verteilung der Risiken und der Chancen ‚fair' zugehe. Es sei daher sachgerecht, dass eine Enthaftung nur denjenigen Tarifparteien vorbehalten sei, die „das Risiko

545 Ausschuss-Drs. 18(11)971, S. 22, 25.
546 Ausschuss-Drs. 18(11)971, S. 33.
547 Ausschuss-Drs. 18(11)971, S. 49.
548 Ausschuss-Drs. 18(11)971, S. 56.

geeignet selbst steuern oder ihre Steuerungsmöglichkeit an geeignete Kollektivparteien auf der betrieblichen Ebene delegieren."[549]

Thüsing gab zu bedenken, dass für die Arbeitgeber die Mehranreize „vielleicht gar nicht so deutlich" seien, denn für sie würde es weiterhin kein einfaches „pay and forget" geben. Mögliche Rechtsrisiken würden verbleiben, nur Finanzierungsrisiken verschwänden. Explizit wies er hin auf Auslegungsrisiken und Haftungsrisiken bei unzureichender Information. Dies seien die Risiken mit der wohl größten Praxisrelevanz.[550]

Arteaga adressierte die Beteiligung an Durchführung und Steuerung in seiner Stellungnahme nicht. Im Übrigen äußerte er sich in sehr wohlwollendem Ton über den Gesetzentwurf.[551] Es ist daher davon auszugehen, dass er die in dem zusammen mit *Hanau* vorgelegten Überlegungen zum Beteiligungsgebot[552] in dem Referentenentwurf als in ausreichendem Maße umgesetzt einschätzt.

Der Bundesarbeitgeberverband Chemie e.V. schlug in seiner Stellungnahme Nachbesserungen des Gesetzestextes vor. Es sei ein gewisser Spielraum für Detailregelungen der Sozialpartner notwendig. Dies gelte insbesondere für den Punkt, wie die Sozialpartner „die Einrichtungen der betrieblichen Altersversorgung mit steuern sollen."[553] Konkret sollten „Mandatierungsoptionen für die Beteiligung der Sozialpartner an der Steuerung von Einrichtungen" im Gesetz geregelt werden.[554] Insbesondere für betriebliche Einrichtungen müssten diese Aufgaben an die Betriebsparteien weitergegeben werden können. Eine direkte und ausreichend intensive Beteiligung der tarifvertragsschließenden Organisationen sei in einer Vielzahl von betrieblichen Einrichtungen bei realistischer Betrachtung nicht möglich, und biete keinen Mehrwert. Dort, wo gut organisierte und erfahrene betriebliche Partner existierten, könnten diese die Aufgaben in der Regel besser wahrnehmen. Dies sei auch im Hinblick auf Konzernunternehmen mit einheitlichen betrieblichen Versorgungseinrichtungen und Tätigkeitsfeldern, die unterschiedlichen Tarifbereichen angehörten, notwendig. Positiv bewertet wurde die Stelle in der Begründung des Gesetzentwurfs, wonach die Tarifvertragsparteien auch Dritte mit der Erfüllung des

549 Ausschuss-Drs. 18(11)971, S. 60 f.
550 Ausschuss-Drs. 18(11)971, S. 66 ff.
551 „Der Entwurf zum Betriebsrentenstärkungsgesetz ist zu begrüßen", vgl. Ausschuss-Drs. 18(11)971, S. 74.
552 Vgl. hierzu *Hanau/Arteaga*, Rechtsgutachten, S. 39.
553 Ausschuss-Drs. 18(11)971, S. 88.
554 Ausschuss-Drs. 18(11)971, S. 88.

Beteiligungsgebots beauftragen könnten. Notwendig sei es aber dennoch, den Gesetzestext selbst in § 21 BetrAVG-E um eine entsprechende Mandatierungsoption zu ergänzen.[555]

Von der Gewerkschaft ver.di wurde in ihrer Stellungnahme hinsichtlich der Beteiligung an Durchführung und Steuerung kein Nachbesserungsbedarf gesehen. Die wegfallende Subsidiärhaftung sah sie durch die Kombination von Tarifexklusivität und Sicherungsbeitrag sowie durch kollektive Sparmodelle in Anspar- und Rentenbezugsphase gesichert. Sie schlug lediglich vor, die Stellung eines Sicherungsbeitrags als gesetzliche Verpflichtung auszugestalten.[556] Es müssten jedoch die Mitbestimmungsrechte der Beschäftigten hinsichtlich der Auswahl des Durchführungsweges und des externen Versorgungsträgers sowie der Gestaltung des Leistungsplans gesichert werden. Betriebs- und Personalräte sollten hierzu ein Initiativrecht erhalten.[557]

4) Ausschussanhörung vom 27. März 2017

Auch in der öffentlichen Anhörung des Ausschusses für Arbeit und Soziales zum Entwurf des Betriebsrentenstärkungsgesetzes am 27. März 2017 kam das Beteiligungsgebot zur Sprache.

Vonseiten der deutschen Arbeitgeberverbände wurden kritische Anmerkungen zum Beteiligungsgebot geäußert. Es sei zu befürchten, dass es zu einer „Kannibalisierung" von schon seit Langem bestehenden betrieblichen Einrichtungen kommen könne.[558] Daher wurde vorgeschlagen, in Tarifverträgen auch die Möglichkeiten einzuräumen, das Beteiligungsgebot an die im Betrieb Verantwortlichen delegieren zu können.

Aus dem Deutschen Gewerkschaftsbund wurde darauf hingewiesen, dass das Einstehen der Tarifvertragsparteien für die Versorgungszusage im Hinblick auf die Akzeptanz bei den Arbeitnehmern von enormer Bedeutung sei. Hierzu würde auch die Beteiligung an Durchführung und Steuerung zählen.[559] Fernerhin wurde sich dahin gehend geäußert, dass auch aufgrund des Beteiligungsgebots reine Beitragszusagen, die nicht in gemeinsamen Einrichtungen

---

555 Ausschuss-Drs. 18(11)971, S. 89.

556 Ausschuss-Drs. 18(11)971, S. 110 f.

557 Ausschuss-Drs. 18(11)971, S. 111.

558 *Gunkel*, Bundesvereinigung der Deutschen Arbeitgeberverbände, Wortprotokoll der 110. Sitzung des Ausschuss für Arbeit und Soziales, Ausschuss-Protokoll-Nr. 18/110, S. 1806 f.

559 *Schminke*, Deutscher Gewerkschaftsbund, Ausschuss-Protokoll-Nr. 18/110, S. 1809 f.

durchgeführt werden, ebenfalls von den erleichterten Voraussetzungen der Allgemeinverbindlicherklärung in § 5 TVG erfasst sein sollten. Dies würde tatsächlich zu einer Verbreitung der betrieblichen Altersversorgung in kleinen und mittleren Unternehmen beitragen.[560] Dieser Punkt wurde zudem durch Vertreter der Wissenschaft unterstützt.[561]

Seitens des Deutschen Gewerkschaftsbundes wurde weiter erklärt, dass das Sozialpartnermodell eine gute Möglichkeit biete, da die Sozialpartner bei der Durchführung und Steuerung des Modells „ständig präsent“ seien und damit auch schnell „umsteuern“ könnten.[562] So sei es unverzichtbar, dass die Tarifvertragsparteien die reine Beitragszusage nach § 1 Abs. 2 Nr. 2a BetrAVG „selbst steuern und das so austariert steuern, dass sie das mit den Versorgungsträgern auch hinbekommen.“ Dies sei entscheidend und könne daher auch nicht delegiert werden. Es sei „unsere Pflicht und Schuldigkeit“[563], dieses für die eigenen Mitglieder zu leisten. Die Gewerkschaften trügen die Verantwortung und mithin auch das Risiko, dass mögliche Fehler dann auf die Gewerkschaften zurückschlügen.[564]

5) *Beratungen und Abstimmung im Bundestag*

Es ist ein genauerer Blick auf die Beratungen zum Betriebsrentenstärkungsgesetz zu werfen. Im Folgenden soll untersucht werden, wie das im Gesetzentwurf enthaltene Beteiligungsgebot in § 21 Abs. 1 BetrAVG-E von den Abgeordneten des Deutschen Bundestags aufgefasst wurde. Die relevanten Beiträge sind daher zunächst im Wortlaut in den Blick zu nehmen.

In der ersten Beratung des Gesetzentwurfs zum Betriebsrentenstärkungsgesetz hat das Beteiligungsgebot bereits einigen Raum eingenommen. Die Aussprache eröffnete *Nahles*. Sie äußerte sich in ihrem Wortbeitrag zur Beteiligungsgebot wie folgt:

> *Außerdem sorgen wir dafür, dass die Sozialpartner im Rahmen der Betriebsrenten* ***dauerhaft mit in die Verantwortung genommen werden. Sie müssen sich an der Durchführung und Steuerung der neuen Betriebsrenten beteiligen, entweder durch eigene Einrichtungen oder Mitwirkung in bestehenden Einrichtungen****. Das ist ein Grund,*

---

560 *Nielebock*, Deutscher Gewerkschaftsbund, Ausschuss-Protokoll-Nr. 18/110, S. 1812.

561 *Thüsing*, Ausschuss-Protokoll-Nr. 18/110, S. 1812.

562 *Nielebock*, Ausschuss-Protokoll-Nr. 18/110, S. 1817.

563 Von *Kisters-Kölkes* als „‚verdammte‘ Pflicht und Schuldigkeit“ zitiert, vgl. *Kisters-Kölkes*, Festschrift Uebelhack, S. 221, S. 233 f.

564 Ausschuss-Protokoll-Nr. 18/110, S. 1817.

warum dieses Modell, das, als wir es vor zwei Jahren vorgeschlagen haben, in der gesamten Szene massive Kritik ausgelöst hatte, am heutigen Tag auf den Weg gebracht werden kann. ***Dass sich die Sozialpartner an der Durchführung und Steuerung der neuen Betriebsrenten beteiligen müssen, das ist etwas wirklich Neues.*** *Damit wollen wir sachgerechte und angemessene Betriebsrenten erreichen.*[565]

[Hervorhebungen durch den Verfasser]

Weiß kritisierte zunächst den aus seiner Sicht diffamierenden Wortbeitrag der Fraktion die LINKE durch *Birkwald:*

Was der Kollege Birkwald von den Linken hier vorgetragen hat, ist schlichtweg unglaublich. Er hat dieses Modell als „Pokerrente" diffamiert.
(Matthias W. Birkwald [DIE LINKE]: Zielrente ist Pokerrente!)
Um es jedem zu erklären: Es geht darum, dass die jeweiligen Arbeitgeberverbände und die zuständigen Gewerkschaften miteinander ***einen Tarifvertrag abschließen, in dem sie die Details regeln****, wie die betriebliche Altersversorgung organisiert und finanziert wird.*[566]

[Hervorhebungen durch den Verfasser]

Meister zeigte sich verwundert über Äußerungen der Opposition, die er als Misstrauen gegenüber den Sozialpartnern identifizierte:

Ich habe mich schon gewundert, dass gerade Linkspartei und Grüne hier ihr Misstrauen gegen die Verantwortungsbereitschaft der Tarifparteien formulieren. Ich kann das gar nicht in meinen Kopf kriegen. ***Wir vertrauen den Tarifpartnern– eindeutig.***[567]

[Hervorhebungen durch den Verfasser]

Kapschack machte deutlich, dass er einen Gestaltungsspielraum der Sozialpartner sehe:

Liebe Kolleginnen und Kollegen, mit diesem Gesetzentwurf stärken wir die Rolle der Tarifvertragsparteien und ***geben ihnen mehr Spielraum, in Tarifverträgen betriebliche Altersversorgung zu gestalten.*** *Sie, die Tarifpartner, wissen am besten, was betriebs- und branchenspezifisch geregelt werden kann und geregelt werden muss.*[568]

[Hervorhebungen durch den Verfasser]

Von den Rednern der Oppositionsfraktionen die LINKE und Bündnis 90/Die Grünen lassen sich leider keine explizit auf das Beteiligungsgebot zielenden

---

565 *Andrea Nahles*, Bundesministerin für Arbeit und Soziales, SPD, BT-Plenarprotokoll 18/222, S. 24055 f.

566 *Peter Weiß*, MdB, CDU/CSU, BT-Plenarprotokoll 18/222, S. 22387.

567 *Michael Meister*, Parlamentarischer Staatssekretär, BMF, BT-Plenarprotokoll 18/222, S. 22391 f.

568 *Ralf Kapschack*, MdB, SPD, BT-Plenarprotokoll 18/222, S. 22393.

Äußerungen finden. Dies liegt für die Fraktion die LINKE darin begründet, dass sie das Betriebsrentenstärkungsgesetz schon aufgrund des Garantieverbots und des Fehlens verpflichtender Arbeitgeberbeiträge ablehnte.[569] Die Fraktion Bündnis 90/Die Grünen kritisiert hauptsächlich, dass aufgrund der zu geringen Tarifbindung die Regelungen des Betriebsrentenstärkungsgesetzes aus ihrer Sicht viele besonders bedürftige Arbeitnehmer nicht erreichen würden.[570] Durch die Redezeitbegrenzung aufgrund der geringen Größe der beide Oppositionsparteien verblieb diesen allerdings auch weniger Raum für eine dezidierte Auseinandersetzung mit Einzelproblemen.

In der zweiten und dritten Beratung des Betriebsrentenstärkungsgesetzes am 1. Juni 2017 kam das Beteiligungsgebot ebenfalls zur Sprache.

Nahles begann die Aussprache erneut mit Ausführungen zum Vertrauen der Regierungsfraktionen in die Sozialpartner:

> *Dass ein Tarifvertrag Voraussetzung für den neuen Weg ist, stellt sicher, dass Vereinbarungen getroffen werden, die zugleich im Sinne der Arbeitgeber, aber auch zum Nutzen der Beschäftigten sind.*
> *(Matthias W. Birkwald [DIE LINKE]: Wollen wir es hoffen!)*
> *Das schafft Akzeptanz für die neue Betriebsrente, und wir stärken damit die Tarifpartnerschaft in unserem Land ein weiteres Mal. [...]* ***Ich vertraue auf die Arbeit der BaFin, aber vor allem auf die Sozialpartnerschaft. Sie garantiert vernünftige und kostengünstige Betriebsrenten.*** *Mein Eindruck ist übrigens, dass die Arbeitgeber und die Gewerkschaften die Chancen dieser neuen Form der Betriebsrente längst erkannt haben.*[571]

[Hervorhebungen durch den Verfasser]

Schiewerling macht in einem längeren Absatz die Überlegungen der am Gesetzgebungsprozess beteiligten Mitglieder der Koalition deutlich:

> *Es stellt sich natürlich die Frage, was wir verbessern können, um weitere Hemmnisse zu beseitigen. So ist die Idee der sogenannten Rente der Tarifpartner entstanden.* ***Die Tarifpartner sollen Versorgungseinrichtungen etablieren können, um für Erleichterungen zu sorgen.*** *[...] Hier sollen durch eine exzellente Aufsicht, durch verantwortliches Handeln der Tarifpartner und durch Unterstützung der BaFin Gelder am Kapitalmarkt ertragreicher angelegt werden.*[572]

[Hervorhebungen durch den Verfasser]

Mast machte deutlich, dass die Regierungskoalition den Sozialpartnern vertraue:

569 Vgl. hierzu die Ausführungen von *Birkwald*, BT-Plenarprotokoll 18/222, S. 22384 ff.
570 Vgl. hierzu die Ausführungen von *Kurth*, BT-Plenarprotokoll 18/222, S. 22388 ff.
571 2. Beratung des Betriebsrentenstärkungsgesetzes, BT-Plenarprotokoll 18/237, S. 24055.
572 *Karl Schiewerling*, MdB, CDU/CSU, BT-Plenarprotokoll 18/237, S. 24058.

Unser roter Faden in dieser Legislatur ist, dass wir nicht auf die Schiene individueller Verträge setzen, sondern ***dass wir unseren Gewerkschaften und den Arbeitgeberverbänden zutrauen, dass sie verantwortungsvoll mit dem Geld umgehen, das die Mitglieder für die betriebliche Altersvorsorge investieren.***[573]

[Hervorhebungen durch den Verfasser]

Zech nutzte seinen Redebeitrag für einen Appell an die Verantwortung der Sozialpartner:

Das Grundprinzip der betrieblichen Altersvorsorge war immer die Haftung des Arbeitgebers: arbeitnehmerfinanziert, arbeitgeberorganisiert, aber der Arbeitgeber haftete auch. Man hat sich entschieden, mit diesem Gesetzentwurf davon abzurücken. Das geschah übrigens in Rücksprache mit allen Sozialpartnern. Auch die Arbeitgeberverbände und die Gewerkschaften wollen das. ***Ich kann ihnen nur zurufen: Seid euch bitte bewusst, welche Verantwortung ihr jetzt übernehmt, welche Verträge ihr abschließt und wie ihr kommuniziert!***[574]

[Hervorhebungen durch den Verfasser]

Weiß kritisierte die Wortwahl der Opposition und wies auf Sicherungsvorschriften hin:

Es kann eine Zielrente vereinbart werden, wodurch man auch in der Anlagepolitik größere Freiheiten hat als bisher. Das machen wir nicht, weil wir pokern oder Lotto spielen wollen. Solche Verdächtigungen sind, finde ich, eine Gemeinheit gegenüber den Gewerkschaften und den Arbeitgebern, die verantwortungsvoll mit Tarifverträgen umgehen. Sie sind schlicht eine Gemeinheit. Wir machen es vielmehr deshalb, weil wir den Arbeitgebern und den Gewerkschaften ermöglichen wollen, Modelle auszuprobieren, bei denen mehr Rendite, sprich: mehr Geld, für den einzelnen Arbeitnehmer und seine Betriebsrente herauskommt. ***Ich finde, wenn man das vernünftig organisiert – auch mit vernünftigen Sicherungsvorschriften –, dann ist das ein Weg, den man gehen kann.***[575]

[Hervorhebungen durch den Verfasser]

Ryglewski verband die Aufgaben der Sozialpartner mit der Finanzaufsicht durch die BaFin:

Dabei haben wir das Thema Finanzaufsicht berücksichtigt. Die BaFin wird genau beobachten, ob alle Punkte eingehalten werden, und im Zweifelsfall eingreifen. ***Ansonsten stehen die Sozialpartner mit ihrer Kompetenz dahinter.*** *Es ist mitnichten so – das ist der Unterschied zu Riester –, dass wieder in Versicherungen angelegt wird. Vielmehr erwarten wir, dass die Sozialpartner eigene Versorgungswerke aufbauen – Andrea Nahles hat es*

573 *Katja Mast*, MdB, SPD, BT-Plenarprotokoll 18/237, S. 24061.
574 *Tobias Zech*, MdB, CDU/CSU, BT-Plenarprotokoll 18/237, S. 24058.
575 BT-Plenarprotokoll 18/237, S. 24065.

> *vorhin gesagt – die haben Erfahrungen in diesem Bereich. Deswegen, glaube ich, kann man das auch im Auge behalten.*[576]

[Hervorhebungen durch den Verfasser]

Zum Abschluss der Beratung gab *Rosemann* noch zu bedenken:

> *Meine Damen und Herren, ich will zum Schluss noch eines deutlich machen: Dieses Gesetz ist nicht am grünen Tisch entstanden, sondern dieses* ***Gesetz ist mit den Sozialpartnern entwickelt worden, weil sie wesentliche Teile dieses Gesetzes umsetzen müssen.***[577]

[Hervorhebungen durch den Verfasser]

Im Anschluss an die zweite Beratung wurde der Gesetzentwurf in der Ausschussfassung angenommen, in der unmittelbar folgenden dritten Beratung wurde er mit den Stimmen der Koalitionsfraktionen gegen die Stimmen der Oppositionsfraktionen angenommen.[578]

6) Zustimmung des Bundesrats

Der Bundesrat hat dem Betriebsrentenstärkungsgesetz am 7. Juli 2017 zugestimmt. Im Rahmen des Durchgangs kam es zu zwei Wortbeiträgen, die jedoch nicht auf das Beteiligungsgebot eingingen.[579]

7) Zusammenfassung

Bei Betrachtung aller im Gesetzgebungsprozess zum Beteiligungsgebot ergangenen Wortbeiträgen ergibt sich kein durchweg einheitliches Bild. Dennoch lassen sich bestimmte Grenzlinien ziehen, was aus Sicht der Abgeordneten des Deutschen Bundestags vom Beteiligungsgebot aus § 21 Abs. 1 BetrAVG im Mindestmaß zu erwarten ist. Folgende Aspekte traten dabei aus Sicht des Verfassers besonders hervor:

---

576 *Sarah Ryglewski*, MdB, SPD, BT-Plenarprotokoll 18/237, S. 24067.

577 *Martin Rosemann*, MdB, SPD, BT-Plenarprotokoll 18/237, S. 24069.

578 BT-Plenarprotokoll 18/237, S. 24070.

579 *Heike Werner*, Ministerin für Arbeit, Soziales, Gesundheit, Frauen und Familie, Thüringen, kritisierte, dass lediglich Arbeitgeber und Versicherungswirtschaft von dem Betriebsrentenstärkungsgesetz profitierten, Arbeitnehmer hingegen durch den Wegfall der Garantien und Belastungen für ihre gesetzlichen Rentenansprüche das Nachsehen hätten; *Manfred Lucha*, Minister für Soziales und Integration, Baden-Württemberg, begrüßte das Gesetz, behielt sich aber auch Nachbesserungen vor; vgl. 2. Durchgang und Abstimmung des Bundesrates über das Betriebsrentenstärkungsgesetz, BR-Plenarprotokoll 959, S. 344 ff.

a) Betriebsrentenrechtliches Novum

In Wortbeiträgen wurde betont, dass es sich bei dem Beteiligungsgebot um eine Neuentwicklung handele, die es in vergleichbarer Form in der bisherigen Betriebsrentenlandschaft noch nicht gab.[580]

Damit kann zunächst nicht das Maß der bereits existierenden Beteiligungen von Tarifvertragsparteien an gemeinsamen Einrichtungen gemeint sein. Denn in diesen haben die Tarifvertragsparteien regelmäßig satzungsgemäße und tarifvertragliche Rechte und Pflichten, die über den möglichen Inhalt des Beteiligungsgebots in § 21 Abs. 1 BetrAVG ohnehin wohl bereits hinausgehen dürften.[581] Vielmehr dürfte die Neuerung in den einfachen Vertragsbeziehungen der Tarifvertragsparteien untereinander und zu den Versorgungseinrichtungen bestehen. Hier wird es verpflichtende Mechanismen geben müssen, die über die bereits existierenden freiwilligen Systeme hinausgehen.

b) Vertrauen in die Sozialpartner

Mehrere Abgeordnete betonen ihr Vertrauen in die Kompetenz der Sozialpartner, angemessene Lösungen herbeizuführen.[582] Dabei wurde jedoch auch deutlich, dass die Abgeordneten die Festlegung eines entsprechenden Korridors sowie die Kontrolle über die gefundenen Lösungen nicht ausschließlich den Sozialpartnern überlassen wollen. Als Korridor werteten sie die dazu erlassenen Sicherungsvorschriften,[583] über deren Einhaltung die BaFin wachen solle.[584] Das Vertrauen der Abgeordneten in die Sozialpartner erstreckt sich daher wohl weniger in deren Kompetenz zu fachlicher Aufsicht, sondern vielmehr auf deren Fähigkeit, eine vonseiten der Tarifbeschäftigten respektierte und akzeptierte Lösung herbeizuführen.

Das von den Abgeordneten geäußerte Vertrauen richtet sich dabei auch auf die Kompetenz und Fähigkeiten der Sozialpartner zum *Zeitpunkt der Beratungen*.

---

580 So etwa *Nahles*, BT-Plenarprotokoll 18/222, S. 24055 f.

581 Vgl. etwa zur Regelungstiefe der Tarifverträge zur SokaBau *Gramke/Schumacher*, BetrAV 2015, S. 395, 397.

582 *Meister*, BT-Plenarprotokoll 18/222, S. 22387; *Nahles*, BT-Plenarprotokoll 18/237, S. 24055;

583 Gemeint sind hier wohl diese in §§ 33 ff. PFAV, die ebenfalls durch das Betriebsrentenstärkungsgesetz eingeführt worden sind, vgl. *Weiß*, BT-Plenarprotokoll 18/237, S. 24065.

584 *Nahles*, BT-Plenarprotokoll 18/237, S. 24055; *Schiewerling*, BT-Plenarprotokoll 18/237, S. 24058; *Ryglewski*, BT-Plenarprotokoll 18/237, S. 24067.

Nicht geäußert wurde die Erwartung, dass sich die Sozialpartner erst umfassende Kenntnisse und Kompetenzen in allen Einzelheiten der Kapitalanlage aneignen müssten und ihnen dann erst zu einem späteren Zeitpunkt zu vertrauen sei.[585]

Auch eine als zulässig erachtete teilweise Beauftragung Dritter, um dem Beteiligungsgebot Rechnung zu tragen ändert hieran nichts.

Vielmehr ist sowohl dem Entwurfsverfasser des Gesetzentwurfs zum Betriebsrentenstärkungsgesetz,[586] den Abgeordneten des Deutschen Bundestags sowie auch der Bundesregierung[587] eine gewisse Erwartung anzumerken, dass in Tarifabschlüssen die reine Beitragszusage nach § 1 Abs. 2 Nr. 2a BetrAVG bereits in den nächsten Monaten oder zumindest in den ersten Jahren nach Einführung des Betriebsrentenstärkungsgesetzes vereinbart werden sollten.

c) *Gestaltungsfreiheit*

Besonders herausgestellt wurde die den Sozialpartnern zu gewährende Gestaltungsfreiheit, die aus dem von den Abgeordneten gehegten Vertrauen fließe.[588] Diese Gestaltungsfreiheit bringe zwar auch Verantwortung für die Sozialpartner mit sich. Aus Sicht der Parlamentarier explizit erwähnt bezieht sich dies jedoch lediglich auf die Auswahl der Vertragspartner sowie die Kommunikation mit den Versorgungsberechtigten.[589]

Die Gestaltungsfreiheit bezieht sich dabei insbesondere auch auf die Form der Regelung, nachdem die Formvorschrift aus § 17b Abs. 1 BetrAVG-E nicht in den Gesetzentwurf und den späteren § 21 Abs. 1 BetrAVG übernommen worden ist.[590] Denn aus der genetischen Betrachtung wird sehr deutlich, dass die Beteiligung selbst jedenfalls nicht mehr in der Form eines Tarifvertrags vereinbart werden soll. § 21 Abs. 1 BetrAVG hat bewusst das im BMAS-Gutachten in § 17b Abs. 1 BetrAVG-E vorgeschlagene Formerfordernis des Tarifvertrags nicht übernommen. Die Tarifvertragsparteien sind also auch insoweit frei, dass sie die notwendigen Regelungen, die das Beteiligungsgebot von ihnen verlangt, auch

585 In diese Richtung auch *Stiller*, Tarifliche Altersversorgung gemeinsam gestalten – Zur Rolle der Tarif-vertragsparteien, BetrAV 2017, S. 657 f.

586 BT-Drs. 18/11286, S. 1, 34.

587 Antwort der Bundesregierung auf die Kleine Anfrage der Abgeordneten Markus Kurth, Dr. Wolfgang Strengmann-Kuhn, weiterer Abgeordneter und der Fraktion BÜNDNIS 90/DIE GRÜNEN, BT-Drs. 19/9361, S. 3.

588 *Weiß*, BT-Plenarprotokoll 18/237, S. 24065 f.

589 *Weiß*, BT-Plenarprotokoll 18/237, S. 24065.

590 Vgl. hierzu noch *Hanau/Arteaga*, Rechtsgutachten, S. 80.

einfach-vertraglich in Form eines dreiseitigen Vertrags gemeinsam mit der Versorgungseinrichtung abschließen können.

In das von den Abgeordneten gezeichnete Bild lassen sich auch die von den Sachverständigen in der Ausschussanhörung geäußerten Bedenken im Rahmen der Gestaltungsfreiheit der Sozialpartner einfügen.[591] Klar wird aber auch, dass es bei der erwähnten, bereits bisher praktizierten freiwilligen Information der Sozialpartner durch die Versorgungseinrichtung nicht bleiben kann. Ein zumindest in dieser Hinsicht neues, verpflichtendes Regime dürfte von allen Abgeordneten erwartet worden sein. Die Berücksichtigung der bereits erprobten und bewährten betrieblichen Systeme dürfte den Abgeordneten im Rahmen der Gestaltungsfreiheit ebenfalls denkbar und durchaus wünschenswert erscheinen. Insofern sind die Bedenken hinsichtlich einer „Kannibalisierung“ betrieblicher Systeme zumindest impliziert adressiert worden.[592] Auch die seitens der Gewerkschaften geäußerten Erwartungen an ein Beteiligungssystem sind zwanglos mittels der den Sozialpartnern zur Verfügung stehenden Gestaltungsfreiheit im Sinne der Abgeordneten zu implementieren.[593] Sie sind jedoch im Rahmen der Beratungen nicht als obligatorisch erwähnt worden.

Nicht ganz ins Bild passt die Äußerung, es gehe darum, dass durch die Sozialpartner Tarifverträge abzuschließen seien, in denen sie die „Details regeln, wie die betriebliche Altersversorgung organisiert und finanziert wird“.[594] Das Beteiligungsgebot dürfte jedenfalls hiermit nicht mehr gemeint gewesen sein, sieht doch § 21 Abs. 1 BetrAVG im Gegensatz zu § 17b Abs. 1 BetrAVG-E gerade keine Notwendigkeit der Form des Tarifvertrags für die Regelung des Beteiligungsgebots vor. Insofern wurden auch die Bedenken des Deutschen Gewerkschaftsbunds nicht mit aufgenommen. Möglicherweise könnte diese Äußerung als Replik auf die von der Opposition geäußerte Kritik der „Pokerrente“ zu verstehen sein und so als Hinweis darauf, dass durch die Sozialpartner Anlagegrundsätze vereinbart werden können.

IV. Teleologische Auslegung

Zuletzt sind objektiver Sinn und Zweck der Regelung zu ergründen.[595] Konkret ist hier zunächst nach dem vom Gesetzgeber mit der Norm verfolgten *objektiven*

591 Siehe oben Kapitel 4B.III.3), vgl. auch Ausschuss-Drs. 18(11)971, S. 56.

592 Siehe oben Kapitel 4B.III.4), vgl. auch Ausschuss-Protokoll-Nr. 18/110, S. 1806 f.

593 Siehe oben Kapitel 4B.III.4), vgl. auch Ausschuss-Protokoll-Nr. 18/110, S. 1817.

594 *Weiß*, BT-Plenarprotokoll 18/237, S. 22387.

595 Zu den im Rahmen der teleologischen Auslegung vertretenen objektiven und subjektiven Theorien vgl. *Rüthers/Fischer/Birk*, Rechtstheorie, Rn. 796 ff.

Zweck zu fragen und danach, ob und wie die Norm diesen Zweck *sachgemäß* erfüllt.[596]

1) Untersuchung des Normzwecks

a) Zweck des Betriebsrentenstärkungsgesetzes

Der objektive Zweck des Gesetzgebers, den er mit allen durch das Betriebsrentenstärkungsgesetz in das BetrAVG eingeführten Normen verfolgt, also auch § 21 Abs. 1 BetrAVG, ergibt sich bereits recht eindeutig aus der Bezeichnung des Änderungsgesetzes, mit dem er in das BetrAVG eingeführt wurde, nämlich dem Gesetz zur Stärkung der betrieblichen Altersversorgung, auch kurz *Betriebsrentenstärkungsgesetz.*[597]

Im Gesetzentwurf konstatiert der Entwurfsverfasser als Problem und Ziel des Gesetzes:

> *Betriebsrenten sind noch nicht ausreichend verbreitet. Besonders in kleinen Unternehmen und bei Beschäftigten mit niedrigem Einkommen bestehen Lücken. Deshalb sind weitere Anstrengungen und auch neue Wege notwendig, um eine möglichst weite Verbreitung der betrieblichen Altersversorgung und damit verbunden ein höheres Versorgungsniveau der Beschäftigten durch kapitalgedeckte Zusatzrenten zu erreichen.*[598]

Als übergeordneten Normzweck aller durch das Betriebsrentenstärkungsgesetz in das BetrAVG eingeführten Normen lässt sich die möglichst weite Verbreitung der betrieblichen Altersversorgung mittels einfacher, effizienter, kostensicherer und auf die Bedürfnisse von Unternehmen und Beschäftigten zugeschnittener Versorgungssysteme erkennen.[599]

Zum Zeitpunkt dieser Bearbeitung ist allerdings zu konstatieren, dass das Gesetz diesen Zweck bislang nicht erfüllt hat. Ausweitungen der betrieblichen Altersversorgung sind nicht erkennbar. Bis zum Jahr 2020 war noch keine einzige reine Beitragszusage nach § 1 Abs. 2 Nr. 2a BetrAVG in Tarifverträgen umgesetzt.

---

596 *Larenz/Canaris*, Methodenlehre der Rechtswissenschaft, S. 153 f.

597 Gesetz zur Stärkung der betrieblichen Altersversorgung und zur Änderung anderer Gesetze (Betriebsrentenstärkungsgesetz) vom 17.08.2017, (BGBl. I S. 3214).

598 BT-Drs. 18/11286, S. 1.

599 BT-Drs. 18/11286, S. 1.

b) Zweck des § 21 Abs. 1 BetrAVG

Konkreter Zweck der Norm § 21 Abs. 1 BetrAVG selbst ist die Erhöhung der Akzeptanz des Modells bei den Beschäftigten, indem eine gewisse Kompensation für wegfallende Garantien der Versorgungseinrichtungen sowie der Arbeitgeber geschaffen werde soll.[600] Die Sozialpartner sollen an der Entwicklung bzw. dem Fortgang der von ihnen vereinbarten Lösung ein dauerhaftes Interesse gewinnen.[601] Hierfür spricht insbesondere die nachfolgende Textstellen aus der Gesetzesbegründung:

> *Mit der zwingenden Anknüpfung der reinen Beitragszusage an einen Tarifvertrag und mit der Beteiligung der Sozialpartner an der Durchführung und Steuerung der neuen Betriebsrente wird deren Charakter als betriebliche Sozialleistung betont,* ***was die Akzeptanz solcher Systeme bei den Beteiligten erhöht.***[602]

[Hervorhebungen durch den Verfasser]

2) Sachgerechte Umsetzung des Normzwecks

Der Entwurf des Gesetzgebers enthält auch Überlegungen zu einer sachgerechten Umsetzung des Normzwecks:

> *Wenn die Sozialpartner künftig vereinbaren, dass Betriebsrentenzusagen in der Form reiner Beitragszusagen erfolgen, müssen sie sich an der Durchführung und Steuerung dieser Betriebsrenten beteiligen. Das kann im Rahmen gemeinsamer Einrichtungen nach dem Tarifvertragsgesetz erfolgen. Es reicht aber auch aus, wenn die Sozialpartner in bestehenden Einrichtungen der betrieblichen Altersversorgung (Pensionskassen, Pensionsfonds, Direktversicherungen) Möglichkeiten erhalten, auf die Durchführung der neuen betrieblichen Altersversorgung* ***einzuwirken.***[603]

[Hervorhebungen durch den Verfasser]

> *Die Anforderung [an die Beteiligung an Durchführung und Steuerung]* ist aber zum Beispiel auch dann erfüllt, wenn die Sozialpartner im Aufsichtsrat der durchführenden Versorgungseinrichtung vertreten sind oder wenn sie durch eine Vertretung in spezifischen Gremien der Versorgungseinrichtung hinreichende Einflussmöglichkeiten auf das Betriebsrentensystem haben bzw. dieses mit steuern können.[604]

600 So auch Blomeyer/Otto/Rolfs/*Rolfs*, BetrAVG, § 21 Rn. 1.

601 Vgl. auch Höfer BetrAVG I/*Höfer*, Betriebsrentengesetz, § 21 Rn. 1; BeckOK ArbR/*Clemens*, BeckOK ArbR BetrAVG, § 21 Rn. 2; Blomeyer/Otto/Rolfs/*Rolfs*, BetrAVG, § 21 Rn. 1.

602 BT-Drs. 18/11286, S. 33.

603 BT-Drs. 18/11286, S. 32.

604 BT-Drs. 18/11286, S. 45.

[Hervorhebungen durch den Verfasser]

In der Begründung zu § 244c VAG, der Regelungen zur Anlage des Sicherungsbeitrags in Pensionsfonds (Nr. 1) und Pensionskassen und Direktversicherungen (Nr. 2) enthält, finden sich weitere Hinweise auf den Normzweck des § 21 Abs. 1 BetrAVG

> *Bei reinen Beitragszusagen müssen sich die Tarifvertragsparteien an der Steuerung der betrieblichen Altersversorgung beteiligen.* ***Dies schließt die Gestaltung der Kapitalanlage ein****. Daher ist ein gesondertes Sicherungsvermögen bzw. ein gesonderter Anlagestock (d. h. eine gesonderte Abteilung des Sicherungsvermögens) erforderlich. Je nach Ausgestaltung der Tarifverträge, die ggf. eine differenzierte Durchführung der reinen Beitragszusage vorsehen, können mehrere Sicherungsvermögen bzw. Anlagestöcke erforderlich sein.*
> *Bei reinen Beitragszusagen richtet sich die Vermögensanlage unter* ***Mitwirkung der Sozialpartner*** *nach den vertraglichen Vereinbarungen.*[605]

[Hervorhebungen durch den Verfasser]

Der Entwurfsverfasser hat somit zum einen zwei erläuternde Begriffe in die Gesetzesbegründung aufgenommen – *Mitwirkung* und *einwirken* – sowie zwei Beispiele einer Beteiligung genannt – Aufsichtsrat und spezifische Gremien –, die er auch mit Voraussetzungen versehen hat – hinreichende Einflussmöglichkeiten auf das Betriebsrentensystem haben bzw. dieses mit steuern zu können.

In einem ersten Schritt sind nun diese Vorstellungen des Entwurfsverfassers genauer zu untersuchen, in einem zweiten geht es darum, diese mit den oben erlangten Erkenntnissen abzugleichen.

a) Vorschläge aus der Gesetzesbegründung

Mitwirkung bedeutet nach allgemeinem Sprachgebrauch mit einem oder einer anderen zusammen bei der Durchführung o.Ä. von etwas wirken, tätig sein; mitarbeiten, als Mitspieler bei etwas dabei sein, bei etwas mit eine Rolle spielen; mit eine Wirkung haben.[606] *Einwirken* bedeutet jemanden oder etwas gezielt beeinflussen; Einfluss nehmen; eine bestimmte, die Veränderung von etwas herbeiführende Wirkung ausüben.[607]

Der Entwurfsverfasser hat demnach vorgesehen, dass die Sozialpartner in einer Weise mitarbeiten, die eine Wirkung auf das Endergebnis haben kann,

---

605 BT-Drs. 18/11286, S. 54.

606 Bedeutungen von „mitwirken", in: Duden Online, abrufbar unter https://www.duden.de/rechtschreibung/mitwirken, zuletzt abgrufen am 10. Dezember 2021.

607 Bedeutungen von „einwirken", in: Duden Online, abrufbar unter https://www.duden.de/rechtschreibung/einwirken, zuletzt abgrufen am 10. Dezember 2021.

aber nicht zwingend haben muss. Sie können eine Veränderung herbeiführen. Letztlich reicht auch für das Einwirken schon ein bloßes Mitarbeiten und tätig werden aus. Um tatsächlich das Endergebnis zu beeinflussen, sind weder einwirken noch Mitwirkung zwingend vorausgesetzt.

Zu den vom Entwurfsverfasser gemachten Vorschlägen sind nur hinsichtlich des *spezifischen Gremiums* genauere Betrachtungen angezeigt. Die Einsetzung von Vertretern der Sozialpartner in dem Aufsichtsrat ist konkret und bedarf keiner genaueren Bestimmung, auch wenn diesem Vorschlag in der Praxis nicht unbeträchtliche Bedenken entgegenstehen.[608]

Für das spezifische Gremium wird zur Voraussetzung gemacht, dass dieses „hinreichende Einflussmöglichkeiten auf das Betriebsrentensystem haben bzw. dieses mit steuern können" müsse.[609] Dies bleibt jedoch auch in der Gesetzesbegründung weiter unbestimmt und wird nicht weiter konkretisiert.

b) Korrektur durch die übrigen Auslegungserkenntnisse

Diese Begründung durch den Entwurfsverfasser, insbesondere die Erläuterung eines unbestimmten Rechtsbegriffs mittels weiterer unbestimmter Rechtsbegriffe, dürfte ihren Beitrag dazu geleistet haben, die Verbreitung der betrieblichen Altersversorgung durch reine Beitragszusagen nach § 1 Abs. 2 Nr. 2a BetrAVG zu hemmen.

In dieser Hinsicht bedarf die Gesetzesbegründung im Rahmen der Auslegung daher einer durch die übrigen Auslegungsmethoden vermittelten Korrektur. Der Rückgriff auf die Gesetzesbegründung im Gesetzesentwurf ist nur ein Baustein der teleologischen Auslegung. Nach dem BVerfG sei für die Auslegung einer Gesetzesvorschrift der in diesem zum Ausdruck kommenden, objektivierten Willen des Gesetzgebers maßgebend, so wie er sich aus dem Wortlaut der Gesetzesbestimmung und dem Sinnzusammenhang ergebe, in den diese hineingestellt sei.[610] Nicht entscheidend sei hingegen die bloß subjektive Vorstellung der am Gesetzgebungsverfahren beteiligten Organe oder einzelner ihrer Mitglieder über die Bedeutung der Bestimmung. Der Entstehungsgeschichte einer Vorschrift komme daher für deren Auslegung nur insofern Bedeutung zu, als sie die Richtigkeit einer nach den angegebenen Grundsätzen ermittelten Auslegung

608 Siehe hierzu zutreffend die Bedenken von *Diller*, BetrAV 2018, S. 601, 603; *Bürkle*, BB 2017, S. 713, 714.

609 BT-Drs. 18/11286, S. 45.

610 So schon BVerfG, Urteil vom 21.05.1952 – 2 BvH 2/52, BVerfGE 1, 299.

bestätigte oder Zweifel behebe, die auf dem angegebenen Weg allein nicht ausgeräumt werden könnten.[611]

Die Begründung eines Referentenentwurfs erwächst bei Abstimmung über das Gesetz nicht in Rechtskraft. Sie kann daher auch nur als ein Anhaltspunkt zur Erforschung des tatsächlichen Gehalts der Norm dienen.[612] Zwar wurde der Referentenentwurf ohne entscheidende Änderungen durch den Bundesrat zum Gesetzentwurf der Bundesregierung.[613] Durch die Änderung im Verlauf des parlamentarischen Verfahrens, insbesondere durch die Arbeit des Ausschusses für Arbeit und Soziales, wurde nicht zuletzt der § 21 BetrAVG durch das Neueinfügen der Absätze 2 und 3 zu einem anderen Gesetzentwurf als der Referentenentwurf, auch wenn an § 21 Abs. 1 BetrAVG über die Änderung der Überschrift hinaus keine unmittelbaren Veränderungen vorgenommen worden sind.

Teilweise werden die Hinweise in der Gesetzesbegründung dergestalt verstanden, dass rechtliche Eingriffskompetenzen nicht bestehen müssten, aber das Gremium auf der Basis regelmäßiger zuverlässiger Informationen in der Lage sein müsste, beratend einzuwirken und als letztes Mittel in Schieflage geratene Systeme beenden zu können.[614]

Dem ist mit Einschränkungen zuzustimmen. Zutreffend dürfte sein, dass konkrete Eingriffskompetenzen nicht vorliegen müssen. Hierfür spricht wie oben gezeigt der Wortlaut der Norm. Eine *Beteiligung* an der Durchführung und Steuerung *kann* heißen, dass sich die Sozialpartner Eingriffsmechanismen ausbedingen. Es ist aber keine Voraussetzung, um von einer *Beteiligung* sprechen zu können.

Auch haben die Ausführungen des Entwurfsverfassers in den Beratungen der Abgeordneten des Deutschen Bundestags, wie oben gezeigt, keinen Widerklang gefunden. Stattdessen wurde von den Abgeordneten mehrmals die Gestaltungsfreiheit der Sozialpartner betont.[615] Verpflichtend zu regelnde Eingriffskompetenzen des spezifischen Gremiums würden gegen eine solche Gestaltungsfreiheit sprechen. Das Empfangen von regelmäßigen Informationen wird zutreffend zu den Kernaufgaben des Gremiums gehören müssen. Dies hat auch in einem

611 Vgl. BVerfG, Beschluss vom 25.01.2011 – 1 BvR 918/10, BVerfGE 128, 193; BVerfG 2 BvH 2/52, BVerfGE 1, 299.

612 So auch BGH, Beschluss 08.02.2011 – X ZB 4/10, BGHZ 188, 200; BGH, Beschluss vom 19.01.1993 – KVR 25/91, MDR 1993, 749.

613 *Arteaga/Veit/Baroch Castellvi*, Praxishandbuch BRSG, Teil A Rn. 41.

614 *Diller*, BetrAV 2018, S. 601, 603.

615 Siehe oben Kapitel 4B.III.5) mit genauen Nachweisen.

verpflichtenden Rahmen und auf Initiative der Sozialpartner stattzufinden. Wie bereits dargestellt wird eine rein freiwillige Information der Versorgungseinrichtung, wie dies auch bislang praktiziert wurde, nicht ausreichen.[616] Auch eine kongruente Information der Versorgungsberechtigten aus der reinen Beitragszusage nach § 1 Abs. 2 Nr. 2a BetrAVG durch die Sozialpartner dürfte zu den Kernaufgaben aus § 21 Abs. 1 BetrAVG zählen.

Letztlich wird ein spezifisches Gremium jedoch keine vollständige Beendigungsmöglichkeit als *ultima ratio* bei besonderer Schieflage des Versorgungssystems haben müssen. Es wird ausreichen, dass diese Möglichkeit nach allgemeinen Grundsätzen den entsprechenden Entscheidungsgremien der Sozialpartner selbst offensteht. Diese Möglichkeit können sie freilich nur in hinreichendem Maße ausüben, wenn ihnen durch das spezifische Gremium ausreichende Informationen zur Verfügung stehen. Die Delegation eines Kündigungsrechts als *ultima ratio* an das spezifische Gremium wird jedoch nicht zu verlangen sein.

3) Zusammenfassung

Zweck des § 21 Abs. 1 BetrAVG kann es nach teleologischer Betrachtung nicht sein, prohibitiv wirkende Anforderungen an das Ausmaß der Beteiligung nach § 21 Abs. 1 BetrAVG zu stellen. Stattdessen wird, um zum einen den Zweck der tatsächlichen Stärkung der betrieblichen Altersversorgung zu ermöglichen sowie eine gewisse Gewähr dafür zu bieten, dass anstelle der Garantie und der Subsidiärhaftung des Arbeitgebers eine zuverlässige Beteiligung der Sozialpartner tritt, eine regelmäßige Information der Sozialpartner durch die Versorgungseinrichtung und eine zeitnahe, in verständlichen Worten gefasste Information der Versorgungsberechtigten durch die Sozialpartner ausreichen.

C. Ergebnis der Auslegung

Nach der Auslegung des Wortlauts und der Grammatik, der Systematik, der Genese sowie des Sinns und Zwecks des *Sich-Beteiligens* nach § 21 Abs. 1 BetrAVG ergibt sich folgendes Bild:

Das Gebot aus § 21 Abs. 1 BetrAVG richtet sich auf eine Beteiligung, nicht unmittelbar auf eine Durchführung oder Steuerung und ist mithin als *Beteiligungsgebot* zu bezeichnen. Die Tarifvertragsparteien sind Adressaten des Gebots und Initiieren den Prozess der Beteiligung. Die Beteiligung muss aus einem Prozess bestehen, an dem alle Beteiligten mitwirken, dessen Ergebnis aber nicht

---

616 Siehe oben Kapitel 4B.III.7).

zwingend in einem konsensualen Beschluss liegen muss. Systematisch kann der Begriff an die Legaldefinition der Beteiligung von Arbeitnehmern in § 2 Abs. 8 SEBG und SCEBG anknüpfen. Hiernach ist eine Beteiligung jedes Verfahren, einschließlich der Unterrichtung, Anhörung und Mitbestimmung, durch das die Vertreter der Arbeitnehmer auf die Beschlussfassung in der Gesellschaft Einfluss nehmen können. Unerlässlicher Kernbestandteil des Beteiligens ist das Informieren. Dabei sind jedoch die betriebsrentenrechtlichen Besonderheiten der Pluralität des beteiligten Gremiums, der *Debtor*-Vertretung sowie der Initiierungspflicht des Gremiums Rechnung zu tragen.

Aus der Gesetzgebungsgeschichte ergeben sich die Erwartungen des Gesetzgebers, dass die Beteiligung nach § 21 Abs. 1 BetrAVG über die bisher im Betriebsrentenrecht gekannten Formen von Mitwirkung hinausgehen muss. Gleichzeitig ist der Begriff bewusst offen gelassen, um die aus dem Vertrauen des Gesetzgebers in die Sozialpartner fließende Gestaltungsfreiheit in der konkreten Umsetzung des Beteiligungsgebots zu ermöglichen. Ebenso ergibt sich aus der genetischen Auslegung, dass das Beteiligungsgebot nicht in Form eines Tarifvertrags vereinbart werden muss.

Aus der teleologischen Auslegung ergibt sich, dass das Maß der Anforderungen nicht prohibitiv hoch sein darf. Ebenfalls ergibt sich aus der Auslegung, dass die von dem Entwurfsverfasser in der Gesetzesbegründung gesetzte Erwartung, dass die Sozialpartner „hinreichende Einflussmöglichkeiten auf das Betriebsrentensystem haben bzw. dieses mit steuern können" müssten[617], im Hinblick auf die übrigen Auslegungsmethoden einschränkend verstanden werden muss. Entsprechende hinreichende Einflussmöglichkeiten stellen zwar zweifellos ein ausreichend hohes Maß an Beteiligung i.S.d. § 21 Abs. 1 BetrAVG dar, nicht jedoch das vom Gesetz verlangte Mindestmaß.

Insgesamt ist das *Sich-Beteiligen* des § 21 Abs. 1 BetrAVG mithin wie folgt zu verstehen:

Beteiligung der Tarifvertragsparteien bezeichnet jedes von den Tarifvertragsparteien initiierte und vereinbarte Verfahren – einschließlich der Unterrichtung, Anhörung und Mitbestimmung -, durch das die Vertreter der Sozialpartner auf die Beschlussfassung des Versorgungsträgers Einfluss nehmen können.

617 BT-Drs. 18/11286, S. 45.

D. Das erforderliche Maß an Beteiligung nach § 21 Abs. 1 BetrAVG

Es wird nunmehr in der Praxis auf die Frage ankommen, wie das so gewonnene Verständnis des Beteiligungsgebots nach § 21 Abs. 1 BetrAVG unter Berücksichtigung des Normzwecks der Verbreitung der betrieblichen Altersversorgung unter gleichbleibender oder steigender Akzeptanz der zu Versorgenden sachgerecht umgesetzt werden kann.

Es ist zunächst zu konstatieren, dass eine enge Auslegung des Beteiligungsgebots, das ein aktives Eingreifen erfordert und von Teilen der Literatur vertreten wird,[618] nicht zu einer sachgerechten Umsetzung geführt hat, denn für einen vollständigen Umsetzungsausfall dürfte das Urteil „nicht sachgerecht" nicht zu hart gewählt sein.

Aus den oben erlangten Erkenntnissen ist nun ein System der Mindestbeteiligung zu entwickeln, das den gesetzlichen Anforderungen vollumfänglich gerecht wird.

I. Beteiligung nach § 21 Abs. 1 BetrAVG in gemeinsamen Einrichtungen

Entscheiden sich die Sozialpartner dafür, die reine Beitragszusage nach § 1 Abs. 2 Nr. 2a BetrAVG durch gemeinsame Einrichtungen nach § 4 Abs. 2 TVG durchzuführen, ist dem Beteiligungsgebot aus § 21 Abs. 1 BetrAVG durch diese Wahl bereits Genüge getan,[619] unabhängig davon, ob die gemeinsame Einrichtung als Versorgungsträgermodell oder als Beitragseinzugsstellenmodell ausgestaltet ist.[620]

Denn da gemeinsame Einrichtungen nur bei paritätischer Besetzung der Organe durch die Tarifparteien gegeben sind,[621] sind die Tarifparteien hier bereits in ausreichendem Maße an der Steuerung und Durchführung der reinen Beitragszusage nach § 1 Abs. 2 Nr. 2a BetrAVG beteiligt.[622] Weitere

---

618 *Kisters-Kölkes*, Festschrift Uebelhack, S. 221.

619 Höfer BetrAVG I/*Höfer*, Betriebsrentengesetz, § 21 Rn. 11 ff; ErfK/*Steinmeyer*, BetrAVG, § 21 Rn. 2; Blomeyer/Otto/Rolfs/*Rolfs*, BetrAVG, § 21 Rn. 4; Kemper/Kisters-Kölkes/Berenz/Huber/Betz-Rehm/*Betz-Rehm*, BetrAVG, § 21 Rn. 17.

620 Vgl. zur Unterscheidung *Rolfs*, Das Rechtsverhältnis zwischen Arbeitnehmer und Versorgungseinrichtung – Eine Einordnung, BetrAV 2019, S. 214, 216; *Diller*, BetrAV 2018, S. 601 ff.

621 BAG 5 AZR 43/88, BAGE 61, 29; BAG 3 AZR 255/80, BAGE 35, 221.

622 So auch Blomeyer/Otto/Rolfs/*Rolfs*, BetrAVG,, § 21 Rn. 4; wohl auch Höfer BetrAVG I/*Höfer*, Betriebsrentengesetz, § 21 Rn. 11 ff.

Voraussetzungen, etwa dass die gemeinsame Einrichtung nach § 21 Abs. 4 BetrAVG anstelle des Arbeitgebers Versicherungsnehmerin werden muss, um das Beteiligungsgebot des § 21 Abs. 1 zu erfüllen, bestehen nicht.[623] Dies stellt lediglich eine weitere Organisationserleichterung für gemeinsame Einrichtungen, keine Voraussetzung der Beteiligung gem. § 21 Abs. 1 BetrAVG dar.

II. Beteiligung bei externen Versorgungseinrichtungen

Eine angemessene Beteiligung nach § 21 Abs. 1 BetrAVG bei der Durchführung der reinen Beitragszusage nach § 1 Abs. 2 Nr. 2a BetrAVG bei externen Versorgungseinrichtungen könnte ein an die Beteiligung des Wirtschaftsausschusses nach §§ 109a, 106 ff. BetrVG angelehntes System bieten, wie im Folgenden zu zeigen ist. Diese Form der Beteiligung wird im Folgenden als *Beteiligungsausschuss* bezeichnet und entspricht allen mittels der einzelnen Auslegungsmethoden gefundenen Anforderungen. Der Wirtschaftsausschuss ist zwar als solcher lediglich ein Hilfsorgan des Betriebsrats, diesem jederzeit berichtspflichtig und selbst kein eigenständiges Organ der Betriebsverfassung.[624] In dieser Funktion steht jedoch auch der Beteiligungsausschuss, der für die Sozialpartner lediglich ein Hilfsvehikel zur Umsetzung des Beteiligungsgebots darstellen soll.

Es handelt sich im Folgenden nicht um eine analoge Anwendung der §§ 106 ff. BetrVG auf den Beteiligungsausschuss nach § 21 Abs. 1 BetrAVG. Wie oben dargelegt liegt keine planwidrige Regelungslücke vor, da der Gesetzgeber bewusst „Gestaltungsfreiheit" gewähren wollte.[625] Auch § 118 Abs. 1 Nr. 1 BetrVG steht den folgenden Betrachtungen nicht entgegen.

Stattdessen sollen hier vertragliche Regelungen zwischen den Sozialpartnern und der Versorgungseinrichtung vorgeschlagen werden, die größtenteils den Anforderungen der Vorschriften der §§ 106 ff. BetrVG entsprechen. Diese erfüllen, wie zu zeigen ist, die oben gefundenen Anforderungen an das Beteiligungsgebot nach § 21 Abs. 1 BetrAVG.

---

623 Anders wohl *Schipp*, Der Entwurf des Betriebsrentenstärkungsgesetzes – Eine kleine Revolution?, ArbRB 2016, S. 380, 381.

624 Richardi BetrVG/*Annuß*, BetrVG, § 106 Rn. 4 m.w.N; *Gamillscheg*, Kollektives Arbeitsrecht Band 2: Betriebsverfassung, S. 1086.

625 Siehe oben Kapitel 4B.III.7)c).

1) *Konkrete Anforderungen an den Beteiligungsausschuss*

Für eine entsprechende Berücksichtigung der §§ 106 ff. BetrVG spricht zunächst der Wortlaut der Norm des § 109a BetrVG. Sie ist eine der wenigen Normen des Arbeitnehmerschutzrechts, die ebenfalls explizit von *beteiligen* spricht.[626] Für die Art der Beteiligung verweist sie auf den § 106 Abs. 1 und Abs. 2 BetrVG.

Es spricht daher viel dafür, dass der Gesetzgeber unter dem *Sich-Beteiligen* aus § 21 Abs. 1 BetrAVG ein ebensolches Informationssystem als Mindestanforderung im Sinn hatte. Zwar ist das *Beteiligen* in § 109a BetrVG im Gegensatz zu § 21 Abs. 1 BetrAVG eine Passivkonstruktion. Dieser Abweichung lässt sich aber durch die Auferlegung der Initiativrechte und -pflichten auf die Sozialpartner begegnen. Ein *Beteiligen* nach § 109a, 106 BetrVG lässt sich auch problemlos unter die Definition der *Beteiligung der Arbeitnehmer* nach § 1 Abs. 8 SEBG und SCEBG subsumieren.

Zweifellos wird der Gesetzgeber durch die Regelung der Beteiligung nach § 21 Abs. 1 BetrAVG auch ein deutlich über die Beteiligung nach §§ 109a, 106 Abs. 1 und 2 BetrVG hinausgehendes Maß ermöglicht und vielleicht auch erwünscht haben. Für das von ihm geforderte Mindestmaß bietet §§ 109a, 106 Abs. 1 und 2 BetrVG jedoch das sachnächste und zweckmäßigste Modell. In diesem können auch die betriebsrentenrechtlichen Besonderheiten wie die Pluralität der Sozialpartner durch eine paritätische Besetzung berücksichtigt werden.

Den im Rahmen des Gesetzgebungsprozesses von einzelnen Abgeordneten geäußerten Erwartungen wird ein solches System ebenfalls gerecht. Es handelt sich in der Form eines mit einer Initiierungspflicht versehenen spezifischen Gremiums um eine betriebsrentenrechtliche Neuheit. Als erforderliches Grundgerüst zeigt es Vertrauen in die Sozialpartner und lässt Raum, auch selbst in die Aufgabe hineinzuwachsen, ohne vom ersten Moment an überhöhte Erwartungen an Steuerungs- und Durchführungseingriffe zu setzen.

Um in den maritimen Bildern, die schon in der Ausschussanhörung bemüht worden sind,[627] zu bleiben, bietet sich folgende Veranschaulichung der Arbeit des Beteiligungsausschusses nach § 21 Abs. 1 BetrAVG an:

Eine reine Beitragszusage nach § 1 Abs. 2 Nr. 2a BetrAVG lässt sich als ein den Atlantik überquerender Frachter beschreiben. Mannschaft und Kapitän werden von der Versorgungseinrichtung gestellt, Schiff und Fracht stellen

626 Siehe oben Kapitel 4B.II.2).

627 Etwa von *Arteaga*, Ausschuss-Protokoll-Nr. 18/110, S. 1814 sowie *Ryglewski*, Ausschuss-Protokoll-Nr. 18/110, S. 1820.

die Sozialpartner, im Falle einer Entgeltumwandlung auch die einzelnen Versorgungsberechtigten. „Eigentümer“[628] von Schiff und Fracht werden ab dem Zeitpunkt des Auslaufens jedoch die Versorgungsberechtigten. Die Sozialpartner stellen mit dem Beteiligungsausschuss Vertreter ab, die die Fracht bis zum Zielhafen begleiten sollen. Den Zielhafen des Frachters legen die Sozialpartner fest, auch können sie dem Kapitän vor Beginn der Reise Vorgaben etwa für zu vermeidende Routen geben. Während der Reise informiert der Kapitän die Vertreter regelmäßig über Wetter, Kurs und voraussichtliche Ankunftszeit.

Problematisch wird es nun im Sturm, wenn die Wellen hochschlagen. In diesem Fall muss der Kapitän die Vertreter des Beteiligungsgremiums über sein weiteres Vorgehen informieren. Aus Sicht der Eigentümer der Fracht ist dies auch weiterhin sinnvoll. Letztlich können die Vertreter, wenn dies vor Reiseantritt vereinbart war, auch entscheiden, das Schiff umzulenken und einen sicheren Hafen anzusteuern. Die Entscheidung über den genauen Kurs aus dem Sturm heraus in den Zielhafen sollte aber, insbesondere auch aus Sicht der Eigentümer der Fracht, stets der erfahrene Kapitän treffen.

Wie die Arbeit eines Beteiligungsausschusses der Sozialpartner konkret aussehen könnte, ist im Folgenden zu zeigen. Über die Zusammensetzung sowie Befugnisse des Beteiligungsausschusses haben die Sozialpartner eine schriftliche Vereinbarung zu treffen. Dies muss nicht zwingend im die reine Beitragszusage nach § 1 Abs. 2 Nr. 2a BetrAVG ermöglichenden Tarifvertrag geregelt werden.[629]

a) *Zusammensetzung*

Als Mindestanforderung für die das Beteiligungsgebot aus § 21 Abs. 1 BetrAVG müssen die Sozialpartner ein paritätisch besetztes Gremium bilden. Für die Größe des Gremiums kann dabei der § 107 Abs. 1 BetrVG als Anhaltspunkt dienen. Es sollte dabei mindestens drei und im Regelfall nicht mehr als sieben Mitglieder umfassen, bezogen auf jedes Vertragsmitglied des Tarifvertrags, d.h. jeweils für jeden einzelnen Arbeitgeber- und Arbeitnehmerverband, der an dem Tarifvertrag beteiligt ist. Bei einem Überhang, etwa wenn auf einer Seite mehrere Verbände vertreten sind, ist durch entsprechende „Überhangmandate“ Parität herzustellen.

---

628 Hier im nicht rechtstechnischen Sinne, tatsächlich erhalten die Versorgungsberechtigten „lediglich“ eine unverfallbare Anwartschaft.

629 S. oben Kapitel 4B.III.7)c).

b) Organisation und Geschäftsführung des Beteiligungsausschusses

Zu den Sitzungen des Beteiligungsausschusses ist durch die Sozialpartner einzuladen. Dies folgt aus der Initiierungspflicht der Sozialpartner zur Beteiligung aus § 21 Abs. 1 BetrAVG. Auch die Tagesordnung muss durch die Sozialpartner festgelegt werden. Auch dies ergibt sich aus der Initiierungspflicht aus § 21 Abs. 1 BetrAVG. Zu diesem Zweck bietet sich die Wahl eines paritätisch besetzten Präsidiums oder eines Vorsitzes an.[630]

Dennoch können und müssen auch auf Wunsch der Versorgungseinrichtung außerplanmäßige Sitzungen abgehalten werden, wenn unerwartete oder in ihrem Ausmaß besonders bemerkenswerte Vorkommnisse, etwa eine besonders negative Anlageentwicklung, dies erfordern. Diese sind rechtzeitig vor wesentlichen Entscheidungen anzuberaumen.[631]

Es besteht keine Notwendigkeit, die Sitzungen des Beteiligungsausschusses durch persönliches Zusammentreffen abzuhalten. Auch für den Wirtschaftsausschuss sieht § 108 BetrVG kein persönliches Zusammentreffen vor, anders etwa als dies für Sitzungen der Betriebsräte, jedenfalls vor den zeitweisen Änderungen anlässlich der Covid-19-Pandemie, vorgesehen war, vgl. § 129 Abs. 1 BetrVG n.F.

Die Sitzungen können auch mittels Video- oder Telefonkonferenzen abgehalten werden. Hierfür ist es aber ratsam, sich an den technischen Vorgaben für Betriebsratssitzungen in § 129 Abs. 13 BetrVG n.F. zu orientieren.

Diese sehen vor, dass die Mitglieder des Beteiligungsausschusses hierfür die ihnen zur Verfügung stehenden technischen und organisatorischen Möglichkeiten nutzen müssen, damit Dritte von den Sitzungen, unabhängig von der Gefahr eines Missbrauchs, keine Kenntnis nehmen können. So sollte z.B. jedes Mitglied oder jedenfalls die Mitglieder der einzelnen Verbände gemeinsam in einem geschlossenen Raum an der Sitzung teilnehmen und es sollte durch entsprechende technische Maßnahmen sichergestellt sein, dass sich Dritte der Sitzung nicht zuschalten können.

c) Häufigkeit der Sitzungen

Der Beteiligungsausschuss sollte sich in Anlehnung an § 108 Abs. 1 BetrVG einmal im Monat treffen. An den Sitzungen müssten Vertreter der

---

630 Vgl. hierzu Richardi BetrVG/*Annuß*, BetrVG, § 107 Rn. 4; *Gamillscheg*, Kollektives Arbeitsrecht Band 2: Betriebsverfassung, S. 1092.

631 *Preis/Greiner*, Kollektivarbeitsrecht, Rz. 2019; *Gamillscheg*, Kollektives Arbeitsrecht Band 2: Betriebsverfassung, S. 1091.

Versorgungseinrichtung teilnehmen, vgl. § 108 Abs. 2 S. 1 BetrVG. In der Beteiligungsvereinbarung nach § 21 Abs. 1 BetrAVG könnte freilich auch eine höhere oder niedrigere Taktung der Sitzungen des Beteiligungsausschusses vereinbart werden. Dennoch ist zumindest eine regelmäßige monatliche Taktung vorzugswürdig, da den Sozialpartnern so ein gleichmäßiger Überblick über die Entwicklung der reinen Beitragszusage nach § 1 Abs. 2 Nr. 2a BetrAVG ermöglicht wird.

Diese Taktung mag recht hoch erscheinen angesichts der Informationspflichten der Versorgungseinrichtung gegenüber den Versorgungsberechtigten aus § 41 Abs. 1 PFAV, § 234o Abs. 1 VAG und § 5 Abs. 2 VAG-InfoV, die jeweils lediglich eine jährliche Information vorsehen, sowie den Berichterstattungspflichten gegenüber der Aufsichtsbehörde aus § 42 Abs. 2 PFAV, die ebenfalls einen Jahresbericht sieben Monate nach Ende des Geschäftsjahres verlangen. Zu fragen ist hier, ob für die Sozialpartner strengere Maßstäbe als für die Versorgungseinrichtung selbst gelten können.

Doch gerade die relative Häufigkeit der Sitzungen dürfte erst zu einem *Sich-Beteiligen* nach § 21 Abs. 1 BetrAVG führen. Sollte es etwa nur zu jährlichen Sitzungen kommen, könnte man demnach ebenso gut von einem *Sich-Beteiligen* der Aufsichtsbehörden oder der Versorgungsberechtigten im Sinne des § 21 Abs. 1 BetrAVG sprechen, was das Beteiligungsgebot letztlich aushöhlen würde.

d) Katalog der Informationspflichten

Der Katalog der Informationspflichten aus § 106 Abs. 3 BetrVG ist für die Zwecke des Beteiligungsausschusses nicht hilfreich. Stattdessen bieten sich die §§ 33 ff. PFAV als Gegenstand der Informationspflichten an. Diese umfassen die Höhe der Deckungsrückstellung, § 35 PFAV, den Kapitaldeckungsgrad, § 36 PFAV sowie das Risikomanagement, § 39 PFAV. Hierzu können, je nach Wunsch der Sozialpartner, weitere Informationspflichten hinzutreten.

Einen weiteren Anhaltspunkt für die Informationspflichten kann § 41 Abs. 1 PFAV bieten. Hiernach hat die Versorgungseinrichtung die Versorgungsberechtigten einmal jährlich über die Höhe des planmäßig zuzurechnenden Versorgungskapitals und die Höhe der lebenslangen Zahlung, die sich ohne weitere Beitragszahlung allein aus diesem Versorgungskapital ergäbe, zu informieren.[632] Die Informationsverpflichtung betrifft außerdem die Höhe der bisher insgesamt

---

632 Zu den Anforderungen an die Informationspflichten der Versorgungseinrichtungen vgl. *Friedrich/Hinrichs*, Informationspflichten von Einrichtungen der betrieblichen Altersversorgung nach dem EbAV II-Gesetz und der VAG-InfoV, DB 2020, S. 505, 508 f.

eingezahlten Beiträge und gesondert die Höhe der während des letzten Jahres eingezahlten Beiträge, ferner die jährliche Rendite des Sicherungsvermögens nach § 244c VAG, zumindest für die letzten fünf Jahre, sowie Informationen über Wahlrechte, die die Versorgungsberechtigten während der Anwartschaftsphase oder bei Rentenbeginn ausüben können. Diese Informationen sollten, beispielhaft und in datenschutzkonformer Weise, auch den Sozialpartner zur Verfügung gestellt werden.

Insbesondere zu allen Punkten, die sich angesichts fehlender Garantien und der nicht bestehenden Subsidiärhaftung des Arbeitgebers aus § 1 Abs. 1 S. 3 BetrAVG negativ auf die Leistungen der Versorgungsempfänger sowie die Anwartschaften der Versorgungsanwärter auswirken können, ist durch die Versorgungseinrichtung zu informieren.

Auf den Sitzungen des Beteiligungsausschusses ist ebenfalls über unerwartete oder in ihrem Ausmaß besonders bemerkenswerte Vorkommnisse, etwa eine besonders negative Anlageentwicklung, unaufgefordert durch die Versorgungseinrichtung zu berichten.

e) Niederschrift

Anders als im Falle des Wirtschaftsausschusses[633] ist eine Protokollierung der Sitzungen des Beteiligungsausschusses gemäß § 21 Abs. 1 BetrAVG notwendig. Die Sozialpartner kommen durch die Sitzungen des Beteiligungsausschusses ihrem Beteiligungsgebot aus § 21 Abs. 1 BetrAVG nach. Es liegt in ihrem Interesse, ihre Beteiligung zu dokumentieren. Insbesondere die Nachfragen der Mitglieder des Beteiligungsausschusses zu möglichen Gefährdungen der Anwartschaften und Leistungen sollten besonders sorgsam dokumentiert werden.[634]

f) Kosten

Die Kosten des Beteiligungsausschusses tragen die Sozialpartner. Dies folgt aus der Initiierungspflicht gemäß § 21 Abs. 1 BetrAVG. Insbesondere eine Kostenübertragung auf die Versorgungseinrichtung ist abzulehnen. Dies würde letztlich die Kostenquote der Versorgungseinrichtung erhöhen und zulasten der Versorgungsberechtigten gehen. Die Sozialpartner sind jedoch frei, die Kosten untereinander nach beliebig zu wählenden Quoten aufzuteilen.

---

633 Vgl. *Fitting*, Betriebsverfassungsgesetz, § 108 Rn. 8; Richardi BetrVG/*Annuß*, BetrVG, § 108 Rn. 10.

634 Zu einer möglichen Haftung, der eine sorgsame Dokumentation vorbeugen kann, siehe unten Kapitel 4E.

g) *Fachliche Eignung*

Die Mitglieder des Beteiligungsausschusses müssen generell in der Lage sein, die von der Versorgungseinrichtung empfangenen Informationen kritisch zu würdigen. Entsprechendes ist in § 107 Abs. 1 S. 3 BetrVG geregelt, wonach die Mitglieder des Wirtschaftsausschusses „die zur Erfüllung ihrer Aufgaben erforderliche fachliche und persönliche Eignung besitzen" müssen. Die fachliche Eignung erfordert grundsätzlich, dass das Mitglied in der Lage ist, die für die Beratung im Beteiligungsausschuss in Betracht kommenden, wirtschaftlichen und technischen Fragen zu verstehen, zu beurteilen und dazu Stellung zu nehmen.[635] Persönliche Eignung hingegen verlangt grundsätzlich, dass das Mitglied die Gewähr dafür bietet, nach bestem Wissen und Gewissen seine Meinung zu äußern, dass es sich nur von sachlichen Überlegungen leiten lässt und vor allem verschwiegen ist.[636]

Die Anforderungen sind jedoch auch nicht zu überspannen. Der Vorschlag, dass für die fachliche wie persönliche Eignung der Mitglieder sich an Anforderungen der BaFin bezogen auf Verwaltungs- und Aufsichtsorgane[637] zu orientieren sei,[638] führt zu weit. Es ist einzuräumen, dass die Vorgaben der BaFin grundsätzlich angemessen sind und insbesondere hinsichtlich der Vorgaben zu Fort- und Weiterbildungen sowie Zuverlässigkeit gute Anhaltspunkte bieten. Doch insbesondere die Ausführungen zu auf den § 24 VAG i.V.m. Art. 273 Delegierte Verordnung (EU) 2015/35 basierenden Erwägungen, dass die Kenntnisse und Erfahrungen anderer Organmitglieder bzw. anderer Mitarbeiter nicht eine angemessene fachliche Eignung des jeweiligen Mitglieds eines Verwaltungs- oder Aufsichtsorgans ersetzen könne, sind nicht auf den Beteiligungsausschuss übertragbar. Zum einen „leiten" die Mitglieder des Beteiligungsausschusses nicht das Unternehmen des Versorgungsträgers, wie dies § 24 Abs. 1 S. 1 und Abs. 2 S. 2 VAG voraussetzt. Zum anderen sind die Anzahl der Aufsichtsrats- bzw. Organmitglieder normiert, vgl. § 95 AktG, § 17 Abs. 1 SEAG[639] sowie

---

635 BAG, Beschluss vom 18.07.1978 – 1 ABR 34/75, DB 1978, 2223.

636 Richardi BetrVG/*Annuß*, BetrVG, § 107 Rn. 8.

637 Merkblatt zur fachlichen Eignung und Zuverlässigkeit von Mitgliedern von Verwaltungs- oder Aufsichtsorganen gemäß VAG, abrufbar unter https://www.bafin.de/SharedDocs/Downloads/DE/Merkblatt/VA/dl_mb_181206_ar_va.pdf;jsessionid=A95EB07F3DAD9C2047D16F433DEC7133.1_cid361?__blob=publicationFile&v=4, zuletzt abgerufen am 10. Dezember 2021.

638 So *Arteaga/Veit/Baroch Castellvi*, Praxishandbuch BRSG, Teil A Rn. 204.

639 Gesetz zur Ausführung der Verordnung (EG) Nr. 2157/2001 des Rates vom 8. Oktober 2001 über das Statut der Europäischen Gesellschaft (SE) (SE-Ausführungsgesetz – SEAG) in der Fassung der Bekanntmachung vom 22.12.2004, (BGBl. I S. 3675).

§ 189 Abs. 1 VAG, sodass jeder Einzelne strengste Anforderungen zu erfüllen hat. Der Beteiligungsausschuss ist jedoch in seiner Größe nicht vergleichbar eng begrenzt. Letztlich werden auch bereits alle Versorgungseinrichtungen durch Aufsichtspersonen, die den Anforderungen der BaFin gerecht werden, in den jeweiligen Aufsichtsgremien beaufsichtigt, sodass für eine weitere Anwendung der Vorschriften keine Notwendigkeit besteht.

Den Sozialpartnern muss es offenstehen, auch Teamlösungen vorzuschlagen, in denen nicht jedes einzelne Mitglied den Anforderungen an Aufsichtspersonen gerecht wird. Den einzelnen Mitgliedern des Beteiligungsausschusses muss es möglich sein, in die Aufgaben „hineinzuwachsen".

h) Mehrere Versorgungseinrichtungen

Ein Beteiligungsausschuss kann auch für mehrere Versorgungseinrichtungen eingerichtete werden. Hier enden die Parallelen zum Wirtschaftsausschuss, denn ein insofern vergleichbarer Konzernwirtschaftsausschuss ist nach herrschender Auffassung unzulässig.[640]

Es ist jedoch nicht notwendig, die Arbeit des Beteiligungsausschusses nur auf eine Versorgungseinrichtung zu reduzieren. Stattdessen können Synergieeffekte erzielt werden, wenn sich ein Ausschuss auf die Beteiligung an mehreren Versorgungseinrichtungen bezieht. Durch den Vergleich steigt die Erkenntnis über das Mögliche und Nötige der Kapitalanlage der reinen Beitragszusage nach § 1 Abs. 2 Nr. 2a BetrAVG, die Ausschussmitglieder entwickeln so eine höhere persönliche Kompetenz. Ebenso steigt dadurch die Anzahl möglicher Versorgungsträger, wenn diese sich jeweils dem Beteiligungsregime unterwerfen, was den Wettbewerb stärken und die Kosten langfristig senken dürfte.

i) Information der Versorgungsberechtigten

Die Sozialpartner müssen die Versorgungsberechtigten auch über ihre Arbeit im Beteiligungsausschuss unterrichten, entsprechend § 110 Abs. 1 BetrVG. Eine vierteljährliche Informationspflicht muss hier nicht zwingend gelten, insofern sollten keine strengeren Maßstäbe gelten als für die Versorgungseinrichtungen selbst in § 41 Abs. 1 PFAV. Insofern sollte eine jährliche Information ausreichen. Diese muss auch, anders als die Information nach § 41 Abs. 1 PFAV, nicht für jeden Versorgungsberechtigten individualisiert erfolgen. Stattdessen wird eine auf die für den Versorgungsberechtigten jeweils zuständige Versorgungseinrichtung

640 Vgl. BAG, Beschluss vom 23.08.1989 – 7 ABR 39/88, BAGE 63, 11; Vgl. auch Richardi BetrVG/*Annuß*, BetrVG, § 106 Rn. 9.

abgestimmte Information ausreichen. Dafür ist auch den Informationskatalog nach § 41 Abs. 1 PFAV unbrauchbar. Stattdessen dürfte ein allgemeiner Bericht entsprechend § 110 BetrAV über die wirtschaftliche Lage und Entwicklung der Versorgungseinrichtung sowie die allgemeine Entwicklung des Versorgungskapitals ausreichen.

j) Eingriffsmöglichkeiten des Beteiligungsausschusses

Zuletzt: die Eingriffsmöglichkeiten und ggf. auch -pflichten des Beteiligungsausschusses. Die Begründung des Gesetzesentwurfs spricht davon, dass die „Vertretung in spezifischen Gremien der Versorgungseinrichtung hinreichende Einflussmöglichkeiten auf das Betriebsrentensystem haben bzw. dieses mit steuern können“ soll.[641] Aufgrund der durch die Versorgungseinrichtung erhaltenen Informationen soll es den Sozialpartnern möglich sein, entsprechend reagieren zu können.

Doch hier ist zu bedenken: Bei einer Vermögensanlage der Versorgungseinrichtung, die sich innerhalb der Anforderungen des §§ 35 ff. PFAV befindet, und bei fehlenden Anhaltspunkten für pflichtwidriges Verhalten der Versorgungseinrichtung, wird es auch bei zeitweilig negativer Performance des Anlageergebnisses stets im Rahmen der Gestaltungsfreiheit der Sozialpartner liegen und somit von § 21 Abs. 1 BetrAVG gedeckt sein, wenn den Handlungsempfehlungen der Versorgungseinrichtung Folge geleistet wird.

Bei pflichtwidrigem Verhalten der Versorgungseinrichtung hingegen dürfte das allgemeine Vertrags- und Deliktsrecht den Sozialpartnern ausreichend Instrumente an die Hand geben, gegen die Versorgungseinrichtung vorzugehen. Aus diesem Grund besteht keine generelle Notwendigkeit, dem Beteiligungsausschuss besondere Eingriffsmöglichkeiten zu geben. Es steht den Sozialpartnern aber selbstverständlich offen, dem Beteiligungsausschuss solche Eingriffsmöglichkeiten einzuräumen. Diese sollten auch gegenüber der Versorgungseinrichtung vertraglich festgehalten werden. Denkbar ist hier eine Generalklausel,[642] um hier eine im Einzelfall sachgerechte Lösung zu ermöglichen.

---

641 BT-Drs. 18/11286, S. 45.

642 Etwa: „Der Beteiligungsausschuss kann die notwendigen Maßnahmen zur Begrenzung der Volatilität des Versorgungskapitals und der lebenslangen Zahlungen treffen. Die Versorgungseinrichtung ist zur Umsetzung dieser Maßnahmen verpflichtet. §§ 33 bis 42 PFAV bleiben unberührt.“

2) *Zwischenergebnis*

Die konkreten Anforderungen an die Sozialpartner, die aus dem Beteiligungsgebot des § 21 Abs. 1 BetrAVG erwachsen, sind insgesamt nicht dazu angetan, auch Neulinge unter den Sozialpartnern auf dem Gebiet der Kapitalanlage zu überfordern.

Durch ein regelmäßiges Informationsregime können die Sozialpartner letztlich bereits die Anforderungen erfüllen und den von vielen Seiten befürchteten Haftungsfolgen den Boden entziehen.

E. Folgeprobleme: Rechtsfolge mangelhafter Beteiligung an Durchführung und Steuerung

Die Versorgungseinrichtung nach § 22 BetrAVG hat dem Versorgungsempfänger bei einer reinen Beitragszusage nach § 1 Abs. 2 Nr. 2a BetrAVG laufende, der Höhe nach nicht garantierte Leistungen der betrieblichen Altersversorgung auf der Grundlage des planmäßig zuzurechnenden Versorgungskapitals zu erbringen. Sollten die tatsächlich erbrachten Leistungen in der Auszahlungsphase hinter den Erwartungen des Versorgungsempfängers zurückbleiben, etwa aufgrund einer unvorteilhaften Anlagestrategie der Versorgungseinrichtung oder aufgrund einer allgemeinen schwachen Marktlage, stellt sich die Frage, ob dies in jedem Fall von diesem zu akzeptieren wäre.

Nach der Konzeption der reinen Beitragszusage soll der Versorgungsberechtigte gerade von den Entwicklungen des Kapitalmarktes profitieren können. Demnach trägt er jedoch natürlicherweise auch das Kapitalanlagerisiko.[643] Dennoch sind Fälle denkbar, in denen die nicht zufriedenstellende Anlageperformance nicht bloß auf das hinzunehmende Auf und Ab der Märkte, sondern auf Pflichtverletzungen Dritter zurückzuführen sein könnte. Diese Fälle sind im Folgenden zu untersuchen im Hinblick auf die Frage, ob Arbeitgeber oder Sozialpartner unter bestimmten Voraussetzungen haften können.

Denkbar und teilweise bereits diskutiert sind eine mögliche Haftung der durchführenden Versorgungseinrichtung,[644] des Arbeitgebers,[645] der Sozialpartner,[646]

643 SHSS/*Kruip/Karst*, Arbeitsrecht der betrieblichen Altersversorgung, Teil 6 A, Rz. 310; BT-Drs. 18/11286, S. 54.

644 SHSS/*Cisch/Karst*, Arbeitsrecht der betrieblichen Altersversorgung und Zeitwertkonten, Teil 1 B, Rz. 307.

645 *Kisters-Kölkes*, Festschrift Uebelhack, S. 221, S. 233; *Hinrichs/Hansen*, Betriebsrentenstärkungsgesetz – Arbeitsrechtliche Umsetzungsfragen, AuA 2017, S. 609, 611.

646 Höfer BetrAVG I/*Höfer*, Betriebsrentengesetz, § 21 Rn. 6.

der Versicherungsaufsicht[647] sowie nach neuerer Rechtsprechung des EuGH wohl auch des PSV.[648]

Untersucht werden soll hier lediglich eine mögliche Haftung des Arbeitgebers sowie der Sozialpartner, da diese öffentlich diskutierte Möglichkeit für die Verbreitung der betrieblichen Altersversorgung mittels reiner Beitragszusagen nach § 1 Abs. 2 Nr. 2a BetrAVG wohl die größte Hürde darstellt.[649]

Die Frage einer möglichen Anwendung der Amtshaftungsgrundsätze auf die eine reine Beitragszusage nach § 1 Abs. 2 Nr. 2a BetrAVG beaufsichtigende Aufsichtsbehörde, die BaFin, ist in der Wissenschaft mit unterschiedlichen Ergebnissen bereits diskutiert worden,[650] soll hier aber nicht weiter vertieft werden.[651] Eine Ansicht sieht für einen solchen Anspruch keinen Raum, da die Vorschriften des Versicherungsaufsichtsrechts nur nachrangig greifen und zudem keinen individualschützenden Charakter aufweisen. Sie sollten nur die generelle Funktion des Versicherungswesens schützen, was sich wohl auch direkt aus § 294 Abs. 8 VAG selbst ergebe.[652] Dem werden sowohl verfassungsrechtliche

§ 21 Rn. 6; SHSS/*Kruip/Karst*, Arbeitsrecht der betrieblichen Altersversorgung, Teil 6 A, Rz. 307; *Kisters-Kölkes*, Festschrift Uebelhack, S. 221, 233; *Diller*, BetrAV 2018, S. 601, 603; die Haftung der Sozialpartner ablehnend *Görgen/Schwindt*, Die Geschiche des Sozialpartnermodells – Hinweise für mögliche Auslegungen, S. 111, 126 f.

647 SHSS/*Cisch/Karst*, Arbeitsrecht der betrieblichen Altersversorgung und Zeitwertkonten, Teil 1 B, Rz. 307.

648 Vgl. EuGH C-168/18, NZA 2020, 107.

649 Vgl. zur Zurückhaltung der Sozialpartner angesichts der Unsicherheit über die Grenzen der Beteiligung nach § 21 Abs. 1 BetrAVG *Diller*, BetrAV 2018, S. 601, 606.

650 Zustimmend *Kisters-Kölkes/Linden/Meissner/Friedrich*, Leitfaden bAV: Betriebsrentenstärkungsgesetz (BRSG), 36; Ablehnend SHSS/*Cisch/Karst*, Arbeitsrecht der betrieblichen Altersversorgung und Zeitwertkonten, Teil 1 B, Rn. 307; Brand/Baroch Castellvi/*Brand*, Versicherungsaufsichtsgesetz, § 294 VAG, Rn. 78 ff.

651 Für die Frage einer Amtshaftung aufgrund eines Versagens der Aufsichtsbehörden stehen versicherungsaufsichtsrechtliche Fragen im Vordergrund, die in dieser Bearbeitung bislang nicht untersucht wurden. Auf die hingegen schwerpunktmäßig betrachteten Anforderungen der Sozialpartner wird es für die Beantwortung dieser Frage jedoch nur zweitrangig ankommen, weshalb hier von einer weiteren Bearbeitung abgesehen wurde. Diese Frage verdient jedoch auch im Rahmen der betrieblichen Altersversorgung aus Sicht des Verfassers weitere Beachtung.

652 Brand/Baroch Castellvi/*Brand*, Versicherungsaufsichtsgesetz, § 294 VAG, Rn. 78 ff; im Ergebnis wohl auchKaulbach/Bähr/Pohlmann/*Bähr*, Versicherungsaufsichtsgesetz § 294 VAG, Rn. 22.

Bedenken[653] wie auch Argumente aus der Gesetzgebungsgeschichte des § 294 Abs. 8 VAG entgegengehalten.[654]

Das hier dagegen zu untersuchende Szenario ist die mögliche Haftung bei „Mängeln“ an der Beteiligung gem. § 21 Abs. 1 BetrAVG. Andere Szenarien, wie etwa das Herausfallen eines Arbeitgebers, der Versorgungszusagen in Form der reinen Beitragszusage nach § 1 Abs. 2 Nr. 2a BetrAVG erteilt hat, aus dem Geltungsbereich des Tarifvertrags, sollen an dieser Stelle nicht untersucht werden.[655]

I. Haftung der Arbeitgeber

Das Entfallen der Subsidiärhaftung aus § 1 Abs. 1 S. 3 BetrAVG stellt eigentlich einen elementaren Bestandteil des Systems der reinen Beitragszusage nach § 1 Abs. 2 Nr. 2a BetrAVG dar. Dennoch wird in der Literatur diskutiert, ob nicht unter bestimmten Umständen doch eine Haftung des Arbeitgebers entstehen kann.

Bemerkenswert ist insbesondere eine Ansicht, wonach der Gesetzgeber gleichsam als Gegenleistung zur Haftungsbefreiung des Arbeitgebers die Beteiligung der Tarifvertragsparteien gesetzt habe. Daher komme nur dann eine Haftungsbefreiung in Betracht, wenn die Kontrolle auch wirklich ausgeübt werde.[656]

Dieser Ansicht ist zu widersprechen. Den Arbeitgeber können eventuelle Verletzungen des Beteiligungsgebots durch die Sozialpartner nicht treffen. § 21 Abs. 1 BetrAVG stellt kein Junktim für § 1 Abs. 2 Nr. 2a 2. Hs. BetrAVG dar. Hierfür spricht, neben dem Wortlaut der Normen, dass den Sozialpartnern bereits die tarifvertragliche Delegation des Gebots aus § 21 Abs. 1 BetrAVG auf die betriebliche Ebene untersagt ist.[657] Ohne selbst an der Beteiligung nach § 21 Abs. 1 BetrAVG beteiligt sein zu können, können die Arbeitgeber nicht das finanzielle Risiko unzureichender Beteiligung tragen. In der Literatur wird diese Ansicht bereits mit dem Argument abgelehnt, ein solcher Fall führe zu einer unzulässigen „Gefährdungshaftung“ des Arbeitgebers.[658]

---

653 Kaulbach/Bähr/Pohlmann/*Bähr*, Versicherungsaufsichtsgesetz § 294 VAG, Rn. 22.

654 Prölss/Dreher/*Dreher*, Versicherungsaufsichtsgesetz, § 294 Rn. 96.

655 Vgl. dazu. Kapitel 2E.VI.

656 *Zwanziger*, Wortbeitrag im Rahmen einer öffentlichen Diskussion am 24.04.2018 auf dem aba-Forum Arbeitsrecht in Mannheim, zitiert aus *Arteaga/Veit/Baroch Castellvi*, Praxishandbuch BRSG, Teil A Rn. 205.

657 Vgl. BT-Drs. 18/11286, S. 45; Höfer BetrAVG I/*Höfer*, Betriebsrentengesetz, § 21 Rn. 9.

658 *Arteaga/Veit/Baroch Castellvi*, Praxishandbuch BRSG, Teil A Rn. 206.

Zu der Fragestellung der Wertgleichheit von Anwartschaften aus der Entgeltumwandlung wird fernerhin vertreten, dass es zur Voraussetzung der Wertgleichheit gehöre, dass das Beteiligungsgebot aus § 21 Abs. 1 BetrAVG gewahrt bleibe.[659] Fielen die Sozialpartner hinter die Anforderungen aus § 21 Abs. 1 BetrAVG zurück liege keine reine Beitragszusage nach § 1 Abs. 2 Nr. 2a BetrAVG vor. Nach dieser Ansicht würde dies jedoch nur zu einer Haftung der Sozialpartner führen.

Bei konsequenter Weiterführung des Gedankens würde dies jedoch, neben der angenommenen Haftung der Sozialpartner, auch zu einer Haftung der Arbeitgeber führen müssen. Sofern das Beteiligungsgebot aus § 21 Abs. 1 BetrAVG nicht gewahrt wird und aus diesem Grund bereits *ex tunc* keine reine Beitragszusage nach § 1 Abs. 2 Nr. 2a BetrAVG erteilt worden wäre, würde die erteilte Versorgungszusage wohl als eine Beitragszusage mit Mindestleistung ausgelegt werden müssen.[660] Für die Mindestleistung würde dann wiederum der Arbeitgeber nach § 1 Abs. 1 S. 3 BetrAVG haften. Dies müsste sowohl für Beiträge aus Entgeltumwandlung wie auch für arbeitgeberfinanzierte Beiträge gelten, denn § 21 Abs. 1 BetrAVG unterscheidet nicht in den Anforderungen an das Beteiligungsgebot, wer auch immer die Beiträge finanziert.

Diese Ansicht ist nicht zuletzt aufgrund dieser „Haftungskaskaden", unzutreffend. Zum einen sieht § 21 Abs. 1 BetrAVG selbst keine Sanktionen für eine ausbleibende Beteiligung der Sozialpartner vor. Auch dass § 21 Abs. 1 BetrAVG Voraussetzung einer wirksamen reinen Beitragszusage nach § 1 Abs. 2 Nr. 2a BetrAVG sein soll, ergibt sich weder aus dem Wortlaut noch der Systematik der Normen.[661] Ebenso die Entstehungsgeschichte der Norm spricht, anders als hierzu vertreten, gerade gegen diese Lesart des § 21 Abs. 1 BetrAVG. Denn der Gesetzgeber hat sich bewusst gegen die Haftung der Gemeinsamen Einrichtung nach § 17b Abs. 3 S. 2 BetrAVG-E[662] im Sinne einer Mindestleistung entschieden, sondern für das genaue Gegenteil, das Garantieverbot in § 22 Abs. 1 S. 2 BetrAVG.

---

659 *Kisters-Kölkes*, Festschrift Uebelhack, S. 221, 233.

660 Vgl. BAG, Urteil vom 12.05.2020 – 3 AZR 157/19, NZA 2020, 1189; so wohl auch *Klein*, Betriebsrentenstärkungsgesetz und Pensionskassen, Festschrift für Dr. Birgit Uebelhack, S. 235, 247.

661 So auch *Arteaga/Veit/Baroch Castellvi*, Praxishandbuch BRSG, Teil A Rn. 202.

662 Neues Sozialpartnermodell Betriebsrente, Mögliche Änderungen im Betriebsrentengesetz (Gesetzestext und Begründung), S. 1.

Auch ein teilweise vertretenes Haftungsrisiko für den Arbeitgeber, wenn dieser in der Versorgungszusage die Einstandspflicht nicht ausdrücklich ausschließe, ist abzulehnen.[663] Eine Einstandspflicht, die vertraglich auszuschließen wäre, wird erst gar nicht entstehen können, auch nicht durch betriebliche Übung. Dem steht bereits das gesetzliche Garantieverbot in § 22 Abs. 1 S. 2 BetrAVG entgegen.

II. Haftung der Sozialpartner

Die Haftung der Sozialpartner wird von mehreren Autoren untersucht und teilweise unter bestimmten Voraussetzungen bejaht.[664] Die dogmatischen Ansatzpunkte dafür sind unterschiedlich.

Wie oben beschreiben, wird in einer zureichenden Beteiligung teilweise eine Wirksamkeitsvoraussetzung zur Vereinbarung einer reinen Beitragszusage nach § 1 Abs. 2 Nr. 2a BetrAVG gesehen.[665] Die Verantwortung dafür, dass ein angemessenes Versorgungsniveau im Versorgungsfall erreicht werde, trügen hiernach die Sozialpartner. Aus welcher Anspruchsgrundlage genau der Anspruch der Versorgungsberechtigten erwachsen soll, wird jedoch offen gelassen.

Weiter wird vertreten, dass in Fällen extremer Pflichtversäumnis der Tarifvertragsparteien diese den Versorgungsberechtigten gegenüber haften können.[666] Als Voraussetzungen dafür werden unzureichende Beteiligung an Steuerung und Durchführung, eindeutige Kausalität für den Schadenseintritt sowie einen Schaden in Form vermeidbarer Kapitalanlageverluste genannt, eine konkrete Anspruchsgrundlage wird jedoch ebenfalls offengelassen. Die Sozialpartner, sofern sie die Mängel verursachten oder sie die im Zeitablauf eintretenden Fehlentwicklungen nicht rechtzeitig korrigierten, sollen „aus Schadenersatz haften“ könnten.[667]

Die insoweit konkretesten Überlegungen hierzu halten es für denkbar, dass ein Arbeitnehmer, dessen Versorgungsansprüche sich aufgrund Versagens der Tarifpartner bei der Überwachung oder Steuerung als weitgehend wertlos erwiesen, verbandsrechtlich gegen die Gewerkschaft vorgehen könne, deren Mitglied

---

663 *Hinrichs/Hansen*, AuA 2017, S. 609, 611.

664 So etwa von Höfer BetrAVG I/*Höfer*, Betriebsrentengesetz, § 21 Rn. 6; SHSS/*Kruip/Karst*, Arbeitsrecht der betrieblichen Altersversorgung, Teil 6 A, Rz. 324; *Kisters-Kölkes*, Festschrift Uebelhack, S. 221, 233; *Diller*, BetrAV 2018, S. 601, 603.

665 *Kisters-Kölkes*, Festschrift Uebelhack, S. 221, 233.

666 SHSS/*Kruip/Karst*, Arbeitsrecht der betrieblichen Altersversorgung, Teil 6 A, Rz. 324.

667 Höfer BetrAVG I/*Höfer*, Betriebsrentengesetz, § 21 Rn. 6.

er sei.[668] Hier wird mithin nicht zwingend ein gesamtschuldnerisches Haftungsrisiko beider Sozialpartner, sondern lediglich ein Haftungsrisiko der Gewerkschaften gesehen.

1) Vertraglicher Schadensersatz aus §§ 280 Abs. 1, 249 BGB

Für das Entstehen eines Schadensersatzanspruchs des Versorgungsberechtigten aus § 280 Abs. 1 S. 1 BGB i.V.m. § 241 Abs. 2 BGB gegen die Sozialpartner müssen als Voraussetzung ein Schuldverhältnis, die Verletzung einer Pflicht aus § 21 Abs. 1 BetrAVG sowie das Vertretenmüssen der Pflichtverletzung vorliegen.

Auf weitere Voraussetzungen aus §§ 280 Abs. 1, Abs. 2, 281 BGB, insbesondere eine entsprechende Fristsetzung, wird es hingegen nicht ankommen, da es sich um einen Schadensersatz neben der Leistung handeln dürfte.

Als Schuldverhältnis kommen hier die Versorgungszusage, der schuldrechtliche Teil des Tarifvertrags sowie das Mitgliedschaftsverhältnis in der jeweiligen Gewerkschaft in Betracht.

a) Versorgungszusage

Die Versorgungszusage, die vertragliche Grundlage, auf der die Beitragszahlungen beruhen,[669] bindet den Arbeitgeber, nicht die Sozialpartner.[670] Dies gilt unabhängig davon, ob die Versorgungszusage auf individualrechtlicher oder kollektivrechtlicher Grundlage steht.[671] Üblicherweise lassen Tarifverträge den Arbeitgebern jedoch Freiräume, das konkrete Versorgungsversprechen individuell auszuformen und an die betrieblichen Besonderheiten anzupassen.[672] Auch wenn der Anspruch auf Beitragsentrichtung gegen den Arbeitgeber ohne weiteren Willensakt des Arbeitgebers im Sinne einer Tarifautomatik im Arbeitsverhältnis sofort gilt, führt dies nicht zu einem vertraglichen Verhältnis zwischen dem Versorgungsberechtigten und den Sozialpartnern, das im Wege des vertraglichen Schadensersatzanspruchs fruchtbar gemacht werden könnte.

---

668 *Diller*, BetrAV 2018, S. 601, 603.

669 Höfer BetrAVG I/*Höfer*, Betriebsrentengesetz, Kapitel 4: Rechtsbegründungsakte für Versorgungszusagen und Zusammentreffen mehrerer Versorgungszusagen, Rn. 1.

670 Vgl. dazu SHSS/*Kruip/Karst*, Arbeitsrecht der betrieblichen Altersversorgung, Teil 6 A, Rz. 349.

671 Höfer BetrAVG I/*Höfer*, Betriebsrentengesetz, Kapitel 4: Rechtsbegründungsakte für Versorgungszusagen und Zusammentreffen mehrerer Versorgungszusagen, Rn. 88.

672 *Höfer/Möbs*, Die Optimierung tarifvertraglicher Altersversorgung, DB 2006, S. 1732.

b) *Tarifvertrag*

Sollten die Sozialpartner das Entstehen des Versorgungsanspruchs bereits in dem die reine Beitragszusage nach § 1 Abs. 2 Nr. 2a BetrAVG einführenden Tarifvertrag geregelt haben, kann dies nur im normativen Teil des Tarifvertrags geschehen, nicht im schuldrechtlichen. Auf die unmittelbar und zwingend wirkenden Normen des Tarifvertrags sind jedoch die Grundsätze der Rechtsprechung zu Schadensersatzansprüchen der Tarifunterworfenen bei Verstößen der Tarifvertragsparteien gegen schuldrechtliche Pflichten des Tarifvertrags[673] nicht ohne Weiteres anwendbar.[674]

c) *Mitgliedschaft*

Versorgungsberechtigte sollen aufgrund enttäuschter Anlageerwartungen auf Grundlage verbandsrechtlicher Vorschriften gegen ihre eigene Gewerkschaft vorgehen können.[675] Während Schadensersatzansprüche der Sozialpartner und Dritter gegenüber Gewerkschaften, etwa bei Bruch der Friedenspflicht, bereits umfassend wissenschaftlich untersucht wurden,[676] gilt dies nicht in vergleichbarer Weise für Ansprüche der Mitglieder gegen ihre eigene Gewerkschaft.

Gewerkschaften sind aus historischen Gründen üblicherweise als nichtrechtsfähige Vereine organisiert.[677] Die Vereinsmitgliedschaft stellt grundsätzlich ein dem Schuldverhältnis vergleichbares Sonderrechtsverhältnis dar.[678]

So den Versorgungsberechtigten der Nachweis einer Pflichtverletzung der oben beschriebenen Pflichten[679] durch die von den Gewerkschaften entsandten Mitglieder des Beteiligungsausschusses gelingt, wäre dies der Gewerkschaft wohl nach § 31 BGB, für den Fall, dass Organe der Gewerkschaft handeln, andernfalls nach § 278 S. 1 BGB zuzurechnen.[680] Die Erfüllung des nach oben stehenden

---

673 BAG, Urteil vom 08.02.1957 – 1 AZR 169/55, BAGE 3, 280.

674 Vgl. hierzu die Ausführungen bei ErfK/*Franzen*, TVG, § 1 Rn. 85; MHdB/*Klumpp*, Münchener Handbuch zum Arbeitsrecht, § 259 Rn. 15 ff; Wiedemann/*Thüsing*, Tarifvertragsgesetz, § 1 Rn. 938 ff; *Löwisch/Rieble*, Tarifvertragsgesetz, § 1 Rn. 1431.

675 *Diller*, BetrAV 2018, S. 601, 603.

676 Vgl. nur *Malorny*, Die Haftung der Gewerkschaft gegenüber ihren Tarifpartnern und Dritten für Schäden bei rechtswidrigen Streiks, S. 28 m.w.N.

677 *Löwisch/Rieble*, Tarifvertragsgesetz, § 2 Rn. 4.

678 AG Nordhorn, Urteil vom 19.10.2000 – 3 C 1053/00, NJW-RR 2001, 1171; MüKo BGB/*Oetker*, BGB, § 254 Rn. 133.

679 Vgl. oben Kapitel 4D.

680 Wiedemann/*Thüsing*, Tarifvertragsgesetz, § 1 Rn. 943; *Löwisch/Rieble*, Tarifvertragsgesetz, § 1 Rn. 1438 f.

Grundsätzen ausgeformten Beteiligungsgebots stellt eine Nebenpflicht nach § 241 Abs. 2 BGB dar, die sich aus dem Mitgliedschaftsverhältnis ergeben dürfte. Das Vorliegen der tatbestandlichen Voraussetzungen einer Haftung der Gewerkschaften nach § 280 Abs. 1 S. 1 BGB ist somit grundsätzlich denkbar. Zur Schadensberechnung nach §§ 249 BGB erfolgen weiter unten allgemeine Betrachtungen.[681]

2) Deliktische Ansprüche

Aus § 823 Abs. 1 BGB dürfte sich kein Schadensersatz ergeben, da § 823 Abs. 1 BGB nicht das Vermögen schützt. Hier ist zwar denkbar, dass eine unverfallbare Anwartschaft als sonstiges Recht des § 823 Abs. 1 BGB zu qualifizieren ist. Dies wurde von der Rechtsprechung aber bislang abgelehnt.[682]

Ein Anspruch könnte sich jedoch aus § 823 Abs. 2 BGB i.V.m. § 21 Abs. 1 BetrAVG ergeben. Dafür müsste zunächst § 21 Abs. 1 BetrAVG ein Schutzgesetz i.S.d. § 823 Abs. 2 BGB darstellen.

Dies ist jedoch abzulehnen. Grundüberlegung zur Einführung der reinen Beitragszusage nach § 1 Abs. 2 Nr. 2a BetrAVG war, dass die Haftung des Arbeitgebers nach § 1 Abs. 1 S. 3 BetrAVG diesen von der Erteilung von Versorgungszusagen abhalten könnte und ein Entfallen der Haftung zu einer weiteren Verbreitung betrieblicher Versorgungszusagen führen würde.[683] Dieses Bestreben würde hingegen bei einer Haftung aus § 812 Abs. 2 BGB i.V.m. § 21 Abs. 1 BetrAVG angesichts des allgemeinen Postulats der Rechtsprechung auf den Kopf gestellt, wonach eine Haftung aus einem Schutzgesetz im Lichte des haftungsrechtlichen Gesamtsystems tragbar erscheinen müsse. Ferner müsse in umfassender Würdigung des gesamten Regelungszusammenhangs, in den die Norm gestellt sei, geprüft werden, ob es in der Tendenz des Gesetzgebers liegen könnte, an die Verletzung des geschützten Interesses die deliktische Einstandspflicht des dagegen Verstoßenden mit allen damit zugunsten des Geschädigten gegebenen Beweiserleichterungen zu knüpfen.[684]

---

681 Siehe unten Kapitel 4E.II.5).

682 LAG Mecklenburg-Vorpommern, Urteil vom 03.03.2009 – 5 Sa 233/08, juris.

683 „Darin liegt objektiv wie subjektiv ein Verbreitungshemmnis begründet", BT-Drs. 18/11286, S. 42.

684 BGH, Urteil vom 25.05.2020 – VI ZR 252/19, MDR 2020, 790; BGH, Urteil vom 27.02.2020 – VII ZR 151/18, MDR 2020, 560; BGH, Urteil vom 29.06.1982 – VI ZR 33/81, BGHZ 84, 312.

Es wäre daher schlicht systemwidrig, eine betriebsrentenrechtlich ausgeschlossene Garantiehaftung durch eine unbeschränkte deliktische Haftung über den Umweg der § 823 Abs. 2 BGB i.V.m. § 21 Abs. 1 BetrAVG zu ersetzen. Diese Bedenken, die schon vielfältig zur Unterscheidung von Außen- und Innenhaftung im Hinblick auf die Haftung von Geschäftsführern einer GmbH in Literatur[685] und Rechtsprechung[686] geäußert wurden, stellen sich im Fall eines Beteiligungsausschusses in besonderem Maße.

3) Vertrag mit Schutzwirkung zugunsten Dritter

Denkbar ist grundsätzlich auch, dass der Tarifvertrag oder die Vereinbarung der Sozialpartner zur Beteiligung nach § 21 Abs. 1 BetrAVG als Vertrag mit Schutzwirkung zugunsten Dritter angesehen werden könnte.[687] Auf diese Konstruktion könnten nichttarifgebundene Versorgungsberechtigte versuchen, ihre Ansprüche zu stützen. Gewerkschaftsmitgliedern dürfte aufgrund der möglichen Ansprüche aus § 280 Abs. 1 BGB bereits die Schutzbedürftigkeit fehlen. Doch hinsichtlich nicht-tarifgebundener Versorgungsberechtigter dürften Zweifel angebracht sein, ob diese überhaupt zum Kreis der Begünstigten nach den Grundsätzen des Vertrags mit Schutzwirkung zugunsten Dritter gehören. Insbesondere ist am Gläubigereinbeziehungsinteresse zu zweifeln.[688] Weder Gewerkschaften noch Arbeitgeberverbände dürften ein vertragliches Interesse daran haben, für Pflichtverletzungen nach § 21 Abs. 1 BetrAVG, die sie letztlich nur gemeinsam begehen können, den Kreis der Berechtigten zu erweitern. Auch aus § 21 Abs. 3 dürfte sich nichts anderes ergeben. Die Sozialpartner dürfen hiernach zwar den Zugang zu der die reine Beitragszusage nach § 1 Abs. 2 Nr. 2a BetrAVG durchführende Versorgungseinrichtung nicht verwehren. Die Norm zwingt die Sozialpartner hingegen nicht dazu, nichttarifgebundene Arbeitnehmer durch die Aufnahme in den Schutzbereich eines Vertrags sogar besser als die tarifgebundenen Arbeitnehmer zu stellen.

---

685 MüKo BGB/*Wagner*, BGB, § 823 Rn. 155 m.w.N.

686 BGH, Urteil vom 19. 2. 2008 – XI ZR 170/07, BGHZ 175, 276.

687 Zu der nach wie vor unklaren dogmatischen Grundlage des Institutes des Vertrags mit Schutzwirkung zugunsten Dritter siehe MüKo BGB/*Gottwald*, BGB, § 328 Rn. 170 ff.

688 Zu den Voraussetzungen der Gläubigernähe im Einzelnen vgl. MüKo BGB/*Gottwald*, BGB, § 328 Rn. 185 ff.

4) Zwischenergebnis

Es lässt sich somit feststellen, dass auf tatbestandlicher Ebene im Ergebnis nur ein Anspruch für tarifgebundene Versorgungsberechtigte gegenüber ihrer eigenen Gewerkschaft aus § 280 Abs. 1 BGB bei Verletzungen der Pflichten aus § 21 Abs. 1 BetrAVG entstehen kann. Für andere denkbaren Anspruchsgrundlagen fehlt es jeweils an dem Vorliegen einzelner Tatbestandsvoraussetzung.

5) Allgemeine Überlegungen zum Schaden

Zu der Schadensberechnung nach §§ 249 ff. im Rahmen eines Anspruchs von tarifgebundenen Versorgungsberechtigten aus § 280 Abs. 1 BGB stellen sich einige Fragen. Schadensersatz bedeutet auch hier in erster Linie Naturalrestitution.[689]

Für den Zeitpunkt des Entstehens des Schadens und somit der Fälligkeit des Anspruchs dürften jedenfalls keine strengeren Voraussetzungen als an einen Anspruch aus § 1 Abs. 1 S. 3 BetrAVG gestellt werden können. Hierzu hat das BAG entschieden, dass der Anspruch erst mit Eintritt des Versorgungsfalls entstehen könne.[690] Auch im vorliegenden Fall steht zu einem früheren Zeitpunkt noch gar nicht fest, ob der klagende Versorgungsberechtigte durch eine Pflichtverletzung tatsächlich schlechtergestellt wäre, da dies, ebenso wie im vom BAG entschiedenen Fall, erst im Leistungsfall festgestellt werden kann.[691]

Auch dürfte, anders als dies für bisherige Versorgungszusagen der Fall war, nicht jede Leistungskürzung, auch wenn sie unter der Grenze des Beitragserhalts liegt, einen Schaden darstellen. Dass dieser Fall vom Gesetzgeber so vorgesehen wurde, ergibt sich aus § 38 Abs. 1 S. 2 PFAV sowie aus der Gesetzesbegründung.[692] Vor diesem Hintergrund dürfte der Beweis der haftungsausfüllenden Kausalität eine besondere Herausforderung darstellen.[693]

Doch ganz grundsätzlich müsste sich ein Ergebnis, wonach nur Gewerkschaften für die Beteiligung nach § 21 Abs. 1 BGB haften, während die ebenfalls

---

689 Wiedemann/*Thüsing*, Tarifvertragsgesetz, § 1 Rn. 944.

690 BAG 3 AZR 157/19, NZA 2020, 1189.

691 BAG 3 AZR 157/19, NZA 2020, 1189, Rn. 47.

692 BT-Drs. 18/11286, S. 57.

693 So auch SHSS/*Kruip/Karst*, Arbeitsrecht der betrieblichen Altersversorgung, Teil 6 A, Rz. 324; *Görgen/Schwindt*, Die Geschiche des Sozialpartnermodells – Hinweise für mögliche Auslegungen, S. 111, 127 lehnen die haftungsausfüllende Kausalität jedoch grundsätzlich mit dem zweifelhaften Argument ab, dass sich die Organe der Versorgungseinrichtung nicht auf die Anlageempfehlungen der Sozialpartner verlassen dürften.

erwähnten Arbeitgeberverbände haftungslos bleiben, den Vorwurf der Unbilligkeit gefallen lassen.

Ferner würde so eine Haftungsdiskrepanz zwischen reinen Beitragszusagen nach § 1 Abs. 2 Nr. 2a BetrAVG entstehen, die davon abhinge, welche der vom Gesetzgeber in der Gesetzesbegründung angedachte Form der Beteiligung nach § 21 Abs. 1 BetrAVG[694] von den Sozialpartnern gewählt wurde. In Fällen der Durchführung über gemeinsame Einrichtungen, oder wenn Mitglieder der Tarifvertragsparteien in den Aufsichtsrat der Versorgungseinrichtung entsandt werden, würde pflichtwidriges Verhalten der gemeinsamen Einrichtung oder der Versorgungseinrichtung zugerechnet, nicht jedoch den Sozialpartnern selbst. Nur im Falle eines spezifischen Gremiums würde diese Zurechnung zulasten der Gewerkschaft denkbar werden. Das würde aber gerade die Gestaltungsfreiheit der Sozialpartner konterkarieren, auf die die Abgeordneten des Deutschen Bundestags so viel Wert gelegt haben.[695]

a) Mitverschulden nach § 254 BGB

Im Rahmen eines möglichen Mitverschuldens nach § 254 BGB ist daher zu untersuchen, ob sich nicht das Gewerkschaftsmitglied auf Schadensseite das Verhalten seiner eigenen Gewerkschaftsvertreter zurechnen lassen muss. Nach wohl herrschender Meinung werden im Rahmen der § 278 Abs. 1 nach § 254 Abs. 2 S. 2 BGB,[696] jedenfalls im Wege einer Rechtsgrundverweisung innerhalb eines bestehenden Schuldverhältnisses,[697] sämtliche Zurechnungsnormen wie auch selbstständige Haftungsnormen des Zivilrechts zulasten des Geschädigten angewendet.[698] Argumentiert wird mit einem spiegelbildlichen Haftungsgleichlauf auf Tatbestands- und Rechtsfolgenseite.[699]

Doch einem Versorgungsberechtigten, der seine Gewerkschaft nach § 280 Abs. 1 BGB wegen Verletzung von Pflichten aus § 21 Abs. 1 BetrAVG in Anspruch nimmt, sind auch gem. § 254 Abs. 2 S. 2 BGB weder nach § 31 BGB analog noch nach § 831 BGB Pflichtverletzungen zuzurechnen.

---

694 BT-Drs. 18/11286, S. 45.

695 Siehe oben Kapitel 4B.III.5).

696 Vgl. BGH, Urteil vom 08.03.1951 – III ZR 65/50, BGHZ 1, 248; MüKo BGB/*Oetker*, BGB, § 254 Rn. 126.

697 Vgl. BGH, Urteil vom 10.07.2007 – VI ZR 199/06, BGHZ 173, 182; BGH, Urteil vom 01.03.1988 – VI ZR 190/87, BGHZ 103, 338; BGH, Urteil vom 16.01.1979 – VI ZR 243/76, BGHZ 73, 191; MüKo BGB/*Oetker*, BGB, § 254 Rn. 128.

698 Vgl. hierzu MüKo BGB/*Oetker*, BGB, § 254 Rn. 134 ff.

699 Vgl. hierzu MüKo BGB/*Oetker*, BGB, § 254 Rn. 136 ff.

Allerdings ist dem Umstand Rechnung zu tragen, dass sich die Gewerkschaft Tätigkeiten, die letztlich im Interesse des Versorgungsberechtigten selbst liegen, nach § 278 S. 1 BGB zurechnen lassen muss, der Versorgungsberechtigte selbst jedoch auf den ersten Blick nicht. Schließlich ist etwa das Mitglied des Beteiligungsausschusses weder gesetzlicher Vertreter noch Erfüllungsgehilfe des Versorgungsberechtigten.

Hierzu wird jedoch vertreten, dass für die Anwendung § 278 Abs. 1 BGB auf haftungsausfüllender Ebene nicht die Voraussetzungen eines Erfüllungsgehilfen vorliegen müssen.[700] Aufgrund des Gebots der entsprechenden Anwendung genüge es, dass sich der Verletzte der Hilfsperson lediglich zur Wahrnehmung seiner Interessen im Rahmen des Schuldverhältnisses bediene.[701] Erforderlich sei es jedoch, dass der Dritte mit Willen des Geschädigten tätig geworden sei.[702] Das ist vorliegend der Fall. Der Geschädigte kann den Gewerkschaftsvertreter im Beteiligungsausschuss nach demokratischen Grundsätzen zumindest mittelbar mitbestimmen. Er wird auch im Rahmen des Mitgliedschaftsverhältnisses der Gewerkschaft im Interesse des Geschädigten tätig. Von den insoweit durch die Rechtsprechung[703] entschiedenen Fällen unterscheidet sich der vorliegende jedoch in dem Umstand, dass hier haftungsbegründendes Verschulden und haftungsausfüllendes Mitverschulden identisch sind. Dennoch dürfte der vorliegende Fall nicht anders zu beurteilen sein. In Fällen von gesetzlichen Vertretern etwa dürfte die Zurechnung mit dem Verschulden identischen Mitverschuldens bereits vorgenommen werden.

Dies lässt sich an einem Beispiel verdeutlichen: Der ein Kindergartenfest organisierende Förderverein stellt eine Hüpfburg unsachgemäß auf. Auf dieser verletzt sich der Sohn des mit dem Aufbau der Hüpfburg betrauten Vorstandsmitglieds. Dieselbe Pflichtverletzung des Vorstandsmitgliedes, das unsachgemäße Aufbauen der Hüpfburg, müssen sich sowohl der Verein, über § 31 BGB auf Tatbestandsebene, als auch der Sohn, nach §§ 254 Abs. 2 S. 2, 278 S. 1 BGB auf Rechtsfolgenebene, zurechnen lassen.

---

700 BGH, Urteil vom 14.07.2016 – VII ZR 193/14 NJW 2016, 3022; BGH, Urteil vom 23.06.1965 – VIII ZR 201/63, NJW 1965, 1757; BGH, Urteil vom 05.02.1962 – II ZR 141/60, BGHZ 36, 329; MüKo BGB/*Oetker*, BGB, § 254 Rn. 134.

701 BGH VII ZR 193/1, NJW 2016, 3022; BGH, Urteil vom 15.05.2013 – VII ZR 257/11, BGHZ 197, 252; BGH VIII ZR 201/63, NJW 1965, 1757; BGH II ZR 141/60, BGHZ 36, 329; MüKo BGB/*Oetker*, BGB, § 254 Rn. 134; HK-BGB/*Schulze*, BGB, § 254 Rn. 9.

702 MüKo BGB/*Oetker*, BGB, § 254 Rn. 134.

703 Viele Parallelen weist der vorliegende Umstand auf mit BGH VIII ZR 201/63, NJW 1965, 1757

Jedenfalls dürften auch die Analogievoraussetzungen für eine analoge Anwendung des § 278 S. 1 BGB auf das Verhältnis zwischen dem tarifgebundenen Versorgungsberechtigten und dem Mitglied des Beteiligungsausschusses vorliegen. Eine Regelungslücke im Haftungssystem ist evident,[704] die Planwidrigkeit wird daran erkennbar, dass der Gesetzgeber die unterschiedlichen Haftungsfolgen der einzelnen Beteiligungslösungen in der Gesetzesbegründung nicht erkannt und wohl auch nicht gewollt hat.[705] Die Interessenlage ist vergleichbar. Gleichsam, wie sich die Gewerkschaft das Handeln der eigenen Hilfsperson zurechnen lassen muss, weil sie sich die Vorteile der Arbeitsteilung zunutze macht und daher auch das damit verbundene Personalrisiko tragen soll, so macht sich auch der tarifgebundene Versorgungsberechtigte diese Arbeitsteilung zunutze.[706] Ohne seine Einschaltung von Dritten wäre er bereits aus regulatorischen Gründen, aufgrund der Tarifbindung der reinen Beitragszusage nach § 1 Abs. 2 Nr. 2a BetrAVG nicht in den Genuss einer Versorgungszusage dieses Zuschnitts gekommen. Und ebenso wie der Vater bei der Planung des Kindergartenfestes letztlich zugunsten seines eigenen Kindes handelte, handelt das Mitglied des Beteiligungsausschusses letztlich zugunsten der versorgungsberechtigten Gewerkschaftsmitglieder. Daher ist es angezeigt, das versorgungsberechtigte Gewerkschaftsmitglied in gleichem Maße auch an dem Risiko dieser Arbeitsteilung zu beteiligen. Eine vergleichbare Wertung treffen auch §§ 328, 334 BGB, wonach Drittbegünstigte eines Vertrags zugunsten Dritter sich das Mitverschulden ihres Verbandes als Hauptgläubiger zurechnen lassen müssen. So kann etwa einem Arbeitgeberverband vorgehalten werden, einen friedenspflichtwidrigen Streik provoziert zu haben, um Ansprüche der bestreikten Arbeitgeber auszuschließen.[707]

Nach den gleichen Grundsätzen müsste sich ferner auch ein nichttarifgebundener Arbeitnehmer, der Ansprüche aus Vertrag mit Schutzwirkung zugunsten Dritte geltend machen möchte, das Verschulden der Mitglieder des Beteiligungsausschusses im Rahmen eines Mitverschuldens zurechnen lassen.[708]

---

704 I.E so auch *Diller*, BetrAV 2018, S. 601, 606.

705 Vgl. dazu BT-Drs. 18/11286, S. 45.

706 MüKo BGB/*Grundmann*, BGB, § 278 Rn. 3.

707 Vgl. hierzu *Löwisch/Rieble*, Tarifvertragsgesetz, § 1 Rn. 1440.

708 BGH, Urteil vom 13.02.1975 – VI ZR 92/73, NJW 1975, 867; MüKo BGB/*Oetker*, BGB, § 254 Rn. 131; Jauernig/*Teichmann*, BGB, § 254 Rn. 12.

b) Alternative Lösungsansätze

Alternativ dazu ließen sich ebenfalls über § 254 BGB die Grundsätze der beschränkten Arbeitnehmerhaftung[709] für den vorliegenden Fall nutzbar machen. Auch auf das Mitgliedsverhältnis in Vereinen lassen sich, in engen Grenzen, bereits nach bisheriger Rechtsprechung die Grundsätze der beschränkten Arbeitnehmerhaftung übertragen.[710] Ob dieses Haftungsprivileg für Vereinsmitglieder auch zu einem entsprechenden Ausschluss oder entsprechender Teilung auf der Mitverschuldensebene führen kann, ist bislang nicht entschieden.

Möglicherweise ließe sich auch ein konkludenter Haftungsausschluss über entsprechende Satzungsnormen der Gewerkschaften konstruieren, etwa aus dem Solidaritätsgebot in § 10 Nr. 2 lit. b) der Ver.di-Satzung vom September 2019.[711]

Schlussendlich wäre auch eine vertragliche Haftungsbeschränkung auf vorsätzliche oder grob fahrlässig begangene Pflichtverletzungen gem. § 309 Nr. 7 lit. b) BGB zwischen den tarifgebundenen Versorgungsberechtigten und ihren Gewerkschaften möglich und wohl auch die empfehlenswerte Lösung.[712] Diese ließe sich noch durch eine tarifvertragliche Klausel zur Beschränkung der Haftung ergänzen.[713]

III. Ergebnis

Mit einem Haftungsregime, das von allen Beteiligten als so streng und unberechenbar wahrgenommen wird, dass es bereits die Entstehung von Ansprüchen verhindert, ist keinem gedient – weder Sozialpartnern noch einzelnen Arbeitgebern und am wenigsten den potentiellen Versorgungsberechtigten, die so im besten Fall auf Renditechancen, häufig aber wohl insgesamt auf betriebliche Altersversorgung, verzichten müssen.

Wie gezeigt, sollten weder die Anforderungen an eine Beteiligung aus § 21 Abs. 1 BetrAVG noch ein daraus resultierendes Haftungsrisiko die Sozialpartner davon abhalten, reine Beitragszusagen nach § 1 Abs. 2 Nr. 2a BetrAVG

---

709 Siehe hierzu *Waltermann*, Risikozuweisung nach den Grundsätzen der beschränkten Arbeitnehmerhaftung, RdA 2005, S. 98.

710 BGH, Urteil vom 05.12.1983 – II ZR 252/82, BGHZ 89, 153.

711 Satzung ver.di –Vereinte Dienstleistungsgewerkschaft abrufbar unter https://wdr.verdi.de/++file++5e1d766e554ace5a91809666/download/2019_Satzung_Stand%20September.pdf, zuletzt abgerufen am 10. Dezember 2021.

712 Vgl. MüKo BGB/*Wurmnest*, Wurmnest, § 309 Nr. 7 Rn. 23.

713 Wiedemann/*Thüsing*, Tarifvertragsgesetz, § 1 Rn. 947.

tarifvertraglich zu vereinbaren.[714] Denn die Anforderungen sind von Sozialpartnern umzusetzen, die bislang keine Erfahrungen mit dieser Materie haben. Das Haftungsrisiko ließe sich jedenfalls durch einen vertraglichen Haftungsausschluss zwischen Versorgungsberechtigten und Sozialpartnern begrenzen.

714 I. E. so auch *Rinn/Dernberger*, Reine Beitragszusage – Stern der Weisen am Horizont der betrieblichen Altersversorgung?, Festschrift für Dr. Birgit Uebelhack, S. 395, 406.

Kapitel 5 Notwendige und optionale Inhalte eines Tarifvertrags zur Einführung der reinen Beitragszusage nach § 1 Abs. 2 Nr. 2a BetrAVG

Zur Einführung der reinen Beitragszusage bedarf es nach § 1 Abs. 2 Nr. 2a BetrAVG eines Tarifvertrags, soviel erscheint klar. Über die tatsächlich notwendigen Inhalte eines solchen Tarifvertrags aber herrscht bislang weniger Klarheit.[715]

Im folgenden Kapitel soll nun geklärt werden, welche Inhalte der Tarifvertrag notwendigerweise beinhalten muss und welche er ggf. beinhalten sollte, sowie welche Inhalte die Sozialpartner auch außerhalb des Tarifvertrags regeln können.

Dabei umfasst diese Darstellung nicht die tarifvertraglich abzubildenden Besonderheiten der Durchführung der reinen Beitragszusage nach § 1 Abs. 2. Nr. 2a BetrAVG über gemeinsame Einrichtungen, ebenso die Umsetzung der reinen Beitragszusage nach § 1 Abs. 2. Nr. 2a BetrAVG in Optionssystemen[716] sowie die steuerliche Förderung von Geringverdienern nach § 100 EStG.[717] Diese ebenfalls durch das Betriebsrentenstärkungsgesetz eingeführten Neuerungen werden nur vereinzelt angesprochen, wo sich dies in der Bearbeitung der sonstigen Tarifnormen anbot. Eine vertiefte Untersuchung dieser Problemfelder erfolgte nicht. Zwar könnte die Durchführung der reinen Beitragszusage in gemeinsamen Einrichtungen nach § 1 Abs. 2 Nr. 2a BetrAVG in der Praxis die größere Bedeutung zukommen. Allerdings stellen sich hier nach Ansicht

---

715 Vgl. hierzu S. 97 ff. in dem Ergebnisbericht aba und IVS – Die reine Beitragszusage gemäß dem Betriebsrentenstärkungsgesetz, abrufbar unter https://www.aba-online.de/application/files/5515/8089/6666/20171116-Ergebnisbericht-Reine-Beitragszusage-gemaess-BRSG.pdf, zuletzt abgerufen am 10. Dezember 2021.

716 Vgl. hierzu *Frank*, BB 2019, S. 1140; *Wilhelm*, Das Optionsmodell – Entwicklung, aktueller Stand durch das Betriebsrentenstärkungsgesetz und Auswirkungen in der Praxis, BB 2017, S. 1850.

717 Vgl. hierzu *Briese*, Arbeitgeber-Förderbetrag bei der betrieblichen Altersversorgung, DStR 2019, S. 2510; *Meissner*, Das BMF-Schreiben zur Förderung der betrieblichen Altersversorgung, DStR 2018, S. 99; *Höfer*, DB 2017, S. 2481.

des Verfassers auch weniger rechtliche Probleme, sodass die Betrachtung von gemeinsamen Einrichtungen keinen Schwerpunkt dieser Bearbeitung darstellt.

Die in dieser Bearbeitung vorgenommene Einteilung in notwendige und optionale Inhalte des Tarifvertrags hält sich nicht stringent an die gesetzlichen Vorgaben in dem Sinne, dass neben allen nach dem Gesetz verbindlichen Inhalten des Tarifvertrags vom Verfasser auch einige Inhalte, die bloße Soll-Vorschriften darstellen, in dieser Bearbeitung aus Opportunität als notwendige Inhalte eingeordnet werden. Dies wird im Einzelfall jedoch deutlich gemacht.

Nach Stimmen in der Literatur und der Praxis gehören zu den Mindestinhalten eines die reine Beitragszusage nach § 1 Abs. 2 Nr. 2a BetrAVG einführenden Tarifvertrags die Herkunft, Höhe und Leistung der Beiträge (insbesondere ob diese arbeitnehmer- oder arbeitgeberfinanziert sind), die Bestimmung des Leistungsspektrums nach § 1 Abs. 1 S. 1 BetrAVG, Vorgaben zu Durchführungswegen und Versorgungseinrichtungen, Ausführungen zu Sicherungs- und Zusatzbeiträgen nach § 23 BetrAVG, die Unverfallbarkeit bei Hinterbliebenen und Invaliditätsversorgung, das Sicherungsvermögen gem. § 244c VAG, Vorgaben zum Risikomanagement nach § 39 PFAV sowie zu der Beteiligung an der Durchführung und Steuerung gem. § 21 Abs. 1. BetrAVG.[718]

Ob und in welchem Umfang dies zu Inhalten eines Tarifvertrags werden muss, wird im Folgenden untersucht werden.

A. Vorgaben aus § 1 Abs. 2 Nr. 2a BetrAVG

§ 1 Abs. 2 Nr. 2a BetrAVG spricht zunächst nur von der tarifvertraglichen Verpflichtung der Arbeitgeber, Beiträge zur Finanzierung von Leistungen der betrieblichen Altersversorgung an einen Pensionsfonds, eine Pensionskasse oder eine Direktversicherung nach § 22 zu zahlen. Im 2. Hs. regelt die Norm, welche Pflichten der Arbeitgeber nicht bestehen, nämlich die Pflichten nach § 1 Abs. 1 S. 3, § 1a Abs. 4 S. 2, den §§ 1b bis 6 und 16 sowie die Insolvenzsicherungspflicht nach dem Vierten Abschnitt des BetrAVG.

Direkte Pflichten für die Tarifvertragsparteien ergeben sich aus § 1 Abs. 2 Nr. 2a BetrAVG nicht. Wollen Sie einen wirksamen Tarifvertrag über die reine

---

718 Vgl. hierzu die Ausführungen bei HWK/*Schipp*, Arbeitsrecht Kommentar, § 1 BetrAVG, Rz. 9; *Diller*, BetrAV 2018, S. 601; *Heck*, BetrAV 2017, S. 556; Ergebnisbericht aba und IVS – Die reine Beitragszusage gemäß dem Betriebsrentenstärkungsgesetz, abrufbar unter https://www.aba-online.de/application/files/5515/8089/6666/20171116-Ergebnisbericht-Reine-Beitragszusage-gemaess-BRSG.pdf, zuletzt abgerufen am 10. Dezember 2021.

Beitragszusage nach § 1 Abs. 2 Nr. 2a BetrAVG vereinbaren, müssen Sie zunächst jedoch eine Beitragspflicht für die Arbeitgeber an eine Versorgungseinrichtung eines zulässigen Durchführungswegs vereinbaren.

I. Die Versorgungseinrichtung

Für die Durchführung der reinen Beitragszusage stehen den Sozialpartnern drei Durchführungswege zur Verfügung: die Direktversicherung, der Pensionsfonds sowie die Pensionskasse. Dies ergibt sich aus §§ 1 Abs. 2 Nr. 2a, 22 Abs. 1 BetrAVG.

1) Eignung der Durchführungswege

Für die Charakterisierung der einzelnen Durchführungswege sei hier auf die Darstellungen in der Literatur verwiesen.[719] Hinsichtlich ihrer Eignung zur Durchführung von reinen Beitragszusagen nach § 1 Abs. 2 Nr. 2a BetrAVG ist festzuhalten, dass sie sich lediglich in Details unterscheiden. Reine Beitragszusagen einführende Versorgungssysteme lassen sich letztlich nahezu identisch in allen drei Durchführungswegen organisieren.[720]

Die Anforderungen der reinen Beitragszusage nach § 1 Abs. 2 Nr. 2a BetrAVG kommen dem übrigen Anlageportfolio des nicht-versicherungsförmigen Pensionsfonds nach § 236 Abs. 1 Nr. 2 VAG in finanzierungstechnischer Hinsicht am nächsten.[721] Dieser kann auch bereits nach bisheriger Rechtslage auf versicherungsförmige Garantien nach § § 22 Abs. 2 PFAV verzichten und nicht-versicherungsförmige, also nicht garantierte Leistungen in Aussicht stellen. Doch auch Direktversicherungen und Pensionskassen können gem. § 244a Abs. 1, Abs. 2 VAG ungeachtet der im Übrigen für sie geltenden Vorschriften reine Beitragszusagen nach § 1 Abs. 2 Nr. 2a BetrAVG anbieten, sofern sie etwa nach §§ 244c VAG gesonderte Anlagestöcke hierfür einrichten.

Die Motivation des Gesetzgebers, neben den Pensionsfonds auch Pensionskassen und Direktversicherungen zuzulassen, dürfte eher darauf gerichtet gewesen sein, einen möglichst großen Pool an Anbietern als verfügbaren

---

719 *Masnitza*, Tarifvertragliche Gestaltungen der betrieblichen AltersversorgungS. 20 ff; *Rawe*, Auslegung von Zusagen der betrieblichen Altersversorgung, S. 40 ff; *Schobert*, Die reine Beitragszusage, S. 183 ff. eingehend zu den Durchführungswegen anhand eines eigenen Modells de lege ferenda.

720 Vgl. BT-Drs. 18/11286, S. 55. So auch *Arteaga/Veit/Baroch Castellvi*, Praxishandbuch BRSG, Teil A Rn. 60.

721 *Arteaga/Veit/Baroch Castellvi*, Praxishandbuch BRSG, Teil A. Rn. 63.

Versorgungseinrichtungen zuzulassen.[722] Auf die einzelnen Merkmale der Durchführungswege dürfte es angesichts des weitgehenden Gleichlaufs der Vorschriften nach §§ 244a ff. VAG sowie der §§ 33 ff. PFAV für alle Durchführungswege weniger angekommen sein.

Es ist jedoch auch auf einige kleinere Unterschiede hinzuweisen. Insbesondere die Direktversicherung kann einen Vorteil für sich in Anspruch nehmen. Gem. § 21 Abs. 4 BetrAVG können gemeinsame Einrichtungen nach § 4 TVG als Versicherungsnehmer an die Stelle der einzelnen Arbeitgeber treten. Dies würde insbesondere eine weitere Zentralisierung von Verwaltungstätigkeiten und eine damit verbundene Entlastung der einzelnen Arbeitgeber bedeuten.[723] Der Vorteil der beitragsrechtlichen Privilegierung der Leistungen aus Direktversicherungen, wenn diese mit eigenen Beiträgen weitergeführt werden, dürfte nach jüngster Rechtsprechung des BVerfG jedoch auch in den anderen Durchführungswegen ebenfalls bestehen und somit die Direktversicherung insofern gleichstellen.[724]

Es kommen jedoch auch zwei Nachteile hinzu. Zum einen dürfte die Schaffung einer gesonderten Abteilung des Sicherungsvermögens (Kapitalstocks) nach § 125 Abs. 5 VAG keine bloße Formalie darstellen, sondern mit finanziellen Belastungen einhergehen.[725] Nicht von der Hand zu weisen sind auch Vorbehalte unter den Arbeitnehmern gegen den Durchführungsweg Direktversicherung.[726] Aufgrund der ohnehin bestehenden Schwierigkeiten der Gewerkschaften, ihre Mitglieder von den Vorteilen garantieloser betrieblicher Altersversorgung zu überzeugen, könnte ein Verzicht auf den insofern umstrittenen Durchführungsweg der Direktversicherung[727] die

---

722 Zur Motivation des Gesetzgebers sind die Materialen allerdings unergiebig, vgl. insbesondere BT-Drs. 18/11286, S. 42; BT-Drs. 18/12612, S. 19.

723 *Arteaga/Veit/Baroch Castellvi*, Praxishandbuch BRSG, Teil A Rn. 75.

724 BVerfG, Beschluss vom 27.06.2018 – 1 BvR 100/15, 1 BvR 249/15, NJW 2018, 3169 hat dies jedenfalls für Pensionskassen entschieden. Die Argumentation dürfte auch auf Pensionsfonds übertragbar sein.

725 Siehe hierzu *Grote*, BetrAV 2017, S. 382, 284.

726 Vgl. hierzu nur die Äußerungen von Gewerkschaftsvertretern zu Direktversicherungen, siehe oben Kapitel 3B.II.1)a)bb).

727 Vgl. hierzu nur den in der Presse und über seine Homepage präsenten Verein der Direktversicherungsgeschädigten e.V., abrufbar unter https://dvg-ev.org/ , zuletzt abgerufen am 10. Dezember 2021; vgl. ebenfalls *Petermann*, Direktversicherung im Alter – Rentner protestieren gegen doppelte Beiträge, Deutschlandfunk Online, 25. Oktober 2019, abrufbar unter https://www.deutschlandfunk.de/

Bereitschaft unter den Gewerkschaftsmitgliedern, wenn auch nur leicht, erhöhen.[728]

2) Vorauswahl der Versorgungseinrichtungen

Eine Beschränkung der möglichen Versorgungseinrichtungen auf Versorgungseinrichtungen eines Durchführungswegs oder auch auf einzelne Versorgungseinrichtungen ist zwar möglich,[729] aber weder nötig noch uneingeschränkt empfehlenswert.[730] Stattdessen wird an dieser Stelle, mit Verweis auf die oben angestellten Untersuchungen zum Beteiligungsgebot,[731] folgende Gestaltung empfohlen:

Die Sozialpartner sollten die Auswahl des Durchführungswegs und der Versorgungseinrichtung dem Arbeitgeber überlassen, aber die hierfür zur Verfügung stehenden Versorgungseinrichtungen auf diejenigen beschränken, die sich zuvor vertraglich auf das von den Sozialpartnern vorgegebene Beteiligungsregime eingelassen haben, namentlich auf die Mitarbeit an dem von den Sozialpartnern zu errichtenden Beteiligungsausschuss.

II. Beiträge an die Versorgungseinrichtung

Ein zweiter, explizit in § 1 Abs. 2 Nr. 2a BetrAVG geregelter Bestandteil eines Tarifvertrags über eine reine Beitragszusage nach § 1 Abs. 2 Nr. 2a BetrAVG ist die Pflicht des Arbeitgebers, Beiträge zur Finanzierung von Leistungen der betrieblichen Altersversorgung an einen Pensionsfonds, eine Pensionskasse oder eine Direktversicherung nach § 22 zu zahlen. Dennoch müssen und sollten hierüber keine zu konkreten Regelungen bereits im Tarifvertrag getroffen werden.[732]

---

direktversicherung-im-alter-rentner-protestieren-gegen.697.de.html?dram:article_id=461870, zuletzt abgerufen am 10. Dezember 2021.

728 Zu Vorbehalten ggü. der Direktversicherung vgl. *Arteaga*, VW 2015, S. 18 f.

729 Vgl. hierzu *Masnitza*, Tarifvertragliche Gestaltungen der betrieblichen Altersversorgung, S. 115.

730 *Kisters-Kölkes/Linden/Meissner/Friedrich*, Leitfaden bAV: Betriebsrentenstärkungsgesetz (BRSG), S. 222; *Arteaga/Veit/Baroch Castellvi*, Praxishandbuch BRSG, Teil A Rn. 62; a.A. wohl *Droßel*, Das neue Betriebsrentenrecht: Betriebsrentenstärkungsgesetz und Umsetzung der Mobilitätsrichtlinie, Rn. 243; *Heck*, BetrAV 2017, S. 556, 559; uneindeutig HWK/*Schipp*, Arbeitsrecht Kommentar, BetrAVG, § 1 Rz. 9.

731 Kapitel 4D.II.1)h).

732 *Höfer/Möbs*, DB 2006, S. 1732, 1733.

1) Arbeitgeberfinanzierte Beiträge

Die reine Beitragszusage nach § 1 Abs. 2 Nr. 2a BetrAVG kann sowohl als rein arbeitgeberfinanzierte Versorgungszusage ausgestaltet werden als auch als Mischfinanzierung durch Beiträge des Arbeitgebers und Entgeltumwandlung des Arbeitgebers. Dies ergibt sich aus §§ 1a Abs. 1 S. 3 und 23 Abs. 2 BetrAVG. Eine rein arbeitnehmerfinanzierte Beitragszusage, die ausschließlich über Entgeltumwandlung finanziert wird, ist schon nach dem Wortlaut des § 1 Abs. 2 Nr. 2a BetrAVG ausgeschlossen, wonach der Arbeitgeber durch oder aufgrund Tarifvertrags zur Zahlung von Beiträgen verpflichtet sein muss.[733]

Für arbeitgeberfinanzierte Beiträge gilt im die reine Beitragszusage nach § 1 Abs. 2 Nr. 2a BetrAVG einführenden Tarifvertrag dennoch Gestaltungsfreiheit.[734] Es bleibt den Sozialpartnern unbenommen, im Tarifvertrag Pflichtbeiträge für alle Arbeitgeber einzuführen.[735] Solche Beiträge können beispielsweise als fester Eurobetrag, in Abhängigkeit vom versorgungsfähigen Einkommen oder als erfolgsabhängige Einmalzahlung organisiert werden.[736] Die Rechtsprechung des BAG zu Leistungskürzungen dürfte aufgrund des fehlenden Vertrauenstatbestands nicht übertragbar sein, sodass auch Beitragskürzungen möglich sein sollten.[737]

Die Sozialpartner haben auch für die reine Beitragszusage nach § 1 Abs. 2 Nr. 2a BetrAVG die Wahl, ob sie einen Versorgungstarifvertrag oder einen Rahmentarifvertrag schließen wollen.[738] Versorgungstarifverträge enthalten bereits selbst Versorgungszusagen mit konkreter und detaillierter Bestimmung der Versorgungsmodalitäten. Der Versorgungsanspruch ergibt sich dann bereits unmittelbar aus dem Tarifvertrag.[739] Ein Rahmentarifvertrag sieht lediglich die Möglichkeit für Arbeitgeber vor, Versorgungszusagen nach den Regeln des Tarifvertrags sowie der entsprechenden Vorschriften des BetrAVG und der PFAV zu erteilen.

---

733 So auch *Kisters-Kölkes*, Festschrift Uebelhack, S. 221, 225.

734 *Arteaga/Veit/Baroch Castellvi*, Praxishandbuch BRSG, Teil A Rn. 52.

735 *Arteaga/Veit/Baroch Castellvi*, Praxishandbuch BRSG, Teil A Rn. 52.

736 SHSS/*Kruip/Karst*, Arbeitsrecht der betrieblichen Altersversorgung, Teil 6A Rz. 369.

737 So auch *Droßel*, Das neue Betriebsrentenrecht: Betriebsrentenstärkungsgesetz und Umsetzung der Mobilitätsrichtlinie, Rn. 279.

738 Zu Gestaltungsmöglichkeiten vgl. *Reinhard/Hoffmann-Remy*, Gestalterische Möglichkeiten im Hinblick auf den kollektiven Bezug einer betrieblichen Altersversorgung, NZA-Beilage 2012, S. 79, 80.

739 Vgl. hierzu mit Beispielen *Allgaier*, NZA 2011, S. 786, 788.

2) *Arbeitnehmerfinanzierte Beiträge*

Die Entgeltumwandlung ist auch in Systemen der reinen Beitragszusage möglich, vgl. hierzu § 23 Abs. 2 BetrAVG.[740]

Mittels der durch das Betriebsrentenstärkungsgesetz eingeführten Möglichkeit von Optionssystemen der Entgeltumwandlung nach § 20 Abs. 2 BetrAVG steht den Sozialpartnern ein weiteres Instrument zur Verfügung, die finanzielle Beteiligung der Arbeitgeber an der betrieblichen Altersversorgung zu erhöhen. Die recht- und zweckmäßige Gestaltung von Optionssystemen ist jedoch kein Gegenstand dieser Arbeit, weshalb hier nur einige ausgewählte Probleme des Zusammentreffens von Entgeltumwandlung, in und außerhalb von Optionssystemen, und reiner Beitragszusage nach § 1 Abs. 2 Nr. 2a BetrAVG behandelt werden sollen.[741]

a) *Der Arbeitgeberzuschuss nach § 23 Abs. 2 BetrAVG*

Eng verknüpft mit der Frage der Finanzierung der Beiträge, durch die Arbeitgeber oder in Form der Entgeltumwandlung durch die Arbeitnehmer, ist die Frage des Arbeitgeberzuschusses nach § 23 Abs. 2 BetrAVG.

Die Zuschusspflichten aus § 23 Abs. 2 BetrAVG sowie die aus § 1a Abs. 1a BetrAVG haben Wissenschaft und Praxis bereits einige Auslegungsschwierigkeiten bereitet.[742] Im Rahmen dieser Bearbeitung soll sich jedoch den folgenden zwei Hauptfragen gewidmet werden:

Wie ist das *soweit* in § 23 Abs. 1 BetrAVG zu verstehen? Und welche tarifvertraglichen Regelungen sind bezüglich des Arbeitgeberzuschusses nötig bzw. möglich?

aa) Das soweit *in § 23 Abs. 2 BetrAVG*

Die Frage, was genau darunter zu verstehen ist, dass der Arbeitgeber einen Zuschuss zahlen muss, *soweit* er durch die Entgeltumwandlung Sozialversicherungsbeiträge einspart, ist bereits in Literatur und Praxis diskutiert worden. Eine

---

740 Vgl. Blomeyer/Otto/Rolfs/*Rolfs*, BetrAVG, § 1 Rn. 90.

741 Zu Optionssystemen nach § 20 Abs. 2 BetrAVG siehe vertiefend *Frank*, BB 2019, S. 1140, zur Entgeltumwandlung vgl. *Moll*, Entgeltumwandlung und Tarifentgelt, RdA 2016, S. 97.

742 Vgl. hierzu *Herrmann/Kovac*, DB 2020, S. 617; *Koch*, DB 2019, S. 1327; *Bader*, DB 2018, S. 1665; *Thüsing/Beden*, BetrAV 2018, S. 5; *Höfer*, DB 2017, S. 2481.

Ansicht liest die Konjunktion *soweit* als „in dem Maße, wie",[743] eine andere als „wenn".[744] Da sich diese Problematik auch außerhalb der reinen Beitragszusage nach § 1 Abs. 2 Nr. 2a BetrAVG stellt und ab dem 1. Januar 2022 für alle vertraglich und tariflichen[745] Entgeltumwandlungsvereinbarungen zu berücksichtigen ist, ist sie von besonderer praktischer Relevanz.[746]

(1) Auslegung des soweit *in § 23 Abs. 2 BetrAVG*

Der Wortlaut des § 23 Abs. 2 BetrAVG legt nahe, dass verpflichtender Bestandteil eines die reine Beitragszusage nach § 1 Abs. 2 Nr. 2a BetrAVG einführenden Tarifvertragswerks ist, dass der Arbeitgeber 15 % des „umgewandelten Entgelts zusätzlich als Arbeitgeberzuschuss an die Versorgungseinrichtung weiterleiten muss, soweit der Arbeitgeber durch die Entgeltumwandlung Sozialversicherungsbeiträge einspart." Dieser Regelung entspricht im Wesentlichen dem ebenfalls durch das Betriebsrentenstärkungsgesetz neu eingeführten § 1a Abs. 1a BetrAVG, der lautet: „Der Arbeitgeber muss 15 Prozent des umgewandelten Entgelts zusätzlich als Arbeitgeberzuschuss an den Pensionsfonds, die Pensionskasse oder die Direktversicherung weiterleiten, soweit er durch die Entgeltumwandlung Sozialversicherungsbeiträge einspart."

Soweit ist eine vom Gesetzgeber im BetrAVG häufig verwendete Konjunktion. Der Duden sieht für *soweit* zwei Bedeutungen vor: zum einen „nach dem, was" und „soviel", zum anderen „in dem Maße, wie".[747] In der ersten Bedeutung des *soweit* hat der Gesetzgeber die Konjunktion im BetrAVG nicht verwendet. In einigen Fällen verwendet der Gesetzgeber *soweit* jedoch auch synonym für „sofern", also „wenn". Diese Unsitte des Gesetzgebers führt aus Sicht des Verfassers zu unnötigen Verständnisschwierigkeiten, die sich durch die Verwendung der Konjunktion *sofern*, sofern „sofern" gemeint ist, vermeiden ließe.[748] Die zu

743 *Hofelich*, ArbRB 2018, S. 16, 17; *Droßel*, Das neue Betriebsrentenrecht: Betriebsrentenstärkungsgesetz und Umsetzung der Mobilitätsrichtlinie, Rn. 192; *Langohr-Plato*, BetrAV 2017, S. 465; *Höfer*, DB 2017, S. 2481; *Rolfs*, NZA 2017, S. 1225, 1230.

744 ErfK/*Steinmeyer*, BetrAVG, § 1a Rn. 16; *Bepler*, RdA 2019, S. 12

745 Tarifliche Entgeltumwandlungsvereinbarungen, die vor dem 01.01.2019 entstanden sind, dürften hiervon ausgenommen sein, vgl. *Thüsing/Beden*, BetrAV 2018, S. 5; *Wilhelm*, BetrAV 2017, S. 659.

746 Siehe hierzu insbesondere *Bepler*, RdA 2019, S. 12 ff. m.w.N; *Thüsing/Beden*, BetrAV 2018, S. 5.

747 Bedeutungen von „soweit", in: Duden Online, abrufbar unter https://www.duden.de/rechtschreibung/soweit, zuletzt abgrufen am 10. Dezember 2021.

748 So auch *Klein*, Festschrift Uebelhack, S. 235, 240.

dieser Frage bisher in der Wissenschaft angeführten Wortlaut-Argumente[749] wie auch die systematischen Argumente[750] sind aus diesem Grund nur wenig überzeugend.

Der erste Versuch des Verfassers, die Verwendung der Konjunktion *soweit* im gesamten BetrAVG anhand ihrer Stellung im Konditionalsatzgefüge zu systematisieren, blieb zunächst erfolglos. Die ursprüngliche Hypothese, dass *soweit* in der Bedeutung eines „sofern" zu Beginn des Satzes steht und *soweit* in der Bedeutung eines „in dem Maße, wie" nach Komma oder Semikolon verwendet wird, muss als falsifiziert gelten. Zwar besteht eine starke Korrelation dahin gehend, dass der Gesetzgeber, wenn er „in dem Maße, wie" ausdrücken möchte, die Konjunktion *soweit* am Anfang eines (eingeschobenen) Nebensatzes nach dem Komma oder Semikolon verwendet.[751] Dies entspricht aber keiner festen Regel, die belastbare Auslegungsergebnisse hervorbringt. Die Verwendung des *soweit* in der Bedeutung des „sofern" taucht zudem in gleicher Anzahl zu Beginn des Satzes oder zu Beginn des (eingeschobenen) Nebensatzes nach einem Komma oder Semikolon auf.[752] Zudem ist wohl zuzugeben, dass eine einheitliche Verwendung einer Konjunktion wie *soweit* durch den Gesetzgeber des Betriebsrentengesetzes über einen Zeitraum von über 45 Jahren[753] mit in diesem Zeitraum insgesamt 33 Änderungen,[754] 14 allein seit dem Jahr 2006 bis zum Jahr 2020,[755] wenn sie überhaupt hätte festgestellt werden können, wohl eher dem Zufall denn planvollem Vorgehen geschuldet gewesen wäre.

---

749 Das von *Langohr-Plato*, BetrAV 2017, S. 465, 466, angeführte Argument, der Gesetzgeber verwende „soweit" wenn er „in dem Maße, wie" meint und „wenn", wenn er „sofern" oder „wenn" meint, lässt sich aufgrund zahlreicher Gegenbeispiele kaum aufrechterhalten. Dasselbe gilt für die Argumentation von *Koch*, DB 2019, S. 1327, 1331.

750 Das von *Bepler*, RdA 2019, S. 12 geführte Gegenargument, der Gesetzgeber habe in den aus § 1a Abs. 1a BetrAVG folgenden Absätzen das *soweit* jeweils als „sofern" verwendet, übersieht, dass die Konjunktion *soweit* des § 1a Abs. 1a BetrAVG als Einzige in § 1a am Beginn des jeweiligen Satzes steht und somit nicht unmittelbar mit den *soweit* aus § 1a Abs. 1, Abs. 2 und Abs. 3 vergleichbar ist.

751 Von 21 Verwendungen des *sofern* im Sinne von „in dem Maße, wie" im BetrAVG (19 Verwendungen ohne §§ 1a Abs. 1a und 23 Abs. 2 BetrAVG) stehe diese nur drei Mal am Satzanfang.

752 Jeweils acht Mal.

753 Vom Inkrafttreten des Betriebsrentengesetzes am 22.12.1974 bis zum Jahr 2020.

754 *Thüsing/Granetzny*, Praxiswissen bAV, S. 11.

755 Vgl. zur Entwicklung des BetrAVG bis zum BRSG *Blumenstein*, 40 Jahre Betriebliche Altersversorgung 1980 bis 2020, Festschrift für Dr. Birgit Uebelhack, S. 1 ff.

Anders sieht dies jedoch bei der Verwendung der Konjunktion *soweit* durch den Gesetzgeber des Betriebsrentenstärkungsgesetzes aus, auf die der Verfasser die Anfangshypothese ebenfalls angewendet hat. Bei dem Betriebsrentenstärkungsgesetz handelt es sich um ein einheitliches Änderungsgesetz eines weitgehend einheitlichen Gesetzgebers, sodass bei einer einheitlichen Verwendung der Konjunktion *soweit* von einem planvollen Vorgehen ausgegangen werden könnte. Tatsächlich findet sich im gesamten Betriebsrentenstärkungsgesetz die Konjunktion *soweit* 25 Mal. Fünf Verwendungen des *soweit* stehen am Beginn eines Satzes,[756] 20 Verwendungen am Anfang eines (eingeschobenen) Nebensatzes nach Komma oder Semikolon.[757] Kein *soweit* in der Bedeutung des „sofern" steht dabei in der Mitte des Satzes, stattdessen dürften sämtliche Verwendungen des *soweit* nach Komma oder Semikolon nach Auffassung des Verfassers die Bedeutung „in dem Maße, wie" haben.[758] Die drei Verwendungen von *soweit*, die die Bedeutung des „sofern" haben,[759] stehen am Anfang eines Satzes. Die beiden Verwendungen am Anfang des Satzes in der Bedeutung des „in dem Maße, wie", § 2 VAAufsG[760] und § 10a Abs. 7 EStG, sind beides bloße Verweisungsnormen.

Es handelt sich hier um eine rein empirisch-systematische Untersuchung des Wortlauts. Die Tatsache, dass die grammatische Stellung eines Konditionalsatzes am Anfang oder Ende eines Satzes letztlich austauschbar ist, ohne dass dieser dadurch seine Bedeutung ändert, ändert an diesem Befund daher nichts.

(2) Auslegungsergebnis

Somit lassen sich die Verwendungen des *soweit* in dem Betriebsrentenstärkungsgesetz in folgender Weise systematisieren:

---

756 § 20 Abs. 1 BetrAVG; § 82 Abs. 2 S. 3 SGB XII; § 22 Nr. 5 S. 4 EStG; § 2 VAAufsG; § 10a Abs. 7 EStG.

757 §§ 1a Abs. 1a, 20 Abs. 1, 23 Abs. 2 BetrAVG; §§ 82 Abs. 1, Abs. 2 Nr. 3 (doppelt), 90 Abs. 2 Nr. 2 SGB XII; § 33 PFAV; §§ 3 Nr. 55c S. 2 Buchst a), Nr. 63 S. 2, S4, Nr. 63a, Nr. 65 S. 4 S. 4 (doppelt), 22 Nr. 5 S. 5, 52 Abs. 4 S. 15, 90 Abs. 3a S. 1, S. 2, 100 Abs. 4 S. 3, Abs. 6 EStG.

758 Neben den § 1a Abs. 1a und § 23 Abs. 2 BetrAVG ist hierunter mit § 52 Abs. 4 S. 14 EStG allerdings eine weitere Norm, in der das *soweit* zumindest keine vollständig eindeutige Bedeutung hat.

759 § 20 Abs. 1 BetrAVG; § 82 Abs. 2 S. 3 SGB XII; § 22 Nr. 5 S. 4 EStG.

760 Gesetz über die Beaufsichtigung der Versorgungsanstalt der deutschen Bühnen und der Versorgungsanstalt der deutschen Kulturorchester (VAAufsG) in der Fassung der Bekanntmachung vom 17.08.2017 (BGBl. I S. 3214, 3229).

Ein *soweit* nach einem Komma oder Semikolon zu Beginn eines (eingeschobenen) Nebensatzes verwendet der Gesetzgeber des Betriebsrentenstärkungsgesetzes in der Bedeutung des „in dem Maße, wie", ein *soweit* am Anfang eines Satzes verwendet er in der Bedeutung des „sofern", es sei denn es handelt sich um eine Verweisungsnorm.

Für die zu bearbeitende Frage bedeutet dies, dass das *soweit* in § 23 Abs. 2 BetrAVG im Sinne eines „in dem Maße, wie" zu verstehen ist.

Dieses Auslegungsergebnis wird auch vom BMAS geteilt. Im BMF-Schreiben zur betrieblichen Altersversorgung heißt es durch das BMAS hierzu:

> *„§ 1a Abs. 1a und § 23 Abs. 2 BetrAVG sehen ausdrücklich vor, dass der Arbeitgeberzuschuss nur zu leisten ist, soweit der Arbeitgeber durch die Entgeltumwandlung Sozialversicherungsbeiträge einspart'. Ist das nicht der Fall, etwa wenn Entgelt oberhalb einer Beitragsbemessungsgrenze umgewandelt wird, ist insoweit auch kein Arbeitgeberzuschuss fällig. Wird Entgelt bspw. im Bereich zwischen der Beitragsbemessungsgrenze in der gesetzlichen Krankenversicherung und der Beitragsbemessungsgrenze in der gesetzlichen Rentenversicherung umgewandelt, kann der Arbeitgeber ‚spitz' abrechnen, er kann aber auch 15 % des umgewandelten Beitrags an die Versorgungseinrichtung weiterleiten."*[761]

bb) Der Arbeitgeberzuschuss nach § 23 Abs. 2 BetrAVG im Tarifvertrag

Die zweite zu klärende Frage ist, ob und wie der Arbeitgeberzuschuss im Tarifvertrag über die reine Beitragszusage nach § 1 Abs. 2 Nr. 2a BetrAVG zu regeln ist. Der Wortlaut „ist im Fall der Entgeltumwandlung im Tarifvertrag zu regeln" legt nahe, dass sich für den Fall, dass die Entgeltumwandlung nicht tarifvertraglich nach § 19 Abs. 1 BetrAVG ausgeschlossen wird, in jedem Fall eine tarifvertragliche Regelung zum Arbeitgeberzuschuss im Tarifvertrag finden müsste.[762] Hierzu wird weiter vertreten, dass der Arbeitgeberzuschuss auch nach der Änderung durch den Ausschuss für Arbeit und Soziales immer noch als „mindestens 15%" zu lesen wäre, wovon nicht zulasten der Arbeitnehmer abzuweichen sei.[763]

---

761 Vgl. hierzu S. 13 im BMF-Schreiben vom 6. Dezember 2017, abrufbar unter https://www.bundesfinanzministerium.de/Content/DE/Downloads/BMF_Schreiben/Steuerarten/Einkommensteuer/2017-12-06-Steuerliche-Foerderung-private-Altersvorsorge-betriebliche-Altersversorgung.pdf;jsessionid=FC3F2616CBA-B037676E7B8180AB2D1F2.delivery2-master?__blob=publicationFile&v=3, zuletzt abgerufen am 10. Dezember 2021.

762 So ErfK/*Steinmeyer*, BetrAVG, § 23 Rn. 2; Blomeyer/Otto/Rolfs/*Rolfs*, BetrAVG, § 23 Rn. 10; *Masnitza*, Tarifvertragliche Gestaltungen der betrieblichen Altersversorgung, S. 164.

763 *Masnitza*, Tarifvertragliche Gestaltungen der betrieblichen Altersversorgung, S. 165.

Andere halten § 23 Abs. 2 BetrAVG für zweiseitig-zwingendes Recht, von dem auch nicht zugunsten der Arbeitnehmer abgewichen werden dürfe.[764]

Um diese Frage zu beantworten, ist die systematische Stellung der Norm des § 23 Abs. 2 BetrAVG im Verhältnis zu der anderen Arbeitgeberzuschussnorm in § 1a Abs. 1a BetrAVG und zu der Tariföffnungsklausel in § 19 Abs. 1 BetrAVG zu klären.

(1) Das systematische Verhältnis der Arbeitgeberzuschussnormen

Die doppelte Regelung des Zuschusses in den §§ 1a Abs. 1a und 23 Abs. 2 BetrAVG mutet etwas eigenartig an. Denn eine materiell unterschiedliche Wirkung nach § 1a Abs. 1a BetrAVG und § 23 Abs. 2 BetrAVG ergab sich nur über die Übergangsvorschrift § 26a BetrAVG, wonach der Zuschuss des Arbeitgebers von 15 % nach § 1a Abs. 1a BetrAVG bei Entgeltumwandlungen, die vor dem 1. Januar 2019 vereinbart worden sind, erst ab dem 1. Januar 2022 zu zahlen ist.[765] Für ab dem 1. Januar 2019 vereinbarte Entgeltumwandlungsvereinbarungen ergibt sich hinsichtlich des Zuschusses somit kein Unterschied, ob dies im Rahmen einer reinen Beitragszusage nach § 1 Abs. 2 Nr. 2a BetrAVG oder in sonst einer Weise nach § 1a BetrAVG geschieht.

Falls die Tarifvertragsparteien in ihrem Tarifvertrag somit nicht gem. § 19 Abs. 1 BetrAVG von ihrer Dispositionsbefugnis Gebrauch machen und von § 1a BetrAVG abweichen, etwa indem sie ihn gänzlich ausschließen, gilt die Pflicht zum Zuschuss zu der Entgeltumwandlung somit schon nach dem Gesetz aus § 1a Abs. 1a BetrAVG. Eine Aufnahme einer dem Wortlaut des § 23 Abs. 2 BetrAVG entsprechenden Regelung in den Tarifvertrag hätte somit lediglich klarstellende Wirkung. Auch wenn die Sozialpartner nur teilweise abweichen wollen, etwa bei Begrenzung der Entgeltumwandlung der Höhe nach, ergibt sich die Zuschusspflicht nach wie vor aus dem Gesetz. Und selbst wenn die Tarifvertragsparteien den vollständigen Ausschluss der Entgeltumwandlung vereinbaren, wäre eine Tarifnorm, die den Regelungsinhalt des § 23 Abs. 2 BetrAVG wiedergibt, unnötig, da ihr Anwendungsbereich durch den Ausschluss der Entgeltumwandlung nun vollständig entzogen wäre.

Eine tatsächliche Pflicht zu der Regelung des Norminhalts des § 23 Abs. 2 BetrAVG im Tarifvertrag würde wohl nur in dem auf den ersten Blick schwer konstruierbaren Fall bestehen, wenn die Sozialpartner ausschließlich von § 1a

---

764 Blomeyer/Otto/Rolfs/*Rolfs*, BetrAVG, § 23 Rn. 11.

765 Höfer BetrAVG I/*Höfer*, Betriebsrentengesetz, § 1a Rn. 41.3.

Abs. 1a BetrAVG abweichen, indem sie *nur* ihn und nicht die übrigen Regelungen aus § 1a BetrAVG vollständig ausschlössen.

Das Fehlen einer Klausel, die im Regelfall entweder redundant ist oder keinen Anwendungsbereich hat, wird den Tarifvertrag daher kaum nachteilhaft beeinträchtigen können. Es wird weder zu einer Unwirksamkeit des tarifvertraglichen Ausschlusses von Entgeltumwandlung führen noch zur Unwirksamkeit des Tarifvertrags in Gänze. Freilich würde die tatsächlich bestehende Pflicht der Arbeitgeber zum Zuschuss bei Entgeltumwandlungen auch nicht durch das Fehlen einer dem Wortlaut des § 23 Abs. 2 BetrAVG entsprechenden Regelung abbedungen. Auch Schadensersatzansprüche der Versorgungsberechtigten gegen die Sozialpartner bei unterlassener Regelung der Arbeitgeberzuschüsse dürften mangels Schadens ausscheiden, da sich die Pflicht der Arbeitgeber so schon aus § 1a Abs. 1a BetrAVG ergibt.

Notwendiger Bestandteil des die reine Beitragszusage nach § 1 Abs. 2 Nr. 2a BetrAVG einführenden Tarifvertrags dürfte die Zuschussregelung damit zwar nicht sein,[766] es stellt sich aber umso mehr die Frage nach dem tatsächlichen Anwendungsbereich des § 23 Abs. 2 BetrAVG.

§ 23 Abs. 2 BetrAVG könnte für Entgeltumwandlungsvereinbarungen in der reinen Beitragszusage nach § 1 Abs. 2 Nr. 2a BetrAVG, die ab dem 1. Januar 2019 vereinbart werden (da bis zu diesem Datum noch keine Vereinbarungen bestanden, somit für alle Vereinbarungen), wie eine nur für die reine Beitragszusage nach § 1 Abs. 2 Nr. 2a BetrAVG geltende[767] Rückausnahme von der Dispositionsbefugnis in § 19 Abs. 1 BetrAVG zu verstehen sein.[768]

§ 23 Abs. 2 BetrAVG würde dann als *lex specialis* die Tarifdispositivität bezüglich der Entgeltumwandlung aus § 19 Abs. 1 BetrAVG verdrängen. In der Literatur wird diese Lesart bisweilen so begründet, dass der Gesetzgeber die Tarifdispositivität nur bei reinen Beitragszusagen nach § 1 Abs. 2 Nr. 2a BetrAVG ausschließen wollte, da diese gesetzlich erst ab 2018 geregelt sei, und dass er aus Gründen des Vertrauensschutzes den Sozialpartnern die Tarifdispositivität bei den sonstigen Versorgungszusagen beließ, da sie schon vor 2018

766 Einen notwendigen Regelungsinhalt des Tarifvertrags sehen jedoch ErfK/*Steinmeyer*, BetrAVG, § 23 Rn. 2; Höfer BetrAVG I/*Höfer*, Betriebsrentengesetz, § 23 Rn. 18; Blomeyer/Otto/Rolfs/*Rolfs*, BetrAVG, § 23 Rn. 10.

767 Zur Bedeutung der tariflichen Dispositionsbefugnis über § 1a Abs. 1a BetrAVG und (stillschweigender) Disposition in bereits geschlossenen Tarifverträgen abseits der reinen Beitragszusage nach § 1 Abs. 2 Nr. 2a BetrAVG vgl. *Thüsing/Beden*, BetrAV 2018, S. 5.

768 Vgl, BT-Drs. 18/12612, S. 28.

dem Betriebsrentengesetz unterlagen.[769] Für diese Begründung finden sich jedoch zumindest in den Unterlagen zum Betriebsrentenstärkungsgesetz keine konkreten Anhaltspunkte.

Die Frage, weshalb der Gesetzgeber dann § 23 Abs. 2 BetrAVG nicht kürzer gefasst oder etwa § 1a Abs. 1a BetrAVG für reine Beitragszusagen nach § 1 Abs. 2 Nr. 2a BetrAVG für nicht tarifdispositiv erklärt hat, wird damit jedoch nicht beantwortet. Weshalb Konstruktion über eine Regelung im Tarifvertrag?

Die Entstehung des „Nebeneinanders" der Normen ist zwar genetisch so zu erklären, dass der „speziellere" § 23 Abs. 2 BetrAVG bereits im Gesetzentwurf zum Betriebsrentenstärkungsgesetz vorhanden war und der „allgemeinere" § 1a Abs. 1a BetrAVG erst zu einem späteren Zeitpunkt durch die Beschlussempfehlung des Ausschusses für Arbeit und Soziales eingebracht wurde.[770]

Bei genauerer Betrachtung könnte sich jedoch auch ein eigener Anwendungsbereich ergeben, der über die reine Regelung der Tarifdispositivität hinausgeht. Grundsätzlich sollte nicht vorschnell angenommen werden, dass der Gesetzgeber redundante Normen oder solche ohne Anwendungsbereich einführt. Zwar werden dem Gesetzgeber in dem Betriebsrentenstärkungsgesetz einige kleinere handwerkliche Fehler vorgeworfen.[771] Auch diese Beurteilung ist jedoch nicht zwingend.[772] Zudem hat der Gesetzgeber die letzten

---

769 Höfer BetrAVG I/*Höfer*, Betriebsrentengesetz, § 1a Rn. 41.6.

770 Vgl. *Ulbrich*, Der (endgültige) Abschied von der Freiwilligkeit: aktuelle Betrachtungen zu § 1a Abs. 1a BetRAVG, Festschrift für Dr. Birgit Uebelhack, S. 485, 485; *Bepler*, RdA 2019, S. 12; Kemper/Kisters-Kölkes/Berenz/Huber/Betz-Rehm/*Huber*, Huber, § 23 Rn. 8; *Bepler*, Die Wirkung der Tariföffnungsklausel des § 19 BetrAVG im Verhältnis zu § 1a Abs. 1a BetrAVG und den vorgesetzlich abgeschlossenen Entgeltumwandlungs-Tarifverträgen, BetrAV 2018, S. 432; *Bepler*, jurisPR-ArbR 2017, S. 1, Ausgabe 27.

771 Der Verweis in § 22 Abs. 4 S. 3 Hs. 2 BetrAVG auf die Anwendung von § 3 Abs. 2 S. 2 BetrAVG soll ein Redaktionsversehen darstellen und stattdessen § 3 Abs. 2 S. 2 BetrAVG, vgl. Blomeyer/Otto/Rolfs/*Rolfs*, BetrAVG, § 22 Rn. 53; *Masnitza*, Tarifvertragliche Gestaltungen der betrieblichen Altersversorgung, S. 165; a.A. wohl Höfer BetrAVG I/*Höfer*, Betriebsrentengesetz, § 22 Rn. 85. Tatsächlich hat der Gesetzgeber den Verweis mittlerweile geändert, vgl. Siebtes Gesetz zur Änderung des Vierten Buches Sozialgesetzbuch und anderer Gesetze in der Fassung der Bekanntmachung vom 12.06.2020, (BGBl. S. 1248). Der Gesetzgeber soll auch das „mindestens" in § 23 Abs. 2 BetrAVG fälschlicherweise für nicht erforderlich gehalten haben, vgl. Blomeyer/Otto/Rolfs/*Rolfs*, BetrAVG, § 23 Rn. 11; *Masnitza*, Tarifvertragliche Gestaltungen der betrieblichen Altersversorgung, S. 165.

772 Vgl. hierzu Höfer BetrAVG I/*Höfer*, Betriebsrentengesetz, § 22 Rn. 85.

Änderungen des BetrAVG nicht zum Anlass genommen, dies im Sinne der Literatur klarzustellen.[773]

(2) Stellungnahme

Daher stellen sich im Rahmen dieser Bearbeitung an dieser Stelle die Fragen, ob § 23 Abs. 2 BetrAVG tatsächlich immer spezieller als § 19 Abs. 1 BetrAVG ist, und ob § 23 Abs. 2 BetrAVG tatsächlich ausschließlich die Tarifdispositivität des § 1a Abs. 1a BetrAVG regelt.

(a) Spezialitätsverhältnis zwischen § 23 Abs. 2 und § 19 Abs. 1 BetrAVG

Nach Auffassung des Verfassers ist § 23 Abs. 2 BetrAVG nicht in jedem Fall spezieller als § 19 Abs. 1 BetrAVG. Stattdessen ist § 19 Abs. 1 BetrAVG im Fall der Entgeltumwandlung durch Optionssysteme *lex specialis* zu § 23 Abs. 2 BetrAVG.

Hierfür lassen sich insbesondere systematische und teleologische Argumente anführen.

Die vom Gesetzgeber neu zugelassenen Optionssysteme sind in § 20 Abs. 2 BetrAVG geregelt, im siebten Abschnitt „Betriebliche Altersversorgung und Tarifvertrag", im ersten Unterabschnitt mit der Überschrift „Tariföffnung, Optionssystem". Die Regelung findet sich damit im selben Unterabschnitt wie der die Tarifdispositivität der Entgeltumwandlung ermöglichende § 19 Abs. 1 BetrAVG. § 23 Abs. 2 BetrAVG, der die Regelung des Arbeitgeberzuschusses „im Fall der Entgeltumwandlung" im Tarifvertrag betrifft, steht bereits im nächsten Unterabschnitt, dem Unterabschnitt 2 mit der Überschrift „Tarifvertrag und reine Beitragszusage". Daraus lässt sich nun der systematische Schluss ziehen, dass § 23 Abs. 2 BetrAVG spezieller ist als § 1a Abs. 1a BetrAVG, sofern er die *allgemeine* Entgeltumwandlung regelt, und insofern auch spezieller als § 19 Abs. 1 BetrAVG.[774] Für die Entgeltumwandlung *in Optionssystemen* wiederum ist § 19 Abs. 1 BetrAVG spezieller als § 23 Abs. 2 BetrAVG.

Auch teleologisch spricht viel dafür, dass ebenso in Optionssystemen über Entgeltumwandlung in der reinen Beitragszusage nach § 1 Abs. 2 Nr. 2a BetrAVG der Arbeitgeberzuschuss insoweit tariflich abbedungen oder jedenfalls modifiziert werden kann. Andernfalls würden Sozialpartner, die eine reine Beitragszusage nach § 1 Abs. 2 Nr. 2a BetrAVG tariflich einführen wollen, und die hierfür entweder gemeinsame Einrichtungen schaffen oder sich sonst an der

773 Vgl. hierzu Siebtes Gesetz zur Änderung des Vierten Buches Sozialgesetzbuch und anderer Gesetze vom 12.06.2020, (BGBl. S. 1248).

774 Anders wohl *Ulbrich*, Festschrift Uebelhack, S. 485, 507.

Durchführung und Steuerung beteiligen, für das Optionssystem der Entgeltumwandlung mit einiger Wahrscheinlichkeit eine andere Versorgungszusage wählen, in der sie den Arbeitgeberzuschuss ausschließen könnten. Dies würde wiederum die Konstruktion deutlich verkomplizieren und kaum zu einer „Stärkung" der Betriebsrenten führen.

(b) Eingeschränkte Tarifdispositivität des § 23 Abs. 2 BetrAVG

Viel spricht darüber hinaus auch dafür, dass § 23 Abs. 2 BetrAVG nicht bloß eine Rückausnahme der Tarifdispositivität von § 1a Abs. 1a BetrAVG darstellt[775], sondern den Sozialpartnern die Möglichkeit belassen will, den Arbeitgeberzuschuss auch außerhalb von Optionssystemen zwar nicht gänzlich auszuschließen, aber doch einzuschränken und zu modifizieren.

Der Wortlaut, der Norm, insbesondere die Bestandteile „soweit" in Kombination mit „im Fall der Entgeltumwandlung durch Tarifvertrag zu regeln" lässt jedenfalls die tarifliche Konkretisierung des „soweit" möglich erscheinen.

Allerdings: Der Wortlaut der Norm spricht auch von starren 15 % Arbeitgeberzuschuss und damit *prima facie* gegen eine tarifliche Absenkungsmöglichkeit. Jedoch spricht die Norm nicht davon, dass diese 15 % für jeden Entgelt umwandelnden Arbeitnehmer im Einzelfall gelten soll, sondern allgemein vom „umgewandelten Entgelt".

Als starkes Argument eröffnet die Begründung der Beschlussfassung zum Betriebsrentenstärkungsgesetz gewisse Modifizierungsmöglichkeiten der Sozialpartner, da sie gerade in Bezug auf § 23 Abs. 2 BetrAVG von der „tarifvertraglichen Gestaltungsfreiheit der Sozialpartner" spricht.[776] Hätte der Gesetzgeber hier einen reinen Automatismus gewollt, hätte er die gewünschte Sollensanordnung an die Arbeitgeber wie in § 1a Abs. 1a BetrAVG eindeutig formuliert, und deren Konkretisierung nicht erst den Tarifvertragsparteien auferlegt. Auch teleologisch spricht daher einiges dafür, dass die Sozialpartner in einer tariflichen Regelung zu § 23 Abs. 2 BetrAVG den Arbeitgeberzuschuss modifizieren können.

---

775 A.A. *Kalmbach/Koch*, Spannungsverhältnis von Tarifrecht, Betriebsverfassungsrecht und Betriebsrentenrecht – Am Beispiel der Weitergabe eingesparter Sozialversicherungsbeiträge nach § 1a Abs. 1a BetrAVG, NZA 2018, S. 1594; *Hofelich*, ArbRB 2018, S. 16, 18; Karst/Cisch/*Schubert-Eib,* Betriebsrentengesetz, § 23 Rn. 10; *Höfer*, DB 2017, S. 2481, 2482

776 BT-Drs. 18/12612, S. 32.

b) Zusammenfassung

Den Sozialpartnern stehen somit folgende Möglichkeiten tariflicher Regelungen offen:

Zum Ersten können sie sich dazu entschließen, keine Regelung aufzunehmen. Dann gilt für die Arbeitnehmer eine Zuschusspflicht direkt aus § 1a Abs. 1a BetrAVG. Der Vorsicht halber wäre dennoch eine Aufnahme einer § 23 Abs. 2 BetrAVG entsprechenden Regelung zu empfehlen.

Zweitens ist das *soweit* in § 23 Abs. 2 im Sinne des „in dem Maße, wie" zu verstehen, was eine „spitze" Abrechnung der eingesparten Sozialversicherungsbeiträge ermöglicht.

Drittens haben die Sozialpartner, sofern sie zeitgleich ein Optionssystem zur Entgeltumwandlung einführen und dies auch in der Form der reinen Beitragszusage nach § 1 Abs. 2 Nr. 2a BetrAVG organisieren wollen, die Möglichkeit, jedenfalls für Direktumwandlungen von Tarifentgelt den Arbeitgeberzuschuss auszuschließen.[777]

Zum Vierten können die Sozialpartner tarifvertragliche Modifizierungen des Arbeitgeberzuschusses nach § 23 Abs. 2 BetrAVG vornehmen, etwa dafür, wie komplexe Berechnungen[778] von tatsächlich eingesparten Sozialversicherungsbeiträgen pauschalisiert werden können. Dies gilt dann, wenn der insgesamt bezuschusste Betrag je Arbeitgeber nicht den insgesamt vom Arbeitgeber voraussichtlich eingesparten Betrag an Sozialversicherungsbeiträgen oder 15 % des umgewandelten Arbeitsentgelts unterschreitet.[779]

III. Definition des Leistungsspektrums

Eine Definition des Leistungsspektrums der reinen Beitragszusage nach § 1 Abs. 2 Nr. 2a BetrAVG muss bereits im Tarifvertrag erfolgen.[780] Eine spätere Erweiterung des Leistungsspektrums auf Fälle der Invalidität oder der

---

777 Vgl. zum Ausschluss des Arbeitgeberzuschusses bei Optionssystemen *Frank*, BB 2019, S. 1140, 1142.

778 Vgl. zum Aufwand der Spitzabrechnung bei Entgeltumwandlung aus einem Einkommen oberhalb der Beitragsbemessungsgrenze in der gesetzlichen Krankenversicherung mit Rechenbeispielen *Bepler*, RdA 2019, S. 12, 15; *Höfer*, DB 2017, S. 2481, 2482.

779 A.A. Höfer BetrAVG I/*Höfer*, Betriebsrentengesetz, § 23 Rn. 18; ErfK/*Steinmeyer*, BetrAVG, § 23 Rn. 2; Blomeyer/Otto/Rolfs/*Rolfs*, BetrAVG, § 23 Rn. 11.

780 Dies wohl auch anerkennend *Droßel*, Das neue Betriebsrentenrecht: Betriebsrentenstärkungsgesetz und Umsetzung der Mobilitätsrichtlinie, Rn. 236.

Hinterbliebenenversorgung ist nicht einfachvertraglich außerhalb des Tarifvertrags möglich.[781]

1) Risikoabsicherung für Invalidität und Hinterbliebene

Ob eine solche Risikoabsicherung in Form der reinen Beitragszusage nach § 1 Abs. 2 Nr. 2a BetrAVG zweckmäßig ist, wird unterschiedlich beurteilt. Sollten sich die Sozialpartner für die Einführung einer Hinterbliebenenversorgung entscheiden, stellen sich ihnen jedenfalls komplexe Anschlussfragen hinsichtlich des Kreises der Berechtigten.[782]

Teilweise wird die Zweckmäßigkeit einer Risikoabsicherung infrage gestellt, da zu befürchten sei, dass vorzeitige Versorgungsfälle das Versorgungskapital empfindlich schmälern würden und aufgrund fehlender Garantien keine Leistungen im Eintrittsfall zu befürchten wären.[783] Dem ist jedoch zu widersprechen. Generell bietet eine solche Risikoabsicherung für vorzeitige Risiken durch die reine Beitragszusage nach § 1 Abs. 2 Nr. 2a BetrAVG die Chance, eine deutlich über dem Marktdurchschnitt liegende Existenzabsicherung als Zielrenten in Aussicht zu stellen. Dies wird operativ dadurch sichergestellt, dass diese übernommenen Risiken kollektiv bei einem Lebensversicherungsunternehmen rückgedeckt werden.[784] Die bei großen Kollektiven niedrige Prämienhöhe ist nicht dazu angetan, das Versorgungskapital im befürchteten Maße zu schmälern. Bei Prämienerhöhungen des Lebensversicherers bleibt es aufgrund des

781 Vgl. SHSS/*Kruip/Karst*, Arbeitsrecht der betrieblichen Altersversorgung, Teil 6 A Rz. 385.Zur generellen Zulässigkeit einer Invaliditätsversorgung siehe unten Kapitel 5C.III.

782 Vgl. hierzu *Ernst*, Die Begrenzung von Versorgungsrisiken der betrieblichen Hinterbliebenenversorgung, S. 150 ff.

783 Die Möglichkeit einer Risikoabsicherung grundsätzlich in Zweifel ziehend *Lesch*, Das neue Betriebsrentenstärkungsgesetz – Die Sichtweise eines Praktikers, BC 2017, S. 558, 562; kritisch auch *Droßel*, Das neue Betriebsrentenrecht: Betriebsrentenstärkungsgesetz und Umsetzung der Mobilitätsrichtlinie, Rn. 237 ff; *Lülsdorf*, Betriebliche Altersversorgung,

784 *Arteaga/Veit/Baroch Castellvi*, Praxishandbuch BRSG, Teil A Rn. 85; *Hagemann/Krönung*, BetrAV 2017, S. 665, 670; *Klinger*, Zielrente – Vorteilhaftigkeit und Gestaltungsmöglichkeiten (Teil 1), DB 2017, S. 2109, 2116; zur Zweckmäßigkeit insb. bei KMU vgl. *Melchiors/Sturm*, Evolution oder Revolution – Die Weiterentwicklung der betrieblichen Altersversorgung ist notwendig, BetrAV 2016, S. 179.

Garantieverbots möglich, die Leistungen zu kürzen, sodass auch das Risiko ausufernder Prämien überschaubar sein dürfte.[785]

2) Unverfallbarkeit

Sollten sich die Sozialpartner für die Einführung von einer Invaliditäts- und Risikoabsicherung entscheiden, müssen sie im Tarifvertrag eine Regelung über die Unverfallbarkeit der Anwartschaften treffen. Dies ist nicht bereits durch § 22 Abs. 2 S. 1 BetrAVG geregelt, denn er erklärt nur die Anwartschaften auf Altersrente für unverfallbar. Für Anwartschaften auf *Invaliditäts- und Hinterbliebenenrenten* trifft § 22 Abs. 2 S. 1 BetrAVG keine Aussage.

Der Gesetzgeber wollte der Gesetzesbegründung zufolge den Tarifparteien insoweit „Spielraum für passgenaue und effiziente Lösungsmöglichkeiten im Sinne der Beschäftigten" geben.[786] Nach Ansichten in der Literatur soll § 1b BetrAVG als Mindestschutz gelten, da der Ausschluss in § 1 Abs. 2 Nr. 2a BetrAVG nur die *Pflichten* des Arbeitgebers aus § 1b ausschließe.[787] Die Tarifvertragsparteien sollten hiervon im Wege des allgemeinen Günstigkeitsprinzips nach § 19 Abs. 3 BetrAVG zugunsten der Arbeitnehmer abweichen und die Voraussetzungen der Unverfallbarkeit absenken können.[788]

Nach anderer Ansicht soll der Invaliditäts- und Todesfallschutz auch insgesamt entfallen können, wenn nach dem Ausscheiden keine Beiträge mehr gezahlt werden.[789]

Es bietet sich demnach an, die Unverfallbarkeit, in positiver oder negativer Hinsicht, tarifvertraglich zu regeln.

Gegen das Argument der Abweichung lediglich von den Pflichten des Arbeitgebers nach § 1 Abs. 2 Nr. 2a BetrAVG spricht, wie bereits oben erwähnt, die Tatsache, dass der Arbeitgeber auch bei Unverfallbarkeit das Bezugsrecht widerrufen könnte.[790] Ein solches Ergebnis kann nicht gewünscht sein, stattdessen muss hier auch eine in negativer Hinsicht von § 1b BetrAVG abweichende Unverfallbarkeit

---

785 Vgl. hierzu die Ausführungen von *Arteaga/Veit/Baroch Castellvi*, Praxishandbuch BRSG, Teil A Rn. 85; *Oecking*„, Lasst uns mutig sein" – so können wir Zielrenten zum Erfolg verhelfen, BetrAV 2017, S. 111.

786 BT-Drs. 18/11286, S. 45.

787 Blomeyer/Otto/Rolfs/*Rolfs*, BetrAVG, § 22 Rn. 19; *Thees/Ceruti*, DB 2017, S. 1777, 1778.

788 Blomeyer/Otto/Rolfs/*Rolfs*, BetrAVG, § 22 Rn. 19.

789 SHSS/*Kruip/Karst*, Arbeitsrecht der betrieblichen Altersversorgung, Teil 6 A, Rz. 411; Höfer BetrAVG I/*Höfer*, Betriebsrentengesetz, § 22 Rn. 50 f.

790 Siehe oben Kapitel 2E.XI.

vereinbart werden können. Gegen eine vertragliche Unverfallbarkeit nach Einstellung der Beitragszahlungen sprechen insbesondere die damit verbundenen Kosten. Die Unverfallbarkeit für Invaliditätsleistungen bindet Deckungsmittel, die ohne die Unverfallbarkeit zur Finanzierung der Versorgungsleistungen der übrigen Versorgungsberechtigten verwendet werden könnten.[791] Da es ohne laufende Beitragszahlungen im Gegensatz zu Altersleistungen technisch kaum möglich ist, einen sinnvollen Invaliditätsschutz aufrechtzuerhalten, ohne dafür auf die zugunsten der anderen Versorgungsberechtigten abgeführten Beiträge zurückgreifen zu müssen, ist nach hier vertretener Auffassung ein Ausschluss der Unverfallbarkeit sinnvoll. Im besten Fall wird der ausscheidende Arbeitnehmer bei seinem neuen Arbeitgeber einen vergleichbaren Invaliditätsschutz vorfinden, andernfalls kann er den Schutz durch das Recht nach § 22 Abs. 1 Nr. 1a BetrAVG, die Versorgung mit eigenen Beiträgen fortzusetzen, aufrechterhalten. Dies könnte ggf. auch mit einer leichten Erhöhung der Beiträge verbunden werden, da sich die Verwaltung des Beitragseinzugs nach Beendigung des Arbeitsverhältnisses komplizierter gestalten dürfte.[792]

3) Vorzeitige Altersleistungen

Vorzeitige Altersleistungen sind nur im gesetzlichen Rahmen des § 22 Abs. 3 Nr. 3 BetrAVG i.V.m. § 6 S. 2 BetrAVG durch die Versorgungseinrichtung zu erbringen. Die Norm knüpft einen Anspruch auf vorzeitige Altersleistungen aus der betrieblichen Altersversorgung an den Bezug vorzeitiger Leistung aus der gesetzlichen Rentenversicherung. § 22 Abs. 3 Nr. 3 BetrAVG ist nicht tarifdispositiv, vgl. § 19 Abs. 1 BetrAVG.[793]

IV. Kreis der Berechtigten

Der Tarifvertrag sollte eine Aussage dazu enthalten, wer zur Teilnahme an der reinen Beitragszusage nach § 1 Abs. 2 Nr. 2a BetrAVG berechtigt sein wird.[794]

---

791 Höfer BetrAVG I/*Höfer*, Betriebsrentengesetz, § 22 Rn. 53.

792 Höfer BetrAVG I/*Höfer*, Betriebsrentengesetz, § 22, Rn. 59.

793 *Kisters-Kölkes/Linden/Meissner/Friedrich*, Leitfaden bAV: Betriebsrentenstärkungsgesetz (BRSG), S. 249.

794 So auch Kemper/Kisters-Kölkes/Berenz/Huber/Betz-Rehm/*Betz-Rehm*, BetrAVG, § 1 Rn. 13; *Droßel*, Das neue Betriebsrentenrecht: Betriebsrentenstärkungsgesetz und Umsetzung der Mobilitätsrichtlinie, S. 252; *Heck*, BetrAV 2017, S. 556.

1) *Differenzierung anhand objektiver Kriterien*

Hinsichtlich der in der Praxis geübten betriebsinternen Differenzierungen, etwa aufgrund des Alters oder aufgrund von Teilzeitarbeitsverhältnissen hat sich eine sehr ausdifferenzierte deutsche und europäische Rechtsprechung und Literatur entwickelt.[795] Solche Differenzierungen dürften aufgrund der Tatsache, dass das biometrische Risiko der Langlebigkeit nun der Arbeitnehmer selbst trägt, kaum noch wirtschaftliche Veranlassung haben. Differenzierungen dürften auch weiterhin hinsichtlich Abteilungsleitern, leitenden Angestellten, Betriebsleitern, Handlungsbevollmächtigten, Meistern, Prokuristen und Schichtführern auf der einen und Arbeitnehmern auf der anderen Seite sowie zwischen Arbeitnehmern und Selbstständigen zulässig sein.[796] Sie müssen jedoch nicht bereits auf Tarifvertragsebene getroffen werden.[797]

2) *Differenzierung aufgrund der Tarifbindung*

Für nichttarifgebundene Arbeitnehmer ergibt sich die Notwendigkeit einer tariflichen Regelung zwar nicht unmittelbar aus dem Wortlaut der Normen der §§ 21 Abs. 3 und 24 BetrAVG, doch würde eine fehlende Klärung im Tarifvertrag Arbeitgeber, Arbeitnehmer und Versorgungseinrichtung vor eine Vielzahl praktischer Probleme stellen. Dennoch würde eine Nichtberücksichtigung dessen den Tarifvertrag in seiner Wirksamkeit nicht beeinträchtigen und dies hätte auch keine nachteiligen Haftungsfolgen für die Sozialpartner.[798]

Aus Sicht des Gesetzgebers dürfte eine solche Regelung für den Erfolg der reinen Beitragszusage nach § 1 Abs. 2 Nr. 2a BetrAVG elementar sein. Denn vor allem mittlere und kleinere Unternehmen, in denen der Gesetzgeber Potentiale

---

795 Vgl. zum Überblick Blomeyer/Otto/Rolfs/*Rolfs*, BetrAVG, Anhang zu § 1 Rn. 38 ff; *Reinecke*, Handlungsoptionen für Arbeitgeber und Arbeitnehmer in der betrieblichen Altersversorgung, DB 2016, S. 651, 654; *Ahrend*, Zum Schutz vor Diskriminierungen in der betrieblichen Altersversorgung durch das Allgemeine Gleichbehandlungsgesetz, RdA 2016, S. 129; vgl. auch *Thüsing*, Auswirkungen des AGG auf die betriebliche Altersversorgung, BetrAV 2006, S. 704.

796 Blomeyer/Otto/Rolfs/*Rolfs*, BetrAVG, Anhang zu § 1 Rn. 78 m.w.N; *Heck*, BetrAV 2017, S. 556, 558.

797 Blomeyer/Otto/Rolfs/*Rolfs*, BetrAVG, Anhang zu § 1 Rn. 78 m.w.N; *Heck*, BetrAV 2017, S. 556, 558.

798 ErfK/*Steinmeyer*, BetrAVG, § 21 Rn. 4; Blomeyer/Otto/Rolfs/*Rolfs*, BetrAVG, § 21 Rn. 34; Kemper/Kisters-Kölkes/Berenz/Huber/Betz-Rehm/*Betz-Rehm*, BetrAVG, § 21 Rn. 27; *Arteaga/Veit/Baroch Castellvi*, Praxishandbuch BRSG, Teil A Rn. 210.

zur weiteren Verbreitung der betrieblichen Altersversorgung ausgemacht hat,[799] und die häufig nicht tarifgebunden sind, erhalten so die Möglichkeit, die tarifvertraglich ausgewählte Versorgungseinrichtung zu nutzen.[800]

Zwar ermöglicht es § 24 BetrAVG grundsätzlich allen nichttarifgebundenen Arbeitgebern und Arbeitnehmern, die Anwendung der einschlägigen tariflichen Regelungen zur reinen Beitragszusage nach § 1 Abs. 2 Nr. 2a BetrAVG zu vereinbaren.[801] Die Norm beinhaltet jedoch nicht die Pflicht an die Versorgungseinrichtung, diese Arbeitgeber und Arbeitnehmer auch in die Versorgung aufzunehmen. Stattdessen findet sich hierzu die Vorgabe an die Versorgungseinrichtung, Arbeitnehmern nichttarifgebundener Arbeitgeber keine sachlich unbegründeten Vorgaben zu machen, in § 21 Abs. 3 S. 2 BetrAVG. Jedenfalls müsste eine Ablehnung plausibel begründet werden.[802]

Zwar können auch die Sozialpartner durch entsprechende Regelungen im Tarifvertrag keinen Kontrahierungszwang für die Versorgungseinrichtung schaffen. Sie können jedoch im Tarifvertrag festlegen, was aus ihrer Sicht sachliche Gründe für einen Ausschluss nichttarifgebundener Arbeitgeber darstellen könnten.[803] Ebenso sollen die Sozialpartner auch für die Aufnahme von tarifgebundenen Arbeitgebern Vorgaben machen können, was sich jedoch so explizit nicht aus dem Normtext ergibt.[804]

Sachlich begründete Vorgaben dürften wohl nach allgemeiner Ansicht darin bestehen, dass eine angemessene Kostenbeteiligung an den Aufwendungen der Sozialpartner[805] stattfindet.[806]

---

799 BT-Drs. 18/11286, S. 31.

800 Höfer BetrAVG I/*Höfer*, Betriebsrentengesetz, § 24 Rn. 1.

801 *Kisters-Kölkes/Linden/Meissner/Friedrich*, Leitfaden bAV: Betriebsrentenstärkungsgesetz (BRSG), S. 255.

802 So Höfer BetrAVG I/*Höfer*, Betriebsrentengesetz, § 24 Rn. 9.

803 Höfer BetrAVG I/*Höfer*, Betriebsrentengesetz, § 24 Rn. 1.

804 So aber Höfer BetrAVG I/*Höfer*, Betriebsrentengesetz, § 24 Rn. 10.

805 Zu den Kosten der Sozialpartner für die Beteiligung nach § 21 Abs. 1 BetrAVG siehe unten Kapitel 4D.II.1)f).

806 ErfK/*Steinmeyer*, BetrAVG, § 21 Rn. 4; Höfer BetrAVG I/*Höfer*, Betriebsrentengesetz, § 21 Rn. 36; Kemper/Kisters-Kölkes/Berenz/Huber/Betz-Rehm/*Betz-Rehm*, BetrAVG, § 21 Rn. 30; *Arteaga/Veit/Baroch Castellvi*, Praxishandbuch BRSG, Teil A Rn. 217; Karst/Cisch/*Schubert-Eib*, Betriebsrentengesetz, § 21 Rn. 25.

B. Verhältnis zu bestehenden Versorgungen

I. Arbeitsrechtliche Problematik

Der Gesetzgeber hat als Problem erkannt, dass reine Beitragszusagen nach § 1 Abs. 2 Nr. 2a BetrAVG nachteilig in die bisherige Betriebsrentenlandschaft eingreifen könnten. Diese Bedenken waren bereits in der wissenschaftlichen Diskussion geäußert worden.[807] Er hat jedoch nicht explizit geregelt, dass Ablösungen bisheriger Versorgungszusagen durch reine Beitragszusagen ausgeschlossen sind.[808] Stattdessen hat er in § 21 Abs. 2 BetrAVG die Sozialpartner verpflichtet, bereits bestehende Betriebsrentensysteme angemessen zu berücksichtigen.[809]

1) Angemessene Berücksichtigung

Diese Vorschrift dürfte auf den Schutz dieser Rentensysteme vor einer generellen Verdrängung durch die neuen Systeme der reinen Beitragszusage nach § 1 Abs. 2 Nr. 2a BetrAVG abzielen.[810] Die Beschlussempfehlung des Ausschusses für Arbeit und Soziales führt zu diesem Punkt aus, dass gut funktionierende Betriebsrentensysteme möglichst nicht gefährdet werden sollen.[811] Wann hingegen ein Betriebsrentensystem als „gut funktionierend" anzusehen sein wird, lässt die Begründung offen. Ebenso ungeklärt bleibt die Frage, wann eine „Gefährdung" des Betriebsrentensystems vorliegen könnte.

In der Literatur werden als gut funktionierend jedenfalls solche Betriebsrentensysteme angesehen, die bereits seit einer gewissen Zeit etabliert sind und eine entsprechende Mitgliederbasis aufweisen, wie etwa die gemeinsame Einrichtung der MetallRente[812] oder auch einzelne Versorgungsträger wie die Chemie Pensionsfonds AG.[813]

---

807 *vom Stein*, RdA 2015, S. 272, 274.

808 Zu dieser Möglichkeit vgl. *Schipp*, Festschrift Willemsen, S. 439, 442 ff; *Buddenbrock/Kühn*, BB 2017, S. 2997.

809 Diese Fragen werden sich insbesondere im Rahmen von M&A Transaktionen stellen, vgl. hierzu allgemein *Granetzny/Rawe*, Was wird aus der Betriebsrente, M&A Review 2017, S. 215.

810 So ErfK/*Steinmeyer*, BetrAVG, § 21 Rn. 3; Blomeyer/Otto/Rolfs/*Rolfs*, BetrAVG, § 21 Rn. 14.

811 BT-Drs. 18/12612, S. 31.

812 Blomeyer/Otto/Rolfs/*Rolfs*, BetrAVG, § 21 Rn. 15.

813 *Kisters-Kölkes/Linden/Meissner/Friedrich*, Leitfaden bAV: Betriebsrentenstärkungsgesetz (BRSG), S. 257.

In Bezug auf eine Gefährdung solcher Systeme wird vorgebracht, dass diese bereits dann vorliege, wenn die reine Beitragszusage nach § 1 Abs. 2 Nr. 2a BetrAVG dazu führe, dass bisherige Beitragszahlungen in den etablierten Systemen unterblieben und diese geschlossen würden oder Neuzusagen nur noch im Rahmen einer reinen Beitragszusage nach § 1 Abs. 2 Nr. 2a BetrAVG erfolgten. Auch wenn die reine Beitragszusage nach § 1 Abs. 2 Nr. 2a BetrAVG neben weiterhin unverändert fortbestehende Systeme trete, könnten Letztere jedenfalls dann gefährdet werden, wenn neue Versorgungszusagen nicht zusätzlich, sondern anstelle der bisherigen erfolgten.[814]

2) Änderung der Zusageformen

Jedenfalls müsse eine tarifvertraglich begründete Altersversorgung bei Ablösungen bisheriger Zusageformen die Grundsätze des Vertrauensschutzes und der Verhältnismäßigkeit beachten.[815] Dies mache nach Ansicht in der Literatur die Soll-Vorschrift des § 21 Abs. 1 S. 1 BetrAVG im Ergebnis doch zu einer Muss-Vorschrift.[816]

Ob ein Wechsel der Zusageform von Leistungszusagen hin zu reinen Beitragszusagen nach § 1 Abs. 2 Nr. 2a BetrAVG grundsätzlich verhältnismäßig ausgestaltet werden und dem Vertrauensschutz der Arbeitnehmer gerecht werden kann, wird unterschiedlich beurteilt.

Nach wohl überwiegender Ansicht wird dies verneint,[817] jedoch mit unterschiedlichen Begründungen. Teilweise wird ein Wechsel in die reine Beitragszusage als „Parallelsystem" grundsätzlich verneint.[818] Teilweise wird wohl ein Eingriff in den erdienten Besitzstand auf der ersten Stufe nach dem Dreistufenmodell des BAG[819] angenommen.[820]

---

814 Blomeyer/Otto/Rolfs/*Rolfs*, BetrAVG, § 21 Rn. 15.

815 Wohl allg. Ansicht, vgl. Höfer BetrAVG I/*Höfer*, Betriebsrentengesetz, § 21 Rn. 20; *Schipp*, Festschrift Willemsen, S. 439, 443; Karst/Cisch/*Schubert-Eib*, Betriebsrentengesetz, § 21 Rn. 23a; *Buddenbrock/Kühn*, BB 2017, S. 2997, 2999.

816 Höfer BetrAVG I/*Höfer*, Betriebsrentengesetz, § 21 Rn. 20.

817 Höfer BetrAVG I/*Höfer*, Betriebsrentengesetz, § 21 Rn. 20 f; Blomeyer/Otto/Rolfs/*Rolfs*, BetrAVG, § 21 Rn. 29; so wohl ebenfalls *Granetzny/Esser*, BetrAV 2019, S. 522; *Schnitker*, Festschrift Willemsen, S. 449, 253 f.

818 Blomeyer/Otto/Rolfs/*Rolfs*, BetrAVG, § 21 Rn. 29.

819 BAG, Urteil vom 17.04.1985 – 3 AZR 72/83, BAGE49, 57.

820 *Schnitker*, Festschrift Willemsen, S. 449, 453; wohl auch *Granetzny/Esser*, BetrAV 2019, S. 522, 526.

3) *Stellungnahme*

Dem ist zu widersprechen. Die Grenzen des Berücksichtigungsgebots werden vom Gesetzgeber selbst in § 21 Abs. 2 S. 2 BetrAVG konkretisiert, wonach die Tarifparteien prüfen müssen, ob durch die Aufnahme einer Öffnungsklausel in den Tarifvertrag den Betriebs- oder Arbeitsvertragsparteien die Alternative eröffnet werden soll, die für die reine Beitragszusage vereinbarten Beiträge auch für eine andere Zusageart verwenden zu können. Dies bezieht sich auf bislang bestehende Versorgungszusagen.[821] Diese Prüfungspflicht macht deutlich, dass der Gesetzgeber sehr wohl davon ausgeht, dass auch eine vollständige Ablösung bisheriger Versorgungszusagen durch die reine Beitragszusage nach § 1 Abs. 2 Nr. 2a BetrAVG möglich ist.[822]

Es obliegt daher weder Rechtsprechung noch Wissenschaft, hier bereits starre Anforderungen an Ablösungen aufzustellen. Stattdessen können die Tarifvertragsparteien, wenn sie es wünschen, bisher erteilte Versorgungszusagen, sowohl individualrechtlich als auch kollektivrechtlich erteilte, nach den allgemeinen Grundsätzen ablösen.[823]

Das in diesem Zusammenhang entwickelte Dreistufenmodell der Rechtsprechung[824], aufgrund zunehmender Verschärfung bereits in der Kritik[825] ist vorliegend, sofern die Umstellung auf die reine Beitragszusage nach § 1 Abs. 2 Nr. 2a BetrAVG durch oder aufgrund eines Tarifvertrages unter Heranziehung der vom BAG entwickelten Grundsätze des kollektiven Günstigkeitsvergleiches[826] sowie

---

821 So auch Blomeyer/Otto/Rolfs/*Rolfs*, BetrAVG, § 21 Rn. 17.

822 So *Schipp*, Festschrift Willemsen, S. 439, 445 f; Karst/Cisch/*Schubert-Eib*, Betriebsrentengesetz, § 21 Rn. 22; i. E. wohl auch *Hanau*, jM 2018, S. 19, 22; eindeutig *Buddenbrock/Kühn*, BB 2017, S. 2997, 2998.

823 Vgl. *Buddenbrock/Kühn*, BB 2017, S. 2997, 2999 ff.

824 Zu den jüngsten Entwicklungen hierzu siehe *Matthießen*, Die Rechtsprechung zum Arbeitsrecht der betrieblichen Altersversorgung in den Jahren 2016 – 2018, Teil 2, NZA 2019, S. 217, 222.

825 Vgl. hierzu *Thüsing*, Mehr Flexibilität wagen! Thesen zur Änderung von Versorgungszusagen, Festschrift für Dr. Birgit Uebelhack, S. 467, 469; *Diller/Günther*, Plädoyer für das Ende der Dreistufentheorie in der betrieblichen Altersversorgung, DB 2017, S. 908, 909; *Bader/Hartloff*, Die „Fehlentwicklung der betrieblichen Altersversorgung" als Grund für den Eingriff in Versorgungsanwartschaften, DB 2016, S. 1437, 1443; a.A. jedoch BAG, Urteil vom 19.03.2019 – 3 AZR 201/17, NZA 2020, 1031; grundsätzlich zur Rechtsprechung des BAG zum Dreistufenmodell vgl.*Zwanziger*, Zur Ablösung von Versorgungszusagen, AuR 2020, S. 392 ff.

826 BAG, Beschluss vom 16.09.1986 – GS 1/82, BAGE 53, 42.

der dotierungsneutralen Umstellung von Versorgungssystemen[827] erfolgt, entsprechend zu modifizieren.[828]

Folgendes gilt es doch anzuerkennen: Die tatsächlichen Hindernisse[829], seien sie steuerrechtlicher[830], finanzieller[831] oder verbandspolitischer[832] Art, dürften bei Überführungen von bisherigen Betriebsrentensystemen in ein System der reinen Beitragszusage nach § 1 Abs. 2 Nr. 2a BetrAVG so hoch sein, dass ein dies regelnder Tarifvertrag aus arbeitsrechtlicher Sicht allen Anlass zur Annahme einer materiellen Richtigkeitsgewähr[833] bieten dürfte.[834]

Dennoch gilt auch hier, dass die Sozialpartner nicht den zweiten (oder dritten) Schritt vor dem Ersten machen sollten. Ein Tarifvertrag zur Einführung der reinen Beitragszusage nach § 1 Abs. 2 Nr. 2a BetrAVG muss zunächst den Beweis antreten, dass er in der Praxis zweckmäßig umsetzbar ist und den Versorgungsberechtigten einen Mehrgewinn

II. Steuerliche Problematiken

Wegen der starren Grenzen der Steuerfreiheit von Beiträgen des Arbeitgebers zum Aufbau betrieblicher Altersversorgung, nach § 3 Nr. 63 EStG sind dies 8 % der Beitragsbemessungsgrenze der allgemeinen Rentenversicherung pro

---

827 BAG, Urteil vom 07.07.1992 – 3 AZR 522/91, BAGE 71, 1; BAG, Urteil vom 11.09.1990 – 3 AZR 380/89, BAGE 66, 39

828 So bereits entwickelt durch *Buddenbrock/Kühn*, BB 2017, S. 2997, 3003 f.

829 Vgl. hierzu auch *Kisters-Kölkes/Linden/Meissner/Friedrich*, Leitfaden bAV: Betriebsrentenstärkungsgesetz (BRSG), S. 257 ff; Karst/Cisch/*Schubert-Eib*, Betriebsrentengesetz, § 21 Rn. 23.

830 Nach § 3 Nr. 66 EStG ist lediglich die Überführung bereits erdienter Anwartschaften von Unterstützungskassen und Arbeitgebern nur auf einen Pensionsfonds steuerfrei möglich, was die Auswahl an Durchführungswege einschränkt.

831 Die Nachdotierung des Past-Service an den Pensionsfonds dürfte einige tarifgebundene Arbeitgeber finanziell deutlich belasten.

832 Gewerkschaften müsste den Wechsel bereits erdienter, garantierter Anwartschaften in die garantiefreie reine Beitragszusage nach § 1 Abs. 2 Nr. 2a BetrAVG gegenüber ihren Mitgliedern vertreten können.

833 Zu den Voraussetzungen und Grenzen von Angemessenheitsvermutung und Richtigkeitsgewähr von Tarifverträgen vgl. Wiedemann/*Thüsing*, Tarifvertragsgesetz, § 1 Rn. 237 ff.

834 Im Ergebnis so wohl auch *Arteaga*, BetrAV 2016, S. 285, 286, 290.

Kalenderjahr,[835] können für Arbeitnehmer, die diesen Rahmen bereits voll oder zum Teil ausschöpfen, unangenehme Folgen auftreten.

Sollten Tarifparteien flächendeckende Altersversorgungsbeiträge vereinbaren, die den steuerlich begünstigten Rahmen ausschöpfen und allen Betroffenen zugutekommen würden, hätte dies für einige Betroffene mit bestehenden, laufenden Versorgungszusagen die Folge, dass die nun fällige steuerliche Belastung aus ihrem Nettoeinkommen entnommen werden müsste. Eine neue, vollständig arbeitgeberfinanzierte Altersversorgung hätte somit sinkende Nettoeinkommen für einen Teil der Arbeitnehmer zur Folge.[836] Es ist absehbar, dass eine solche Folge ein Absinken der Akzeptanz tarifvertraglicher Altersversorgung zur Folge hätte, ungeachtet der weiterhin bestehenden positiven Folgen individueller Altersversorgungsleistungen.

Da davon auszugehen ist, dass Mittel für tarifliche Altersversorgung im Rahmen von Tarifverhandlungen aus dem allgemeinen Verhandlungsspielraum entnommen werden dürften, würden und müssten sich die Tarifparteien zwischen einer Barlohnerhöhung oder einer Umwidmung des entsprechenden Betrags zu einer tariflichen Altersversorgung entscheiden. Die Entscheidung wird nur dann für die Altersversorgung ausfallen, wenn sie ebenso wie eine Barlohnerhöhung alle betroffenen Arbeitnehmer umfasst, nicht nur die noch „Unversorgten".[837]

In der Literatur wird der Gesetzgeber aufgefordert, dieser Zwangslage der Sozialpartner Abhilfe durch Einführung eines neuen steuerfreien Einnahmetatbestandes in dem § 3 EStG zu schaffen.[838] Angesichts der traditionellen Zurückhaltung des Gesetzgebers in Fragen des Betriebsrentenrechts sowie des Steuerrechts ist eher nicht davon auszugehen, dass eine solche Regelung zeitnah

835 6624 EUR pro Jahr für das Jahr 2020 gem. § 3 Abs. 1 Nr. 1 Sozialversicherungs-Rechengrößenverordnung 2020.

836 Auf diese Problematik hingewiesen haben *Hanau/Arteaga*, Wie sieht die Zukunft der betrieblichen Altersversorgung aus?, BetrAV 2019, S. 598, 600; *Hofelich*, ArbRB 2018, S. 16, 19.

837 Andernfalls würde dies eine Schlechterstellung aller selbst Vorsorgenden oder aller Berechtigten sonstiger Versorgungszusagen (mit Ausnahme von Direktzusagen und Unterstützungskassen) zur Folge, was, neben den dadurch entstehenden gleichbehandlungsrechtlichen Problemen, Arbeitnehmervertreter aus guten Gründen – und zu Recht – ablehnen dürften.

838 Vorgeschlagen ist ein § 3 Nr. 63b EStG für tarifliche Altersversorgungsbeiträge. Dieser soll im Einzelfall jedoch nicht neben, sondern statt des § 3 Nr. 63 EStG stehen. Eine doppelte Begünstigung solle vermieden werden, vgl. *Hanau/Arteaga*, BetrAV 2019, S. 598, 600.

eingeführt werden dürfte und so schon die ersten Generationen von Versorgungsberechtigten aus tariflichen Versorgungen erfasst. Eine Lösung, die autonom von den Sozialpartnern gewählt werden könnte, wäre daher zu bevorzugen.

1) Anforderungen an eine Lösung

Eine autonom durch die Sozialpartner implementierbare Lösung muss mehreren Anforderungen gerecht werden,

a) Verwaltungsschonend

Die entsprechende Lösung sollte mit überschaubarem Verwaltungsaufwand umsetzbar sein. Eine komplexe Lösung, die bei Arbeitgebern, gemeinsamen Einrichtungen oder sonstigen externen Versorgungseinrichtungen zu hohen Verwaltungskosten führen würde, die im Rahmen einer tariflichen Lösung auch nur aus dem vorhandenen Verteilungsspielraum bestritten werden könnten, schmälert den Versorgungserfolg und kommt den Arbeitnehmern daher nicht zugute. Vorzugsweise sollten daher pauschalisierte Lösungen genutzt werden.

b) Einmalzahlungen

Sofern die entsprechende Lösung in einer zusätzlichen Geldzahlung der Arbeitgeber besteht, sollte im Interesse der Arbeitgeberseite eher eine Einmalzahlung statt laufender Beiträge gewählt werden. Diese wäre besser zu kalkulieren, und eine Zustimmung zu einer solchen Leistung dürfte daher mit höherer Wahrscheinlichkeit zu erwarten sein.

c) Altersversorgungswirksam

Auch wenn der bereits vorsorgende Arbeitnehmer eine zusätzliche Belastung durch tarifliche Versorgung in seinem Nettoeinkommen, also in dem nicht für gesetzliche und betriebliche Altersversorgung vorgesehenen Gehaltsbestandteil spüren wird, spricht doch viel dafür, eine entsprechende Lösung der Sozialpartner altersversorgungswirksam auszugestalten. Wie schon dargestellt, können solche Leistungen nur aus dem allgemeinen Verteilungsspielraum entnommen werden. Mit der Einführung einer tariflichen Altersversorgung ist die tarifliche Leitentscheidung, für die Verbesserung der betrieblichen Altersversorgung und gegen eine Barlohnerhöhung, bereits gefallen. Diese Entscheidung sollte nicht individuell wieder infrage gestellt werden. Ferner ist davon auszugehen, dass im Rahmen der Tarifrunde, in der es auch zur Einführung tariflicher Versorgungsmechanismen kommt, auch eine Barlohnerhöhung erfolgen könnte. Letztlich dürfte eine altersversorgungswirksame Lösung der Intention des Gesetzgebers am nächsten kommen. Mit der Einführung des Optionssystems in § 20 Abs. 2 BetrAVG ermöglicht der Gesetzgeber es den Sozialpartnern bereits Regelungen zu schaffen, sogar tatsächliche Bestandteile des Entgelts zugunsten betrieblicher Versorgungssysteme einzubehalten.[839] Zwar muss hier den Arbeitnehmern die Möglichkeit gegeben werden, aus diesem System heraus zu optieren. Vorliegend werden aber keine Bestandteile des Entgelts einbehalten, sondern lediglich eine Kompensation für durch anderweitige Altersversorgungsleistungen erhöhte Steuerlast des bereits bestehenden Nettoeinkommens geregelt. In einem solchen Fall dürfte auch eine Opting-Out-Option verzichtbar sein.

d) Nicht erneut steuererhöhend

Eine Kompensation für durch Altersversorgungsleistungen erhöhte Steuerlast sollte im Optimalfall in der Einzahlungsphase selbst nicht steuererhöhend wirken. In der Auszahlungsphase würde, wie bei allen übrigen Leistungen aus der betrieblichen Altersversorgung, eine nachgelagerte Besteuerung in der Leistungsphase[840] dem Versorgungsempfänger die erwünschte niedrigere Steuerlast ermöglichen. Bei einer Besteuerung in der Einzahlungsphase würde jedoch ein Kreislauf immer neuer steuerkompensierender Maßnahmen in Gang gesetzt.

e) Optional: Anreizwirkung

Idealerweise könnte eine Lösung nicht nur die steuerliche Belastung individuell vorsorgender Arbeitnehmer abmildern, sondern sogar noch zu einem tatsächlichen Anreiz für weitere Entgeltumwandlungsvereinbarungen werden, auch wenn durch diese in Kombination mit tariflichen Versorgungszusagen die Grenze von 8 % der Beitragsbemessungsgrenze nach § 3 Nr. 63 EStG überschritten würden.

2) Lösungsvorschlag: Besonderer Sicherungsbeitrag nach § 23 Abs. 1 BetrAVG

Denkbar wäre eine kollektive Lösung über einen (zusätzlichen) Sicherungsbeitrag nach § 23 Abs. 1 BetrAVG. Dieser wäre grundsätzlich im Rahmen des

839 BT-Drs. 18/11286, S. 44.

840 Vgl. *Höfer/Veit/Verhuven*, Betriebsrentenrecht Band II, Steuerrecht/Sozialabgaben, HGB/IFRS Kapitel 18: Direktversicherung und Einkommensteuer beim Versorgungsanwärter (Sonderausgaben, Riester- und Geringverdienerförderung, Sicherungsbeitrag) sowie beim Versorgungsempfänger, Mitteilungs- und Aufzeichnungspflichten, Rn. 71.

§ 23 Abs. 1 BetrAVG sowohl zur Absicherung der gesamten Beitragszusage als auch zum Zwecke der Abmilderung steuerlicher Auswirkungen und hierdurch bedingter konkreter Zuordnung zu einzelnen Arbeitnehmern zulässig.[841]

Er kann als Einmalzahlung im Sinne eines Pauschalbeitrags für die Versorgungszusagen abgebenden Arbeitgeber ausgestaltet werden.

Sofern er im Rahmen der Auszahlungsphase als Pauschalbetrag für Arbeitnehmer, die während der Beitragsphase Entgelt umgewandelt haben, ausgestaltet wird, kann er auch verwaltungsschonend umgesetzt werden. Entscheidend hierbei ist, dass keine Einzelfallprüfung stattfinden sollte, ob tatsächlich eine steuerliche Belastung der Entgeltumwandlungsvereinbarungen stattgefunden hat.

Da der Sicherungsbeitrag als kollektives Sicherungssystem ebenfalls am Kapitalmarkt angelegt wird, ggf. in weniger volatile Anlageformen, und bei Nichtverbrauch zur Sicherung erst zum Rentenbeginn mit ausgezahlt wird, würde er ebenfalls zur Schließung bestehender Versorgungslücken beitragen und somit altersversorgungswirksam sein.

Sofern eine Anspruchsberechtigung für die Auszahlung eines Pauschalbetrags auch für nach Tarifvertragsabschluss vereinbarte Entgeltumwandlungen offen ausgestaltet wird, kann der vorgeschlagenen Lösung auch eine gewisse Anreizwirkung – oder zumindest die Abmilderung bestehender Abschreckungen – für den Abschluss weiterer Entgeltumwandlungsvereinbarungen zukommen.

Hinsichtlich einer möglichen Steuerfreiheit eines solchen Sicherungsbeitrags stehen dieser Lösung jedoch Bedenken, nicht zuletzt aus dem Wortlaut von § 3 Nr. 63a EStG, § 23 Abs. 1 BetrAVG und § 35 Abs. 3 PFAV, entgegen.

3) Steuerfreiheit eines Sicherungsbeitrags zur Unterstützung von Entgeltumwandlungsvereinbarungen

Die Einführung eines gesonderten Sicherungsbeitrags zur Abmilderung steuerlich unerwünschter Auswirkungen kann, abgesehen von der eigenen Steuerfreiheit in der Einzahlungsphase, zunächst alle oben genannten Anforderungen erfüllen. Die spätere Verwendung des Sicherungsbeitrags, so er nicht tatsächlich zur Sicherung oder Glättung in der Auszahlungsphase aufgebraucht wird, steht ebenfalls den Tarifvertragsparteien offen.[842] Ohne das Kriterium der

841 SHSS/*Kruip/Karst*, Arbeitsrecht der betrieblichen Altersversorgung, Teil 6 A, Rz. 371 schlagen zur Finanzierung des Sicherungsbeitrags u.a. die Erhöhung des jeweiligen Beitragssatzes vor. Dies schließt die steuerliche Behandlung nach § 3 Nr. 63a EStG eindeutig aus.

842 SHSS/*Kruip/Karst*, Arbeitsrecht der betrieblichen Altersversorgung, Teil 6 A, Rz. 371.

Steuerfreiheit während der Beitragsphase wird sich dieses Modell jedoch kaum in der Praxis durchsetzen, würde es doch die Probleme, die es lösen soll, zunächst eher noch verschärfen.

Zu prüfen ist daher, ob eine Steuerfreiheit eines solchen Sicherungsbeitrags gewährleistet wäre. In der Literatur wird teilweise konstatiert, dass weitere Verwendungszwecke des Sicherungsbeitrags ausscheiden.[843] Ob dies auch für nachgelagerte Verwendungszwecke in dieser Absolutheit zutrifft, soll hier untersucht werden.

a) § 3 Nr. 63a EStG

Nach § 3 Nr. 63a EStG sind Sicherungsbeiträge nur dann steuerfrei, „soweit sie nicht unmittelbar dem einzelnen Arbeitnehmer gutgeschrieben oder zugerechnet werden".[844] Fraglich ist, ob ein solcher Zusatzbeitrag, der zur Kompensation steuerlicher Nachteile von Arbeitnehmern wegen der die starren Grenzen des § 3 Nr. 63 EStG gedacht ist, nicht einzelnen Arbeitnehmern zurechenbar ist. Dies würde zum Wegfall der Steuerfreiheit führen.

Dabei ist zunächst zu bestimmen, auf welchen Zeitpunkt der Zurechenbarkeit abzustellen ist. Eine gesetzliche Konkretisierung dieses Zeitpunkts, wie dies etwa für § 3 Nr. 55, 55a, 55e und 66 EStG in § 22 Nr. 5 S. 9, 10, 11 EStG erfolgt, gibt es für § 3 NR. 63a EStG nicht.[845] Der steuerlich relevante Zeitpunkt bestimmt sich grundsätzlich nach dem Zuflussprinzip gem. § 11 Abs. 1 S. 1 EStG. Infrage kommen hier der Zeitpunkt der Vereinbarung des Sicherungsbeitrags, der Zeitpunkt der tatsächlichen Einzahlung des Sicherungsbeitrags oder der Zeitpunkt der Auszahlung von Bestandteilen des Sicherungsbeitrags an die Versorgungsberechtigten in der Auszahlungsphase.

In der Literatur wird zum Teil die generelle Besteuerbarkeit des Sicherungsbeitrags angezweifelt, sofern er als „Puffer" verwendet, aber nicht aufgebraucht wird.[846] Danach sei eine Steuerfreistellung dieses Kapitals, auch wenn es tatsächlich zu einem späteren Zeitpunkt ab der Anwartschaftsphase einzelnen

---

843 Blomeyer/Otto/Rolfs/*Rolfs*, BetrAVG, § 23 Rn. 5; *Masnitza*, Tarifvertragliche Gestaltungen der betrieblichen Altersversorgung, S. 163.

844 Blomeyer/Rolfs/Otto/*Otto*, Otto, Teil 4, C, Rn. 103f.

845 *Höfer/Veit/Verhuven*, Betriebsrentenrecht Band II, Kapitel 18: Direktversicherung und Einkommensteuer beim Versorgungsanwärter (Sonderausgaben, Riester- und Geringverdienerförderung, Sicherungsbeitrag) sowie beim Versorgungsempfänger, Mitteilungs- und Aufzeichnungspflichten, Rn. 71.1.

846 *Kisters-Kölkes/Linden/Meissner/Friedrich*, Leitfaden bAV: Betriebsrentenstärkungsgesetz (BRSG), S. 144 f.

Arbeitnehmern gutgeschrieben oder zugerechnet werde, mangels steuerlichen Zuflusses nicht notwendig oder erforderlich. Derselbe Beitrag könne dem Versorgungsberechtigten nicht zu einem späteren Zeitpunkt noch einmal zufließen.[847]

aa) Zeitpunkt 1: Tarifvertragsschluss

Zum frühestmöglichen Zeitpunkt – dem Zeitpunkt der tarifvertraglichen Einigung – kann bei einer entsprechenden tarifvertraglichen Gestaltung noch von keiner unmittelbaren Gutschrift oder Zurechenbarkeit ausgegangen werden. Wichtig ist, dass auch die zur steuerlichen Glättung in der Auszahlungsphase vorgesehenen Zusatzbeiträge *a priori* zunächst zur Sicherung der reinen Beitragszusage nach § 1 Abs. 2 Nr. 2a BetrAVG verwendet werden müssen. Eine Kontrolle der Höhe des Sicherungsbeitrags unter dem Gesichtspunkt, ob er das zur Glättung der Volatilität des Anlagestocks notwendige Maß übersteigt, wird jedoch nicht stattfinden. In der Frage der Ausstattung des Sicherungsbeitrags sind die Sozialpartner frei.[848] Unter dieser Prämisse werden sie auch von dem Bundesministerium der Finanzen als steuerfrei angesehen.[849] Grundsätzlich können die Sozialpartner zu diesem Zeitpunkt noch nicht klar ermessen, ob die einzelnen Arbeitnehmer etwa ihre Entgeltumwandlung bis zum Ende des Veranlagungszeitraums weiterführen oder auch erst beginnen, sofern auch nachträglich abgeschlossene Entgeltumwandlungsvereinbarungen von der Anspruchsberechtigung erfasst werden sollen. Allerdings können die Sozialpartner vom Anspruch auf Entgeltumwandlung nach § 1a Abs. 1 S. 1 BetrAVG in dem die reine Beitragszusage nach § 1 Abs. 2 Nr. 2a BetrAVG einführenden Tarifvertrag auch zuungunsten der Arbeitnehmer abweichen, § 19 Abs. 1 BetrAVG. Einer vollständigen Abbedingung des Entgeltumwandlungsanspruchs bei gleichzeitiger Einführung einer tariflichen Versorgung dürften wohl keine Bedenken entgegenstehen, anders als bei einer Abbedingung ohne

---

847 *Kisters-Kölkes/Linden/Meissner/Friedrich*, Leitfaden bAV: Betriebsrentenstärkungsgesetz (BRSG), S. 145.

848 BT-Drs. 18/11286, S. 46; Höfer BetrAVG I/*Höfer*, Betriebsrentengesetz, § 23 Rn. 5.

849 BMF-Schreiben vom 6. Dezember 2017, abrufbar unter https://www.bundesfinanzministerium.de/Content/DE/Downloads/BMF_Schreiben/Steuerarten/Einkommensteuer/2017-12-06-Steuerliche-Foerderung-private-Altersvorsorge-betriebliche-Altersversorgung.pdf;jsessionid=FC3F2616CBAB037676E7B8180AB2D1F2.delivery2-master?__blob=publicationFile&v=3, zuletzt abgerufen am 10. Dezember 2021., Rz. 51 f.

kompensierende, arbeitgeberfinanzierte Möglichkeit betrieblicher Altersversorgung.[850] Auch ein vollständiger Ausschluss der Entgeltumwandlung wird sich jedoch nicht rückwirkend auf bereits umgewandelte Entgeltbestandteile beziehen können. Die Tarifdispositivität des § 19 Abs. 1 BetrAVG erstreckt sich nicht auf die Unverfallbarkeit nach § 1b Abs. 5 BetrAVG.[851] In Fällen, in denen die Umwandlung nicht durch kontinuierlichen Entgeltabzug, sondern etwa durch Umwandlung quartalsweise oder auch nur jährlich anfallender Provisionen[852] erfolgt, sind somit Konstellationen denkbar, die im selben steuerlichen Veranlagungszeitraum die Grenze des § 3 Nr. 63 EStG von 8 % der Beitragsbemessungsgrenze bei der Rentenversicherung übersteigen.

Zwar dürften die Sozialpartner bei der Einführung des tariflichen Versorgungsmodells etwa zu Beginn des nächsten Kalenderjahres in Kombination mit dem tariflichen Ausschluss der Entgeltumwandlung solchen Problemen aus dem Weg gehen können. Bei der Frage der Zurechenbarkeit dürfte es letztlich aber auf eine *tatsächlich bestehende* Zurechenbarkeit ankommen und nicht darauf, ob die Sozialpartner durch das Ausschöpfen aller ihnen zur Verfügung stehenden Mittel, letztlich zulasten der Arbeitnehmer, eine Zurechenbarkeit erzwingen könnten.

Zum frühestmöglichen Zeitpunkt, dem Tarifabschluss, liegt somit noch keine Zurechenbarkeit der Sicherungsbeiträge an einzelne Arbeitnehmer vor.

bb) Zeitpunkt 2: Einzahlung des Sicherungsbeitrags

Zum Zeitpunkt der Einzahlung des Sicherungsbeitrags kann hierzu ebenfalls noch keine Aussage getroffen werden. Zwar dürften sich die Sozialpartner und auch Arbeitgeber zur Bestimmung der Höhe des Sicherungsbeitrags, sodass er neben der Absicherung der reinen Beitragszusage auch zur steuerlichen Glättung eingesetzt werden kann, eine gewisse Vorstellung über das Ausmaß der bestehenden und eventuell auch der noch zu erwartenden Entgeltumwandlungsvereinbarungen gemacht haben. Dies wird aber Teil einer abstrakten Überlegung sein. Spätestens das Hinzutreten noch weiterer Entgeltumwandlungsvereinbarungen

---

850 Die herrschende Meinung sieht hier eine Möglichkeit der Abbedingung, vgl. BAG, Urteil vom 19.04.2011 – 3 AZR 154/09, BAGE 137, 357; Blomeyer/Otto/Rolfs/*Rolfs*, BetrAVG, § 19 Rn. 10 m.w.N.

851 Vgl. hierzu die Ausführungen oben Kapitel 5A.II.2)a)bb)(2)(b).

852 Der Arbeitgeber muss von seinem Recht auf kontinuierlichen Entgeltabzug nach § 1a Abs. 1 S. 5 BetrAVG keinen Gebrauch machen, vgl. Blomeyer/Otto/Rolfs/*Rolfs*, BetrAVG, § 1a Rn. 27; Höfer BetrAVG I/*Höfer*, Betriebsrentengesetz, § 1a Rn. 24.1.

wird eine unmittelbare Zurechenbarkeit ausschließen. Zwar dürfte absehbar sein, dass nach dem Abschluss tariflicher Versorgungszusagen neu abgeschlossene Entgeltumwandlungsvereinbarungen nur noch den (sofern noch bestehenden) verbleibenden Spielraum des § 3 Nr. 63a EStG ausschöpfen, ohne jedoch über ihn hinauszugehen. Sicher auszuschließen ist dies jedoch nicht. Sollten somit die gestellten Sicherungsbeiträge zum Zeitpunkt der Einzahlung durch alle bereits mit Entgeltumwandlungsverträgen versehenen Versorgungsberechtigten zu versteuern sein, würden sie gegenüber möglichen noch hinzutretenden Versorgungsempfängern benachteiligt. Somit kann es auch nicht auf den Zeitpunkt der Gestellung des Sicherungsbeitrags ankommen.

cc) Zeitpunkt 3: Auszahlungsphase

Für den letztgenannten Zeitpunkt spricht die Gesetzesbegründung selbst.[853] Soweit den Arbeitnehmern aus den steuerfreien Zusatzbeiträgen später Betriebsrenten oder andere Vorteile zuflössen, seien diese zum Auszahlungszeitpunkt vollständig zu besteuern. Gleiches gelte für Leistungen, die nach § 3 Nr. 63 EStG auf steuerfreien oder, nach § 10a und Abschnitt XI des EStG, auf geförderte Beiträge beruhen.[854] Es kann demnach zu einer unmittelbaren Zurechnung im Zeitpunkt der Auszahlungsphase kommen. Der Gesetzgeber geht demnach schon von einer möglichen erhöhenden Wirkung des Sicherungsbeitrags auf die Betriebsrenten einzelner Versorgungsberechtigter aus.[855]

dd) Zwischenergebnis

Mithin spricht der § 3 Nr. 63a EStG nicht gegen die grundsätzliche Möglichkeit, nicht verwendete Mittel aus dem Sicherungsbeitrag zur steuerlichen Glättung einzusetzen. Den hierzu geäußerten grundsätzlichen Bedenken, wonach andere Verwendungszwecke ausscheiden sollen,[856] ließe sich dadurch begegnen, dass alle Versorgungsberechtigten, die über Entgeltumwandlungsvereinbarungen verfügen, in einem separaten kollektiven Sicherungsplan, der über einen separat zu führenden Sicherungsbeitrag verfügen müsste, erfasst werden könnten. Dem Sicherungsbeitrag der auf Tarifentgelt beruhenden Beiträge wäre dann

853 BT-Drs. 18/11286, S. 46.

854 BT-Drs. 18/11286, S. 46.

855 So wohl auch SHSS/*Cisch/Karst*, Arbeitsrecht der betrieblichen Altersversorgung und Zeitwertkonten, Teil 1 B, Rn. 324; *Klein*, Festschrift Uebelhack, S. 235, 247.

856 Vgl. hierzu oben Kapitel 5B.II.3)a) sowie Blomeyer/Otto/Rolfs/*Rolfs*, BetrAVG, § 23 Rn. 5.

zur steuerlichen Glättung der bestehenden Entgeltumwandlungen ein weiterer Sicherungsaufschlag zuzuschlagen. Hierdurch ließe sich auch dem Problem der Wertgleichheit der Entgeltumwandlung begegnen.[857]

b) § 35 Abs. 3 PFAV

Das technische Verfahren der Behandlung von Zusatzbeiträgen ist in § 35 Abs. 3 PFAV geregelt. § 35 Abs. 3 PFAV sieht vor, dass durch Zusatzbeiträge nach § 23 Absatz 1 des Betriebsrentengesetzes und den daraus erzielten Erträgen eine zusätzliche Deckungsrückstellung gebildet wird, die „den Versorgungsberechtigten *insgesamt* zugeordnet ist." Hiernach scheint das Verwenden der Zusatzbeiträge nur für einen Teil der Arbeitnehmer – den Teil, der schon über Entgeltumwandlungspläne verfügt – zunächst ausgeschlossen, denn dies würde auf den ersten Blick nicht die *Versorgungsberechtigten insgesamt* betreffen.

Ob dieser Schluss zutrifft, ist systematisch zu klären. Zunächst ist zu prüfen, ob der Verordnungsgeber für die Beantwortung dieser Frage überhaupt mit Regelungskompetenz ausgestattet worden ist. Im zweiten Schritt wäre auszulegen, welche Reichweite das *Insgesamt* des § 35 Abs. 3 PFAV hat.

aa) Regelungskompetenz

Die Verordnungsermächtigung des Verordnungsgebers ergibt sich aus Art. 80 Abs. 1 GG, § 35 S. 1 BetrAVG. Umgesetzt wurde diese Verordnungsermächtigung in der PFAV. Zwar wurde die PFAV ursprünglich von dem Bundesministerium der Finanzen verordnet, wohingegen § 25 S. 1 BetrAVG das Bundesministerium für Arbeit und Soziales hierzu ermächtigt. Tatsächlich ist die zu untersuchende Änderung jedoch nicht vom Verordnungsgeber selbst, sondern in Form eines förmlichen Gesetzes im Rahmen des Betriebsrentenstärkungsgesetzes in die PFAV eingeführt worden.[858] Dies tat er aus pragmatischen Erwägungen in der PFAV, da die Regelungen zur Umsetzung der reinen Beitragszusage „vom Charakter her mit der geltenden Regulierung von Pensionsfonds verwandt sind."[859] Letztlich stellt die PFAV in der Gesamtheit der durch das Betriebsrentengesetz eingeführten Normen eine nicht zu beanstandende Umsetzung des § 35 S. 1 BetrAVG dar[860].

857 Vgl. auch *Kisters-Kölkes*, Festschrift Uebelhack, S. 221.
858 BT-Drs. 18/11286, S. 16 ff; vgl. auch ErfK/*Steinmeyer*, BetrAVG, § 25 BetrAVG, Rn. 1.
859 BT-Drs. 18/11286, S. 55.
860 So wohl auch Höfer BetrAVG I/*Höfer*, Betriebsrentengesetz, § 25 Rn. 1, 3; Blomeyer/Otto/Rolfs/*Rolfs*, BetrAVG, § 25, Rn. 5.

bb) Materiell rechtmäßige Umsetzung der Verordnungskompetenz

Aufgrund der Tatsache, dass § 35 S. 2 PFAV nicht durch den Verordnungsgeber, sondern durch den Gesetzgeber erlassen worden ist, wird es auf die Frage, ob § 35 Abs. 3 eine materiell rechtmäßige Umsetzung der Verordnungskompetenz darstellt, letztlich nicht mehr ankommen. Dies kann jedoch den Verordnungsgeber bei zukünftigen Änderungen der § 34 ff. PFAV einschränken, denn hiermit dürfte der Gesetzgeber seine Verordnungsermächtigung in § 25 S. 2 BetrAVG konkretisiert und zumindest insoweit der Regelungskompetenz des Verordnungsgebers entzogen haben.

§ 25 S. 2 BetrAVG ermächtigt den Verordnungsgeber dazu, Mindestanforderungen an die Verwendung der Beiträge nach § 1 Abs. 2 Nr. 2a festzulegen. § 35 S. 2 PFAV regelt jedoch nicht die Verwendung der Beiträge der reinen Beitragszusage nach § 1 Abs. 2 Nr. 2a BetrAVG. Dies wird stattdessen in § 34 S. 2 i.Vm. §§ 16 – 20 PFAV geregelt. § 35 PFAV hätte hingegen systematisch ebenso gut in den §§ 21 ff. BetrAVG geregelt werden können.

cc) Reichweite des insgesamt *aus § 35 S. 2 BetrAVG*

Zu Fragen ist nun, welche Reichweite das *Insgesamt* aus § 35 S. 2 PFAV hat. Bezieht es sich notwendigerweise auf sämtliche Versorgungsberechtigten, denen im Anwendungsplan des die reine Beitragszusage nach § 1 Abs. 2 Nr. 2a BetrAVG einführenden Tarifvertrags eine reine Beitragszusage nach § 1 Abs. 2 Nr. 2a BetrAVG versprochen wird, dürfte die Möglichkeit der besonderen Berücksichtigung steuerlich stark belasteter Versorgungsberechtigter ausscheiden.

§ 35 S. 2 PFAV verwendet den nicht legaldefinierten Terminus der *Versorgungsberechtigten,* denen die Deckungsrückstellungen insgesamt zuzurechnen sind. Unter den Versorgungsberechtigten versteht der Gesetzgeber des Betriebsrentenstärkungsgesetzes Versorgungsanwärter und Versorgungsempfänger.[861]

Nach der umgesetzten Beschlussvorlage des Ausschusses für Arbeit und Soziales zum Gesetzentwurf der Bundesregierung wurde in einem gesonderten Abs. 3 des § 35 PFAV explizit geregelt, dass in der Deckungsrückstellung auch Puffer vorgehalten werden können, die aus Sicherungsbeiträgen nach § 23 Abs. 1 BetrAVG aufgebaut würden. Es erschien dem Ausschuss sinnvoll, dass die Sicherungsbeiträge der Absicherung der reinen Beitragszusage insgesamt dienen sollten. Die zusätzliche Deckungsrückstellung nach dem neuen Absatz 3 sollte im Gegensatz zu dem in Abs. 1 geregelten kollektiven Versorgungskapital

861 Vgl. BT-Drs. 18/12612, S. 33.

nicht nur den Versorgungsempfängern, sondern den Versorgungsberechtigten insgesamt zur Verfügung stehen. Der Puffer nach Abs. 3 könne daher sowohl der Deckungsrückstellung der Versorgungsanwärter nach Abs. 1, etwa zur Stabilisierung der Anwartschaft gegen Ende der Ansparphase, als auch der Deckungsrückstellung der Versorgungsempfänger nach Abs. 2, etwa zur Stützung des Kapitaldeckungsgrads, zugeführt werden.[862]

Die Formulierung, dass die aus den Sicherungsbeiträgen gebildeten Deckungsrückstellungen den Versorgungsberechtigten insgesamt zugerechnet werden solle, zielt daher darauf ab, dass die Sicherungsbeiträge nicht zulasten der Versorgungsanwärter ausschließlich für Versorgungsempfänger verwendet werden sollten. Nicht gemeint ist, dass nicht auch separate Gruppen von Versorgungsberechtigten, also Versorgungsempfängern wie -anwärtern, gebildet werden können, für die separate Deckungsrückstellungen zu bilden wären. Mithin steht § 35 Abs. 3 PFAV dem Einsatz von Sicherungsbeiträgen zur steuerlichen Glättung nicht grundsätzlich entgegen.

c) § 23 Abs. 1 BetrAVG

Der Wortlaut des § 23 Abs. 1 BetrAVG lautet: „Zur Absicherung der reinen Beitragszusage soll im Tarifvertrag ein Sicherungsbeitrag vereinbart werden." Die klare Zweckbindung „zur Absicherung" ist somit bereits durch den Wortlaut festgelegt. Zum Zweck der Absicherung „soll" der Sicherungsbeitrag von den Sozialpartnern vereinbart werden. Zu der konkreten Ausgestaltung verhält sich die Norm selbst nicht. Der Gesetzgeber hat beispielhaft die Realisierung eines höheren Kapitaldeckungsgrades oder eine konservativere Kapitalanlage in der Gesetzbegründung genannt, wie auch die Verwendung im Rahmen eines kollektiven Sparmodells zum Aufbau kollektiven Kapitals.[863]

Teilweise wird in der Literatur darauf geschlossen, der Sicherungsbeitrag habe nur und ausschließlich dem Zweck der Absicherung der reinen Beitragszusage zu dienen.[864] Andere weisen auf den Charakter der Norm als Soll-Vorschrift hin und geben den Zweck mit der Absicherung gegen die Gefahr eines Absinkens der Versorgungsleistung an, die die Tarifparteien in beliebiger Höhe festlegen könnten.[865]

---

862 BT-Drs. 18/12612, S. 33.

863 BT-Drs. 18/11286, S. 46.

864 Blomeyer/Otto/Rolfs/*Rolfs*, BetrAVG, § 23 Nr. 5.

865 So ErfK/*Steinmeyer*, BetrAVG, § 23 Rn. 1; BeckOK ArbR/*Clemens*, BeckOK ArbR BetrAVG, § 23 Rn. 1; Höfer BetrAVG I/*Höfer*, Betriebsrentengesetz, § 23 Rn. 4.

Allerdings gilt, sofern die Aufgabe zur Absicherung der reinen Beitragszusage nach § 1 Abs. 2 Nr. 2a BetrAVG erfüllt wird, verbietet § 23 Abs. 1 BetrAVG jedenfalls keine weiteren Zwecksetzungen der Sicherungsbeiträge. Auch für die Gestaltung des Sicherungsbeitrags gilt stattdessen weitgehende Gestaltungsfreiheit für die Sozialpartner,[866] was sich als Motiv auch noch einmal in der Begründung der Beschlussempfehlung zu § 23 BetrAVG wiederfindet.[867]

d) Ergebnis

Nach Auslegung der drei maßgeblichen Normen erscheint eine steuerfreie Verwendung des Sicherungsbeitrags nach § 23 Abs. 1 BetrAVG zur steuerlichen Glättung von Überschreitungen der Steuerfreigrenze nach § 3 Nr. 63 EStG durchaus denkbar. Sofern die Steuerfreiheit besteht, stellt das Modell eine vergleichsweise einfach zu implementierende Lösung dar, Akzeptanzprobleme der reinen Beitragszusage nach § 1 Abs. 2 Nr. 2a BetrAVG abzumildern.

Die Sozialpartner sollten sich freilich vor der Nutzung eines solchen Modells eindeutig absichern, etwa indem um eine verbindliche Auskunft nach § 89 Abs. 1 S. 1 AO ersucht wird.[868] Als Antragssteller einer solchen verbindlichen Auskunft müsste jedoch ein bereits die Entgeltumwandlung durchführender, tarifgebundener Arbeitnehmer geführt werden, denn Antragsteller kann grundsätzlich nur der Steuerpflichtige selbst sein.[869]

4) Alternativen

Um das aufgeworfene Problem der steuerlichen Auswirkungen auf bestehende Entgeltumwandlungsvereinbarungen anzugehen, stehen jedoch auch Alternativen zum vorgeschlagenen Modell bereit.

a) Ausschluss der Entgeltumwandlung

Einfachste Alternative dürfte der vollständige Ausschluss der Entgeltumwandlung durch die Tarifparteien sein. Hierzu gibt § 19 Abs. 1 BetrAVG den Sozialpartnern die Möglichkeit, indem von dem § 1a BetrAVG durch Tarifvertrag abgewichen werden kann, wozu auch der vollständige Ausschluss zählt.[870]

---

866 Höfer BetrAVG I/*Höfer*, Betriebsrentengesetz, § 23 Rn. 5.

867 Vgl. BT-Drs. 18/12612, S. 32, allerdings bezogen auf Änderungen des Abs. 2.

868 Klein/*Rätke,* Abgabenordnung, § 89 Rn. 18.

869 Klein/*Rätke*, Abgabenordnung, § 89 Rn. 20.

870 Blomeyer/Otto/Rolfs/*Rolfs*, BetrAVG, § 19 Rn. 9; *Masnitza*, Tarifvertragliche Gestaltungen der betrieblichen Altersversorgung, S. 69.

b) Begrenzung der der Entgeltumwandlung der Höhe nach

Auch eine Begrenzung der Entgeltumwandlung ist möglich, etwa um den prozentualen Anteil, den die Steuerfreigrenze des § 3 Nr. 63 EStG die vorgesehenen Beitragszahlungen übersteigt. Auch dies ist tarifvertraglich regelbar.[871] Sofern jedoch noch keine konkreten Beitragszahlungen tarifvertraglich festgelegt werden, sondern, wie dies wohl der Regelfall sein dürfte, die Konkretisierung der reinen Beitragszusage nach § 1 Abs. 2 Nr. 2a BetrAVG den einzelnen Arbeitgebern überlässt, dürfte dies passgenau kaum umzusetzen sein. Jedenfalls würde dies eine komplexere Regelung verlangen als den vollständigen Ausschluss der Entgeltumwandlung.

III. Sozialversicherungsrechtliche Problematiken

§ 1 Nr. 9 SvEV stellt im Gegensatz zu § 3 Nr. 63 EStG lediglich vier Prozent der Beitragsbemessungsgrenze beitragsfrei.[872] Mit einer Beitragspflicht dürften sich demnach bereits versorgungsberechtigte Arbeitnehmer, die schon vor der Erteilung tariflich begründeter Versorgungszusagen Entgelt umgewandelt haben, schon ab einem früheren Zeitpunkt konfrontiert sehen.[873] Diese Problematik wird dennoch im Rahmen der vorliegenden Ausarbeitung nicht weiter untersucht, da sie vom Verfasser als kein gesondert zu adressierendes Akzeptanzrisiko für eine tariflich vereinbarte reine Beitragszusage nach § 1 Abs. 2 Nr. 2a BetrAVG angesehen wird.[874] Zum einen steht einer einsetzenden Beitragspflicht

871 *Masnitza*, Tarifvertragliche Gestaltungen der betrieblichen Altersversorgung S. 78.

872 Vgl. auch SHSS/*Kruip/Karst*, Arbeitsrecht der betrieblichen Altersversorgung, Teil 6 A, Rz. 304.

873 Der von der aba teilweise erhobenen Forderung der im Steuer- wie im Sozialversicherungsrecht parallelen Beitragsfreiheit für Beiträge zur betrieblichen hat sich die Regierungskommission Verlässlicher Generationenvertrag nicht angeschlossen. Vgl. dazu Beitrag der aba zur Arbeit der Kommission „Verlässlicher Generationenvertrag", abrufbar unter https://www.bmas.de/SharedDocs/Downloads/DE/Thema-Rente/Kommission-Verlaesslicher-Generationenvertrag/stellungnahme-aba.pdf?__blob=publicationFile&v=1, zuletzt abgerufen am 10. Dezember 2021. Stattdessen einigte sich die Kommission auf die Forderung, dass die bestehenden Sozialabgabenfreiheiten von Vorsorgebeiträgen nicht auszuweiten seien, vgl. S. 118, Bericht der Kommission Verlässlicher Generationenvertrag, Band I – Empfehlungen, abrufbar unter https://www.bmas.de/SharedDocs/Downloads/DE/Thema-Rente/Kommission-Verlaesslicher-Generationenvertrag/bericht-der-kommission-band-1.pdf?__blob=publicationFile&v=1, zuletzt abgerufen am 10. Dezember 2021.

874 Die von *Hanau/Arteaga*, BetrAV 2019, S. 598, 599, aufgezeigte Problematik trifft jedoch auch aus Sicht des Verfassers zu.

für einen großen Teil der abzuführenden Beiträge auch ein höherer Leistungsbezug, insbesondere im Rahmen der gesetzlichen Rentenversicherung, gegenüber.[875] Zum anderen wird sich die Beitragspflicht auch nur bis zur jeweiligen Beitragsbemessungsgrenze auswirken.

C. Optionale Inhalte eines Tarifvertrags über die reine Beitragszusage nach § 1 Abs. 2 Nr. 2a BetrAVG

Die weitgehende Gestaltungsfreiheit, die der Gesetzgeber den Sozialpartnern für die Regelung der reinen Beitragszusage nach § 1 Abs. 2 Nr. 2a BetrAVG gewährt,[876] bringt es mit sich, dass eine Vielzahl von Regelungen in diesem Tarifvertrag möglich und sicherlich auch wünschenswert ist. An dieser Stelle folgt daher eine Auswahl an Gestaltungsmöglichkeiten, die aus Sicht des Verfassers besonders geeignet sind, die Akzeptanz einer tariflichen Altersversorgung unter den Versorgungsberechtigten sicherzustellen und dadurch zur Verbreitung betrieblicher Altersversorgung zu führen.

I. Sicherungsbeiträge der Arbeitgeber

Der Sicherungsbeitrag nach § 23 Abs. 1 BetrAVG ist kein notwendiger Bestandteil des Tarifvertrags, da § 23 Abs. 1 BetrAVG nur eine Soll-Bestimmung darstellt.[877]Er kann aber, so die Sozialpartner sich für die Einführung der Sicherungsbeiträge entscheiden, nur tarifvertraglich geregelt werden, was sich aus dem Wortlaut der Norm ergibt. Eine (nachträgliche) Regelung in Betriebsvereinbarungen oder Arbeitsvertrag scheidet somit aus.[878] Eine Nichtregelung hat keine Auswirkungen auf die Wirksamkeit des Tarifvertrags und ebenfalls keine Haftungsrisiken für die Sozialpartner zur Folge.[879] Gleiches wird für die einzelnen Arbeitgeber gelten müssen.

Ob und in welchem Umfang ein Sicherungsbeitrag nach § 23 Abs. 1 BetrAVG eingeführt wird, ist in erster Linie eine verbandspolitische und finanzielle Frage,

---

875 Dem Beitragsanteil von 16,6 % der gesetzlichen Rentenversicherung sowie dem Beitragsanteil von 24,7 % der knappschaftlichen Rentenversicherung stehen auch korrespondierend höhere Rentenanwartschaften gegenüber.

876 Gestaltungsspielräume werden in der Gesetzesbegründung vielfach erwähnt, vgl. BT-Drs. 18/11286, S. 39, 44, 53, 84.

877 So auch Blomeyer/Otto/Rolfs/*Rolfs*, BetrAVG, § 21 Rn. 6.

878 *Masnitza*, Tarifvertragliche Gestaltungen der betrieblichen Altersversorgung, S. 160.

879 BT-Drs. 18/11286, S. 46

weniger eine juristische. Dennoch eignet sich der Sicherungsbeitrag nach § 23 Abs. 1 BetrAVG auch, um juristische, insbesondere steuerrechtliche Probleme abzumildern.[880] Eine Subsidiärhaftung durch die Hintertür stellt er allerdings nicht dar.[881] Vom Gesetzgeber wurde die Möglichkeit eines steuerlich bevorzugten Sicherungsbeitrag nach § 23 Abs. 1 BetrAVG und § 3 Nr. 63a EStG geschaffen, um die Akzeptanz der reinen Beitragszusage nach § 1 Abs. 1 Nr. 1a BetrAVG durch Absicherung derselben unter den Beschäftigten zu erhöhen.[882]

II. Geltungserstreckung auf Nichttarifgebundene

Die für den umfassenden Erfolg der reinen Beitragszusage nach § 1 Abs. 2 Nr. 2a BetrAVG entscheidende Frage ist die Öffnung der Versorgungswerke für nichttarifgebundene und branchenfremde Arbeitgeber. Das Ob ist dabei, anders als § 21 Abs. 3 BetrAVG vermuten lässt, eher eine verbandspolitische Entscheidung der Sozialpartner denn eine rechtliche Frage.[883]

Die Entwicklungsgeschichte des § 21 Abs. 3 BetrAVG macht das ambivalente Verhältnis des Gesetzgebers zu tarifexklusiver betrieblicher Altersversorgung deutlich. In § 21 BetrAVG-E des Gesetzentwurfs war § 21 Abs. 3 noch nicht enthalten, lediglich § 24 BetrAVG.[884] Es war eine Privilegierung der tarifgebundenen Arbeitgeber und Arbeitnehmer durchaus beabsichtigt.[885] Die entsprechende Berücksichtigung tarifungebundener Arbeitgeber und Arbeitnehmer im Gesetz erfolgte erst in der Beschlussempfehlung des Ausschusses für Arbeit und Soziales.[886] Die Vorschrift ist jedoch nicht sanktionsbewehrt, eine Missachtung durch die Sozialpartner würde daher zumindest unmittelbar keine rechtlichen Konsequenzen nach sich ziehen.[887]

---

880 Vgl. oben Kapitel 5B.II.

881 So noch *Lesch*, BC 2017, S. 558, 563.

882 Vgl. dazu BT-Drs. 18/11286, S. 46.

883 So auch *Arteaga/Veit/Baroch Castellvi*, Praxishandbuch BRSG, Teil A, Rn. 209.

884 BT-Drs. 18/11286, S. 9.

885 „Wer tariflich gebunden ist, wird privilegiert", so *Nahles* im Interview mit der FAZ, siehe *Astheimer/Göbel*, Nahles gibt Startschuss für große Experimente mit der Arbeitszeit, Frankfurter Allgemeine Zeitung, 18. November 2016, abrufbar unter https://www.faz.net/aktuell/wirtschaft/f-a-z-exklusiv-nahles-gibt-startschuss-fuer-grosse-experimente-mit-der-arbeitszeit-14534469.html, zuletzt abgerufen am 10. Dezember 2021.

886 BT-Drs. 18/12612, S. 8.

887 *Arteaga/Veit/Baroch Castellvi*, Praxishandbuch BRSG, Teil A, Rn. 210.

Vor dem Hintergrund der Zielsetzung des Betriebsrentenstärkungsgesetzes, nämlich der Stärkung eben dieser Renten, kann man allerdings nicht ignorieren, dass der Grundsatz des § 4 TVG, wonach Tarifverträge für Verbandsmitglieder Geltung entfalten, empirisch nicht dem Regelfall der Geltung von Tarifverträgen entspricht. Tatsächlich entfalten die meisten Tarifverträge Geltung durch Geltungserstreckung, nicht durch Verbandsmitgliedschaft.[888]

1) Vertragliche Geltungserstreckung

Nur eine Soll-Vorschrift stellt der § 21 Abs. 3 S. 1 BetrAVG dar. Eine Nichtbehandlung der Tariföffnung im Tarifvertrag führt nach Begründung der Beschlussempfehlung des Ausschusses für Arbeit und Soziales[889] nicht zu einer Unwirksamkeit des Tarifvertrags und löst auch keine Haftung aus.[890]

a) Einzelvertragliche Vereinbarungen

§ 19 Abs. 2 BetrAVG erlaubt es nichttarifgebundenen Arbeitgebern und Arbeitnehmern, die Anwendung der einschlägigen tariflichen Regelungen zu vereinbaren. Unter einschlägig sind solche Tarifverträge zu verstehen, die bei beiderseitiger Tarifgebundenheit zur Anwendung kommen würden.[891]

Die Sozialpartner müssen nicht dieselben Konditionen wie für die eigenen Arbeitnehmer anbieten. Sofern sie sich unmittelbar an den Kosten des durchführenden Versorgungsträgers beteiligen, wäre eine Aufnahmegebühr sowie ein höherer Kostensatz zulässig.[892] Voraussetzung sollte sein, dass die Kosten verhältnismäßig sind und nicht prohibitiv wirken.[893]

---

888 *Waltermann*, Attraktivität von Tarifbindung – Zur Zukunftsfähigkeit der deutschen Tarifautonomie, ZFA 2020, S. 211, 212; Wiedemann/*Thüsing*, Tarifvertragsgesetz, § 5 Rn. 12; *Sittard,* Voraussetzungen und Wirkungen der Tarifnormerstreckung nach § 5 TVG und dem AEntG: zugleich ein Beitrag zur Debatte um staatliche Mindestlöhne, S. 1 ff.

889 BT-Drs. 18/12612, S. 31.

890 SHSS/*Kruip/Karst*, Arbeitsrecht der betrieblichen Altersversorgung, Teil 6 A, Rz. 334.

891 *Kisters-Kölkes/Linden/Meissner/Friedrich*, Leitfaden bAV: Betriebsrentenstärkungsgesetz (BRSG), S. 255.

892 SHSS/*Kruip/Karst*, Arbeitsrecht der betrieblichen Altersversorgung, Teil 6 A, Rz. 335.

893 Vgl. *Arteaga/Veit/Baroch Castellvi*, Praxishandbuch BRSG, Teil A Rn 221.

b) Dienst – oder Betriebsvereinbarungen

Grundsätzlich kann eine tarifliche Regelung sowohl einzelvertraglich als auch durch Betriebsvereinbarung übernommen werden. Für Letzteres erforderlich ist jedoch die Tarifbindung des Arbeitgebers, denn durch sie wird die Geltung des Tarifvertrages über die betriebsverfassungsrechtliche Tarifnorm § 3 Abs. 2 TVG vermittelt.[894] Dies hätte den Vorteil, dass diese Regelungen § 77 Abs. 4 S. 1 BetrVG auch für nichttarifgebundene Arbeitnehmer unmittelbar und zwingend gelten. Als besonders effektives Verbreitungselement jedenfalls für kleine und mittlere Unternehmen werden Betriebsvereinbarungen jedoch nicht gelten können. Hierzu wird, neben der notwendigen Tarifbindung des Arbeitgebers, insbesondere auf die unter kleinen und mittleren Unternehmen unterdurchschnittliche Verbreitung von Betriebsräten verwiesen.[895]

Grundsätzlich werden einer Betriebsvereinbarung mit dem Inhalt der reinen Beitragszusage nach § 1 Abs. 2 Nr. 2a BetrAVG die § 77 Abs. 3 S. 1 BetrVG oder § 87 Abs. 1 BetrVG entgegenstehen.[896] Zwar ist die Übernahme einer Tarifregelung durch Betriebsvereinbarung in § 77 Abs. 3 S. 2 BetrVG dann möglich, wenn der Tarifvertrag den Abschluss einer ergänzenden Betriebsvereinbarung ausdrücklich zulässt. Dies ist in § 1 Abs. 2 Nr. 2a BetrAVG für den die reine Beitragszusage regelnden Tarifvertrag auch vorgesehen.[897] Allerdings können die Tarifvertragsparteien die ihnen durch § 19 Abs. 1 BetrAVG eröffnete Möglichkeit, vom Gesetz auch zum Nachteil der Versorgungsberechtigten abzuweichen, nicht auf die Betriebsparteien delegieren. Nur eine tarifliche Regelung trägt die gesetzliche Vermutung in sich, die Interessen der Versorgungsberechtigten angemessen zu berücksichtigen. Eine Betriebsvereinbarung kann daher von delegierten Spielräumen, die § 19 Abs. 1 BetrAVG eröffnet, keinen Gebrauch machen, auch wenn sie im Tarifvertrag ausdrücklich zugelassen wurde.[898]

Dennoch lassen sich Betriebsvereinbarungs-Öffnungsklauseln sinnvoll nutzen, indem etwa die Sozialpartner keinen Versorgungsträger im Tarifvertrag

---

894 Vgl. *Rolfs*, Tarifautonome Gestaltung der betrieblichen Altersversorgung – Zum Entwurf des Betriebsrentenstärkungsgesetzes, SR Sonderausgabe Mai 2017, S. 33, 35.

895 Vgl. *Masnitza*, Tarifvertragliche Gestaltungen der betrieblichen AltersversorgungS. 155; *Friedrich*, Das Betriebsrentenstärkungsgesetz: reine Beitragszusage und mehr, BetrAV 2017, S. 469, 471; *Rolfs*, SR Sonderausgabe Mai 2017, S. 33, 35; *Rößler*, DB 2017, S. 367, 368; *Schipp*, ArbRB 2016, S. 380, 381.

896 Blomeyer/Otto/Rolfs/*Rolfs*, BetrAVG, § 19 Rn. 47.

897 *Rößler*, DB 2017, S. 367; Blomeyer/Otto/Rolfs/*Rolfs*, BetrAVG, § 1 Rn. 119.

898 Blomeyer/Otto/Rolfs/*Rolfs*, BetrAVG, § 19 Rn. 48.

vorfestlegen und auch die Ausgestaltung der einzelnen Versorgungszusagen der betrieblichen Ebene überlassen.[899]

Auch bei Tarifverträgen ohne diese Vorfestlegungen ist es angezeigt, sofern sich die Sozialpartner etwa für Betriebsvereinbarungs-Öffnungsklauseln entscheiden, dies durch entsprechende Vereinbarungen mit den Versorgungseinrichtungen, wonach auch Nichttarifgebundene aufzunehmen sind, abzubilden.

2) *Gesetzliche Geltungserstreckung der Tarifregelungen zur reinen Beitragszusage nach § 1 Abs. 2 Nr. 2a BetrAVG*

a) *Möglichkeiten der gesetzlichen Geltungserstreckung*

Zur Geltungserstreckung tariflicher Regelungen auf nichttarifliche Arbeitgeber und Arbeitnehmer stehen mehrere Instrumente zur Verfügung, von denen an dieser Stelle zwar alle erwähnt, aber nur eine relevante Auswahl näher betrachtet werden soll.[900]

Auf nunmehr gemeinsamen Antrag der Tarifvertragsparteien hin kommen eine Geltungserstreckung durch Allgemeinverbindlicherklärung nach § 5 TVG und durch Rechtsverordnungen nach §§ 7, 7a AentG in Betracht. Im Vergaberecht besteht die Möglichkeit der Verabschiedung von Tariftreuegesetzen.[901] Schließlich ist auch eine (sogar rückwirkende) Geltungserstreckung durch Gesetz möglich.[902]

Ein Überblick wird an dieser Stelle lediglich über die Allgemeinverbindlicherklärung nach § 5 TVG gegeben. Rechtsverordnungen nach §§ 7, 7a AEntG kommen nicht in Betracht, da die betriebliche Altersversorgung nicht zu den nach § 5 AEntG regelbaren Gegenständen zählt. Auch Tariftreuegesetze sowie die außerordentliche Möglichkeit der Geltungserstreckung per Gesetz sollen

---

899 So auch *Kisters-Kölkes/Linden/Meissner/Friedrich*, Leitfaden bAV: Betriebsrentenstärkungsgesetz (BRSG), S. 227.

900 Ein Überblick über weitere Alternativen zur Stärkung der Taftbindung findet sich bei *Fornasier*, Wege zur Stärkung der Tarifbindung – ein rechtsvergleichender Streifzug zur Untersuchung funktionaler Äquivalente der Allgemeinverbindlicherklärung von Tarifverträgen, SR 2017, S. 239.

901 Bis auf Bayern und Sachsen haben alle Bundesländer Tariftreuegesetze in unterschiedlichem Umfang verabschiedet.

902 Zu Zweifeln an der Verfassungsmäßigkeit der Rückwirkung des SoKaSiG vgl. *Thüsing*, SOKA-BAU, das BAG und das SOKA-SiG, NZA-Beilage 2017, S. 3S. 6 ff; das SokaSiG für verfassungsrechtlich unbedenklich hingegen hält der 10. Senat des BAG, vgl. BAG, Urteil vom 20.11.2018 – 10 AZR 121/18, NZA 2019, 552.

nicht weiter untersucht werden. Tariftreueregelungen wurden bislang noch nicht auf tarifliche Regelungen der betrieblichen Altersversorgung erstreckt. In keinem Landesgesetz zu Tariftreuereglungen finden sich Regelungen zur betrieblichen Altersversorgung, vgl. zum umfassendsten Voraussetzungskatalog nur § 10 ThürVgG.[903] Die Geltungserstreckung per Gesetz umfasste zwar auch Regelungen betrieblicher Altersversorgung in Tarifverträgen,[904] diese Möglichkeit diente jedoch bislang nur der Rettung verunglückter Allgemeinverbindlicherklärungen.

b) Die Allgemeinverbindlicherklärung nach § 5 TVG

Die Allgemeinverbindlicherklärung eignet sich nach Ansicht vieler Autoren in der Wissenschaft zur Verbreitung auch der reinen Beitragszusage nach § 1 Abs. 2 Nr. 2a BetrAVG.[905] Auch der Gesetzgeber selbst hegt diese Hoffnung.[906] In vergleichbarem Umfang wurden aber auch Bedenken geäußert.[907]

aa) Rechtsgrundlage und -natur

Bei dem Institut der Allgemeinverbindlicherklärung handelt es sich um einen „Normsetzungsakt eigener Art".[908] Es stellt eine Zwischenstufe zwischen autonomer Regelung und staatlicher Rechtssetzung dar, und findet seine verfassungsrechtliche Verankerung in Art. 9 Abs. 3 GG.[909]

Der Streit um die Rechtsnatur der Allgemeinverbindlicherklärung, die teilweise als Verwaltungsakt[910], Rechtsverordnung[911] oder als Doppelnatur aus

---

903 Thüringer Gesetz über die Vergabe öffentlicher Aufträge (Thüringer Vergabegesetz – ThürVgG) in der Fassung der Bekanntmachung vom 23.01.2020 (GVBl. 2020, 29).

904 Vgl. § 2 SokaSiG.

905 Vgl. *Arteaga/Veit/Baroch Castellvi*, Praxishandbuch BRSG, Teil A Rn. 290 ff; *Kisters-Kölkes/Linden/Meissner/Friedrich*, Leitfaden bAV: Betriebsrentenstärkungsgesetz (BRSG), S. 229

906 BT-Drs. 18/11286, S. 33.

907 Vgl. insbesondere *Diller*, BetrAV 2018, S. 601, 603 f; *Thüsing*, DB 2017, S. M5, Heft 23.

908 BVerfG, Beschluss vom 24.05.1977 – 2 BvL 11/74, BVerfGE 44, 322; Wiedemann/*Thüsing*, Tarifvertragsgesetz, § 5 Rn. 71.

909 BVerfG 2 BvL 11/74, BVerfGE 44, 322; Wiedemann/*Thüsing*, Tarifvertragsgesetz, § 5 Rn. 79.

910 So wohl *Herschel*, Zur Rechtsnatur der Allgemeinverbindlicherklärung eines Tarifvertrages, RdA 1959, S. 361, der aber später auch die Theorie der Doppelnatur vertrat, *Herschel*, Vom Wesen der Allgemeinverbindlicherklärung von Tarifverträgen, RdA 1983, S. 162.

911 Diese Ansicht wurde hauptsächlich von Verwaltungsgerichten sowie Teilen der Literatur vertreten, statt vieler BVerwG, Urteil vom 01.08.1958 – VII A 35/57, BVerwGE

Verwaltungsakt gegenüber den Tarifvertragsparteien und Normsetzungscharakter gegenüber den Außenseitern[912] gesehen wurde, ist seit der Entscheidung des Bundesverfassungsgerichts[913] zur Allgemeinverbindlicherklärung als Normsetzungsakt *sui generis* im Wesentlichen aufgelöst.[914]

Die Geschichte der Allgemeinverbindlicherklärung geht über ihre derzeitige verfassungsrechtliche und einfachrechtliche Verankerung hinaus. Erstmals eingeführt wurden Allgemeinverbindlicherklärungen durch die TarifVO der Weimarer Zeit.[915] Zur Zeit des Nationalsozialismus wurde die Möglichkeit, Tarifverträge abzuschließen ebenso wie die Möglichkeit von Allgemeinverbindlicherklärungen durch § 65 Nr. 6 des Gesetzes zur Ordnung der nationalen Arbeit ausgeschlossen.[916] Nach dem Ende des Nationalsozialismus wurde die Allgemeinverbindlicherklärung in Bayern und Baden sogar in den jeweiligen Landesverfassungen verankert, Art. 169 Abs. 2 der Bayerischen Verfassung[917], Art. 38 Abs. 2 der Verfassung für Baden.[918] Eine bundesrechtliche Grundlage für die Allgemeinverbindlicherklärung wurde aber erst durch § 5 TVG geschaffen.[919]

bb) Wirkung und Zweck

Das Bundesministerium für Arbeit und Soziales kann nach § 5 Abs. 1 und Abs. 1a TVG einzelne Tarifverträge für allgemeinverbindlich erklären. Diese

---

7, 188; *Bettermann*, Die Allgemeinverbindlicherklärung eines Tarifvertrages, RdA 1959, S. 245; *Krüger*, Die Rechtsnatur der Allgemeinverbindlichkeitserklärung, RdA 1957, S. 46; *Lieb*, Rechtsnatur und Mängel der Allgemeinverbindlicherklärung eines Tarifvertrages., RdA 1957, S. 260.

912 Statt vieler *Lund*, Allgemeinverbindlicherklärung von Tarifverträgen und erweiterte Autonomie, DB 1977, S. 1312; *Dellmann*, Allgemeinverbindlicherklärung von Tarifverträgen und erweiterte Autonomie, AuR 1967, S. 138.

913 BVerfG 2 BvL 11/74, BVerfGE 44, 322.

914 Vgl. zum Meinungsstreit Wiedemann/*Thüsing*, Tarifvertragsgesetz, § 5 Rn. 80 ff. m.w.N.

915 Verordnung über Tarifverträge, Arbeiter- und Angestelltenausschüsse und Schlichtung von Arbeitsstreitigkeiten (TarifVO) in der Fassung der Bekanntmachung vom 23.12.1918, (RGBl. 1918 S. 1356).

916 Gesetz zur Ordnung der nationalen Arbeit in der Fassung der Bekanntmachung vom 20.01.1934, RGBI. 1934, S. 45.

917 Verfassung des Freistaates Bayern in der Fassung der Bekanntmachung vom 15.12.1998, (GVBl. S. 991, 992).

918 Verfassung des Landes Baden in der Fassung der Bekanntmachung vom 18.05.1947, (GVBl. S. 183).

919 Wiedemann/*Thüsing*, Tarifvertragsgesetz, § 5 Rn. 58 ff.

Allgemeinverbindlicherklärung bewirkt nach § 5 Abs. 4 S. 1 TVG, dass die Wirkung des Tarifvertrags in seinem Geltungsbereich auch auf tarifungebundene Arbeitnehmer und Arbeitgeber erstreckt wird. Nach einer Auffassung gilt dies sogar für anderweitig tarifgebundene Arbeitgeber und Arbeitnehmer.[920] Dies ist nunmehr für den Fall des § 5 Abs. 1a TVG in § 5 Abs. 4 S. 2 TVG explizit geklärt.

Allgemeinverbindlicherklärungen werden durch Rechtsprechung und Literatur unterschiedliche Funktionen zugeschrieben:

Allgemein anerkannt sind die Kartellfunktion und die sozialpolitische Funktion der Allgemeinverbindlicherklärung. Diese beinhalten die Verhinderung von Tariffluchttendenzen auf Arbeitgeberseite[921] sowie die Setzung von Mindeststandards für nichtorganisierte Arbeitnehmer.[922] Diese Funktion ist nach Einführung von Mindestlohngesetz und Arbeitnehmer-Entsendegesetz bereits in erheblichem Maße gesetzlich normiert.[923] Nach der Rechtsprechung des BVerfG soll das Institut der Allgemeinverbindlicherklärung zudem den Bestand der einzelnen Koalitionen sichern, ihr käme demnach auch eine Funktion zum Schutz der Koalitionen zu.[924]

Ferner wird mit der Allgemeinverbindlicherklärung auch eine Wettbewerbsfunktion verbunden, die einen vor allem in Zeiten schwacher Konjunktur bestehenden Wettbewerbsnachteil organisierter Arbeitnehmer im Vergleich zu nichtorganisierten Arbeitnehmern ausgleichen solle.[925] Dies wird jedoch von Rechtsprechung und Literatur insofern in Zweifel gezogen, als die Allgemeinverbindlicherklärung nur auf den Arbeitsmarkt in Gänze, nicht aber auf das

---

920 BVerwG, Urteil vom 28.01.2010 – 8 C 38/09, BVerwGE 136, 75§ 5 Rn. 58; ErfK/*Franzen*, TVG, § 5 Rn. 5; Wiedemann/*Thüsing*, Tarifvertragsgesetz, § 5 Rn. 58 ff; a.A. *Greiner*, Die Allgemeinverbindlicherklärung von Tarifverträgen zwischen mitgliedschaftlicher Legitimation und öffentlichem Interesse, Festschrift für Gerrick Frhr. v. Hoyningen-Huene zum 70. Geburtstag, S. 103.

921 *Greiner*, Festschrift Hoyningen-Huene, S. 103, 108.

922 BVerfG 2 BvL 11/74, BVerfGE 44, 322; Wiedemann/*Thüsing*, Tarifvertragsgesetz, § 5 Rn. 2.

923 Wiedemann/*Thüsing*, Tarifvertragsgesetz, § 5 Rn. 3, 11.

924 BVerfG 2 BvL 11/74, BVerfGE 44, 322; kritisch Wiedemann/*Thüsing*, Tarifvertragsgesetz, § 5 Rn. 5., der es nicht als stattliche Aufgabe ansieht, einzelne Koalitionen am Leben zu erhalten.

925 Wiedemann/*Thüsing*, Tarifvertragsgesetz, § 5 Rn. 8 mw.N; *Löwisch/Rieble*, Tarifvertragsgesetz, § 5 Rn. 32; *Greiner*, Festschrift Hoyningen-Huene, S. 103, 108.

Verhältnis der Wettbewerber untereinander oder gar auf Individualinteressen im Wettbewerb abziele.[926]

cc) Verbreitung

Die Verbreitung von Allgemeinverbindlicherklärungen hat seit ihrer erstmaligen Einführung in 1918 und noch einmal insbesondere in den vergangenen Jahrzehnten nachgelassen. Waren kurz nach Einführung der TarifVO im Jahr 1928 insgesamt 1846 Tarifverträge für allgemeinverbindlich erklärt worden,[927] erreichte die Verbreitung allgemeinverbindlicher Tarifverträge in der alten Bundesrepublik im Jahr 1980 mit 608 allgemeinverbindlichen Tarifverträgen ihren Höhepunkt.[928] Diese Zahl ist bis zum Jahre 2020, bei ca. insgesamt 73.000 Tarifverträgen, auf etwa 440 allgemeinverbindliche Tarifverträge zurückgegangen.[929] Stattdessen haben Rechtsverordnungen nach §§ 7, 7a AEntG den Allgemeinverbindlicherklärungen „den Rang abgelaufen“.[930] Für Tarifverträge mit Kataloginhalten über Arbeitsbedingungen nach § 5 Abs. 1 AEntG bieten Rechtsverordnungen nach §§ 7, 7a AEntG, den „Vorteil“, dass sie das Bundesministerium für Arbeit und Soziales mit Wirkung für Nichttarifgebundene erlassen kann, ohne dass hierzu ein Einvernehmen des Tarifausschusses notwendig wird.

c) Die Allgemeinverbindlicherklärung und die reine Beitragszusage nach § 1 Abs. 2 Nr. 2a BetrAVG

Auch die Allgemeinverbindlicherklärung ist grundsätzlich eine verbandspolitische Entscheidung der beteiligten Sozialpartner.[931] Vorteilhaft ist eine Allgemeinverbindlicherklärung unmittelbar zunächst für die beteiligten Versorgungseinrichtungen. Durch entsprechend erhöhte Zwangsmitgliedschaften steigen der Verbreitungsgrad und das Mittelaufkommen. Mittelbar profitieren jedoch auch die Versorgungsberechtigten, sinken doch durch das vergrößerte Prämienvolumen auch die Kosten durch erhoffte Skaleneffekte.[932]

---

926 BGH, Urteil vom 03.12.1992 – I ZR 276/90, BGHZ 120, 320; BVerfG, Beschluss vom 15.07.1980 – 1 BvR 24/74, 1 BvR 439/79, BVerfGE 55, 7.

927 Wiedemann/*Thüsing*, Tarifvertragsgesetz, § 5 Rn. 57.

928 Wiedemann/*Thüsing*, Tarifvertragsgesetz, § 5 Rn. 62.

929 Verzeichnis der für allgemeinverbindlich erklärten Tarifverträge des Bundesministeriums für Arbeit und Soziales, Stand 1.1.2017, S. 3.

930 Vgl. *Waltermann*, ZFA 2020, S. 211, 229 ff; Wiedemann/*Thüsing*, Tarifvertragsgesetz, § 5 Rn. 14; *Löwisch/Rieble*, Tarifvertragsgesetz, § 5 Rn. 10.

931 *Arteaga/Veit/Baroch Castellvi*, Praxishandbuch BRSG, Teil A Rn. 224.

932 *Arteaga/Veit/Baroch Castellvi*, Praxishandbuch BRSG, Teil A Rn. 224.

§ 5 Abs. 1a TVG als Sondernorm für die Allgemeinverbindlicherklärung bei gemeinsamen Einrichtungen verdrängt nicht die allgemeinen Regeln zur Allgemeinverbindlichkeit nach § 5 Abs. 1 TVG.[933] Damit steht den Sozialpartnern grundsätzlich auch für gemeinsame Einrichtungen der Weg sowohl zu eine Allgemeinverbindlicherklärung aufgrund einer *wirtschaftlichen Fehlentwicklung* nach § 5 Abs. 1 TVG offen als auch eine Allgemeinverbindlicherklärung zur Sicherung der Funktionsfähigkeit nach § 5 Abs. 1a. TVG.[934]

aa) Allgemeinverbindlicherklärung nach § 5 Abs. 1 TVG

Die Allgemeinverbindlicherklärung nach § 5 Abs. 1 TVG kommt zunächst dann in Betracht, wenn Tarifverträge, die die reine Beitragszusage nach § 1 Abs. 2 Nr. 2a BetrAVG regeln, keine gemeinsamen Einrichtungen betreffen.

Es scheiden Haustarifverträge aus, denn für deren Allgemeinverbindlicherklärung dürfte in der Regel das öffentliche Interesse fehlen.[935] Sollte es im Einzelfall doch bestehen, würde der Tarifvertrag nur für den Geltungsbereich allgemeinverbindlich erklärt werden können, d.h. nur für das den Haustarifvertrag abschließende Unternehmen.

Voraussetzung der Allgemeinverbindlicherklärung nach § 5 Abs. 1 TVG ist, neben der Einhaltung der formellen Verfahrensvorschriften, dass diese im „öffentlichen Interesse geboten erscheint". Dafür muss zunächst ein wirksamer Tarifvertrag nach dem TVG bestehen.[936] Eine Heilung unwirksamer Tarifverträge durch Allgemeinverbindlicherklärung erfolgt nicht. Die dadurch entstehenden Folgen wurden durch die Entscheidungen des BAG zur Unwirksamkeit der Allgemeinverbindlicherklärungen von Tarifverträgen über die SoKa-Bau offenbar.[937]

---

933 BT-Drs. 18/1558, S. 49.

934 *Diller*, BetrAV 2018, S. 601, 604.

935 Wiedemann/*Thüsing*, Tarifvertragsgesetz, § 5 Rn. 119.

936 Wiedemann/*Thüsing*, Tarifvertragsgesetz, § 5 Rn. 89; *Löwisch/Rieble*, Tarifvertragsgesetz, § 5 Rn. 64.

937 BAG 10 ABR 34/15, AP TVG § 5 Nr. 37; BAG, Beschluss vom 25.01.2017, 10 ABR 43/15, NZA 2017, 731; BAG 10 ABR 62/16, BAGE 162, 166; Zur letzten Entscheidung siehe auch die Besprechung von *Greiner/Zoglowek*, Die Allgemeinverbindlicherklärung von Sozialkassentarifverträgen im Baugewerbe nach neuem Recht, BB 2018, S. 2996; Vgl. zu den Schwierigkeiten der Rückabwicklung gemeinsamer Einrichtungen *Brandt,* Rückabwicklung von gemeinsamen Einrichtungen: Am Beispiel des Baugewerbes, S. 88 ff.

bb) Allgemeinverbindlicherklärung nach § 5 Abs. 1a TVG

Der Gesetzgeber hat die für eine Allgemeinverbindlicherklärung entscheidende Norm, den § 5 TVG a.F., mit dem Tarifautonomiestärkungsgesetz im Jahr 2014 reformiert.[938] Neben der Einführung des Mindestlohngesetzes wurde das Quorum des § 5 Abs. 1 S. 2 Nr. 1 TVG a.F., wonach die tarifgebundenen Arbeitgeber nicht weniger als 50 % der unter den Geltungsbereich des Tarifvertrags fallenden Arbeitnehmer beschäftigen müssen, als Voraussetzung der Allgemeinverbindlicherklärung entfernt.[939] Nunmehr reicht in § 5 Abs. 1 S. 1 TVG das öffentliche Interesse an der Allgemeinverbindlichkeit als materielle Voraussetzung aus, dieses wurde aber in § 5 Abs. 1 S. 2 TVG durch zwei Regelbeispiele näher konturiert. Zudem wurde ein weiterer Tatbestand zur Allgemeinverbindlicherklärung geschaffen, § 5 Abs. 1a TVG. Dieser soll als Privilegierung von Tarifverträgen über gemeinsamen Einrichtungen dienen. Einzige materielle Voraussetzung hier ist die Sicherstellung der Funktionsfähigkeit der gemeinsamen Einrichtung.

Hinsichtlich einer Allgemeinverbindlicherklärung der gemeinsamen Einrichtung, die die reine Beitragszusage nach § 1 Abs. 2 Nr. 2a BetrAVG durchführt, wurden jedoch umfassende Bedenken vorgetragen:

Teilweise wurde zu bedenken gegeben, dass bei einem kapitalbasierten System, in dem jeder Versorgungsberechtigte über ein individuelles Rentenkonto verfüge, eine Allgemeinverbindlicherklärung wohl kaum zur „Sicherung der Funktionsfähigkeit“ der gemeinsamen Einrichtung erforderlich sein könne.[940] Es sei die Eigenart der Beitragszusage, dass den Arbeitgeber keine biometrischen Risiken mehr träfen, mithin nicht je nach Lebenserwartung länger oder kürzer für eine laufende Rente zu zahlen habe. Die Versicherungsfunktion, die dem Gesetz der großen Zahl folgte, spiele demnach bei der reinen Beitragszusage keine relevante Rolle mehr. Bei Versorgungssystemen sei zwar stets relevant, dass eine Vermögensanlage umso höhere Erträge abwerfe, je größer die angelegte Summe sei. Aber dieser Aspekt spiele nur dann eine Rolle, wenn die Sozialpartner bei der Kontoführung einer reinen Beitragszusage vorsähen, dass alle Beiträge

---

938 Gesetz zur Stärkung der Tarifautonomie (Tarifautonomiestärkungsgesetz) in der Fassung der Bekanntmachung vom 11.08.2014, (BGBl. I S. 1348).

939 Vgl. zum § 5 Abs. 1a TVG n.F. eingehend *Waltermann*, Ist die Allgemeinverbindlicherklärung erfolgversprechend reformiert, RdA 2018, S. 137 ff.

940 *Thüsing*, DB 2017, S. M5, Heft 23; offen lassend *Höfer*, Betriebliche Altersversorgung und der Zeitgeist, DB 2018, S. 61, 65.

gebündelt bei einer einzigen Versorgungseinrichtung anzulegen sind. Das sei aber nicht notwendigerweise so, hier könne auch diversifiziert werden.[941]

Andere Stimmen sehen hingegen bei Risikoleistungen, die im Tarifvertrag aufgenommen werden, durch das große Versichertenkollektiv eine Allgemeinverbindlicherklärung für erwägenswert.[942] Zu den einzelnen Voraussetzungen äußern sie sich jedoch nicht.

cc) Allgemeine Voraussetzungen

Für beide Tatbestände der Allgemeinverbindlicherklärung muss zunächst ein gemeinsamer Antrag der Tarifvertragsparteien gestellt werden, § 5 Abs. 1 S. 1 und Abs. 1a S. 1 TVG. Ferner muss der aus je drei Vertretern der Spitzenorganisationen der Arbeitgeber und der Arbeitnehmer bestehenden Tarifausschuss der Allgemeinverbindlichkeit zustimmen. Zumindest bei offen gestalteten Rahmentarifverträgen kann die hieran geäußerte Skepsis insbesondere im Hinblick auf die Zustimmung der Arbeitgebervertreter im Tarifausschuss,[943] nicht geteilt werden. Allerdings würde die Allgemeinverbindlichkeit angesichts fehlender normativ geltender Versorgungszusagen nicht ihr volles Potential ausspielen können.

dd) Stellungnahme

Die Sozialpartner sollten sich in der Gestaltung ihres Tarifvertrags vor deren Einführung durchaus Gedanken über die Geltungserstreckung auf Nichttarifgebundene machen, ebenso wie im nachgelagerten Schritt, den Vertragsverhandlungen mit Versorgungseinrichtungen.

Hinsichtlich der einzelvertraglichen Bezugnahme müssen die Sozialpartner keine tarifvertraglichen Regelungen aufnehmen. Anderes gilt für die Bezugnahme über Betriebsvereinbarungen. Dies muss nach § 77 Abs. 3 S. 2 BetrVG im Tarifvertrag explizit geregelt werden.[944]

Eine mögliche Allgemeinverbindlicherklärung von Tarifverträgen über reine Beitragszusagen nach § 1 Abs. 2 Nr. 2a BetrAVG sollte in den Verhandlungen über Tarifverträge sowie in der Gestaltung derselben noch keine dominierende Rolle spielen. Unabhängig davon, ob die reine Beitragszusage nach § 1 Abs. 2

---

941 *Diller*, BetrAV 2018, S. 601, 604.

942 *Arteaga/Veit/Baroch Castellvi*, Praxishandbuch BRSG, Teil A Rn. 230.

943 *Masnitza*, Tarifvertragliche Gestaltungen der betrieblichen Altersversorgung, S. 154; *Ulbrich*, BB 2016, S. 2363, 2364.

944 Höfer BetrAVG I/*Höfer*, Betriebsrentengesetz, § 19 Rn. 21.

Nr. 2a BetrAVG durch gemeinsame Einrichtungen oder eigenständige Versorgungseinrichtungen durchgeführt wird, sollte sich der Tarifvertrag und seine getroffenen Regelungen zunächst „am Markt" bewähren, ggf. auch durch erste arbeitsgerichtliche Entscheidungen zu einzelnen Tarifverträgen und seinen Inhalten.

Dies sollte aus Sicht des Verfassers zunächst abgewartet werden, bevor Allgemeinverbindlicherklärungen durch die Sozialpartner angestrebt werden sollten.

III. Absicherung der Pflegebedürftigkeit in Form der reinen Beitragszusage nach § 1 Abs. 2 Nr. 2a BetrAVG

Die Absicherung des Risikos der Pflegebedürftigkeit bei Arbeitnehmern erfreut sich derzeit größerer Aufmerksamkeit unter den Sozialpartnern. Insbesondere durch den Haustarifvertrag der Henkel AG & Co KgaA mit der der IG BCE[945] sowie dem Tarifvertrag der Chemiebranche vom 22. November 2019[946] hat diese Form tariflicher Leistungen einen Aufschwung erfahren. Zu prüfen ist, ob sich diese offenbar von den Sozialpartnern gewünschte Absicherung auch in Form der reinen Beitragszusage nach § 1 Abs. 2 Nr. 2a BetrAVG durchführen ließe.

1) Begriff der Absicherung der Pflegebedürftigkeit

Der Begriff der *Absicherung der Pflegebedürftigkeit* ist zunächst näher zu konturieren. Die gesetzliche Pflegeversicherung definiert in § 14 SGB XI Personen als *pflegebedürftig*, die gesundheitlich bedingte Beeinträchtigungen der Selbstständigkeit oder ihrer Fähigkeiten aufweisen und deshalb der Hilfe durch andere bedürfen. Es muss sich um Personen handeln, die körperliche, kognitive oder psychische Beeinträchtigungen oder gesundheitlich bedingte Belastungen oder Anforderungen nicht selbstständig kompensieren oder bewältigen können. Die Pflegebedürftigkeit muss auf Dauer, voraussichtlich für mindestens sechs Monate, und zumindest in der in § 15 SGB XI festgelegten Schwere bestehen. § 15 SGB XI enthält die Einstufung der Schwere der Pflegebedürftigkeit nach Pflegegraden. Dies führt dazu, dass mit einer Einstufung der Pflegegrade 1 und höher nicht mehr über das „Ob" der Pflegebedürftigkeit, sondern lediglich über

---

945 IG BCE vereinbart bundesweit erste betriebliche Pflegevorsorge mit Henkel, abrufbar unter https://duesseldorf.igbce.de/xxii-38-pflegevorsorge-mit-henkel/175726, zuletzt abgerufen am 10. Dezember 2021.

946 Umfangreiches Tarifpaket geschnürt, abrufbar unter https://igbce.de/igbce/umfangreiches-tarifpaket-geschnuert-31130, zuletzt abgerufen am 10. Dezember 2021.

die Einstufung der Höhe der zu gewährenden Sach- und Geldleistungen, die nach dem SGB XI gewährt werden, zu entscheiden ist.[947]

Es ist sinnvoll und sachgerecht, wenn auch nicht zwingend erforderlich, für eine betriebliche Absicherung der Pflegebedürftigkeit an den gesetzlichen Begriff aus § 14 SGB XI anzuknüpfen.[948] Dies hat zum einen den Vorteil der Vereinheitlichung der Rechtsordnung. Zum anderen dürfte Sozialpartnern und Unternehmen, die die Pflegebedürftigkeit in betrieblicher Weise absichern wollen, die eigenständige Einstufung der Pflegebedürftigkeit an eigenen Kriterien schwerfallen. Spätestens mit der Überprüfung des Vorliegens solcher Kriterien im Einzelfall dürften Betriebe wie auch Sozialpartner überfordert sein.

Zum Zeitpunkt der Einführung des Haustarifvertrags der Henkel AG & Co KgaA mit der IG BCE fußte die *Absicherung* der Pflegebedürftigkeit in finanzieller Hinsicht weitestgehend auf drei Säulen: zum einen – seit der Einführung des jüngsten Zweigs der deutschen Sozialversicherung, der gesetzlichen Pflegeversicherung[949] – auf einer staatlichen Pflichtabsicherung.[950] Zum anderen auf Zahlungen des Pflegebedürftigen selbst, sei es durch Abschluss privater Pflegeversicherungen oder aus sonstigen Eigenmitteln, mithin aus privater Vorsorge. Ebenfalls der privaten Vorsorge zuzurechnen ist, streng genommen, auch die dritte Säule: Leistungen Dritter, im Regelfall der Angehörigen. Diese können sowohl aus finanziellen Mitteln wie auch aus Dienstleistungen bestehen. Die Bedeutung dieser Leistungen, insbesondere für die Angehörigen selbst, findet sich unter anderem in § 3 SGB XI, dem gesetzlichen Vorrang häuslicher Pflege auch durch die Angehörigen und in § 94 Abs. 1a SGB XII n.F.[951] wieder. Die letztere Norm legt fest, dass Unterhaltsansprüche der Leistungsberechtigten gegenüber ihren Kindern und Eltern erst ab einem jährlichen Gesamteinkommen von mehr als 100.000 Euro zu berücksichtigen sind (Jahreseinkommensgrenze). Es ist sachgerecht, diese Leistungen als eigene Säule zu qualifizieren. Zwar wird in der generellen Altersvorsorge auch ein Teil der Altersvorsorgeleistungen durch

947 Vgl. KassKomm/*Weber*, SGB XI, § 14 Rn. 3 ff.

948 So auch *Diller/Schobert*, Festschrift Moll, S. 81, 83.

949 Geregelt im SGB XI.

950 Gemäß § 1 Abs. 2 SGB XI sind kraft Gesetzes alle gesetzlich Krankenversicherten mit einbezogen. Privat Krankenversicherte sind zum Abschluss einer privaten Pflegeversicherung verpflichtet.

951 Eingeführt durch das Gesetz zur Entlastung unterhaltsverpflichteter Angehöriger in der Sozialhilfe und in der Eingliederungshilfe (Angehörigen-Entlastungsgesetz) in der Fassung der Bekanntmachung vom 10.12.2019, (BGBl. I S. 2135).

Angehörige erbracht. Dies geschieht aber nicht in einem vergleichbaren quantitativen Rahmen.[952] Eine betrieblich finanzierte Säule fehlte bislang.

2) Pflegeabsicherung als betriebliche Altersversorgung

Die Frage der Einordnung einer Pflegeabsicherung in das rechtliche Umfeld der betrieblichen Altersversorgung ist angesichts der erfolgten Tarifabschlüsse wieder in das Blickfeld wissenschaftlicher Auseinandersetzungen geraten. Die Literatur ist hierzu bislang weitgehend uneinig[953], wobei sich die zustimmenden Ansichten zuletzt gehäuft haben. Im Folgenden soll im Wege der Auslegung des insoweit einschlägigen § 1 Abs. 1 S. 1 BetrAVG hierzu Stellung bezogen werden.

Prüfungsgegenstand ist zunächst die Frage, ob sich eine tarifliche Pflegeversicherung generell als Teil der betrieblichen Altersversorgung nach dem BetrAVG umsetzten ließe. Sicherlich können Arbeitgeber und Arbeitnehmer im Rahmen ihrer allgemeinen Vertragsfreiheit Leistungen vereinbaren, die im Falle der Pflegebedürftigkeit des Arbeitnehmers fällig werden würden. Dies trifft in gleichem Maße auf ein entsprechendes Beitragsversprechen zu. Dennoch wäre ein Versprechen unter dem Dach des BetrAVG sowohl für Arbeitgeber als auch für Arbeitnehmer von Vorteil. Zum einen im Hinblick auf die steuerliche Privilegierung, zum anderen hinsichtlich Insolvenzschutz[954], Portabilität und Anpassungsprüfung[955]. Es ist daher zunächst zu prüfen, ob sich die Pflegeversicherung in das System der betrieblichen Altersversorgung überhaupt integrieren ließe. In einem zweiten Schritt ist zu prüfen, ob sie auch in zweckmäßiger Weise durch eine reine Beitragszusage nach § 1 Abs. 2 Nr. 2a BetrAVG implementiert werden könnte.

---

952 Neben den 2,6 Millionen als pflegebedürftig nach dem SGB XI anerkannten Personen gehen Schätzungen von weiteren vier bis fünf Millionen Personen aus, die informell Unterstützung und Pflege durch Angehörige erhalten, vgl. *Nowossadeck/Engstler/Klaus*, Pflege und Unterstützung durch Angehörige, S. 3.

953 Zustimmend SHSS/*Diller*, Diller, Teil 4 A Rz. 80 ff; Blomeyer/Otto/Rolfs/*Rolfs*, BetrAVG, § 1 Rn. 28, § 1b Rn. 176; *Birk*, Leistungen der betrieblichen Altersversorgung auch bei Pflegebedürftigkeit?, BetrAV 2008, S. 43, 45, wohl auch *Diller/Schobert*, Festschrift Moll, S. 81, 91. Ablehnend ErfK/*Steinmeyer*, BetrAVG, § 1 Rn. 7; *Langohr-Plato*, Betriebliche Altersversorgung, Rn. 69.

954 Nicht bei einer Umsetzung in Form der reinen Beitragszusage, § 1 Abs. 2 Nr. 2a BetrAVG.

955 Auch die Anpassungsprüfungspflicht nach § 16 BetrAVG besteht nicht bei Umsetzung in Form der reinen Beitragszusage, § 1 Abs. 2 Nr. 2a BetrAVG.

Der Wortlaut des § 1 Abs. 1 S. 1 BetrAVG definiert betriebliche Altersversorgung als vom Arbeitgeber aus Anlass eines Arbeitsverhältnisses zugesagte Alters-, Invaliditäts- oder Hinterbliebenenversorgung. Aus dieser abschließenden Aufzählung des jeweiligen Zwecks der Versorgung, der Absicherung eines spezifischen biologischen Risikos, kommen in diesem Zusammenhang nur das Alter sowie die Invalidität infrage.

a) Alter

Zu fragen ist, ob Absicherung von Pflegebedürftigkeit unter den Begriff der Altersversorgung zu fassen ist. Alter im Sinne der betrieblichen Altersversorgung meint grundsätzlich Lebensalter als (höhere) Anzahl an Lebensjahren, wie dies auch im üblichen Sprachgebrauch verwendet wird.[956] Ein Mensch wird alt durch Ablauf seiner Lebensjahre, unabhängig von möglichen körperlichen und geistigen Einschränkungen. Hinter einer Anknüpfung an das Alter steht nach Ansicht *Birks* die Überlegung, dass nach typisierender Betrachtung davon auszugehen ist, dass ab dem Erreichen einer bestimmten Anzahl an Lebensjahren, künftig also mit 67 Jahren, das Bestreiten des Lebensunterhalts schwerfällt oder ausgeschlossen wird. Das *Alter* sei somit eine spezielle Ausprägung der *Invalidität*, mithin ein Sonderfall.[957]

Hiergegen spricht aber wohl die Systematik des § 1 BetrAVG. Wenn Alter ein Unterfall der Invalidität wäre, dann wäre die Aufzählung des Alters neben der Invalidität redundant. Auch der Zweck der Regelung dürfte dieser Auslegung entgegenstehen. Eine Einschränkung der Erwerbsfähigkeit tritt nicht bei jedem Versorgungsberechtigten zum gleichen Zeitpunkt oder überhaupt ein. Die Anzahl der Lebensjahre, in denen die Erwerbsfähigkeit erhalten bleibt, nimmt angesichts der besseren Gesundheitsversorgung wohl auch bei typisierender Betrachtung zu. Versorgungsberechtigt sind auch die Arbeitnehmer, die trotz Erreichen der jeweils in der Versorgungsordnung festgelegten Altersgrenze weiterarbeiten und auch noch Steigerungsraten erdienen.[958] Das Alter als Anknüpfungspunkt betrieblicher Versorgungsleistungen knüpft gerade nicht an einer konkreten Einschränkung der Erwerbsfähigkeit an. Es enthält vielmehr eine normative Komponente. Auch der im Vollbesitz seiner geistigen und

956 Bedeutungen von „Alter“, in: Duden Online, abrufbar unter https://www.duden.de/rechtschreibung/Alter, zuletzt abgrufen am 10. Dezember 2021.

957 Vgl. *Birk*, BetrAV 2008, S. 43, 45.

958 BAG, Urteil vom 12.11.1985 – 3 AZR 606/83, BAGE 50, 130; vgl. auch *Langohr-Plato*, Betriebliche Altersversorgung, Rn. 26.

körperlichen Kräfte gebliebene Versorgungsberechtigte soll Altersleistungen genießen können.

Alter als Anknüpfungspunkt einer betrieblichen Pflegeversicherung nach dem BetrAVG scheidet somit aus.[959]

b) Invaliditätsversorgung

Es ist zu prüfen, ob sich die Absicherung von Pflegebedürftigkeit unter den Begriff der Invaliditätsversorgung fassen lässt. Der Begriff der Invalidität als Anknüpfungspunkt bedarf im Rahmen der Auslegung einer genaueren Betrachtung. Besonders zu prüfen ist dabei die Frage, ob Fälle von Pflegebedürftigkeit, die nach Erreichen der Altersgrenze auftreten, auch von der Invaliditätsversorgung erfasst sein können.

aa) Auslegung des Wortlauts

Der Begriff der Invalidität ist nicht legaldefiniert. Der Duden versteht unter Invalidität die (dauernde) erhebliche Beeinträchtigung der Arbeits-, Dienst- und Erwerbsfähigkeit.[960] Üblicherweise orientiert sich die Praxis bei der Auslegung dieses Begriffs an dem sozialversicherungsrechtlichen Begriff der „Erwerbsminderung“ aus § 43 SGB VI, was jedoch nicht zwingend ist.[961] Etymologisch findet der deutsche Begriff der Invalidität zu Beginn des 18. Jahrhunderts im französischen *invalide,* in der Bedeutung *von* „durch Kriegsverletzung dienstunfähiger Soldat“, seinen Ursprung. Ab dem 19. Jahrhundert wurde der Begriff im Sinne von „durch Gesundheitsschäden Arbeitsunfähiger oder in seiner Arbeitsfähigkeit Beeinträchtigter“ verwendet. Der französische Begriff geht wiederum auf das lateinische *invalidus* für „schwach, kraftlos, hinfällig, krank“ zurück.[962]

Zwar legt es diese Begriffsherkunft nahe, für die Invalidität ein von außen herrührendes schädigendes Ereignis vorauszusetzen. Dies würde demnach

---

959 So auch *Diller/Schobert*, Festschrift Moll, S. 81, 89.

960 Bedeutungen von „Invalidität“, in: Duden Online, abrufbar unter https://www.duden.de/rechtschreibung/Invaliditaet, zuletzt abgrufen am 10. Dezember 2021.

961 BAG, Urteil vom 25.04.2017 – 3 AZR 668/15, NZA-RR 2017, 498; Höfer BetrAVG I/*Höfer*, Betriebsrentengesetz, Kap. 7, Rz. 86 ff; SHSS/*Borchard*, Borchard, Teil 9 B, Rz. 39; vgl. auch *Diller/Schobert*, Festschrift Moll, S. 81, 84; *Matthießen*, Die Rechtsprechung zum Arbeitsrecht der betrieblichen Altersversorgung in den Jahren 2016 – 2018, Teil 1, NZA 2018, S. 1509, 1514; *Reinecke*, Betriebliche Altersversorgung: Invalidenversorgung – Ein Rechtsprechungsbericht, DB 2010, S. 2167; *Birk*, BetrAV 2008, S. 43, 44.

962 *Pfeifer*, Etymologisches Wörterbuch des Deutschen, „Invalidität“.

eine Pflegebedürftigkeit, die durch innere, körperliche Vorgänge hervorgerufen wird, aus dem Begriffshorizont der „Invalidität" ausschließen. Zwingend ist dieses Ergebnis mit Blick auf den lateinischen Ursprung jedoch nicht. Vielmehr ließe sich insofern jede dauerhafte, über das gelegentlich auftretende Maß hinausgehende körperlicher Schwäche, die zumindest typischerweise zu einem Nachlassen der zur Dienst- oder Erwerbstätigkeit notwendigen Kräfte führt, als Invalidität verstehen.

Unter *Versorgung* wird allgemein das Versorgen mit etwas, das Bereitstellen von etwas, das Versorgtwerden, das Sorgen für den (Lebens)Unterhalt, Bereitstellen des (Lebens)Unterhaltes, das Sorgen für etwas sowie das Sichkümmern um etwas verstanden.[963] Der Begriff der „Versorgung" wird im gesamten System nicht staatlicher Alterssicherung in Deutschland nur für die betriebliche Alterssicherung verwendet, auch wenn dies in neueren Gesetzen nicht immer konsequent beibehalten wird.[964] In den weiteren Rechtsbereichen, die das Feld der nicht staatlichen Alterssicherung betreffen, wird von *Vorsorge* gesprochen.[965] Im allgemeinen Sprachgebrauch erfolgt die Vorsorge eher eigennützig, ggf. für ein Kollektiv, dem die vorsorgende Person angehört. Versorgung impliziert jedoch eher eine Fremdnützigkeit des Versorgenden. Auch eine betriebliche Pflegeversicherung zeichnet sich durch eine gewisse Fremdnützigkeit aus. Sie dient nicht in erster Linie der Absicherung vor Risiken, die den Arbeitgeber selbst treffen.

Eine Pflegeversicherung ist aus Sicht des Verfassers vom Wortlaut der Invaliditätsversorgung erfasst. Nicht überzeugen kann das hierzu angeführte Argument, Pflegebedürftigkeit sei nicht vom Begriff der Invalidität erfasst, da sich *Alter* und *Invalidität* terminologisch ausschlössen.[966] Ob dies tatsächlich zutrifft, Invalidität als Anknüpfungspunkt einer betrieblichen Altersversorgung nach dem BetrAVG nur vor Eintritt des Rentenalters auftreten kann, ist bereits fraglich. Weshalb hieraus aber auch ein terminologischer Ausschluss von *Invalidität* und *Pflegebedürftigkeit* folgen soll, ist jedoch aus Sicht des Verfassers nicht nachvollziehbar. Denn eine Synonymität von Pflegebedürftigkeit und Alter wird auch von den Vertretern dieser Ansicht nicht behauptet.[967]

963 Bedeutungen von „Versorgung", in: Duden Online, abrufbar unter https://www.duden.de/rechtschreibung/Versorgung, zuletzt abgrufen am 10. Dezember 2021.

964 *Roth*, Private Altersvorsorge, S. 5.

965 So etwa im AltZertG, im InvG, und im EStG, vgl. *Roth*, Private Altersvorsorge, S. 5.

966 *Diller/Schobert*, Festschrift Moll, S. 81, 85.

967 Vgl. zu diesem Punkt *Diller/Schobert*, Festschrift Moll, S. 81, 88.

bb) Systematische Auslegung

Der Begriff der „Invaliditätsversorgung" ist Teil der Legaldefinition des Begriffs der „betrieblichen Altersversorgung" in § 1 Abs. 1 S. 1 BetrAVG. Das BetrAVG verfügt über keine Präambel, die Norm steht daher an erster Stelle des Betriebsrentengesetzes, im ersten Abschnitt, der mit „Durchführung der betrieblichen Altersversorgung" überschrieben ist. Die Überschrift der Norm lautet „Zusage des Arbeitgebers auf betriebliche Altersversorgung". Der zu untersuchende Begriff der *Invalidität* steht im ersten Absatz der Norm. Er steht in einer Auflistung dreier Risikofälle – *Alter, Invalidität, Hinterbliebene* (dem Todesfall des Versorgungsberechtigten) – als Teil eines zusammengesetzten Begriffs – der *Invaliditätsversorgung* – in der Mitte der drei Begriffe. Alle drei Begriffe stehen dabei auf derselben Bedeutungsstufe, keiner ist besonders herausgehoben. Auch wenn sie systematisch durch die Ergänzungsstriche in engem Zusammenhang stehen, stellen sie doch jeder für sich einen eigenständigen Bestandteil der betrieblichen Altersversorgung dar. Ein gegenseitiges Ausschlussverhältnis wird dabei nicht erkennbar.

Nach der Systematik des Gesetzes kann die Invalidität daher sowohl als spezifisches Einzelphänomen, als auch kumulativ gemeinsam mit dem Alter auftreten. Es ist daher unerheblich, in welchem Alter des Versorgungsberechtigten eine Pflegebedürftigkeit auftritt. Systematisch lässt sie sich stets der Invalidität zuordnen.[968]

cc) Historisch-genetische Auslegung

Der Anknüpfungspunkt der Invalidität im BetrAVG war Gegenstand von Diskussionen im Gesetzgebungsverfahren zur Einführung des BetrAVG. Zunächst wurde er im Gesetzentwurf im Rahmen der Einzelbegründung wie folgt erklärt:

> *„Der Begriff ‚Invaliditätsversorgung' umfaßt die in den jeweiligen Versorgungsregelungen vorgesehenen Leistungen bei Einschränkung oder Verlust der Erwerbsfähigkeit."*

Eindeutig erfasst sind somit Fälle der Pflegebedürftigkeit, die innerhalb der Zeitspanne der typischerweise bestehenden Erwerbsfähigkeit auftreten und diese beeinträchtigen. Erfasst sind mithin alle Fälle bis zum Erreichen der Altersgrenze.

In der Stellungnahme des Bundesrats zum Gesetzesentwurf des BetrAVG schlug dieser vor, den Begriff der Invalidität durch die Begriffe „Berufs- und Erwerbsunfähigkeit" zu ersetzen.[969] Diese Begriffe würden auch in der

968 Im Ergebnis so auch *Birk*, BetrAV 2008, S. 43, 45.
969 BT-Drs. 7/1281S. 52.

Rentenversicherung verwendet. In der Replik lehnte die Bundesregierung dies jedoch ab und begründete dies wie folgt.

> *„Der Begriff ‚Invalidität' ist umfassender als die Begriffe ‚Berufsunfähigkeit' und ‚Erwerbsunfähigkeit'. Er kann nach der jeweiligen Versorgungsregelung auch diejenigen Fälle erfassen, in denen eine Einschränkung der Erwerbsfähigkeit noch nicht das Ausmaß für den Eintritt der Berufsunfähigkeit erreicht. Auch für diese Invaliditätsfälle, die noch nicht zur Berufsunfähigkeit geführt haben, sollen die Vorschriften des Gesetzes über Unverfallbarkeit und Anrechnungsbegrenzung gelten."*[970]

Der Bundestag verabschiedete schließlich den in dieser Hinsicht unveränderten Gesetzentwurf. Der historische Gesetzgeber wollte sich mit der Verwendung der Invalidität somit vom insoweit engeren Begriff der Berufs- und Erwerbsunfähigkeit lösen und darüber hinausgehen. Er wollte auch Fälle der Invalidität, in denen keine Einschränkung der Berufs- und Erwerbsfähigkeit vorliegt, erfassen. Dennoch scheint eine gewisse Nähe zur Erwerbsfähigkeit zu bestehen. Der angeführte Fall, in dem die Berufs- und Erwerbsfähigkeit noch besteht, da der Grad der Invalidität noch nicht das Ausmaß für den Eintritt der Berufsunfähigkeit erreicht, ist jedoch nur beispielhaft aufgeführt. Der historische Gesetzgeber wollte sich hier aber nicht zwangsläufig bloß auf solche Fälle beschränken. Hierfür könnte die zweimalige Verwendung des Adverbs „auch" sprechen. Ferner wird klargestellt, dass sich die konkrete Gestalt der abzusichernden Invalidität maßgeblich nach der jeweiligen Versorgungsordnung richten sollte.[971]

Fälle der Pflegebedürftigkeit, die während des laufenden Arbeitsverhältnisses auftreten, dürften mithin auch nach historisch-genetischer Auslegung von der Invaliditätsversorgung erfasst sein. Ob der historische Gesetzgeber durch den Begriff der Invalidität auch Fälle von Pflegebedürftigkeit erfassen wollte, die nach Erreichen der in der Versorgungsordnung genannten Altersgrenze auftreten, kann allein durch die historische Betrachtung nicht mit Sicherheit festgestellt werden.[972]

dd) Teleologische Auslegung

Die Problematik, ob eine betriebliche Pflegeversicherung dem Zweck des § 1 Abs. 1 S. 1 BetrAVG entspricht, ist durchaus vielgestaltig.[973] Die einzelnen Aspekte sollen hier separat untersucht werden.

---

970 BT-Drs. 7/1281, S. 55.

971 So auch *Diller/Schobert*, Festschrift Moll, S. 81, 89.

972 *Diller/Schobert*, Festschrift Moll, S. 81, 85 sehen die Pflegebedürftigkeit nach historischer Auslegung vom Begriff der Invalidität erfasst.

973 So auch *Diller/Schobert*, Festschrift Moll, S. 81, 86.

ee) *Zielbestimmung des BetrAVG*

Das BetrAVG verfügt im Gegensatz zu (Arbeitnehmerschutz-)Gesetzen neueren Datums über keine explizite Zielbestimmung.[974] Dies verhält sich seit der ersten Fassung des Gesetzes so und wurde zwischenzeitlich auch nicht verändert.[975] Im Gesetzentwurf zur Einführung des BetrAVG wurde das Ziel recht unkonkret damit angegeben, die „betriebliche Altersversorgung als notwendige Ergänzung der sozialen Sicherung für die begünstigten Arbeitnehmer sicherer und wirkungsvoller" zu gestaltet.[976]

Die Rechtsprechung hat zur Zielsetzung des BetrAVG postuliert, dass dem Arbeitnehmer ein Versorgungsniveau auf der Basis seines im aktiven Erwerbsleben erzielten *Lebensstandards* gesichert werden solle. Die *Sicherung des Lebensstandards* werde zur zentralen Zielbestimmung des BetrAVG.[977] Die Sicherung des Lebensstandards solle dabei, im Verbund mit den anderen Säulen des Drei-Säulen-Konzepts der Alterssicherung in Deutschland, in der Form einer Vollversorgung erfolgen.[978]

Die Bundesregierung hat sich bei Vorlage des Gesetzentwurfs des Betriebsrentenstärkungsgesetzes diese Zielbestimmung nicht explizit zu eigen gemacht. Stattdessen spricht sie vom „Erreichen eines höheren Versorgungsniveaus" für die Arbeitnehmer.[979] Dennoch ist davon auszugehen, dass der Gesetzgeber die Zielbestimmung der Rechtsprechung teilt. Das höhere Versorgungsniveau wird angestrebt, da Lücken in der Versorgung identifiziert wurden, die dem Erhalt des Lebensstandards entgegenstehen.[980]

Auch vor diesem Hintergrund kann der Einschätzung nicht gefolgt werden, dass sich die in § 1 Abs. 1 S. 1 BetrAVG genannten Risiken gegenseitig ausschlössen.[981] Dies wird damit begründet, dass die Erwerbstätigkeit, die schon aufgrund des Alters nicht mehr bestehe, nicht noch ein weiteres Mal wegfallen könne. Es

---

974 Vgl. hierzu beispielhaft § 1 EntgTranspG, § 1 AGG, § 1 TzBfG, § 1 ArbSchG, § 1 ArbZG, § 1 MuSchG.

975 Vgl. hierzu den Gesetzentwurf, BT-Drs. 7/1281, S. 6.

976 BT-Drs. 7/1281, S. 1.

977 BAG, Urteil vom 17.01.2012 – 3 AZR 555/09, AP BetrAVG § 1 Überversorgung Nr. 14; BAG, Urteil vom 28.07.1998 – 3 AZR 100/98, NZA 1999, 444; BAG, Beschluss vom 23.09.1997 – 3 ABR 85/96, NZA 1998, 719.

978 Vgl. hierzu *Langohr-Plato*, Betriebliche Altersversorgung, Rn. 7.

979 BT-Drs. 18/11286, S. 1.

980 Vgl. BT-Drs. 18/11286, S. 1.

981 Vgl. *Diller/Schobert*, Festschrift Moll, S. 81, 85.

würden nicht Renten wegen Alters und zusätzlich Renten wegen Invalidität bezogen werden können.

Eine derartige Auslegung wird der Zielsetzung des BetrAVG jedoch nicht gerecht. Es handelt sich bei Alter, Invalidität und Tod nicht bloß um Risiken für die Erwerbstätigkeit, sondern letztlich um Risiken für den Erhalt des Lebensstandards des zu Versorgenden bzw. seiner Angehörigen. Die Kompensation einer wegfallenden Erwerbstätigkeit ist nicht unmittelbar Ziel des Gesetzes. Deren zumindest zeitweiliges Vorliegen – Versprechen aus Anlass des Arbeitsverhältnisses, § 1 Abs. 1 S. 1 BetrAVG – ist lediglich Voraussetzung, um Ansprüche nach dem BetrAVG zu erlangen. Das wird schon daran deutlich, dass etwa für den Erhalt der Altersrente die tatsächliche Fähigkeit zur Erwerbstätigkeit oder überhaupt die Erwerbstätigkeit nicht wegfallen muss.[982] Im Gegensatz zur gesetzlichen Rentenversicherung fehlt es im System der betrieblichen Altersversorgung auch an einem mit § 43 Abs. 1 S. 1 und Abs. 2 S. 1 SGB VI vergleichbaren Mechanismus, wonach von Amts wegen eine Erwerbsminderungsrente ab dem Erreichen der Regelaltersgrenze auf die Regelaltersrente umgestellt wird, sofern der Versorgungsberechtigte nicht widerspricht.[983] Betriebliche Versorgungsordnungen können daher auch den Bezug einer Invalidenrente in Form einer Pflegeversicherung neben dem Erhalt einer Altersrente versprechen.[984]

Die Erwerbstätigkeit kann zwar nicht mehr durch Invalidität wegfallen, wenn sie schon tatsächlich aufgrund des Alters nicht mehr besteht. Wohl kann aber der Lebensstandard durch zum Alter hinzutretende Invalidität weiter sinken, nicht zuletzt aufgrund des damit verbundenen finanziellen Mehrbedarfs. Nach der Rechtsprechung dient jedoch auch eine Leistung, die zur Deckung eines Versorgungsmehrbedarfs nach Ausscheiden aus dem Berufsleben zugesagt wird, der Altersversorgung und wird der betrieblichen Altersversorgung zugerechnet.[985]

(1) Zugehörigkeit zu eigenem Versicherungszweig

Das BAG hat in einer Entscheidung die Zugehörigkeit der Krankheit als biometrisches Risiko zu den durch das BetrAVG abgeschirmten Risiken abgelehnt.[986] Aus Sicht des Verfassers schließt diese Entscheidung eine Erfassung des Risikos

---

982 BAG 3 AZR 606/83, BAGE 50, 130.

983 Vgl. SHSS/*Borchard*, Arbeitsrecht der betrieblichen Altersversorgung, Teil 9 B, Rz. 82.

984 SHSS/*Borchard*, Arbeitsrecht der betrieblichen Altersversorgung, Teil 9 B, Rz. 83.

985 Gegen einen systematischen Ausschluss von Alters- und Invalidenversorgung siehe auch *Langohr-Plato*, Betriebliche Altersversorgung, Rn. 317.

986 BAG, Urteil vom 12.12.2006 – 3 AZR 476/05, BAGE 120, 330.

der Pflegebedürftigkeit durch die betriebliche Altersversorgung jedoch nicht aus. Richtig ist zwar, dass das BAG die Erstreckung der betrieblichen Altersversorgung auf Krankheitsrisiken auch mit dem Argument verneint, dass Krankheitsrisiken von den Versorgungsrisiken des Betriebsrentenrechts zu unterscheiden seien. Dieser Begründung folgt dann der Nachsatz: „Sozialversicherungsrechtlich handelt es sich um einen eigenständigen Versicherungszweig."[987]

Wohlgemerkt stellt das BAG hier keinen strengen Kausalzusammenhang her. Die Schlussfolgerung, dass dem BAG zufolge alle Risiken, die sozialversicherungsrechtlich durch eigene Versicherungszweige abgedeckt würden, aus der betrieblichen Altersversorgung auszuschließen seien, dürfte daher zu weit gehen und überspannt den Wortlaut der Urteilsbegründung. Vielmehr muss diese Bewertung in einer Einzelbetrachtung erfolgen.

Im „Regelanwendungsfall" des BetrAVG, der Absicherung des biometrischen Risikos des Alters, zu der auch die vorliegende Entscheidung erging, soll die betriebliche Altersversorgung nach Ansicht des Gesetzgebers und der Wissenschaft die gesetzliche Rentenversicherung *ergänzen*.[988] Diese war zwar ursprünglich im Umlageverfahren als Vollversorgung ausgestaltet worden. Aufgrund des zunehmenden demografischen Drucks wurde dieser Anspruch spätestens seit der Einführung des Altersvermögensgesetzes und des Altersvermögensergänzungsgesetzes jedoch aufgehoben.[989]

Im Fall der gesetzlichen Pflegeversicherung stellt sich im Vergleich mit der gesetzlichen Krankenversicherung eine andere Sach- und Interessenlage dar, die der gesetzlichen Rentenversicherung nahekommt. Die gesetzliche Krankenversicherung ist, abgesehen von einigen Leistungen in der zahnärztlichen Versorgung, grundsätzlich als Krankheitskostenvollversicherung ausgelegt, § 206 Abs. 1 S. 3 VVG. Bei der Pflegeversicherung handelt es sich gerade nicht um eine Vollversicherung. Sie trägt mit ihrem Leistungsangebot lediglich dazu bei, die mit der Pflegebedürftigkeit verbundenen Belastungen der Pflegebedürftigen und ihrer Angehörigen zu mindern.[990]

---

987 BAG 3 AZR 476/05, BAGE 120, 330, Rn. 33.

988 *Diller/Schobert*, Festschrift Moll, S. 81; *Schlewing*, Hinausgeschobenes Entgelt: Mitarbeiterbindung durch betriebliche Altersversorgung?, NZA-Beilage 2014, S. 127.

989 SHSS/*Cisch/Karst*, Arbeitsrecht der betrieblichen Altersversorgung und Zeitwertkonten, Teil 1 A Rn. 7; *Bepler*, jurisPR-ArbR 2017, S. 1, Ausgabe 27, S. 1; *Rische/Thiede*, Die Zukunft der gesetzlichen Rentenversicherung, NZS 2013, S. 601; *von der Leyen*, Die Zukunft der betrieblichen Altersversorgung in Deutschland, BetrAV 2012, S. 373.

990 Bach/Moser/*Weber*, Private Krankenversicherung, Teil H, Rn. 13.

Es ist, wie oben gezeigt,[991] Ziel der betrieblichen Altersversorgung, den während des aktiven Erwerbslebens erreichten Lebensstandard in Form einer Vollversorgung zu sichern.[992] Vor diesem Hintergrund kann davon ausgegangen werden, dass die angeführte Rechtsprechung des BAG, auch bei Vorliegen der gesetzlichen Pflegeversicherung, einer betrieblichen Pflegeversicherung unter dem Dach des BetrAVG nicht im Weg stehen dürfte.

(2) Abgrenzung vom Krankheitsrisiko

Wie oben gezeigt und wie von Rechtsprechung und Literatur einhellig dargestellt, lassen sich Krankheitsrisiken nicht im Rahmen der betrieblichen Altersversorgung absichern. Pflegebedürftigkeit muss daher rechtssicher von (bloßer) Krankheit abgegrenzt werden.

Dies dürfte bei einer Anlehnung des Begriffs der Pflegebedürftigkeit betrieblicher Pflegeversicherungen an den der gesetzlichen Pflegeversicherung gewährleistet sein. In § 14 Abs. 1 S. 3 SGB XI wird hinsichtlich der Dauer der Pflegebedürftigkeit auf einen Zeitraum von mindestens sechs Monaten abgestellt. Damit dürfte hinsichtlich einer in der Literatur geforderten Dauerhaftigkeit der Einschränkung[993] in ausreichendem Maß Rechnung getragen werden.

Die jüngere Rechtsprechung des LAG Hamm sowie des BVerfG zum Kohledeputat und der „Tonne auf Attest" dürfte dem nur scheinbar entgegenstehen.[994]

Hier hatte das LAG Hamm bei ehemaligen Bergleuten eine Versorgung mit einer zusätzlichen Tonne Steinkohle im Jahr – sofern ein ärztliches Attest vorgelegt wurde, dass die Bergleute „infolge ihres Gesundheitszustandes an das Haus gebunden sind und deshalb einen höheren Bedarf haben" – nicht als Invaliditätsversorgung angesehen. Stattdessen sei dies Teil der Krankenfürsorge.[995] Soweit die Tarifvertragsparteien die Versorgung mit der gleichen Menge Kohle auf den Bezug der Knappschaftsrente wegen voller Erwerbsminderung stützten, sei dies ersichtlich eine Leistung der Invalidenvorsorge.[996] Zu diesem Ergebnis

---

991 Siehe oben Kapitel 5C.III.2)b)ee).

992 *Langohr-Plato*, Betriebliche Altersversorgung, Rn. 7.

993 *Diller/Schobert*, Festschrift Moll, S. 81, 86.

994 BVerfG, Beschlüsse vom 20.02.2020 – 1 BvR 2071/18 u.a., NZA 2020, 724; LAG Hamm, Urteil vom 10.04.2018 – 9 Sa 497/17, juris; BAG, Beschluss vom 31.07.2018 – 3 AZN 396/18, unveröffentlicht.

995 LAG Hamm 9 Sa 497/17, juris, Rn. 133 ff.

996 LAG Hamm 9 Sa 497/17, juris, Rn. 138.

gelangt das LAG Hamm mittels Auslegung der maßgeblichen Regelungen des Tarifvertrags.

Das Gericht trifft aber keine Aussage darüber, dass eine Bindung an die Erwerbsunfähigkeit unverzichtbare Voraussetzung für Invaliditätsleistungen sein muss und alle übrigen Anknüpfungspunkte ausscheiden. Wenn aber, wie im Fall der Kohledeputate, die Tarifvertragsparteien Invaliditätsleistungen in ihrer Versorgungsordnung grundsätzlich an der Erwerbsfähigkeit festmachen und davon unabhängig weitere Leistungen von konkreten Auswirkungen des jeweiligen Gesundheitsverhältnisses abhängig machen, dann können Leistungen aufgrund dieser die Erwerbsunfähigkeit nicht einschränkenden Gesundheitszustände nur Fälle der Krankheitsfürsorge sein. Das Urteil trifft insoweit keine Aussage darüber, dass eine generelle Anknüpfung der Invaliditätsleistungen an die Pflegebedürftigkeit und nicht an die Erwerbsfähigkeit, kein Bestandteil der betrieblichen Altersversorgung sein kann. Diese Erwägungen wurden durch das BAG angestellt.[997] Das BVerfG hat die Erwägungen des LAG als naheliegend und nicht willkürlich bezeichnet und verfassungsrechtlich nicht beanstandet.[998] Für die Tarifparteien zwingend sind sie hingegen nicht.

(3) Irreversibilität des Risikos

Fraglich ist, ob der Zweck der § 1 Abs. 1 S. 1 BetrAVG eine Irreversibilität des abzusichernden biometrischen Risikos verlangt. Für die Risiken Alter und Tod scheint dies auf den ersten Blick zuzutreffen. Das Risiko der Pflegebedürftigkeit dürfte zwar in der Regel auch nicht nur vorübergehend vorliegen. Dennoch sind Fälle der vollständigen Rehabilitation denkbar und auch ausdrücklich wünschenswert. Doch ist auch die Folge des biometrischen Risikos des Todesfalls bei näherem Blick nicht irreversibel. So werden Waisenrenten regelmäßig nur bis zum Erreichen des 27. Lebensjahrs und Witwen-/Witwerrenten nur bis zu einer Wiederheirat gezahlt.[999] Im Hinblick auf die Sicherung des Lebensstandards macht es jedenfalls keinen Unterschied, ob dieser nur vorübergehend oder dauerhaft durch Leistungen der betrieblichen Altersversorgung abgesichert werden muss. Es würde zudem eine logische Inkonsistenz bedeuten, wenn eine Leistung nur aufgrund der abstrakten Möglichkeit eines finanziellen, medizinischen,

997 Das BAG hat die Beschwerde gegen die Nichtzulassung der Revision als unbegründet zurückgewiesen, BAG 3 AZN 396/18, unveröffentlicht.

998 BVerfG 1 BvR 2071/18 u.a., NZA 2020, 724, Rn. 18.

999 Vgl. hierzu SHSS/*Kruip/Karst*, Arbeitsrecht der betrieblichen Altersversorgung, Teil 6 A, Rz. 391.

volkswirtschaftlichen und letztlich auch für den Versorgungsberechtigten persönlich positiven Ereignisses wie der vollständigen Rehabilitation nicht durch ein Arbeitnehmerschutzgesetz erfasst sein sollte.

(4) Abgrenzung von vermögensbildenden Leistungen

Das BetrAVG möchte lediglich Versorgungsleistungen schützen und im zweiten Schritt mit der durch das EStG gewährten steuerrechtlichen Privilegierung versehen. Vermögensbildende Leistungen, die nach dem Ablauf einer Ansparphase an den Sparer ausbezahlt werden, sollen nicht erfasst werden.[1000] Eine solche Leistung wird durch eine betriebliche Pflegeversicherung nicht gewährt.

(5) Zwischenergebnis

Die teleologische Auslegung kommt somit zu dem Ergebnis, dass eine an den Kriterien der gesetzlichen Pflegeversicherung orientierte betriebliche Pflegeversicherung als Invaliditätsversorgung in den Regelungsbereich des BetrAVG nach des § 1 Abs. 1 S. 1 BetrAVG fällt. Mithin fällt die Pflegeversicherung nach sämtlichen Auslegungskriterien unter die Invaliditätsversorgung nach dem BetrAVG. Lediglich die historische Auslegung kommt für Fälle der zum Alter hinzutretenden Invalidität zu keinem eindeutigen Ergebnis.

Nach alldem ist festzustellen, dass jedenfalls die betriebliche Pflegeversicherung, die sich für die Versorgungsberechtigungen an den Kriterien der §§ 14, 15 SGB XI orientiert, als betriebliche Altersversorgung unter dem Schutz des BetrAVG ausgestaltbar ist.

3) Reine Beitragszusage nach § 1 Abs. 2 Nr. 2a BetrAVG zur Absicherung der Pflegebedürftigkeit

In einem zweiten Schritt ist zu prüfen, ob sich die in zulässigerweise im Rahmen des Betriebsrentenrechts versicherbare Pflegebedürftigkeit auch im Rahmen der reinen Beitragszusage nach § 1 Abs. 2 Nr. 2a BetrAVG durchführen lassen könnte.

a) Anwendbarkeit

Nach § 1 Abs. 2 Nr. 2a BetrAVG liegt eine betriebliche Altersversorgung auch vor, wenn der Arbeitgeber durch Tarifvertrag oder aufgrund eines Tarifvertrages

---

1000 *Diller/Schobert*, Festschrift Moll, S. 81, 87 m.w.N; Blomeyer/Otto/Rolfs/*Rolfs*, BetrAVG, § 1 Rn. 71.

in einer Betriebs- oder Dienstvereinbarung verpflichtet wird, Beiträge zur Finanzierung von Leistungen der betrieblichen Altersversorgung an einen Pensionsfonds, eine Pensionskasse oder eine Direktversicherung nach § 22 BetrAVG zu zahlen. Es wird an dieser Stelle und auch in den § 22 ff. BetrAVG keine Einschränkung vorgenommen, welche in § 1 Abs. 1 S. 1 BetrAVG erwähnten biometrischen Risiken durch die reine Beitragszusage adressiert werden können. § 22 Abs. 2 BetrAVG setzt voraus, dass neben einer Altersrente auch eine Invaliditätsversorgung durch die reine Beitragszusage nach § 1 Abs. 2 Nr. 2a BetrAVG möglich sein muss. Somit ist auch die Invaliditätsversorgung absicherbar, mithin auch – wie oben gezeigt – die Absicherung der Pflegebedürftigkeit. Tatsächlich hat der Gesetzgeber die reine Beitragszusage im Referentenentwurf für zur Absicherung von Invaliditätsrisiken als besonders geeignet eingestuft.[1001]

b) Durchführung im Besonderen

Um eine tarifliche Pflegeversicherung in der Form der reinen Beitragszusage nach § 1 Abs. 2 Nr. 2a BetrAVG abzusichern, sind die folgenden Punkte zu berücksichtigen.

aa) Individuell zurechenbare Rentenkonten

Gem. § 22 Abs. 1 BetrAVG sind im Rahmen der reinen Beitragszusage nach § 1 Abs. 2 Nr. 2a BetrAVG auf Grundlage des planmäßig zuzurechnenden Versorgungskapitals laufende Leistungen der betrieblichen Altersversorgung zu erbringen. Daher erscheint es zunächst fraglich, wie im Rahmen von individuell zuzurechnenden Rentenkonten kollektive Risiken wie etwa das Risiko der Pflegebedürftigkeit abgesichert werden könnte.

Dennoch ist es nach § 35 Abs. 1 S. 2 PFAV möglich, dass auch im Rahmen der reinen Beitragszusage nach § 1 Abs. 2 Nr. 2a BetrAVG Beitragsanteile zum biometrischen Risikoausgleich verwendet werden können.[1002] Dies geschieht durch die Bildung kollektiven Versorgungskapitals. Eine solche Regelung steht den Sozialpartnern somit eindeutig offen.[1003]

Der Gesetzgeber hat dazu ausgeführt, dass für den Vermögensaufbau individuelle und kollektive Sparmodelle gleichermaßen zur Verfügung stehen

1001 BT-Drs. 18/11286, S. 33.

1002 SHSS/*Cisch/Karst*, Arbeitsrecht der betrieblichen Altersversorgung und Zeitwertkonten, Teil 1 B, Rz. 335.

1003 Blomeyer/Otto/Rolfs/*Rolfs*, BetrAVG, § 22 Rn. 6; *Rößler*, DB 2017, S. 367, 369; *Rolfs*, NZA 2017, S. 1225, 1228.

sollen.[1004] Im Unterschied zum individuellen solle bei einem kollektiven Sparmodell ein Teil der gezahlten Beiträge nicht den einzelnen Versorgungsanwärtern zugeordnet, sondern einem kollektiven Kapitalstock zugeführt werden.[1005] Dies solle Schwankungen des Vermögens der Einrichtung glätten und den Aufbau der Anwartschaften verstetigen, insbesondere unmittelbar vor dem Eintritt in die Leistungsphase, und so zur Planungssicherheit beitragen.[1006] In der Ansparphase könnten die Sozialpartner nach dem Willen des Gesetzgebers auch ein kombiniert individuell-kollektives Modell anwenden.[1007] Dies könnte dergestalt organisiert werden, dass, auch auf Wunsch der zu versorgenden Arbeitnehmer, ein Anteil des vom Arbeitgeber abzuführenden Betrags zur Verwendung des biometrischen Risikos Pflegebedürftigkeit verwendet werden würde.[1008] Im Falle der Anspruchsberechtigung eines der Versorgungsberechtigten würde dann entsprechend des jeweils erzielten Kapitalanlageergebnisses nach versicherungsmathematischen Maßstäben die jeweilige Leistungshöhe berechnet.

bb) Garantieverbot

Zu fragen ist ferner, ob sich das Garantieverbot des § 22 Abs. 1 S. 2 auch auf Absicherung von Invalidität und Tod bezieht, oder ob die Sozialpartner hiervon abweichen können.

In dem Tarifvertrag Pflegezusatzversicherung Chemie vom 22. November 2019 sind als Anfangsleistung für die ambulante Pflege in den Pflegegraden zwei bis vier jeweils 300 Euro pro Monat und für die stationäre Pflege in den Pflegegraden zwei bis fünf jeweils 1000 Euro pro Monat garantiert vorgesehen.[1009] Von den Versorgungsberechtigten dürfte wohl auch ein Betrag, mit dem sie im Pflegebedarfsfall fest rechnen könnten, erwartet oder zumindest erwünscht werden.

Der Wortlaut des § 22 Abs. 1 S. 2 BetrAVG macht keinen Unterschied, welches biometrische Risiko die Sozialpartner absichern möchten. Hiernach sind alle Risiken vom Garantieverbot erfasst. Die Gesetzesbegründung zum Entwurf des Betriebsrentenstärkungsgesetzes führt als Zweck des Garantieverbots aus,

---

1004 BT-Drs. 18/11286, S. 55.
1005 BT-Drs. 18/11286, S. 55.
1006 BT-Drs. 18/11286, S. 55.
1007 BT-Drs. 18/11286, S. 55.
1008 Das sog. „Cafeteria-Modell", vgl. *Birk*, BetrAV 2008, S. 43, 44; *Teslau*, Option „bAV oder Entgelt" – was ist möglich?, Festschrift für Dr. Birgit Uebelhack, S. 453, 457.
1009 Geregelt in § 3 Abs. 2 des Tarifvertrags Pflegezusatzversicherung Chemie vom 22. November 2019.

dass reine Beitragszusagen nach § 1 Abs. 2 Nr. 2a BetrAVG aufgrund des Verzichts auf Mindestleistungen ein „vergleichsweise geringes Eigenkapital" voraussetzen würden.[1010] Müsste die Versorgungseinrichtung eine Leistungsgarantie übernehmen, fiele sie wie Leistungszusagen und Beitragszusagen mit Mindestleistung in den Geltungsbereich der Solvency-I-Richtlinie (RL 2009/138/EG) und müsste über entsprechende Eigenmittel verfügen, um den Kapitalanforderungen zu genügen. Sie müsste dann zu jeder Zeit in der Lage sein, die von ihr garantierten Mindestleistungen zu erbringen. Dies würde den Anlagespielraum erheblich einschränken.

Insbesondere würde es bei Versorgungszusagen, die sowohl das Alter als auch die Pflegebedürftigkeit absichern wollen, den Vorteil des größeren Spielraums hinsichtlich renditestärkerer Anlagen (über-)kompensieren. Bei einem Verzicht auf Garantien entfällt die Verpflichtung, eine entsprechende Rücklage zu bilden. Das Vermögen kann dadurch risikogeneigter, aber gewinnträchtiger angelegt werden.[1011] Dies würde auch den Versorgungsberechtigten einer Pflegeversicherung zugutekommen. Den Erwartungen der Versorgungsberechtigten könnte – wie auch im Fall der Absicherung im Alter – eine Zielrente im Pflegefall in Aussicht gestellt werden, dessen Höhe nach versicherungsmathematischen Grundsätzen zu bestimmen wäre. Gerade im Falle tariflicher Absicherung der Pflegebedürftigkeit, ggf. in Verbindung mit einer Opt-Out-Option für die Versorgungsberechtigten zugunsten höherer Leistungen in der Altersversorgung, ließe sich ein belastbarer Wert für die Höhe der Zielrente erreichen.[1012] Durch die Absicherung größerer Kollektive ließe sich auch vermeiden, dass eine mittels Gesundheitsfragen abgesicherte Risikobewertung der einzelnen Versorgungsberechtigten stattfände, sodass anderweitig „Unversicherbare" ebenfalls in den Schutz einbezogen würden. Der Versorgungsträger profitiert, indem er nicht mehr das Risiko der „negativen Risikoauslese" tragen muss, wonach bei Menschen, die Versicherungsschutz für bestimmte Risiken suchen, selbst bereits ein höheres Risiko vermutet wird.[1013]

Dennoch ließe sich, sofern dies etwa von einem Sozialpartner oder einem Großteil der zu versorgenden Arbeitnehmer gewünscht wird, auch innerhalb der reinen Beitragszusage eine quasi-garantierte Risikoabsicherung für die Pflegebedürftigkeit erreichen. Das Garantieverbot des § 22 Abs. 1 S. 2 BetrAVG entfaltet

---

1010 BT-Drs. 18/11286, S. 53.

1011 Blomeyer/Otto/Rolfs/*Rolfs*, BetrAVG, § 22 Rn. 1.

1012 *Arteaga/Veit/Baroch Castellvi*, Praxishandbuch BRSG, Teil A Rn. 88.

1013 So auch *Arteaga/Veit/Baroch Castellvi*, Praxishandbuch BRSG, Teil A Rn. 88.

nämlich nur im Verhältnis zum Versorger Wirkung. Auf der Finanzierungsebene wirkt das Garantieverbot nicht.[1014] Somit bleibt den Sozialpartnern bzw. den Versorgungsträgern die Möglichkeit unbenommen, Risikorückdeckungsversicherungen mit in der Höhe garantierten Leistungen abzuschließen.[1015] Zwar hätten dann die Versorgungsberechtigten keinen Anspruch auf die garantierte Höhe, faktisch können sie aber mit der Leistung auch in der garantierten Höhe rechnen, grob vergleichbar einer Unterstützungskassenzusage, jedoch ohne subsidiär haftende Arbeitgeber. Dies würde sich insbesondere in Fällen tariflicher Versorgungen für nur einen kleinen Kreis an Versorgungsberechtigten anbieten.

cc) Unverfallbarkeit

§ 22 Abs. 2 S. 1 BetrAVG erklärt nur die Anwartschaften auf Altersrente für unverfallbar. Für Anwartschaften auf *Invaliditäts- und Hinterbliebenenrenten* trifft § 22 Abs. 2 S. 1 BetrAVG keine Aussage. Für eine tarifliche Pflegeversicherung gilt auch das, was oben bereits zur Unverfallbarkeit ausgeführt wurde.[1016]

Gegen eine vertragliche Unverfallbarkeit der Leistungen einer tariflichen Pflegeversicherung nach dem Ausscheiden des Versorgungsberechtigten sprechen insbesondere die damit verbundenen Kosten. Die Unverfallbarkeit für Invaliditätsleistungen bindet Deckungsmittel, die ohne die Unverfallbarkeit zur Finanzierung der Versorgungsleistungen der übrigen Versorgungsberechtigten verwendet werden könnten.[1017] Da es ohne laufende Beitragszahlungen im Gegensatz zu Altersleistungen technisch kaum möglich ist, einen sinnvollen Invaliditätsschutz aufrechtzuerhalten, ohne dafür auf die zugunsten der anderen Versorgungsberechtigten abgeführten Beiträge zurückgreifen zu müssen, ist nach hier vertretener Auffassung auch für die Pflegeversicherung ein Ausschluss der Unverfallbarkeit sinnvoll.

Bereits das Recht nach § 22 Abs. 1 Nr. 1a BetrAVG, die Versorgung mit eigenen Beiträgen fortzusetzen, dürfte den Versorgungsberechtigten in ausreichendem Maße schützen. Dies wurde etwa auch durch die Sozialpartner der Chemiebranche in § 6 ihres Tarifvertrags Pflegezusatzversicherung Chemie vom 22. November 2019 so umgesetzt und könnte zur Klarstellung auch in den

---

1014 Vgl. SHSS/*Kruip/Karst*, Arbeitsrecht der betrieblichen Altersversorgung, Teil 6 A, Rz 379.

1015 SHSS/*Kruip/Karst*, Arbeitsrecht der betrieblichen Altersversorgung, Teil 6 A, Rz. 385 f.

1016 Siehe oben Kapitel 5A.III.2).

1017 Höfer BetrAVG I/*Höfer*, Betriebsrentengesetz, § 22 Rn. 53.

Tarifvertrag übernommen werden. In der Praxis einer Pflegeversicherung in der Form der reinen Beitragszusage nach § 1 Abs. 2 Nr. 2a BetrAVG könnte dies ggf. auch mit einer leichten Erhöhung der Beiträge verbunden werden, da sich die Verwaltung des Beitragseinzugs nach Beendigung des Arbeitsverhältnisses komplizierter gestalten dürfte.[1018]

D. Nicht aufzunehmende Inhalte

Die folgenden Detailfragen zur Umsetzung der reinen Beitragszusage nach § 1 Abs. 2 Nr. 2a BetrAVG sind dagegen keine sinnvollen Tarifinhalte und könnten in einer separaten Vereinbarung zwischen Versorgungseinrichtung und Sozialpartnern geregelt werden. Dies gilt unter anderem hinsichtlich der spezifischen Produktdetails, der Ausgestaltung der Anwartschaftsphase, Aspekten der Vermögensanlage, Kapitaldeckungsgrade und Puffermechanismen sowie der Informationspflichten. Durch eine Verweisungsnorm sollte der Tarifvertrag zur Einfügung einer reinen Beitragszusage nach § 1 Abs. 2 Nr. 2a BetrAVG auf die weiteren zwischen den Sozialpartnern und der Versorgungseinrichtung geschlossenen Vereinbarungen verweisen. So werden diese nicht unmittelbar Teil einer AGB-Kontrolle.[1019]

I. Anlagegrundsätze

Von einigen Autoren werden besondere Anlagerichtlinien als notwendiger Inhalt eines die reine Beitragszusage nach § 1 Abs. 2 Nr. 2a BetrAVG einführenden Tarifvertrags angesehen.[1020] Dies ist jedoch

---

1018 Höfer BetrAVG I/*Höfer*, Betriebsrentengesetz, § 22, Rn. 59.

1019 Vgl. hierzu die Äußerungen von Marco Herrmann, Prokurist und Leiter Strategie, Recht und Kommunikation des BVV auf der Euroforum-Tagung In Köln 2007, zitiert aus Entwicklung, Umsetzung und Steuerung des SPM (II): Tiger, Tank und BVB, abrufbar unter https://www.lbav.de/tiger-tank-und-bvb/, zuletzt abgerufen am 10. Dezember 2021.

1020 So wohl *Kisters-Kölkes*, Festschrift Uebelhack, S. 221, 232; Kemper/Kisters-Kölkes/Berenz/Huber/Betz-Rehm/*Betz-Rehm*, BetrAVG, § 21 Rn. 22; wohl auch SHSS/*Kruip/Karst*, Arbeitsrecht der betrieblichen Altersversorgung, Teil 6 A Rz. 377; Blomeyer/Otto/Rolfs/*Rolfs*, BetrAVG, § 21 Rn. 11; vgl. auch S. 98 in demErgebnisbericht aba und IVS – Die reine Beitragszusage gemäß dem Betriebsrentenstärkungsgesetz, abrufbar unter https://www.aba-online.de/application/files/5515/8089/6666/20171116-Ergebnisbericht-Reine-Beitragszusage-gemaess-BRSG.pdf, zuletzt abgerufen am 10. Dezember 2021.

unzutreffend.[1021] Stattdessen hat der Gesetzgeber in § 34 PFAV bereits Mindestanforderungen an die Kapitalanlage formuliert.[1022] Auch § 244c VAG und § 39 Abs. 2 PFAV erwähnen zwar Vorgaben der Tarifverträge, die in Risikomanagement und Einrichtung des Sicherungsvermögens zu berücksichtigen sind. Dies setzt aber dennoch nicht notwendigerweise voraus, dass die Tarifvertragsparteien auch solche Regelungen bereits im Tarifvertrag schaffen.

Tatsächlich dürfte es wohl nicht opportun sein, bereits auf Tarifvertragsebene Vorgaben zur Anlagepolitik zu machen. Dies würde, den gesamten Zeitlauf dieser Versorgungszusage betrachtet, zu einem Zeitpunkt geschehen, an dem die Sozialpartner noch über die geringste Kenntnis des Kapitalmarkts verfügen. Ferner schränkt es auch die Möglichkeiten ein, hiervon zu einem späteren Zeitpunkt abweichen zu können.

Daher ist es ratsam, wenn sich die Sozialpartner im Tarifvertrag zu diesem Thema noch nicht verhalten. Die Erstellung von Anlagerichtlinien, als Beispiel auch in der Gesetzesbegründung genannt, können die Sozialpartner, etwa im Beteiligungsausschuss, auch zu einem späteren Zeitpunkt entwerfen.

Tatsächlich wird es in den Fällen, in denen die reine Beitragszusage nach § 1 Abs. 2 Nr. 2a BetrAVG nicht über gemeinsame Einrichtungen organisiert wird, der Regelfall sein, dass sich die Sozialpartner für ein oder mehrere von der Versorgungseinrichtung fertig ausgestaltete Produkte[1023], die ggf. nach ersten Wünschen angepasst werden, entscheiden.[1024]

II. Auswahl der Versorgungseinrichtung

Im Tarifvertrag müssen die Sozialpartner noch keine Auswahl der durchführenden Versorgungseinrichtung treffen.[1025] Auch dies kann zweckmäßiger zu einem späteren Zeitpunkt geschehen, darf aber auch nicht vollständig der betrieblichen Ebene überlassen werden, allein schon um die Beteiligung der Sozialpartner an der Durchführung und Steuerung nach § 21 Abs. 1 BetrAVG sicherzustellen.

Schon frühzeitig wurde auf die Vorteile einer Vorauswahl durch die Sozialpartner hingewiesen.[1026] Diese sollten Versorgungsbedingungen mit geeigneten

1021 So auch Höfer BetrAVG I/*Höfer*, Betriebsrentengesetz, § 21 Rn. 7; *Arteaga/Veit/Baroch Castellvi*, Praxishandbuch BRSG, Teil A Rn. 198 f.
1022 Vgl. zu diesem Punkt die Gesetzesbegründung, BT-Drs. 18/11286, S. 56.
1023 Zur Produktgestaltung vgl. *Aden*, BetrAV 2017, S. 555f.
1024 *Arteaga/Veit/Baroch Castellvi*, Praxishandbuch BRSG, Teil A Rn. 198.
1025 A.A. wohl *Heck*, BetrAV 2017, S. 556, 559.
1026 Vorgeschlagen bereits durch *Hanau/Arteaga*, Rechtsgutachten, S. 36.

Versorgungseinrichtungen aushandeln, die ein einzelner Arbeitgeber aufgrund seiner nur begrenzten Nachfragemacht selbst nicht würde aushandeln können. Diese Versorgungseinrichtungen sollten dann mit den ausgehandelten Konditionen den Arbeitgebern als bevorzugte Anbieter bereitstehen.[1027]

Eine solche Auswahl stellt für Sozialpartnern auch keine große Herausforderung dar, ist dies doch auch bisher in mehreren bundeseinheitlichen Tarifverträgen zur Entgeltumwandlung nicht unüblich.[1028] Gegen diese Praxis wurden jedoch kartellrechtliche Bedenken geäußert.[1029] Die Unanwendbarkeit kartellrechtlicher Vorschriften auf durch Tarifvertrag geschaffene gemeinsame Einrichtungen der Sozialpartner scheint zwar seit geraumer Zeit durch den EuGH geklärt.[1030] Gleiches gilt aber noch nicht bei Modellen über externe Versorgungseinrichtungen. In Kombination mit der späteren Allgemeinverbindlicherklärung des Tarifvertrags werden hier Verstöße gegen das Verbot wettbewerbsbeschränkender Vereinbarungen, § 1 GWB, Art. 101 AEUV, sowie das Verbot, eine marktbeherrschende Stellung zu missbrauchen, §§ 19 ff. GWB, Art. 102 AEUV, befürchtet.[1031]

Auch wenn diese Bedenken vom Verfasser aufgrund der bislang insoweit eindeutigen Rechtsprechung[1032] nicht geteilt werden, spricht diese Unsicherheit dafür, ggf. dem Druck einzelner Versorgungseinrichtungen zu widerstehen und keine Vorfestlegung im Tarifvertrag vorzunehmen. So kann eine, wenn auch eher unwahrscheinliche, kartellrechtliche Kompromittierung des gesamten Tarifvertrags vermieden werden. Für die Vergabe bietet es sich ferner an, sich an den Vorgaben des Vergaberechts in den §§ 97 ff. GWB[1033] zu orientieren,[1034] auch wenn dieses nicht einschlägig ist, vgl. §§ 102, 115 GWB.

1027 So *Hanau/Arteaga*, Rechtsgutachten, S. 36.

1028 So etwa im Tarifvertrag zur Entgeltumwandlung für die Beschäftigten des Bundes und der Länder (TV-EntgeltU-B/L) vom 25. Mai 2011.

1029 *Diller*, BetrAV 2018, S. 601, 605.

1030 EuGH, Urteil vom 21.11.1999 – C-67/96, ZIP 2000, 34; EuGH, Urteil vom 21.09.1999 – C-115/97 bis C-117/97, C-115/97, C-116/97, C-117/97, NZA 2000, 201

1031 *Diller*, BetrAV 2018, S. 601, 605 f.

1032 EuGH C-67/96, ZIP 2000, 34; BAG, Urteil vom 27.06.1989 – 1 AZR 404/88, BAGE 62, 171

1033 Gesetz gegen Wettbewerbsbeschränkungen (GWB) in der Fassung der Bekanntmachung vom 26.06. 2013 (BGBl. I S. 1750, 3245).

1034 *Arteaga/Veit/Baroch Castellvi*, Praxishandbuch BRSG, Teil A Rn. 159.

III. Beteiligung der Sozialpartner an Durchführung und Steuerung

Wie bereits oben erläutert[1035], sieht § 23 Abs. 1 BetrAVG keinen Formzwang mehr vor. Die Ausgestaltung des Beteiligungsgebots muss und sollte auch nicht im Tarifvertrag aufgenommen werden. Die Details der tatsächlichen Beteiligung[1036] sollten vielmehr in einer dreiseitigen Durchführungsvereinbarung mit der jeweiligen Versorgungseinrichtung geregelt werden.[1037] Diese sind auch vom Gesetzgeber bereits in den §§ 39 und 42 PFAV vorgesehen worden und der BaFin vorzulegen, § 42 Abs. 1 Nr. 1 PFAV. Dies schafft zum einen eine hilfreiche Entkoppelung des „ob" der Einführung der reinen Beitragszusage nach § 1 Abs. 2 Nr. 2a BetrAVG vom „wie", um nicht schon zu früh eine Entmutigung durch Fragen technischer Details heraufzubeschwören. Zum anderen kann nur durch einen Vertrag mit der Versorgungseinrichtung diese wirksam zur Umsetzung der Einzelheiten des Beteiligungsgebots aus § 21 Abs. 1 BetrAVG verpflichtet werden.[1038]

***

1035 Vgl. oben Kapitel 4B.III.1).

1036 Siehe oben Kapitel 4D.

1037 So auch *Heck*, BetrAV 2017, S. 556, 559.

1038 Zu Vorschlägen für den Inhalt dieser dreiseitigen Vereinbarung siehe oben Kapitel 4D.II.

Kapitel 6 Summa und Thesen

A. Summa

Die gewonnenen Erkenntnisse über die Möglichkeiten und Pflichten der Sozialpartner sollten geeignet sein, zu einer gewissen Ermutigung und Entspannung der Sozialpartner beizutragen.

Zwar tragen die Sozialpartner eine große Verantwortung, nicht zuletzt in politischer Hinsicht. Anders als Pharao hat der deutsche Gesetzgeber aber nicht angeordnet, dass „niemand seine Hand oder seinen Fuß heben“[1039] soll im Bereich der betrieblichen Altersversorgung ohne die Sozialpartner. Auch müssen sie nicht selbst das ganze Land durchziehen und eigenhändig Kornspeicher errichten und befüllen. So weit reicht das Beteiligungsgebot in § 21 Abs. 1 BetrAVG, wie oben gezeigt, nicht. Tatsächlich ähneln ihre Pflichten eher denen des Potifar.[1040] Sofern sie geeignete Versorgungseinrichtung aussuchen und sich durch diese regelmäßig über den Fortgang der Kapital- und Risikoentwicklung informieren lassen, steht auch über dem so gestalteten Tarifwerk ein, zumindest haftungsrechtlicher, Segen.[1041]

Das in der Einleitung bemühte Bild der „Dürrejahre“ hat sich zwischenzeitlich noch weiter verschärft. Die Auswirkungen der Covid-19-Pandemie werden sich auch auf die Altersvorsorge der Menschen in Deutschland auswirken. Viele Selbstständige haben ihre für den Ruhestand vorgesehenen Kapitalmittel bereits aufgebraucht, um durch die Krise zu kommen.[1042] Arbeitgeber und Gewerkschaften sind momentan mehr mit dem Abfedern der Folgen von Kurzarbeit, Betriebsschließungen und Massenentlassungen befasst, als mit der Altersversorgung der Belegschaft.

1039 Die Bibel, 1. Buch Mose, 41, 44, Einheitsübersetzung 2016.

1040 Die Bibel, 1. Buch Mose, 39, 4, Einheitsübersetzung 2016.

1041 Vgl. zum Segen über Potifars Haus die Bibel, 1. Buch Mose, 39, 5, Einheitsübersetzung 2016.

1042 Laut einer Befragung durch INSA-Meinungstrend im Auftrag des Deutschen Instituts für Altersvorsorge GmbH aus dem Mai 2020 haben 19 % der Befragte ihre private Altersversorgung gekürzt bzw. 13 % haben Versicherungsverträge beitragsfrei gestellt
DIA Umfrage: Corona und Altersvorsorge, abrufbar unter https://www.dia-vorsorge.de/wp-content/uploads/2020/05/2020_05_12_Umfrage_Corona-Krise_Einkommen.pdf, zuletzt abgerufen am 10. Dezember 2021.

Das heißt jedoch nicht, dass sich die Frage der Altersvorsorge nach dem Ende der Covid-19-Pandemie nicht erneut und sogar noch verschärft stellen wird. Die Möglichkeiten vieler Arbeitgeber werden dann vermutlich vorerst stärker beschränkt sein als vor der Krise. In dieser Situation könnten verlässliche Beitragszusagen der Arbeitgeber das Mittel der Wahl sein.

Rechtliche Argumente müssten die Sozialpartner nicht abschrecken, jedenfalls nicht in dem bisweilen kolportierten Maße. Der die reine Beitragszusage nach § 1 Abs. 2 Nr. 2a BetrAVG einführende Tarifvertrag ist mit einer sehr überschaubaren Anzahl an Regelungen umsetzbar, die Anforderungen an die Beteiligung nach § 1 Abs. 2 Nr. 2a BetrAVG wird auch unerfahrene Sozialpartner nicht überfordern.

Im Folgenden sind nun die zentralen Erkenntnisse dieser Arbeit noch einmal in Thesen zusammengefasst.

B. Thesen

1) Allgemeines

Ohne eine satzungsmäßige oder vertragliche Regelung zur Fortführung von reinen Beitragszusagen nach § 1 Abs. 2 Nr. 2a BetrAVG bei aus dem Geltungsbereich des Tarifvertrags ausgeschiedenen Arbeitgebern kann es zu einer Haftung des Arbeitgebers kommen, die über die reine Beitragsleistung hinausgeht.

2) Inhalte des Tarifvertrags

- Ein die reine Beitragszusage nach § 1 Abs. 2 Nr. 2a BetrAVG einführender Tarifvertrag muss Regelungen zu Beitragszahlungen, dem Leistungsspektrum und dem Kreis der Berechtigten, inklusive einer Tariföffnungsklausel, enthalten. Darüber hinaus sollte er Regelungen zum Sicherungsbeitrag nach § 23 Abs. 1 und zum Arbeitgeberzuschuss nach § 23 Abs. 2 BetrAVG treffen.
- Der Tarifvertrag sollte keine Regelungen zur Beteiligung nach § 21 Abs. 1 BetrAVG, zu konkreten Anlagegrundsätzen, zu einzelnen Durchführungswegen und Versorgungseinrichtungen vorsehen.
- Eine Vorauswahl über Durchführungswege und einzelne Versorgungseinrichtungen sollte durch die Tarifvertragsparteien außerhalb der tariflichen Regelungen erfolgen.

3) *Der Arbeitgeberzuschuss*

- Das *soweit* in § 1a Abs. 1a und § 23 Abs. 2 BetrAVG ist im Sinne eines „in dem Maße, wie" zu verstehen, und berechtigt daher zu einer „spitzen" Abrechnung der eingesparten Sozialversicherungsbeiträge.
- Der Arbeitgeberzuschuss nach § 23 Abs. 2 BetrAVG ist trotz seines Wortlauts kein notwendiger Bestandteil eines die reine Beitragszusage nach § 1 Abs. 2 Nr. 2a BetrAVG einführenden Tarifvertrags. Ohne eine solche Regelung im Tarifvertrag ergibt sich eine entsprechende Pflicht bereits aus § 1a Abs. 1a BetrAVG.
- § 19 Abs. 1 BetrAVG stellt für die Entgeltumwandlung in Optionssystemen *lex specialis* zu § 23 Abs. 1 BetrAVG dar mit der Folge, dass Sozialpartner im Fall der Entgeltumwandlung in Optionssystemen auch vom § 1a Abs. 1a und § 23 Abs. 2 BetrAVG abweichen können.
- § 23 Abs. 2 BetrAVG ist eingeschränkt tarifdispositiv. Die Sozialpartner können Modifizierungen vornehmen, etwa indem komplexe Berechnungen von tatsächlich eingesparten Sozialversicherungsbeiträgen pauschalisiert werden, sofern der insgesamt bezuschusste Betrag je Arbeitgeber nicht den insgesamt je Arbeitgeber voraussichtlich eingesparten Betrag an Sozialversicherungsbeiträgen oder 15 % des umgewandelten Arbeitsentgelts unterschreitet.[1043]

4) *Beteiligung an der Durchführung und Steuerung nach § 21 Abs. 2 BetrAVG*

- Ein betriebsrentenrechtlicher Begriff der *Beteiligung* aus § 21 Abs. 1 BetrAVG kann systematisch an die Legaldefinition der Beteiligung von Arbeitnehmern in § 2 Abs. 8 SEBG und SCEBG anknüpfen. Dabei sind jedoch die betriebsrentenrechtlichen Besonderheiten der Pluralität des beteiligten Gremiums, der *Debtor*-Vertretung sowie der Initiierungspflicht des Gremiums Rechnung zu tragen.
- Beteiligung der Sozialpartner i.S.d. § 21 Abs. 1 BetrAVG bezeichnet somit jedes von den Sozialpartnern initiierte und vereinbarte Verfahren – einschließlich der Unterrichtung, Anhörung und Mitbestimmung -, durch das

---

1043 A.A. ErfK/*Steinmeyer*, BetrAVG, § 23 Rn. 2; Höfer BetrAVG I/*Höfer*, Betriebsrentengesetz, § 23 Rn. 18; Blomeyer/Otto/Rolfs/*Rolfs*, BetrAVG, § 23 Rn. 11.

Vertreter der Sozialpartner auf die Beschlussfassung der Versorgungseinrichtung Einfluss nehmen können.

- Ein an die Vorschriften des §§ 106 ff. BetrAVG angelehnter Beteiligungsausschuss kann durch regelmäßige, durch die Sozialpartner zu initiierende Sitzungen, in denen die Mitglieder des Beteiligungsausschusses umfassend durch die Versorgungseinrichtung über alle nach §§ 35 PFAV ff. maßgeblichen Belange informiert werden, die Anforderungen des § 21 Abs. 1 BetrAVG vollumfänglich erfüllen.
- Durch Verletzungen des Beteiligungsgebots aus § 21 Abs. 1 BetrAVG können keine nachteiligen Haftungsfolgen für die eine Versorgung versprechenden Arbeitgeber entstehen.
- Versorgungsberechtigten einer reinen Beitragszusage nach § 1 Abs. 2 Nr. 2a BetrAVG, die keine Gewerkschaftsmitglieder sind, steht kein Schadensersatzanspruch gegen die Sozialpartner bei Verletzungen des Beteiligungsgebots nach § 21 Abs. 1 BetrAVG bei Durchführung außerhalb gemeinsamer Einrichtungen zu.
- Gewerkschaftsmitgliedern ist im Falle einer fahrlässigen Pflichtverletzung durch gewerkschaftlich entsandte Mitglieder eines Beteiligungsausschusses bei der Beteiligung an der Durchführung und Steuerung nach § 21 Abs. 1 BetrAVG das Verschulden gem. §§ 254 Abs. 2 S. 2 i.V.m § 278 S. 1 BGB zuzurechnen.

5) *Sicherungsbeiträge nach § 23 Abs. 1 BetrAVG*

- Sicherungsbeiträge nach § 23 Abs. 1 BetrAVG können nachrangig zur Absicherung der reinen Beitragszusage nach § 1 Abs. 2 Nr. 2a BetrAVG auch zur Glättung steuerlicher Nachteile durch aufgrund bereits bestehender Entgeltumwandlungszusagen entstehende Überschreitungen des § 3 Nr. 63 EStG verwendet werden. In diesen Fällen erfolgt eine nachgelagerte Besteuerung.

6) *Tarifliche Pflegeversicherung*

- Eine betriebliche Pflegeversicherung, die sich für die Versorgungsberechtigungen an den Kriterien der §§ 14, 15 SGB XI orientiert, ist als betriebliche Altersversorgung unter dem Schutz des BetrAVG ausgestaltbar.
- Pflege- und Altersleistungen aus der betrieblichen Altersversorgung können nebeneinander gewährt werden.

- BAG, Urteil vom 12. Dezember 2006 – 3 AZR 476/05, BAGE 120, 330-344 ist so zu verstehen, dass eine betriebliche Krankenversorgung nicht nur deshalb nicht unter den Anwendungsbereich des BetrAVG fällt, weil das Krankheitsrisiko zu einem eigenständigen Versicherungszweig gehört, sondern weil dieser eigenständige Versicherungszweig als Vollversicherung ausgestaltet ist. Eigenständige Versicherungszweige, die keine Vollversicherung darstellen, fallen nicht schon aufgrund ihrer Eigenständigkeit aus dem Anwendungsbereich des BetrAVG heraus.
- Eine tarifliche Pflegeversicherung ist in Form der reinen Beitragszusage nach § 1 Abs. 2 Nr. 2a BetrAVG möglich und auch zweckmäßig.

***

Literaturverzeichnis

Aufsätze, Anmerkungen und Beiträge in Festschriften

Aden, Helmut, Nach dem Spiel ist vor dem Spiel in: BetrAV 2017, S. 291–292.

Aden, Helmut, Reine Beitragszusagen – Leistungsplangestaltung und Finanzierung in: BetrAV 2017, S. 555.

Ahrend, Martina, Zum Schutz vor Diskriminierungen in der betrieblichen Altersversorgung durch das Allgemeine Gleichbehandlungsgesetz in: RdA 2016, S. 129–141.

Allgaier, Antonius, Tarifvertragliche Zusagen in der betrieblichen Altersversorgung – Teil 1 in: NZA 2011, S. 786–788.

Allgaier, Antonius, Tarifvertragliche Zusagen in der betrieblichen Altersversorgung – Teil 2 in: NZA 2011, S. 899–903.

Arteaga, Marco S., Betriebsrentenstärkungsgesetz: Beginn einer neuen Ära? in: DB 2017, S. M26–M27.

Arteaga, Marco S., Der Gordische Knoten bei den Betriebsrenten in: DB 2015, S. M5.

Arteaga, Marco S., Ein Machtkampf mit offenem Ausgang in: VW 2015, S. 18–20.

Arteaga, Marco S., Leitgedanken der Reformvorschläge im Rechtsgutachten von Hanau/Arteaga zum „Sozialpartnermodell Betriebsrente" in: BetrAV 2016, S. 285–290.

Augustin, Anne, Lomb, Stefanie und Mühl, Lutz, Die Chemie-Formel zur Altersvorsorge und Demografie: eine Zwischenbilanz in: BetrAV 2012, S. 122–126.

Bader, Thomas, Der zeitliche Anwendungsbereich des verpflichtenden Arbeitgeberzuschusses zur Entgeltumwandlung nach § 1a Abs. 1a BetrAVG in: DB 2018, S. 1665–1667.

Bader, Thomas, Einstandspflicht des Arbeitgebers bei der Herabsetzung von Leistungen durch Pensionskassen in: BB 2016, S. 3061–3066.

Bader, Thomas und Hartloff, Jan, Die „Fehlentwicklung der betrieblichen Altersversorgung" als Grund für den Eingriff in Versorgungsanwartschaften in: DB 2016, S. 1437–1443.

Bepler, Klaus, Das „Soweit" in § 1 a Abs. 1a und § 23 Abs. 2 BetrAVG nF in: RdA 2019, S. 12–16.

Bepler, Klaus, Das Gesetz zur Stärkung der betrieblichen Altersversorgung und zur Änderung anderer Gesetze (Betriebsrentenstärkungsgesetz) in: jurisPR-ArbR 2017, S. 1, Ausgabe 27.

Bepler, Klaus, Die Wirkung der Tariföffnungsklausel des § 19 BetrAVG im Verhältnis zu § 1a Abs. 1a BetrAVG und den vorgesetzlich abgeschlossenen Entgeltumwandlungs-Tarifverträgen in: BetrAV 2018, S. 431–443.

Berenz, Claus, Hat die betriebliche Altersversorgung zukünftig noch eine Chance in: NZA 1994, S. 385–390.

Berndt, Joachim und Lindeke, Torben, Neue Tarifrente Bau und Mindestlöhne im Baugewerbe in: DStR 2016, S. 679–681.

Bettermann, Karl August, Die Allgemeinverbindlicherklärung eines Tarifvertrages in: RdA 1959, S. 245–256.

Birk, Ulrich-Arthur, Leistungen der betrieblichen Altersversorgung auch bei Pflegebedürftigkeit? in: BetrAV 2008, S. 43–45.

Blome, Sandra, Kling, Alexander und Ruß, Jochen, Lebenslange Partizipation am Kapitalmarkt/ Neue Möglichkeiten durch die reine Beitragszusage in: BetrAV 2018, S. 345–347.

Blomeyer, Wolfgang, Betriebliche Pensionsfonds in neuer Auflage in: ZIP 1998, S. 1737–1747.

Blomeyer, Wolfgang, Betriebsrente durch Pensionsfonds? in: ZIP 1997, S. 1397–1404.

Blomeyer, Wolfgang, Flexibilisierung des Betriebsrentenrechts durch Beitragszusagen in: DB 1997, S. 1921–1926.

Blomeyer, Wolfgang, Neue arbeitsrechtliche Rahmenbedingungen für die Betriebsrente in: BetrAV 2001, S. 430–441.

Blomeyer, Wolfgang und Otto, Klaus, Arbeitsrechtliche Grundlinien der beitragsorientierten Versorgungszusage zwischen Beitrags- und Leistungszusage in: BetrAV 1996, S. 308.

Blumenstein, Meike, 40 Jahre Betriebliche Altersversorgung 1980 bis 2020, S. 1–34 in: Festschrift für Dr. Birgit Uebelhack, Münster 2019.

Briese, André, Arbeitgeber-Förderbetrag bei der betrieblichen Altersversorgung in: DStR 2019, S. 2510–2516.

Buddenbrock, Christian Freiherr von und Kühn, Hans-Martin, Das Sozialpartnermodell – Ablösung bestehender Versorgungssysteme in der bAV durch die reine Beitragszusage in: BB 2017, S. 2997–3004.

Bührer, Werner, Erhöhung des Verbreitungsgrades der bAV und § 17b BetrAVG-E in der Diskussion in: NZA-Beilage 2015, S. 70–72.

Buntenbach, Annelie, BMAS-Vorschlag: Eine bessere bAV für alle? in: BetrAV 2015, S. 95–96.

Buntenbach, Annelie, Notwendige Reformen der Alterssicherung aus gewerkschaftlicher Perspektive in: BetrAV 2013, S. 1–2.

Bürkle, Jürgen, Governance in bAV-Versorgungseinrichtungen und Einflussnahme der Sozialpartner – Eingriff in das interne Kompetenzgefüge der Organe in: BB 2017, S. 713–716.

Cisch, Theodor B. und Börner, Nils, Das Betriebsrentenstärkungsgesetz – Garantiert eine Chance für die bAV in: BB 2017, S. I, Heft 30.

Dellmann, Hansjörg, Allgemeinverbindlicherklärung von Tarifverträgen und erweiterte Autonomie in: AuR 1967, S. 138–149.

Diller, Martin, Befristung und Bedingung von Beitragszusagen: Schöne neue Welt? in: BetrAV 2020, S. 596–600.

Diller, Martin, Voraussetzungen und Grenzen der Beteiligung der Tarifpartner bei der Beitragszusage nach § 21 BetrAVG in: BetrAV 2018, S. 601–606.

Diller, Martin und Günther, Jens, Plädoyer für das Ende der Dreistufentheorie in der betrieblichen Altersversorgung in: DB 2017, S. 908–911.

Diller, Martin und Schobert, Larissa, Pflegeabsicherung als Element der betrieblichen Altersversorgung, S. 81–94 in: Dynamisches Recht: Herausforderungen im Arbeitsrecht, Gesellschaftsrecht und Insolvenzrecht: Festschrift für Wilhelm Moll zum 70. Geburtstag, München 2019.

Dünn, Sylvia, Das Betriebsrentenstärkungsgesetz in: BetrAV 2017, S. 550–554.

Fodor, Jürgen, Klassifikation der reinen Beitragszusage nach IFRS und US-GAAP in: BB 2018, S. 1003–1005.

Fornasier, Matteo, Wege zur Stärkung der Tarifbindung – ein rechtsvergleichender Streifzug zur Untersuchung funktionaler Äquivalente der Allgemeinverbindlicherklärung von Tarifverträgen in: SR 2017, S. 239–254.

Forst, Gerrit, Die Allgemeinverbindlicherklärung von Tarifverträgen nach dem sogenannten Tarifautonomiestärkungsgesetz in: RdA 2015, S. 25–36.

Frank, Thomas, Optionssysteme in der betrieblichen Altersversorgung in: BB 2019, S. 1140–1147.

Friedrich, Klaus, Das Betriebsrentenstärkungsgesetz: reine Beitragszusage und mehr in: BetrAV 2017, S. 469–472.

Friedrich, Klaus und Hinrichs, Lars, Informationspflichten von Einrichtungen der betrieblichen Altersversorgung nach dem EbAV II-Gesetz und der VAG-InfoV in: DB 2020, S. 505–509.

Friedrich, Klaus, Kovac, Branko und Werner, Thomas, Beitragsorientierte Leistungszusage und Beitragszusage mit Mindestleistung – strikt getrennt oder doch eng miteinander verwandt in: BB 2007, S. 1557–1564

Geulen, Felix und Vogt, Volker, Kurzarbeit in der Corona Krise in: ArbR Aktuell 2020, S. 181–185.

Goecke, Oskar, Collective DC-Pläne: Ein neuer Ansatz zur Gestaltung der betrieblichen Altersversorgung in: BetrAV 2016, S. 653–657.

Görgen, Peter und Schwindt, Bettina, Die Geschichte des Sozialpartnermodells – Hinweise für mögliche Auslegungen, S. 111–127 in: Festschrift für Dr. Birgit Uebelhack, Münster 2019.

Gramke, Peter und Schumacher, Olivier, Gemeinsame Einrichtungen gemäß Tarifvertragsgesetz in: BetrAV 2015, S. 395–401.

Granetzny, Thomas und Esser, Ilka, Wie viel Vertragsfreiheit gibt es im Betriebsrentenrecht? in: BetrAV 2019, S. 522–526.

Granetzny, Thomas und Rawe, Luca, Was wird aus der Betriebsrente in: M&A Review 2017, S. 208–215.

Greiner, Stefan, Die Allgemeinverbindlicherklärung von Tarifverträgen zwischen mitgliedschaftlicher Legitimation und öffentlichem Interesse, S. 103–121 in: Festschrift für Gerrick Frhr. v. Hoyningen-Huene zum 70. Geburtstag, München 2014.

Greiner, Stefan, Haunau, Peter und Preis, Ulrich, Die Sicherung der Allgemeinverbindlichkeit bei gemeinsamen Einrichtungen der Tarifvertragsparteien in: SR Sonderausgabe April 2014, S. 1–35.

Greiner, Stefan und Zoglowek, Joanna, Die Allgemeinverbindlicherklärung von Sozialkassentarifverträgen im Baugewerbe nach neuem Recht in: BB 2018, S. 2996–3002.

Grote, Joachim, Direktversicherung im Sozialpartnermodell in: BetrAV 2017, S. 382–390.

Grund, Frank, Aufsicht über EbAV – Aktuelle Entwicklungen in: BetrAV 2021, S. 590–593.

Guse, Christian, Die „gemeinsame Einrichtung" – das unbekannte Wesen in: DB 2017, S. 2736–2741.

Hagemann, Thomas und Krönung, Rafael, Die reine Beitragszusage und ihre Puffer in: BetrAV 2017, S. 665–670.

Hanau, Peter, Das Betriebsrentenstärkungsgesetz – Wunderwaffe oder Rohrkrepierer? in: jM 2018, S. 19–22.

Hanau, Peter, Die zu vollendende Reform des Betriebsrentengesetzes in: NZA 2016, S. 577–581.

Hanau, Peter und Arteaga, Marco S., Die „reine" Beitragszusage soll kommen in: DB 2015, S. 615–621.

Hanau, Peter und Arteaga, Marco S., Wie die Betriebsrentenreform gelingen kann in: DB 2015, S. 2447–2456.

Hanau, Peter und Arteaga, Marco S., Wie sieht die Zukunft der betrieblichen Altersversorgung aus? in: BetrAV 2019, S. 598–602.

Heck, Harald, Möglichkeiten und Grenzen tariflicher Regelungen im Sozialpartnermodell in: BetrAV 2017, S. 556–562.

Heck, Harald, Tarifliche Altersversorgung – Praxisbeispiele in: BetrAV 2017, S. 314–318.

Hepple, B.A., The Harmonisation of Labour Law in the EEC: A British Perspective in: RdA 1989, S. 348–352.

Herrmann, Marco und Kovac, Branko, Zulässigkeit einer Bündelung von Arbeitgeberzuschüssen gem. § 1a Abs. 1a BetrAVG an einen (anderen) Versorgungsträger? in: DB 2020, S. 617–620.

Herschel, Wilhelm, Vom Wesen der Allgemeinverbindlicherklärung von Tarifverträgen in: RdA 1983, S. 162–164.

Herschel, Wilhelm, Zur Rechtsnatur der Allgemeinverbindlicherklärung eines Tarifvertrages in: RdA 1959, S. 361–366.

Hessling, Michael, Reine Beitragszusage in der Direktversicherung – Fiktion oder schon Realität? in: BetrAV 2006, S. 605–609.

Hinrichs, Lars und Hansen, Christine, Betriebsrentenstärkungsgesetz – Arbeitsrechtliche Umsetzungsfragen in: AuA 2017, S. 609–611.

Hofelich, Andreas, Der neue Arbeitgeberzuschuss zur betrieblichen Altersversorgung in: ArbRB 2018, S. 16–20.

Höfer, Reinhold, Betriebliche Altersversorgung und der Zeitgeist in: DB 2018, S. 61–66.

Höfer, Reinhold, Der gesetzliche Beitragszuschuss zur Entgeltumwandlung für betriebliche Altersversorgung in: DB 2017, S. 2481–2484.

Höfer, Reinhold, Sind „reine Beitragszusagen" betriebliche Altersversorgung? in: DB 2013, S. 288–290.

Höfer, Reinhold, Zur Fortentwicklung der betrieblichen Altersversorgung – Die Gutachten für das BMAS und das BMF in: DB 2016, S. M5.

Höfer, Reinhold und Möbs, Oliver, Die Optimierung tarifvertraglicher Altersversorgung in: DB 2006, S. 1732–1734.

Hofmann, Jörg, Betriebsrente für Branchen – eine Aufgabe der Tarifparteien? in: BetrAV S. 425–427.

Huke, Rainer, Tarifliche Vereinbarungen zur betrieblichen Altersversorgung – Stand und Perspektiven in: BetrAV 2011, S. 21–41.

Kalmbach, Maja und Koch, Jochen, Spannungsverhältnis von Tarifrecht, Betriebsverfassungsrecht und Betriebsrentenrecht – Am Beispiel der Weitergabe eingesparter Sozialversicherungsbeiträge nach § 1a Abs. 1a BetrAVG in: NZA 2018, S. 1594–1601.

Karch, Heribert, aba-Reformmodell zur bAV in: BetrAV 2015, S. 542–545.

Karch, Heribert, bAV – kompliziert und obligatorisch oder einfach und sozialpartnerschaftlich? in: BetrAV 2014, S. 682–686.

Karch, Heribert, Reine Beitragszusage: Wie sagen wir's? Und was? Kommunikation für den Wandel, S. 197–210 in: Festschrift für Dr. Birgit Uebelhack, Münster 2019.

Kerschbaumer, Judith, Das BRSG aus Sicht der Sozial-und Tarifpolitik* in: BetrAV 2018, S. 276–280.

Kerschbaumer, Judith, Die Rentenkommission legt ihren Schlussbericht vor und viele Fragen bleiben offen in: BetrAV 2020, S. 169.

Kiesewetter, Dirk, Grom, Michael, Menzel, Moritz und Tschinkl, Dominik, Entwurf eines Betriebsrentenstärkungsgesetzes – Was lange währt, wird endlich gut? in: BetrAV 2016, S. 650–653.

Kiesewetter, Dirk, Grom, Michael, Menzel, Moritz und Tschinkl, Dominik, Optimierungsmöglichkeiten bei den Förderregelungen der betrieblichen Altersversorgung in: BetrAV 2016, S. 290–293.

Kisters-Kölkes, Margret, Reine Beitragszusage und Wertgleichheit, S. 221–234 in: Festschrift für Dr. Birgit Uebelhack, Münster 2019.

Klein, Ralf, Betriebsrentenstärkungsgesetz und Pensionskassen, S. 235–254 in: Festschrift für Dr. Birgit Uebelhack, Münster 2019.

Klinger, Markus, Vorteile der kollektiven Kapitalanlage in Versorgungswerken bei Zielrenten in: BetrAV 2016, S. 411–416.

Klinger, Markus, Zielrente – Vorteilhaftigkeit und Gestaltungsmöglichkeiten (Teil 1) in: DB 2017, S. 2109–2117.

Klinger, Markus, Zielrente – Vorteilhaftigkeit und Gestaltungsmöglichkeiten (Teil 2) in: DB 2017, S. 2173–2180.

Koch, Jochen, Rechtsnatur der Entgeltumwandlung und Berechnung des Zuschusses nach § 1a Abs. 1a oder § 23 Abs. 2 BetrAVG in: DB 2019, S. 1327–1332.

Kreikebohm, Ralf, Eine Reform der Alterssicherung bleibt nun – erst recht – auf der Tagesordnung in: NZS 2020, S. 401–410.

Krüger, Hildegard, Die Rechtsnatur der Allgemeinverbindlichkeitserklärung in: RdA 1957, S. 46–51.

Kuhn, Jörn und Heider, Alexander, Betriebsrentenstärkungsgesetz: Arbeitsrechtliche Änderungen in: 2017, S. 1517–1518.

Langohr-Plato, Uwe, Entgeltumwandlung und Arbeitgeberzuschuss nach § 1a BetrAVG in: BetrAV 2017, S. 465–469.

Lesch, Hagen, Das neue Betriebsrentenstärkungsgesetz – Die Sichtweise eines Praktikers in: BC 2017, S. 558–564.

Lieb, Manfred, Rechtsnatur und Mängel der Allgemeinverbindlicherklärung eines Tarifvertrages. in: RdA 1957, S. 260–264.

Litschen, Kai und Günnewig, Julia Betriebsrentenstärkungsgesetz und Bekämpfung der Altersarmut – An den Ursachen vorbei geregelt in: NZS 2018, S. 921–925.

Lund, Heinrich, Allgemeinverbindlicherklärung von Tarifverträgen und erweiterte Autonomie in: DB 1977, S. 1312–1319.

Matthießen, Volker, Betriebsrentenstärkungsgesetz: Beginn einer neuen Ära? in: DB 2017, S. M28–M29.

Matthießen, Volker, Die Rechtsprechung zum Arbeitsrecht der betrieblichen Altersversorgung in den Jahren 2016 – 2018, Teil 1 in: NZA 2018, S. 1509–1519.

Matthießen, Volker, Die Rechtsprechung zum Arbeitsrecht der betrieblichen Altersversorgung in den Jahren 2016 – 2018, Teil 2 in: NZA 2019, S. 217–227.

Meissner, Henriette M., Das BMF-Schreiben zur Förderung der betrieblichen Altersversorgung in: DStR 2018, S. 99–108.

Melchiors, Hans H. und Sturm, Sebastian, Evolution oder Revolution – Die Weiterentwicklung der betrieblichen Altersversorgung ist notwendig in: BetrAV 2016, S. 179–184.

Moll, Wilhelm, Entgeltumwandlung und Tarifentgelt in: RdA 2016, S. 97–101.

Müller, Elke-Luise, Gestaltungsoptionen und Herausforderungen des Betriebsrentenstärkungsgesetzes (BRSG) als neues Sozialpartnermodell in: öAT 2018, S. 30–32.

Nahles, Andrea, Das Betriebsrentenstärkungsgesetz kommt! in: BetrAV 2017, S. 377–378.

Nahles, Andrea, Die Zukunft der Alterssicherung gemeinsam gestalten in: BetrAV 2014, S. 405–406.

Oecking, Stefan, „Lasst uns mutig sein" – so können wir Zielrenten zum Erfolg verhelfen in: BetrAV 2017, S. 111.

Pohl, Detlef, Zu niedrige Zinsen, zu hohe Garantien – und die Auswege der VersichererbAV in: BetrAV 2021, S. 623–628.

Reinecke, Gerhard, Betriebliche Altersversorgung: Invalidenversorgung – Ein Rechtsprechungsbericht in: DB 2010, S. 2167–2171.

Reinecke, Gerhard, Das Betriebsrentenstärkungsgesetz – ein großer Wurf? in: AuR 2017, S. 432–437.

Reinecke, Gerhard, Handlungsoptionen für Arbeitgeber und Arbeitnehmer in der betrieblichen Altersversorgung in: DB 2016, S. 651–656.

Reinhard, Barbara und Hoffmann-Remy, Till, Gestalterische Möglichkeiten im Hinblick auf den kollektiven Bezug einer betrieblichen Altersversorgung in: NZA-Beilage 2012, S. 79–83.

Rinn, Barbara und Dernberger, Matthias, Reine Beitragszusage – Stern der Weisen am Horizont der betrieblichen Altersversorgung?, S. 395–406 in: Festschrift für Dr. Birgit Uebelhack, Münster 2019.

Rische, Herbert und Thiede, Reinhold, Die Zukunft der gesetzlichen Rentenversicherung in: NZS 2013, S. 601–605.

Rolfs, Christian, Das Rechtsverhältnis zwischen Arbeitnehmer und Versorgungseinrichtung – Eine Einordnung in: BetrAV 2019, S. 214–217.

Rolfs, Christian, Konzepte zur Erhöhung des Verbreitungsgrades der betrieblichen Altersversorgung in: NZA-Beilage 2015, S. 67–69.

Rolfs, Christian, Stärkung der Betriebsrenten in: NZA 2017, S. 1225–1231.

Rolfs, Christian, Tarifautonome Gestaltung der betrieblichen Altersversorgung – Zum Entwurf des Betriebsrentenstärkungsgesetzes in: SR Sonderausgabe Mai 2017, S. 33–41.

Rößler, Nicolas, New Deal in der betrieblichen Altersversorgung in: DB 2017, S. 367–373.

Roth, Markus, Betriebliche Altersvorsorge – Zur Fortentwicklung des Betriebsrentengesetzes im Niedrigzinsumfeld in: SR 2016, S. 47–61.

Schipp, Johannes, Der Entwurf des Betriebsrentenstärkungsgesetzes – Eine kleine Revolution? in: ArbRB 2016, S. 380–384.

Schipp, Johannes, Die neue Beitragszusage – ein Weg zur Harmonisierung von Versorgungsstrukturen im Unternehmen, S. 439–447 in: Arbeitsrecht bei Änderung der Unternehmensstruktur, München 2018.

Schlewing, Anja, Hinausgeschobenes Entgelt: Mitarbeiterbindung durch betriebliche Altersversorgung? in: NZA-Beilage 2014, S. 127–136.

Schmitt-Rolfes, Günther, Der wichtigste Satz im neuen BetrAVG in: AuA 2017, S. 399.

Schnitker, Elmar, Eingriffe in Versorgungsanwartschaften auf der 3. Stufe – Versuch einer Rückbesinnung und Neujustierung, S. 449–461 in: Arbeitsrecht bei Änderung der Unternehmensstruktur, München 2018.

Schobert, Larissa, Teilweise Verfassungswidrigkeit des Betriebsrentenstärkungsgesetzes? in: BetrAV 2017, S. 473–477.

Schulte, Christoph, Reine Beitragszusage – Kapitalanlage und Anpassungen der Leistungshöhe in: BetrAV 2017, S. 379–381.

Schwind, Joachim, Betriebsrentenstärkungsgesetz – Einfache und verständliche Vorgaben werden für den Erfolg entscheidend sein! in: BetrAV 2017, S. 1–3.

Spanheimer, Jürgen und Ebel, Marco, Bilanzierung von Cash Balance-Pensionsplänen nach IFRS in: DB 2004, S. 2433.

Steinmeyer, Heinz-Dietrich, Altersvorsorge vor großen Herausforderungen in: BetrAV 2020, S. 582–590.

Steinmeyer, Heinz-Dietrich, Tarifvertrag und betriebliche Altersversorgung, S. 727–742 in: Tarifautonomie für ein neues Jahrhundert – Festschrift für Günther Schaub, München 1998.

Stiller, Klaus, Tarifliche Altersversorgung gemeinsam gestalten – Zur Rolle der Tarifvertragsparteien in: BetrAV 2017, S. 657–658.

Stöckli, Jean-Fritz, Die Reform des Betriebsrentengesetzes aus schweizerischer Sicht in: RdA 2002, S. 229–232.

Teslau, Johannes, Option „bAV oder Entgelt" – was ist möglich?, S. 453–465 in: Festschrift für Dr. Birgit Uebelhack, Münster 2019.

Thees, Thomas und Ceruti, Nadine, Arbeitsrechtliche Neuregelungen durch das Betriebsrentenstärkungsgesetz ab 2018 in: DB 2017, S. 1777–1779.

Thüsing, Gregor, Auswirkungen des AGG auf die betriebliche Altersversorgung in: BetrAV 2006, S. 704–709.

Thüsing, Gregor, Betriebsrentenstärkungsgesetz: Mut tut gut! in: DB 2017, S. M5,Heft 3.

Thüsing, Gregor, Mehr Flexibilität wagen! Thesen zur Änderung von Versorgungszusagen, S. 467–472 in: Festschrift für Dr. Birgit Uebelhack, Münster 2019.

Thüsing, Gregor, SOKA-BAU, das BAG und das SOKA-SiG in: NZA-Beilage 2017, S. 3–12.

Thüsing, Gregor Ein gutes Gesetz für die betriebliche Altersversorgung in: DB 2017, S. M5, Heft 23.

Thüsing, Gregor und Beden, Yannik, Gilt die Pflicht zum Zuschuss zur Entgeltumwandlung nach § 1a Abs. 1a BetrAVG n.F. auch für bestehende Tarifverträge? in: BetrAV 2018, S. 5–7.

Thüsing, Gregor und Granetzny, Thomas, Zur Abdingbarkeit des BetrAVG bei Organmitgliedern in: NZG 2010, S. 449–454.

Ulbrich, Mathias, „Berliner bAV Auftakt 2017: Das Betriebsrentenstärkungsgesetz und seine Umsetzung im Dialog" in: BetrAV 2017, S. 173–178.

Ulbrich, Mathias, Das Sozialpartnermodell auf der Zielgeraden – Kommt die bAV II in: BB 2016, S. 2363–2366.

Ulbrich, Mathias, Der (endgültige) Abschied von der Freiwilligkeit: aktuelle Betrachtungen zu § 1a Abs. 1a BetRAVG, S. 485–521 in: Festschrift für Dr. Birgit Uebelhack, Münster 2019.

Ulbrich, Mathias, Die Reform der Betriebsrente oder die Befreiung einer Gazelle: Das Betriebsrentestärkungsgesetz (BSG) Teil I – Arbeitsrecht in: BB 2017, S. 2423–2427.

Vogel, Frank, Was haben Sie? Trends im niederländischen Pensionswesen als Impuls für den deutschen Mittelstand, S. 46–55 in: bAV 2016 – Risiken und Lösungen für Mittelstand und Familienunternehmen, Frankfurt am Main 2016.

vom Stein, Jürgen, Reformimpulse für die Betriebliche Altersversorgung in: RdA 2015, S. 272–276.

von der Leyen, Ursula, Die Zukunft der betrieblichen Altersversorgung in Deutschland in: BetrAV 2012, S. 373–374.

Waltermann, Raimund, Attraktivität von Tarifbindung – Zur Zukunftsfähigkeit der deutschen Tarifautonomie in: ZFA 2020, S. 211–238.

Waltermann, Raimund, Ist die Allgemeinverbindlicherklärung erfolgversprechend reformiert in: RdA 2018, S. 137–151.

Waltermann, Raimund, Risikozuweisung nach den Grundsätzen der beschränkten Arbeitnehmerhaftung in: RdA 2005, S. 98–109.

Wilhelm, Bernd, Arbeitgeberzuschuss bei Entgeltumwandlung – Voraussetzungen der Zahlung und Folgen für bestehende und neue Matchingmodelle in: BetrAV 2017, S. 659–663.

Wilhelm, Bernd, Das Optionsmodell – Entwicklung, aktueller Stand durch das Betriebsrentenstärkungsgesetz und Auswirkungen in der Praxis in: BB 2017, S. 1850–1853.

Zülch, Jan, Das Betriebsrentenstärkungsgesetz – ein Überblick in: ArbRAktuell 2017, S. 290–283.

Zwanziger, Bertram, Zur Ablösung von Versorgungszusagen in: AuR 2020, S. 392–402.

Kommentare und Lehrbücher

Arteaga, Marco S., Veit, Annekatrin und Baroch Castellvi, Manuel, Praxishandbuch Betriebsrentenstärkungsgesetz, 1. Auflage, Berlin 2018.

Bach, Peter und Moser, Hans, Private Krankenversicherung, 5. Auflage, München 2015.

Blomeyer, Wolfgang, Rolfs, Christian und Otto, Klaus, Betriebsrentenrecht, 7. Auflage, München 2018.

Blomeyer, Wolfgang, Rolfs, Christian und Otto, Klaus, Betriebsrentenrecht, 7. Auflage, München 2018.

Brand, Oliver und Baroch Castellvi, Manuel Versicherungsaufsichtsgesetz, 1. Auflage, Baden-Baden 2018.

Droßel, Sebastian W., Das neue Betriebsrentenrecht: Betriebsrentenstärkungsgesetz und Umsetzung der Mobilitätsrichtlinie, 1. Auflage, Baden-Baden 2018.

Fitting, Karl, Betriebsverfassungsgesetz, 30. Auflage, München 2020.

Gamillscheg, Franz, Kollektives Arbeitsrecht Band 2: Betriebsverfassung, München 2008.

Gaul, Björn und Boewer, Dietrich, Aktuelles Arbeitsrecht, Band 2/2017, 1. Auflage, Köln 2017.

Gersch, Eva-Maria, Jäger, Markus, Rätke, Bernd, Ratschow, Eckart, Rüsken, Reinhart, Werth, Franceska, Klein, Franz und Orlopp, Gerd, Abgabenordnung, 15. Auflage, München 2020.

Goette, Wulf, Habersack, Mathias und Kalss, Susanne, Münchener Kommentar zum Aktiengesetz, Band 7, 5. Auflage, München 2021.

Habersack, Mathias, Münchener Kommentar zum Bürgerlichen Gesetzbuch, Band 7 Schuldrecht Besonderer Teil IV §§ 705–853 Partnerschaftsgesellschaftsgesetz, Produkthaftungsgesetz 8. Auflage, München 2020.

Henssler, Martin, Willemsen, Heinz Josef und Kalb, Heinz-Jürgen, Arbeitsrecht Kommentar, 9. Auflage, Köln 2020.

Höfer, Reinhold, de Groot, Simone Evke, Küpper, Peter und Reich, Torsten, Betriebsrentenrecht Band I 26. Auflage, München 2021.

Höfer, Reinhold, Veit, Annekatrin und Verhuven, Thomas, Betriebsrentenrecht Band II, Steuerrecht/Sozialabgaben, HGB/IFRS 22. Auflage, München 2021.

Jauernig, Othmar, Stürner, Rolf und Berger, Christian, Bürgerliches Gesetzbuch, 18. Auflage, München 2021.

Karst, Michael und Cisch, Theodor, Betriebsrentengesetz, 16. Auflage, München 2021.

Kaulbach, Detlef, Bähr, Gunne W. und Pohlmann, Petra, Versicherungsaufsichtsgesetz, 6. Auflage, München 2019.

Kemper, Kurt, Kisters-Kölkes, Margret, Berenz, Claus, Huber, Brigitte und Betz-Rehm, Christian, BetrAVG, 9. Auflage, Hürth 2021.

Kiel, Heinrich, Lunk, Stefan und Oetker, Hartmut, Münchener Handbuch zum Arbeitsrecht, Band 3: Kollektives Arbeitsrecht I, 4. Auflage, München 2019.

Kisters-Kölkes, Margret, Linden, Ralf, Meissner, Henriette M. und Friedrich, Klaus, Leitfaden bAV: Betriebsrentenstärkungsgesetz (BRSG), 3. Auflage, Köln 2019.

Kleinsorge, Georg und Freis, Gerhild, SE-Beteiligungsgesetz, 1. Auflage, 2006.

Körner, Anne, Leiterer, Stephan, Mutscheler, Bernd und Rolfs, Christian, Kasseler Kommentar, Sozialversicherungsrecht: SGB I, SGB IV, SGB V, SGV VI, SGB VII, SGB X, SGB XI, 115. Ergänzungslieferung, München 2021.

Krüger, Wolfgang, Münchener Kommentar zum Bürgerlichen Gesetzbuch, Band 2 – Schuldrecht Allgemeiner Teil I, 8. Auflage, München 2019.

Krüger, Wolfgang, Münchener Kommentar zum Bürgerlichen Gesetzbuch, Band 3, Schuldrecht – Allgemeiner Teil II, 8. Auflage, München 2019.

Langohr-Plato, Uwe, Betriebliche Altersversorgung, 7. Auflage, Bonn 2016.

Larenz, Karl und Canaris, Claus-Wilhelm, Methodenlehre der Rechtswissenschaft, 3. Auflage, Berlin 1995.

Löwisch, Manfred und Rieble, Volker, Tarifvertragsgesetz, 4. Auflage, München 2017.

Lülsdorf, Detlef, Betriebliche Altersversorgung, 1. Auflage, München 2019.

Müller-Glöge, Rudi, Preis, Ulrich und Schmidt, Ingrid, Steinmeyer, 21. Auflage, München 2021.

Müller-Glöge, Rudi, Preis, Ulrich und Schmidt, Ingrid, Erfurter Kommentar zum Arbeitsrecht, 21. Auflage, München 2021.

Müller-Glöge, Rudi, Preis, Ulrich und Schmidt, Ingrid, Erfurter Kommentar zum Arbeitsrecht, 21. Auflage, München 2021.

Pfeifer, Wolfgang, Etymologisches Wörterbuch des Deutschen, 8. Auflage, München 2005.

Preis, Ulrich und Greiner, Stefan, Kollektivarbeitsrecht, 5. Auflage, 2020.

Prölss, Erich R., Dreher, Meinrad, Boetius, Frederik, Bürkle, Jürgen und Dotterweich, Alexander, Versicherungsaufsichtsgesetz, 13. Auflage, München 2018.

Richardi, Reinhard, Betriebsverfassungsgesetz mit Wahlordnung, 16. Auflage, München 2018.

Rolfs, Christian, Giesen, Richard, Kreikebohm, Ralf und Udsching, Peter, BeckOK Arbeitsrecht, 61. Edition, 2021.

Rüthers, Bernd, Fischer, Christian und Birk, Axel, Rechtstheorie, 11. Auflage, München 2020.

Schlewing, Anja, Henssler, Martin, Schipp, Johannes und Schnitker, Elmar, Arbeitsrecht der betrieblichen Altersversorgung und Zeitwertkonten, 38. Lieferung, Köln 2021.

Schulze, Reiner, Dörner, Heinrich und Ebert, Ina, Handkommentar Bürgerliches Gesetzbuch, 11. Auflage, Baden-Baden 2021.

Spindler, Gerald und Stilz, Eberhard, beck-online.Grosskommentar AktG, Stand: 1. September 2021, München 2021.

Thüsing, Gregor, Europäisches Arbeitsrecht, 3. Auflage, München 2017.

Thüsing, Gregor und Granetzny, Thomas, Praxiswissen Betriebliche Altersversorgung, 1. Auflage, München 2018.

Weber, Klaus, Rechtswörterbuch, 24. Auflage, München 2022.

Wiedemann, Herbert, Tarifvertragsgesetz, 8., neubearbeitete Auflage, München 2019.

Monografien

Bittner, Claudia, Europäisches und internationales Betriebsrentenrecht, Tübingen 2000.

Brandt, Annika, Rückabwicklung von gemeinsamen Einrichtungen: Am Beispiel des Baugewerbes, Baden-Baden 2020.

Ernst, Sebastian, Die Begrenzung von Versorgungsrisiken der betrieblichen Hinterbliebenenversorgung, Baden-Baden 2020.

Malorny, Friederike, Die Haftung der Gewerkschaft gegenüber ihren Tarifpartnern und Dritten für Schäden bei rechtswidrigen Streiks, Berlin 2019.

Masnitza, Nils, Tarifvertragliche Gestaltungen der betrieblichen Altersversorgung und die Erweiterung des Vorsorgespektrums durch das Betriebsrentenstärkungsgesetz, Karlsruhe 2018.

Rawe, Luca, Auslegung von Zusagen der betrieblichen Altersversorgung: Zugleich ein Beitrag zu den Entwicklungen im Betriebsrentenrecht anhand einer Rechtsprechungsanalyse, Frankfurt am Main 2017.

Roth, Markus, Private Altersvorsorge: Betriebsrentenrecht und individuelle Vorsorge – eine rechtsvergleichende Gesamtschau, Tübingen 2009.

Schobert, Larissa, Die reine Beitragszusage – Überlegungen zur Stärkung der arbeitgeberfinanzierten betrieblichen Altersversorgung, Berlin 2017.

Sittard, Ulrich, Voraussetzungen und Wirkungen der Tarifnormerstreckung nach § 5 TVG und dem AEntG: zugleich ein Beitrag zur Debatte um staatliche Mindestlöhne, München 2010.

Sonstige Quellen

1. Beratung zum Betriebsrentenstärkungsgesetz, BT-Plenarprotokoll 18/222.

2. Beratung des Betriebsrentenstärkungsgesetzes, BT-Plenarprotokoll 18/237.

2. Durchgang und Abstimmung des Bundesrates über das Betriebsrentenstärkungsgesetz, BR-Plenarprotokoll 959.

Antwort der Bundesregierung auf die Kleine Anfrage der Abgeordneten Markus Kurth, Beate Müller-Gemmeke, Dr. Wolfgang Strengmann-Kuhn, weiterer Abgeordneter und der Fraktion BÜNDNIS 90/DIE GRÜNEN, BT-Drs. 18/12044.

Antwort der Bundesregierung auf die Kleine Anfrage der Abgeordneten Markus Kurth, Dr. Wolfgang Strengmann-Kuhn, weiterer Abgeordneter und der Fraktion BÜNDNIS 90/DIE GRÜNEN, BT-Drs. 19/9361.

Beschlussempfehlung und Bericht des Ausschusses für Arbeit und Soziales zum Gesetzentwurf der Bundesregierung (Betriebsrentenstärkungsgesetz), BT-Drs. 18/12612.

Entwurf eines Gesetzes zur Stärkung der Tarifautonomie (Tarifautonomiestärkungsgesetz), BT-Drs. 18/1558.

Entwurf eines Gesetzes zur Verbesserung der betrieblichen Altersversorgung, BT-Drs. 7/1281.

Erklärung von Staatsminister *Thomas Schäfer* zum Gesetzentwurf des Betriebsrentenstärkungsgesetz, BR-Plenumsprotokoll 953, Anlage 24.

Materialien zur öffentlichen Anhörung von Sachverständigen in Berlin am 5. Mai 2014, Ausschuss-Drs. 18(11)82.

Materialien zur öffentlichen Anhörung von Sachverständigen in Berlin am 27. März 2017, Ausschuss-Drs. 18(11)971.

Referentenentwurf des BMAS und des BMF zum Betriebsrentenstärkungsgesetz, BT-Drs. 18/11286.

Stellungnahme des Bundesrates zum Entwurf des Betriebsrentenstärkungsgesetzes, BR-Drs. 780/16.

Wortprotokoll der 110. Sitzung des Ausschuss für Arbeit und Soziales, Ausschuss-Protokoll-Nr. 18/110.

Anders, Carsten, Biebeler, Hendrik und Lesch, Hagen, Gewerkschaftsmitglieder – Mitgliederentwicklung und politische Einflussnahme: Die deutschen Gewerkschaften im Aufbruch?, 2015.

Astheimer, Sven und Göbel, Heike, Nahles gibt Startschuss für große Experimente mit der Arbeitszeit, Frankfurter Allgemeine Zeitung vom 18. November 2016.

Anträge und Beschlüsse des 5. ver.di Bundeskongresses, 2019 in Leipzig,

Tagesprotokoll des 5. ver.di Bundeskongresses, 2019 in (7. Tag) 27.09.2019, Teil 1.

Deckers, Daniel, Pensionskasse der Caritas kürzt massiv Leistungen, Frankfurter Allgemeine Zeitung vom 17. Mai 2019.

Hanau, Peter und Arteaga, Marco S., Rechtsgutachten zu dem „Sozialpartnermodell Betriebsrente" des Bundesministeriums für Arbeit und Soziales, 2016.

Höfer, Reinhold, Gutachten E, Verhandlungen des 65. Deutscher Juristentages, Band I.

Verhandlungen des 65. Deutschen Juristentages, 2004 in Bonn, Band II/2.

Verhandlungen des 65. Deutschen Juristentages, 2004 in Bonn, Band II/1.

Kiesewetter, Dirk, Grom, Michael, Menzel, Moritz und Tschinkl, Dominik, Gutachten zu Optimierungsmöglichkeiten bei den bestehenden steuer- und sozialversicherungsrechtlichen Förderregelungen der betrieblichen Altersversorgung im Auftrag des Bundesministeriums der Finanzen, 2016.

Klein, Lorenz, Für das Sozialpartnermodell geht's jetzt um alles oder nichts, Pfefferminzia vom 8. Oktober 2019.

Klein, Lorenz Können Makler vom Sozialpartnermodell profitieren?, Pfefferminzia vom 7. Juni 2019.

Krohn, Philipp, Neuer Schwung für Betriebsrenten, Frankfurter Allgemeine Zeitung vom 11. März 2019.

Krohn, Philipp, Warum die Zukunft der „Nahles-Rente" auf dem Spiel steht, Frankfurter Allgemeine Zeitung vom 8. Oktober 2019.

Lier, Monika, Gewerkschaften tun sich mit der Zielrente schwer, Versicherungswirtschaft Heute vom 5. Juni 2019.

Beschlüsse des 24. ordentlichen Gewerkschaftstags der IG Metall, 2019 in Nürnberg,

Tagesprotokoll des 24. ordentlichen Gewerkschaftstags der IG Metall, 2019 in Nürnberg, 4. Tag (10. Oktober 2019).

Nowossadeck, Sonja, Engstler, Heribert und Klaus, Daniela, Pflege und Unterstützung durch Angehörige, 2016.

Petermann, Anke, Direktversicherung im Alter – Rentner protestieren gegen doppelte Beiträge, Deutschlandfunk Online vom 25. Oktober 2019.

Rezmer, Anke, Finanzaufsicht bremst Start erster neuartiger Betriebsvorsorge, Handelsblatt vom 5. Juli 2021.

Rezmer, Anke und Thelen, Peter, Betriebliche Altersvorsorge könnte verbessert werden, Handelsblatt Online vom 12. März 2018.

Stanczyk, Michael und Würz, Claudia, Verdi und Talanx hauchen Nahles-Rente neues Leben ein, Versicherungswirtschaft Heute vom 18. Oktober 2019.

Steinmeyer, Heinz-Dietrich, Gutachten F, Verhandlungen des 65. Deutscher Juristentages, Band I.

Tauber, Jonas und Fromme, Herbert, Letzte Chance Nahles-Rente, Süddeutsche Zeitung vom 22. Februar 2018.

Wallau, Frank, Gädckens, Charlyn und Werner, Jennifer, Machbarkeitsstudie für eine empirische Analyse von Hemmnissen für die Verbreitung der betrieblichen Altersversorgung in kleinen und mittleren Unternehmen, Forschungsbericht 444, 2014.

Waschinski, Gregor, Arbeitsminister Heil macht Druck bei den Betriebsrenten, Handelsblatt Online vom 11. März 2019.

Bonner Schriften zum deutschen und europäischen Recht der Arbeit und der Sozialen Sicherheit

Herausgegeben von Gregor Thüsing und Raimund Waltermann

Band 1 Sven Kürvers: Betriebliche Altersversorgung in Deutschland und den USA im Rechtsvergleich. Unverfallbarkeit, Portabilität und Unisex-Tarife. 2008.

Band 2 Alexandra Geißler: Der Lohnanspruch des Arbeitnehmers bei Nichterbringung der Arbeit. Ein Vergleich des deutschen und polnischen Arbeitsrechts. 2008.

Band 3 Daniela Fink-Jamann: Das Antidiskriminierungsrecht und seine Folgen für die kirchliche Dienstgemeinschaft. Eine Bestandsaufnahme nach Erlass der Richtlinie 2000/78/EG und ihrer Umsetzung durch das deutsche Allgemeine Gleichbehandlungsgesetz (AGG) unter besonderer Berücksichtigung der Loyalitätsobliegenheiten im kirchlichen Dienst. 2009.

Band 4 Jens Sebastian Groh: Einstellungs- und Kündigungskriterien kirchlicher Arbeitgeber vor dem Hintergrund des § 9 AGG. 2009.

Band 5 Thomas Gerdom: Gemeinschaftsrechtliche Unterrichtungs- und Anhörungspflichten und ihre Auswirkungen auf das Betriebsverfassungs-, Personalvertretungs- und Mitarbeitervertretungsrecht. Zum Umsetzungsbedarf der Richtlinie 2002/14/EG. 2009.

Band 6 Daniel Stolz: Der beurlaubte Beamte im Angestelltenverhältnis. Eine Darstellung der Doppelrechtsstellung am Beispiel der Postnachfolgeunternehmen. 2010.

Band 7 Kristina Ruch: Dreiseitige Vereinbarungen. Vereinbarungen zwischen Arbeitgeber, Gewerkschaft und Betriebsrat. 2010.

Band 8 Manuel Schwering: Das Allgemeine Gleichbehandlungsgesetz als Aufgabe und Instrument des Betriebsrates. 2010.

Band 9 Julia Bietmann: Gesetzliche Wege zu einem systemkonformen Mindestlohn. 2010.

Band 10 Wolfgang Schorn: Die Unklarheitenregel des § 305c Abs. 2 BGB - insbesondere im Arbeitsrecht. 2011.

Band 11 Jan Kraus: Regulierung von Pensionsfonds. Eine rechtsvergleichende Untersuchung einer neuen Einrichtung der betrieblichen Altersversorgung in Deutschland. 2011.

Band 12 Gregor Thüsing: Scheinselbständigkeit im internationalen Vergleich. 2011.

Band 13 Marc Tobias Rosenau: Die Koalitionsbetätigungsfreiheit im gewandelten Kontext. 2013.

Band 14 Martin Kalf: Die Änderungskündigung im Lichte des Verhältnismäßigkeitsprinzips. Tatsächliches Potential und rechtliche Grenzen. 2013.

Band 15 Franz Josef Düwell / Manfred Löwisch / Raimund Waltermann / Rolf Wank (Hrsg.): Das Verhältnis von Arbeitsrecht und Zivilrecht in Japan und Deutschland. 2013.

Ab Band 16 läuft die Reihe unter einem neuen Reihentitel

Schriften zum deutschen und europäischen Recht der Arbeit und der Sozialen Sicherheit

Herausgegeben von Stefan Greiner, Gregor Thüsing und Raimund Waltermann

Band 16 Luca Rawe: Auslegung von Zusagen der betrieblichen Altersversorgung. Zugleich ein Beitrag zu den Entwicklungen im Betriebsrentenrecht anhand einer Rechtsprechungsanalyse. 2017.

Band 17 Florian Göhner: Die betriebsverfassungsrechtliche Stellung der Leiharbeitnehmer im Entleiherbetrieb. 2017.

Band 18 Mathias Benedix: Die besonderen Therapierichtungen und der Neutralitäts- und Objektivitätsanspruch des Staates. 2017.

Band 19 Stephan Picht: Haftung des Betriebsrats und seiner Mitglieder bei rechtsgeschäftlichen Verbindlichkeiten. 2018.

Band 20 Christoph Corzelius: Grundlagen, Wirkungen und Grenzen des tarifdispositiven Rechts in der Arbeitnehmerüberlassung. 2018.

Band 21 Hajime Wada / Raimund Waltermann (Hrsg.): Nachhaltiges Arbeits- und Sozialrecht in der alternden Gesellschaft in Japan und Deutschland. Symposion am 17. und 18. Februar 2017 an der Rheinischen Friedrich-Wilhelms-Universität Bonn. 2018.

Band 22 Henrike Seifert: Solidarität im Arbeitsrecht. Inhalt und Bedeutung von Solidarität als rechtlich wirkende Verpflichtung. 2018.

Band 23 Sabine Marion Vianden: Gleiches Entgelt für gleiche und gleichwertige Arbeit. Ein Prinzip und seine rechtliche Durchsetzung auf Grundlage des Entgelttransparenzgesetzes. 2020.

Band 24 Matthias Denzer: Das Betriebsratsamt als Ehrenamt und seine entgeltrechtlichen Folgen. 2020.

Band 25 Yannik Beden: Arbeitsrechtliche Prognoseentscheidungen. Zu bereichsspezifischen und allgemeinen Bewertungsmaßstäben zukunftsbezogener Wahrscheinlichkeitsannahmen. 2020.

Band 26 Hendrik Völkerding: Die reine Beitragszusage nach § 1 Abs. 2 Nr. 2a BetrAVG und die Beteiligung der Tarifvertragsparteien an deren Durchführung und Steuerung gem. § 21 Abs. 1 BetrAVG. 2022.

www.peterlang.de

www.ingramcontent.com/pod-product-compliance
Ingram Content Group UK Ltd.
Pitfield, Milton Keynes, MK11 3LW, UK
UKHW021842290926
8980IPUK00005B/606

9 783631 853573